"十四五"时期国家重点出版物出版专项规划项目

中国特色社会主义法学理论体系丛书

刑事庭审的中国问题及应对

李学军　朱梦妮　崔鲲鹏　陈艾璐
杜　磊　陈娇杨　马丽莎　刘旭阳　著
钱　岩　李　娟　唐超琰

中国人民大学出版社
·北京·

本书系教育部人文社会科学重点研究基地重大项目（项目批准号：14JJD820014）研究成果

编 委 会

总　序

党的十八大以来，以习近平同志为核心的党中央明确提出全面依法治国，并将其纳入“四个全面”战略布局，作出一系列重大决策部署，开启了全面依法治国新时代，推动我国社会主义法治建设发生了历史性变革、取得了历史性成就。党的十八届四中全会专门研究全面依法治国问题，作出了《中共中央关于全面推进依法治国若干重大问题的决定》，开创了我国社会主义法治建设新局面。党的十九大以来，党中央组建中央全面依法治国委员会，召开中央全面依法治国工作会议，从全局和战略高度对全面依法治国又作出一系列重大部署。在这一进程中，习近平总书记创造性地提出了关于全面依法治国的一系列新理念新思想新战略，形成了习近平法治思想，把中国特色社会主义法治理论和实践推上了历史新高度。

全面推进依法治国，法治理论是重要引领。没有正确的法治理论引领，就不可能有正确的法治实践。2014 年，中国法学会决定组织撰写“中国特色社会主义法学理论体系丛书”（以下简称“丛书”），旨在总结、归纳、概括和提炼出符合中国实际、具有中国特色、体现社会发展规律的社会主义法学理论，编撰形成一套全面反映中国特色社会主义法治建设发展规律和经验的法学理论丛书，为深入推进全面依法治国提供理论指导和学理支撑。

“丛书”选题按照立足中国、借鉴国外，挖掘历史、把握当代，关怀人类、面向未来的思路，主要收录三个方面的著述：一是从宏观上阐释中国特色社会主义法治基本理论的著述，二是从部门法及其制度角度阐释该部门法理论发展与创新的著述，三是从专题视角阐释社会主义法治建设中重大理论与实践问题的著述。这三个角度的著述，既有理论研究的深厚积淀，又有对实践问题的有力回应，从理论到实践，再从实践到理论，有机结合，互相补充，共同构成一套较为系统的、充分体现中国特色社会主义法治理论的丛书。为确保时效性、科学性、系统性，“丛书”采取开放式编撰体例，分批推出，既要将重要部门法和现在相对成熟的理论问题纳入编撰体系，对正在发展的新兴法学学科和新涌现的重大理论、实践问题也要逐步纳入。“丛书”的编撰自启动以来，已出版11部著作，在法学法律界引起较大的反响。

2020年11月，中央全面依法治国工作会议正式明确提出习近平法治思想，并将其确立为新时代全面依法治国的指导思想。这在马克思主义法治理论发展史和中国社会主义法治建设史上具有里程碑意义。习近平法治思想是在长期的实践基础上、科学的理论探索中、深厚的历史涵养下形成、创立和发展起来的，具有科学的理论形态、鲜明的理论风格和辩证的理论思维，从历史和现实相贯通、国际和国内相关联、理论和实际相结合上深刻回答了新时代为什么实行全面依法治国、怎样实行全面依法治国等一系列重大问题，指明了全面依法治国的政治方向、重要地位、工作布局、重点任务、重大关系、重要保障。习近平法治思想覆盖改革发展稳定、内政外交国防、治党治国治军等各方面的法治问题，在概念上系统集成，在逻辑上有机衔接，在话语上自成一体，展现出深厚的理论底蕴、缜密的逻辑架构和鲜明的价值指向，是我们党的历史上、中华人民共和国历史上、社会主义发展史上最为全面、系统、科学的法治理论体系，是马克思主义法治理论中国化的最新成果，是习近平新时代中国特色社会主义思想的重要组成部分，是全面依法治国的根本遵循和行动指南。

深入学习贯彻习近平法治思想，在新时代不断把法治中国建设推向前进，是当前和今后一个时期深入推进全面依法治国的重大政治任务。“丛书”坚持以习近平法治思想为引领，编撰选题要注重对习近平法治思想的研究阐释，加强对法治实践成熟经验的系统总结，对法治建设新情况新问题的深入研究，概括出有规律性的新认识，提炼出有学理性的新理论，形成一批真正富有中国特色、中国气派、中国风格的法学理论成果，进一步推动创新完善中国特色社会主义法治理论。冀望广大法学法律工作者勇立时代之潮头，在学习宣传贯彻习近平法治思想上走在前、做表率，深入学习研究、宣传贯彻习近平法治思想，积极投身全面依法治国实践，为统筹推进“五位一体”总体布局、协调推进“四个全面”战略布局、实现第二个百年奋斗目标、实现中华民族伟大复兴作出应有贡献。

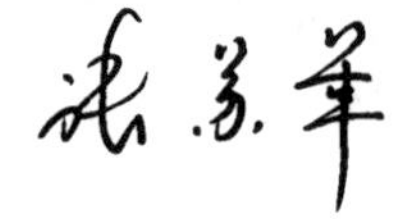

前　言

《刑事庭审的中国问题及应对》一书，是本人承担的教育部人文社会科学重点研究基地重大项目“刑事庭审的中国问题与出路”（项目批准号：14JJD820014）的最终成果。

从诉讼法理来看，依托“对簿公堂”的法庭审判，对侦查、审查起诉的有效性作出结论性评断并最终决定被告人的命运，是诉讼形态最完整的体现，也理应是诉讼活动的中心和重心。在刑事庭审的运行实践中，由于诉讼传统、司法理念、制度设置和技术操作等综合原因，世界范围内出现了多种庭审模式架构。而历经数次司法体制改革的洗礼，以1996年修订的《刑事诉讼法》为标志，我国摸索确立了一种特殊类型的新的庭审方式，它既具备当事人主义的某些特征，又不乏职权主义的元素设置，还带有我国诉讼传统的固有内容，具有浓厚的中国特色。

但是，相关因素虽经糅合仍在很长一段时间内呈现出机制性冲突，某些程序构成和权力配置受到了本土司法资源、各种实际条件及诉讼价值取向等的限制和禁锢，这也导致我国的刑事庭审制度在转型过渡中暴露出一些不同于其他国家和地区之庭审困境的“中国问题”，例如，庭审方式间接（法庭主要以控方移送的案卷笔录为基础开展法庭审理，以听取控方摘要宣读书面笔录的方式来进行法庭调查，并把承载着这些“传闻证据”的笔录材料作为最终定案的重要依据）、庭审功效失灵（法庭审理环节对于庭前、庭后，乃至庭外的诸多程序，未能发挥出应有的统领作用和聚拢意义，定罪量刑的重心脱离于法庭程序，甚至游离在审判阶段之外）、规程运作失序（庭审出现了一定程度的随意性、无序化，无法为实体真实的查明和程序正当的实现提供基本的技术性支撑）。此外，量刑裁决如何独立、繁简案件怎样分流等，也考验着我国刑事诉讼体系的科学性。特别是，诉讼关系失衡：根据控审分离、控辩平等、有效辩护等基本标准，我国庭审视域下的三方关系存在着审方地位偏私、辩方力量羸弱、控方职能混杂的突出矛盾，显然不符合法治理念的基本要求和国际标准。充分认识这些问题的严重性，准确分析酿成这些问题的类型化成因，并寻求具有现代诉讼理性且顺应传统司法惯性的"中国路径"，是深化我国刑事庭审改革的前提。

2014年10月，《中共中央关于全面推进依法治国若干重大问题的决定》提出要"推进以审判为中心的诉讼制度改革，确保侦查、审查起诉的案件事实证据经得起法律的检验"，"保证庭审在查明事实、认定证据、保护诉权、公正裁判中发挥决定性作用"。2015年2月，《最高人民法院关于全面深化人民法院改革的意见——人民法院第四个五年改革纲要（2014—2018）》将建立以审判为中心的诉讼制度作为一项重要改革任务，提出要实现"诉讼证据质证在法庭、案件事实查明在法庭、诉辩意见发表在法庭、裁判理由形成在法庭"。这也拉开了我国新一轮刑事司法改革的序幕。作为本轮改革的启动基点及最具影响力的改革举措，"以审判为中心"的宗旨就在于搭建一个科学、合理的诉讼构造，以审判职能为顶点，以控辩双方为两翼，切实发挥审判作为侦查、审查起诉之把关者以及案件最终决定者的功能。而从位居顶点的审判阶段的内部关系看来，审判中心目标又蕴含着庭审实质要求，即走出虚无化、表演式庭审的窠臼，保障判决基础来源于法庭审理。换言之，诉讼职能的调整和诉讼格局的重构最终离不开庭审的实质化建设。

2016年10月，最高人民法院、最高人民检察院、公安部、国家安全部、司法部联合发布《关于推进以审判为中心的刑事诉讼制度改革的意见》，确立了庭审实质化的改革框架，要求规范法庭调查程序，完善法庭质证规则、法庭辩论规则和当庭宣判制度等。2017年11月，最高人民法院出台了人民法院办理刑事案件的"三项规程"[《人民法院办理刑事案件庭前会议规程（试行）》《人民法院办理刑事案件排除非法证据规程（试行）》《人民法院办理刑事案件第一审普通程序法庭调查规程（试行）》]，进一步明确和细化了庭前会议、非法证据排除、法庭调查等关键环节、关键事项的基本规程，力求实现前述意见所提出的诉讼证据出示在法庭、案件事实查明在法庭、控辩意见发表在法庭和裁判结果形成在法庭。随后开展试点并于2018年被正式写入《刑事诉讼法》的速裁程序和认罪认罚从宽制度，完善了我国办理刑事案件的繁简分流机制，为庭审实质化释放了更多的司法资源及实施空间。

应当说，面对党和国家提出的以审判为中心、庭审实质化的重大命题，刑事司法领域围绕相关部署的实践探索通过持续发力，取得了很多实质性成果，切实提升了法庭审判在发现疑点、理清事实、查明真相方面的能力。但是，对于改革当前的刑事庭审制度、机制、程序等所呈现出的过渡性及相当程度的需改善性，我们也必须正视，例如：证据规则虽然更加侧重证据的可采性调查、注重确保当事人的对质权，但传闻证据仍得以在法庭宣读且具有较高效力、契合直接言词原则的法庭调查根基尚未成型；对辩护活动的授权与保障虽然更多，但辩护方仍处于弱势地位，庭审辩护的质量与效果不尽如人意；人民陪审员的参审职权调整有助于民主力量从混乱的裁判权分工中抽身出来，但人民陪审员阅卷等做法与庭审实质化存在一定的抵牾；合议庭评议规程的完善使裁判的作出更加独立、高效，但嵌于其中的案件承办人制度依旧饱受争议，合议庭实质化运作的基础条件还有待加强。上述种种，有的是之前遗留的顽疾，有的是此轮改革面临的新挑战。假如这些问题不能得到妥善解决，我国的刑事庭审改革就只是小步幅地从“庭审形式化”走到“形式上的庭审实质化”而已。

其实，关于刑事庭审中国问题的解决，核心还是要回归对改革路径的正确选择。根据已出台的一系列法律文件不难发现，我国提出以审判为中心、庭审实质化的时代背景是一系列冤假错案的集中曝光，因此，其主要目的是回应公众要求、防范冤假错案，以前述三项规程为代表的改革举措也重在强调证人的出庭作证率等外化指标。相关改革的整体思路可以被总结为“以发现实体真实为导向的技术推进模式”，并未树立以诉讼理念为指导、以重要机制为抓手，进而追求技术合理性的全方位、系统性改革路径，仅仅是期望通过完善以证人出庭作证为主的法庭调查程序等技术性措施来实现刑事庭审的实质化。如果说，在当前的社会形态下，“重实体真实轻正当程序”的价值观尚能获得社会公众的支持，那么，随着社会发展、法治进步，认同将变成容忍，容忍将转为扬弃，公众必然还是会呼唤正当程序、司法公正对个人权利的法律保障及尊重，相应地，单纯地将庭审技术、指标推进作为路径依赖的改革举措不免难以为继。域外的庭审实质化进程表明，即便英美法系和大陆法系的法律传统不同、改革动因有别，其最终仍不约而同地采取“实体真实与正当程序并重下程序先行”这一融合理念，并确立了排除书面证言证据能力的刚性规则，实现了对被告人对质权的实质保障。

可见，审判中心主义下庭审实质化的真正形成、功效发挥及面向未来的持续发展，实现起来是一项繁复浩大的系统工程，须放到国家刑事诉讼制度、司法制度，甚至政治制度的大背景下考察，进行集理念更新、制度变革、技术跟进于一体的综合研究。在理念上，要落实独立审判、直接言词、公开集中、控辩平等、证据裁判等的要求，推动权利保障与权力制约并进；在制度上，应从事实发现、心证约束、裁断审决三个维度予以调适，进一步完善审判权力运行机制和举证、质证等证据规则，确保被追诉人获得有效辩护、人民陪审员实质参与庭审；在技术上，有必要优化刑事案件分流的繁简梯度及定罪量刑程序的相对分离，以庭审证据调查规程为核心完善普通审判程序的技术设计，从庭前信息预断排除与庭后评议规则健全两个方面做好庭外保障，还应积极回应并利用智慧司法建设为庭审实质化改革提供的新生态。而《刑事庭审的中国问题及应对》这本书，正是针对上述内容展开深刻思考和全面研析的一种努力。

本书首先梳理了我国刑事庭审模式、相关制度及其程序内容的过往发展历程，从刑事庭审虚化和隐藏在其后的源于审理秩序、职能均衡、制度体系等方面的深层原因切入，对我国刑事庭审的典型问题进行了深入剖析与透视，将研究视角聚焦于以审判中心主义、庭审实质化为代表的新近改革，论述了它们的积极意义，同时反思了其在理论上和实践中的不足。随后，立足于我国刑事庭审身处的深化转型期，从抽象理论和具体机制两个维度对这场重要转型予以阐述，继而围绕关系到我国刑事庭审进一步改革的四个重要问题，即作为前提的程序分流机制、作为主体的证据调查规程、作为保障的庭外相关制度和作为助推动力的智慧发展探索，分别进行了专门化研究。具体来说：

开篇的“刑事庭审的中国发展足迹”一章追溯了我国过往刑事司法从起步到探索，经历转折，再恢复重建的整体路径，总结了孕育在其中的刑事庭审模式的发展变革以及庭审制度的中国特色。第二章“刑事庭审的典型问题透视”剖析了我国庭审制度长期存在的顽疾，将相关的制约要素类型化为审理方式间接、预设功效失灵、诉讼关系失衡和规程运作失序。第三章“刑事庭审的新近改革述评”基于以审判为中心的诉讼制度改革这一大背景，对涉及刑事庭审的各项实践试点予以考察，评述了相关学理话语，也反思了亟待深入展开研究的学理盲点。基于以上指向刑事庭审中国问题的深刻总结，本书随后开启了寻求应对路径的系统研究。第四章“刑事庭审转型的理论推进”站在我国刑事庭审深化改革的理论高点，对宏观的理论问题，包括直接审理、言词辩论、公开审理、集中审理的内涵要求，查明真相、保障权利、追求高效、实现教化的功能定位，以及侦查中心主义、案卷笔录中心、职权主义和审批制审判权运行机制带来的负面影响，进行重新解析。第五章“刑事庭审转型的机制展开”从中观的制度层面切入，提出应以证据调查、有效辩护、专家参与为抓手重塑事实发现机制，针对权力操控和案卷裁判的积弊构建科学的心证约束机制，围绕人民陪审、合议决策和裁判说理来规范裁断审决机制。接下来的四章则旨在从微观上，借助一系列的程序完善为庭审实质化提供技术性支撑，其中：“刑事庭审的分而治之”一章关注的是刑事庭审的繁简分流和定罪量刑的程序关系，通过比较英美法系与大陆法系间不同的量刑程序模式，论述了我国确立相对独立之量刑程序的必要性，并就“相对独立”的程序含义以及其对应普通程序、简易程序和速裁程序的量刑规程内容等予以详尽展开。“刑事庭审的调查规程”一章分析了导致我国庭审出现质证形式化的制度因素和导致举证书面化的现实原因；提出应从“侦查中心主义”下的僵化印证，走向“审判中心主义”下的自由心证；并围绕法庭调查中核心程序的具体构建进行了贴合实际、有针对性的论述。“刑事庭审的庭外保障”一章将视角转向庭审前的准备程序和庭审后的评议程序，直面庭外的各项干扰，既提出了防范经庭前阅卷、庭前会议形成预判的建议举措，又就审判委员会的角色定位、价值功效及完善路径作出深入思考，从而保障庭审实质化的实现。最后的“刑事庭审的智慧探索”一章则呼应我国新时代的战略布局，即力求通过追求和实现审判体系、审判能力的现代化让司法更加公正、高效，考察了智慧庭审探索下的各项创新实践，例如远程庭审系统、智能语音庭审记录系统、电子举证质证系统、法规和案例智能检索与推送系统、智能辅助定罪量刑系统、同案同判数据监测平台等，对其发展痛点予以细化探讨，并从技术和制度两个层面提出了应对建言。

全书由李学军和朱梦妮二人负责体例结构的确定和最后的修改、定稿及审校。依撰写章节顺序，各章作者分别是：

第一章，李学军（中国人民大学法学院教授）、崔鲲鹏（中国人民大学法院博士研究生）；

第二章，朱梦妮［中国矿业大学（北京）文法学院助理教授］；

第三章，陈艾璐（中国人民大学法学院博士研究生）；

第四章，杜磊（中国人民大学法学院副教授）、陈娇杨（中国人民大学法学院博士研究生）；

第五章，马丽莎（中国人民大学法学院博士研究生）；

第六章，刘旭阳（山东省高级人民法院法官）；

第七章，钱岩（天津市高级人民法院法官）；

第八章，李娟（黑龙江省高级人民法院法官）；

第九章，唐超琰（中国人民大学法学院博士研究生）。

最后，我谨代表全体作者和参与课题研究的所有成员，向中国人民大学刑事法律科学研究中心对我们研究工作的支持表示诚挚的感谢，同时对中国人民大学出版社各位编辑的辛苦工作表示衷心的感谢！当前，我国的刑事庭审改革、司法体制综合配套改革还在继续，一系列创新实践不断涌现，故本书的未尽及疏漏之处在所难免，请读者给予指正及建议！

李学军

2021年9月

目 录

第一章　刑事庭审的中国发展足迹

一、刑事司法的过往发展路径

梳理中国的刑事司法发展路径，首先需要厘清何为刑事司法。就此，通说认为，司法大体上等同于诉讼，刑事司法亦即刑事诉讼，在中国行使刑事司法权的国家专门机关有人民法院、人民检察院和公安机关，其中人民法院、人民检察院为司法机关，公安机关为行政机关。刑事司法制度大体上是以刑事诉讼制度为基础兼及相关制度的总和。[①]

回溯我国刑事司法的发展路径，大致可分为两个阶段：从 1949 年新中国成立到 1976 年“文化大革命”结束为第一阶段。这是刑事司法制度的起诉与探索期；以 1976 年的历史转折为起始直至现在为第二阶段。这是建设社会主义法治国家取得辉煌成绩的时期，也是中国特色社会主义司法制度正式形成和发展的时期。1979 年 3 月《中华人民共和国刑事诉讼法》的制定，标志着我国刑事诉讼开始进入有法可依、有程序可循的阶段；1996 年《刑事诉讼法》的首次修改，表明刑事诉讼法制在民主化、法治化方面前进了一大步。而 2012 年 3 月《刑事诉讼法》的第二次修改、2018 年《刑事诉讼法》的第三次修改，加强了人权保障，提升了程序价值，完善了惩治犯罪的手段，进一步体现了宽严相济的刑事政策和司法和谐的精神，使我国的社会主义刑事司法制度得到了更新的发展。在这期间，在 2013 年中国共产党十八届三中全会通过的《关于全面深化改革若干重大问题的决定》和 2014 年中

---

① 陈光中，等．中国司法制度的基础理论问题研究．北京：经济科学出版社，2010：3－31.

国共产党十八届四中全会通过的《关于全面推进依法治国若干重大问题的决定》引领下，我国刑事司法改革中提出了一系列重大改革举措，拉开了我国刑事司法法治化改革的新序幕。①

（一）起步与探索

新中国成立后，巩固和完善新生政权，解放和发展生产力，使国家的政治、经济、文化等各项事业走上正常有序的轨道，成为党和政府面临的首要问题。着手进行作为上层建筑的法律制度的建设成为解决问题的重要抓手，受到党和政府的高度重视。但新中国成立初期百废待兴，到底如何进行社会主义法制建设并没有现成的模板，只能立足于我国当时的实际，本着调查研究、实事求是的原则，摸索制定具有中国特色的社会主义法律体系。就刑事立法而言，为了配合"三反""五反"运动的开展，中央制定、颁布了《中华人民共和国惩治反革命条例》《中华人民共和国惩治贪污条例》，其中值得注意的是，在惩治反革命的问题上充分体现出我国社会主义法制建设初期原则性与灵活性相结合的特点。毛泽东同志指出："对镇压反革命分子，请注意打得稳，打得准，打得狠……"② 这是镇压反革命总的原则。而在具体的实施过程中，毛泽东同志也特别强调了操作的灵活性，他指出："对待反革命分子的办法是：杀、关、管、放。"③ "……对于罪大恶极民愤甚深非杀不足以平民愤者必须处死，以平民愤。只对那些民愤不深，人民并不要求处死但又犯有死罪者，方可判处死刑，缓期二年执行，强迫劳动，以观后效。"④

当然，受限于其时的现实条件，新中国成立初期的刑事立法整体上较为落后；而当下，刑事司法制度的建设则取得了较为明显的成效。党和政府在重视保护新生政权、维护国家社会安定的同时，也把保障公民权利放在社会主义法制建设的突出位置，通过建立健全人民司法制度来保障公民的合法权益。中国共产党八大报告中就指出：为了正常的社会生活和社会生产的利益，必须使全国每一个人都明了并且确信，只要他没有违反法律，他的公民权利就是有保障的，他就不会受到任何机关和任何人的侵犯，如果有人非法

---

① 陈桂明主编．中国特色社会主义司法制度研究．北京：中国人民大学出版社，2017：336－337.

② 毛泽东文集：第6卷．北京：人民出版社，1999：117.

③ 毛泽东文集：第7卷．北京：人民出版社，1999：36.

④ 同②123.

地侵犯他，国家就必然出来加以干涉。我们的一切国家机关都必须严格地遵守法律，而我们的公安机关、检察机关和法院，必须贯彻执行法制方面的分工负责和互相制约的制度。新中国成立初期，最高人民法院、最高人民检察署[①]、司法部、法制委员会共同召开第一届全国司法会议，会后全国各地通过贯彻会议有关决定，初步建立了人民司法制度，包括：逐步统一审级制度，基本实行三级二审制；整顿上诉制度，除判处死刑的反革命案件外，其他案件均可上诉；建立死刑复核制度；部分人民法院开始实行公开审判制；一些农村地区的人民法院开始实行就地审判与巡回审判；调解与审判较好地结合；有重点地实行人民陪审制。1953 年 4 月召开的第二届全国司法会议进一步健全了新的人民司法制度，包括：各级人民法院普遍建立人民接待室，对群众来访和简易案件能够当场处理的就当即解决；逐步建立巡回审判制度；在普选人民法庭工作中有重点地试行人民陪审员制度；许多地区建立和健全人民调解委员会，开展民间调解工作。同时，1954 年第一届全国人民代表大会第一次会议通过了《中华人民共和国人民法院组织法》（以下简称《人民法院组织法》）。该法对审判工作制度作了如下规定：实行公开审判制度、辩护制度、人民陪审员制度、合议制度、审判委员会制度、回避制度和审判监督制度。[②] 至此，我国的刑事诉讼制度已以立法的形式被确定下来，新中国刑事诉讼的基本制度（包括庭审制度）均已得到确立，并为 1979 年《刑事诉讼法》的制定奠定了基础。

应当说，人民性的司法原本有良好的基础，进而能够以其为根本指导方针建立现代化的中国特色社会主义司法制度，但遗憾的是，后期由于过于强调司法过程中的人民性，人民司法工作被推向了另一个极端，超越了法律本身，走向了法律虚无主义。[③] 而接下来的“文化大革命”，法制的倒退，国家

---

① 中央人民政府最高人民检察署是中华人民共和国 1954 年前的全国人民最高检察机关，受中央人民政府委员会之直辖，对政府机关、公务人员和全国国民之严格遵守法律，负最高的检察责任。

② 张军，郝银钟．刑事诉讼庭审程序专题研究．北京：中国人民大学出版社，2005：78－79.

③ 陈卫东主编．建设公正高效权威的社会主义司法制度研究：第 1 卷．北京：中国人民大学出版社，2013：269.“现代宪政不仅要求限制君主权力，也要限制民主权力。如果民意出现重大变化，可以通过立法程序进行修正，而非直接体现在司法对个案的判决中，民意如果在司法中高于法律，逻辑上必然导致法律虚无主义。这可能也就是我们在新中国成立初期的司法过程中过于强调人民性，后来逐渐导致‘文化大革命’中法律虚无主义出现的根本原因”。

的刑事司法建设进入停滞期，冤假错案的发生亦在所难免。

（二）转折与发展

十年“文化大革命”，让人们饱尝法律虚无主义带来的恶果，也让人们深刻地意识到一个现代化的法治国家绝不能让人治高于法治。1978 年 12 月，中国共产党十一届三中全会召开，全会作出了把工作重点转移到社会主义现代化建设上来的伟大决策，中国特色社会主义法制建设也开始转向新的发展时期。1979 年 2 月召开的第五届全国人大常委会第六次会议决定设立全国人大常委会法制委员会，作为全国人大常委会专门负责立法的机构。刑事诉讼法的立法工作由此走上正轨。1979 年 7 月，第五届全国人民代表大会第二次会议通过了新中国历史上第一部《刑事诉讼法》，并于 1980 年 1 月 1 日起施行。本次大会还通过了首部《刑法》以及新的《人民法院组织法》《人民检察院组织法》等重要法律。以此为开端，中国的刑事程序法治、刑事司法理念在立足中国实际的基础上，不断吸收、融入现代法治的基本原则与理念。而从另一个角度来说，中国特色社会主义刑事司法制度能获得更好的发展，关键在于树立了正确的立法与司法理念。

1. 惩罚犯罪与保障人权并重

惩罚犯罪与保障人权是现代刑事诉讼的两大主题。犯罪在每个国家的每个历史阶段都是客观存在的，也是无法消除的。有学者就指出：“迄今为止的人类历史经验表明，犯罪可以控制，但无法消灭，这是由基本犯罪规律决定的。”[①] 犯罪严重破坏了既有的社会秩序，然而，“从最低限度来讲，人之幸福要求满足的秩序以确保诸如粮食生产、住房以及孩子抚养等基本需求得到满足；这一要求只有在日常生活达致一定程度的安全、和平及有序的基础上才能加以实现，而无法在持续的动乱和冲突状况中予以实现”[②]。在一定程度上说，刑事诉讼法正是为了满足国家惩罚犯罪的需要而产生的，虽然刑事诉讼有着几千年的发展史，刑事诉讼法的内容也有了重大的变化，但刑事诉讼法所担负的惩罚犯罪的功能从未消减。有鉴于此，我国《刑事诉讼法》在第 1 条就开宗明义地宣告：“为了保证刑法的正确实施，惩罚犯罪，保护

---

① 储槐植．刑事一体化与关系刑法论．北京：北京大学出版社，1997：66.

② ［美］E. 博登海默．法理学：法律哲学与法律方法．邓来正，译．北京：中国政法大学出版社，1999：93.

人民，保障国家安全和社会公共安全，维护社会主义社会秩序，根据宪法，制定本法。”从这条规定可以看出，惩罚犯罪是国家进行刑事诉讼活动的根本原因。为了确保我国的刑事司法制度更好地适应惩罚犯罪的需求，党中央和立法机关在建构刑事司法制度时，特别强调以下三点内容。

第一，注重发现实体真实。惩罚犯罪的前提是发现案件事实的真相，有鉴于此，中国共产党十八届四中全会《关于全面推进依法治国若干重大问题的决定》（以下简称十八届四中全会《决定》）提出要“健全事实认定符合客观真相”的法律制度。“发现实体真实”有两个方面的含义：对于无辜的被告，只当裁判结果确认并开释无辜时，才是发现了实体真实，做到了实体正确；对于真正的犯人，只当裁判确认其犯罪事实并依照刑法施加处罚时，才是发现了实体真实，做到了实体正确。① 为了保证在刑事诉讼过程中准确发现实体真实，一方面，我国《刑事诉讼法》赋予司法机关诸多手段和方法，如多种侦查手段、检察官的补充侦查权和补充调查权、法官庭外调查核实证据权等。另一方面，我国在《刑事诉讼法》中引入无罪推定原则及与其相关的疑罪从无和辩护制度等，就是为了防止错误认定犯罪事实，避免无辜者被错误认定为有罪之人。

第二，注重诉讼效率。诉讼效率是诉讼中所投入的人力、物力等司法资源与案件处理数量的比例。为了提高诉讼效率，便要通过有限的司法资源来处理更多的案件，也意味着要尽量降低诉讼成本，缩短诉讼周期，避免对案件的久积不审和对犯罪嫌疑人、被告人的久押不决。贝卡利亚曾指出：“对于犯罪最强有力的约束力量不是刑罚严酷性，而是刑罚的必定性……即使刑罚是有节制的，它的确定性也比联系着一线不受处罚希望的可怕刑罚所造成的恐惧更令人印象深刻。因为，即便是最小的恶果，一旦成了确定的，就总令人心悸。”② 我国《刑事诉讼法》颁行之初便将“准确、及时地查明犯罪事实”作为刑事诉讼的基本任务加以规定，2012 年修改的《刑事诉讼法》还通过新增口头传唤犯罪嫌疑人、现场讯问证人、严格限定办案期限、增加庭前会议、扩大简易程序适用范围等内容来提高刑事诉讼的效率。2014 年开始的刑事速裁程序试点工作以及后续的认罪认罚从宽程序试点工作，其主要

---

① 林钰雄．刑事诉讼法：上册．北京：中国人民大学出版社，2005：7.

② ［意］贝卡利亚．论犯罪与刑罚．黄风，译．北京：中国大百科全书出版社，1993：59.

目的就在于提高诉讼效率，而这两项试点工作成效显著，已被写入 2018 年修改的《刑事诉讼法》。

第三，由报应型刑罚观向教育型刑罚观转变。虽然刑事诉讼法承载了惩罚犯罪的功能，但并不是单纯地为了惩罚而惩罚，刑事诉讼的终极目的之一应该是更好地控制犯罪。“为惩罚而惩罚”是传统的报应型刑罚观，其认为“刑罚之所以应该存在，原因不在于刑罚可以带来有益于社会的结果，而在于作为刑罚之前提的犯罪是一种道德上或法律上错误的行为。道德或法律上的错误行为必须受到相应的惩罚，因此，刑罚的正当性就在于惩罚作为犯错者的罪犯本身”[①]。亦即惩罚本身就是国家对罪犯处以刑罚的目的。而教育型刑罚观认为，刑罚不是国家对犯罪的本能反应，而是国家有目的的行为，故国家对罪犯进行追诉时，通常要考虑适用刑罚的目的。从教育刑刑罚观来看，刑罚功能之发挥，并非完全依靠惩罚；相反，对一些轻微犯罪案件、未成年人犯罪案件中的犯罪人，采取轻刑化、非犯罪化的处理方式反而更有助于实现刑罚之教育和改造功能。[②] 同时，伴随着改革开放的进程，我国的民主法治观念逐步加强，逐渐由国家本位主义的一元化法律观向重视社会及个人权利保障的多元化法律观转型。宽严相济刑事政策的提出、社区矫正的加强、刑事和解的出现、附条件不起诉制度的确立，体现出我国刑事司法不再只是为了惩罚而惩罚，关注的重点已转向如何更有效地预防和控制犯罪。21 世纪以来，宽严相济的刑事司法政策在全球范围内受到了重视，其要求在刑事司法活动中对刑事案件和被告人的处理，当宽则宽，当严则严，宽严相济，宽严有度。“按照刑事一体化的思想，实体和程序应当一并考虑，因为刑罚的适用、刑事政策的贯彻，需要通过一定的程序来实现，刑事程序的设置与运行状况对政策的贯彻将产生很大程度的减损或增益的作用。”[③] 因此，我国的刑事诉讼在制度构建上更加灵活，如针对重罪和轻罪的诸多具体制度允许越来越多的例外存在；程序的设计也更加丰富，如针对恐怖犯罪的加重措施、针对轻罪的和解程序，以实现对严重犯罪严厉打击、对轻微犯罪从宽处理的目标。

---

① 邱兴隆．关于惩罚的哲学——刑罚根据论．北京：法律出版社，2000：2.

② 陈桂明主编．中国特色社会主义司法制度研究．北京：中国人民大学出版社，2017：340.

③ 龙宗智．通过程序实现“宽严相济”刑事政策．社会科学，2007（5）.

在注重惩罚犯罪的同时，当然也要坚持保障人权的立场。人权保障的力度已经成为现代国家法治化的试金石。半个多世纪以来，国际人权运动如火如荼，1966 年 12 月第二十一届联合国大会通过了《经济、社会、文化权利国际公约》、《公民权利和政治权利国际公约》和《公民权利和政治权利国际公约任择议定书》，其中，《经济、社会、文化权利国际公约》于 1976 年 1 月 3 日生效，《公民权利和政治权利国际公约》和《公民权利和政治权利国际公约任择议定书》于 1976 年 3 月 23 日生效。以这三部最重要的人权条约为代表的一系列国际、区际人权条约对各国的人权立法产生了重大影响。国际人权运动的迅速发展对以国家利益为核心的传统国际秩序提出了严峻挑战，使其从过去单一强调“国家安全”到人本回归，开始强调国家对人民的保护责任。这些有关国家与个人之关系的理念的变化，表明国际社会越来越强调个人的价值和尊严，国家主权则受到越来越多的限制。[①] 在这一背景下，随着我国刑事诉讼理论研究的深入，尤其是我国 2004 年修改《宪法》时在第 33 条增加第 3 款规定“国家尊重和保障人权”，我国刑事诉讼中人权保障的内涵得到了发展。2012 年修改《刑事诉讼法》时，在第 2 条有关刑事诉讼法的任务中增加规定“尊重和保障人权”，切实将我国《宪法》中“国家尊重和保障人权”之条款要求落地于部门法。由此，一般认为，“刑事诉讼领域的保障人权，可以从三个层面去理解：第一个层面是保障犯罪嫌疑人、被告人和罪犯的权利，防止无罪的人受到刑事法律追究，防止有罪的人受到不公正的处罚；第二个层面是保障所有诉讼参与人，特别是被害人的权利；第三个层面是通过对犯罪的惩罚保护广大人民群众的权利不受犯罪侵害”[②]。

就第一层面的被追诉人人权保障来说，它是刑事诉讼中人权保障的核心内容和重心所在。在刑事追诉中，被追诉人处于被动的地位，其只能消极地防御以及在合法权利受到侵犯后申请救济，因此被追诉人的合法权利随时可能会受到侵犯。当被追诉人的利益与国家利益发生最尖锐冲突的时候，国家对被追诉人基本权利的尊重和保障恰恰反映出国家民主和法治的发展水平。虽然各国的历史传统和社会发展各有不同，刑事诉讼中保障被追诉人人权的方式也存在差异，但基于人类刑事司法文明的普适性以及刑事诉讼的基本规

---

① 张爱宁．国际人权法的晚近发展及未来趋势．当代法学，2008（6）．

② 陈光中主编．刑事诉讼法．北京：北京大学出版社，2013：12．

律，在刑事诉讼中加强对被追诉人人权的保障在全球范围内也得到了一定的认可。《公民权利和政治权利国际公约》第 9 条、第 14 条专门对刑事诉讼中被追诉人享有的基本权利进行了规定。这是现代法治社会对被追诉人人权保障的基本要求，也是国家在刑事诉讼中对被追诉人定罪量刑所应恪守的基本底线。

改革开放以来，我国在刑事诉讼中对被追诉人的人权保障有了较大的进步和发展。例如，为配合 1983 年“严打”，最高人民法院将部分死刑案件核准权授予高级人民法院行使，虽然在特定的历史时期对于打击犯罪，保护人民群众生命、财产安全起到了一定作用，但也导致许多冤假错案，造成了无法挽回的损失和严重后果。随着“尊重和保障人权”入宪，并在依法治国和建设社会主义法治国家的背景下，2006 年中央决定收回已经下放了二十多年的部分死刑案件核准权。最高人民法院统一行使死刑案件核准权，是中央从构建社会主义和谐社会、实现国家长治久安的战略全局出发作出的重大决策，是从司法制度上落实“国家尊重和保障人权”宪法原则的重要措施。① 2012 年修改《刑事诉讼法》时尤为注重加强对被追诉人的人权保障，规定了不得强迫任何人证实自己有罪，还增加了非法证据排除的规定。这些新增规定彼此间存在紧密联系，同时又有各自的意义。

就第二层面的被害人人权保障而言，应当看到，西方传统的刑事司法理念以犯罪嫌疑人和被告人为中心，甚至将犯罪嫌疑人和被告人的诸多权利上升到宪法的高度来确保犯罪嫌疑人和被告人的基本权利在刑事诉讼中不受侵犯，受制于此，被害人便处于刑事诉讼的边缘，甚至被排斥在刑事诉讼程序之外。常有人感慨道：“大家都想到犯罪人，但没有人想到被害人。”“犯罪人大家都关心，被害人却无人问津!”但这种以犯罪嫌疑人、被告人为中心的刑事司法理念在近半个世纪以来发生了巨大的变化，1941 年德国犯罪学家汉斯·冯·亨蒂首次提出：“被害人在犯罪与预防犯罪的过程中，不只是一个被动的客体，而是一个积极的主体，不能只强调罪犯的人权，而且要充分地肯定和坚决保护被害人的人权。”② 随着被害人学的蓬勃发展，联合国

① 陈光中．中国刑事诉讼法立法四十年．法学，2018（7）．

② ［德］汉斯约·阿希德·施奈德．国际范围内的被害人．北京：中国人民公安大学出版社，1992：1．

于 1985 年召开了第七届“犯罪预防和罪犯处遇大会”，通过了《为罪行和滥用权力行为受害者取得公理的基本原则宣言》。进入 21 世纪后，被害人的人权保障在西方国家得到进一步强化，如英国在 2002 年公布的司法改革报告——《所有人的正义》指出：“我们将置被害人和证人于刑事司法制度的中心位置，保证他们看到案子审理得更多更快。我们将援助他们并及时将案件进展情况通报他们，使被害人和证人在尽可能最安全的环境中提供最好的证据。”我国则历来较为关注被害人的权利保障，《刑事诉讼法》赋予被害人以当事人地位，规定了诸多诉讼权利，尤其保障被害人对诉讼进程的知悉权以及对案件处理发表意见的权利。

而就最后一个层面的其他诉讼参与人人权保障来看，过去曾有观点认为，刑事诉讼中人权保障之主体应当仅限于犯罪嫌疑人、被告人和被害人，证人、翻译人、鉴定人等其他诉讼参与人在刑事诉讼中虽然享有一定的诉讼权利，但绝不能简单地把这种诉讼权利等同于我们所说的刑事诉讼中的人权。[①] 但是，十八届四中全会《决定》于“加强人权司法保障”部分明确指出：“强化诉讼过程中当事人和其他诉讼参与人的知情权、陈述权、辩护辩论权、申请权、申诉权的制度保障。健全落实罪刑法定、疑罪从无、非法证据排除等法律原则的法律制度。完善对限制人身自由司法措施和侦查手段的司法监督，加强对刑讯逼供和非法取证的源头预防，健全冤假错案有效防范、及时纠正机制。”可以说，将当事人和其他诉讼参与人均纳入我国刑事诉讼人权保障主体的范围，不仅符合诉讼规律，而且也符合我国的实际，有助于全面推动我国刑事诉讼法中人权保障的发展。[②]

2. 实体公正与程序公正并重

实体公正是指对案件的结局处理所体现的公正，包括以下要求：(1) 据以定罪量刑的犯罪事实必须根据证据准确地加以认定，做到证据确实、充分；(2) 正确适用刑法，准确认定犯罪嫌疑人、被告人是否有罪及其罪名；(3) 认定犯罪嫌疑人、被告人有罪或者罪重在事实或法律上产生疑问时，应当从有利于被追诉人方面作出处理；(4) 按照罪刑相适应原则，依法适度判定刑罚；(5) 已生效的裁判得到合理有效的执行，使实体公正最后真正实

① 谭世贵主编．刑事诉讼原理与改革．北京：法律出版社，2002：194.

② 陈桂明主编．中国特色社会主义司法制度研究．北京：中国人民大学出版社，2017：342.

现；(6) 对错误处理的案件，特别是对无罪作有罪处理的案件，依法采取救济方法及时纠正、及时补偿。程序公正，即过程的公正，是指诉讼程序方面体现出来的公正。就形式而言，程序公正的标准包括两个方面：一是程序法定；二是法定的程序被严格的遵守，任何违反法定程序的行为都应该在程序上受到制裁。就实质而言，程序公正的标准包括司法独立、裁判者中立、诉讼双方平等、程序公开、当事人程序权利得到有效保障及程序终局六个方面的内容。

实体公正与程序公正都是刑事司法所追求的目标，实体公正与程序公正并重之理念在全球受重视的程度越来越高，也常见于学者的论述之中。德国的学者认为："在法治国家的刑事诉讼程序中，对司法程序之合法与否，被视为与对有罪之被告、有罪之判决及法和平之恢复，具有同等之重要性。"[①] 日本的学者更加形象地指出："实体法与形式法如同一辆车的两个轮子，对诉讼都起作用，它们之间不可能存在主从关系。"[②] 陈光中教授在我国率先提出了实体公正与程序公正并重的观点："实体法和诉讼法相互依存，相辅相成，构成统一的法制体系，不能有主次、轻重之分。"[③] 陈光中教授进一步指出："程序公正和实体公正，总体上说是统一的，但有时不可避免地发生矛盾，在一定的情况下，应当采取程序优先的原则……但在某种情况下，又必须采取实体优先的原则……总之，程序公正和实体公正如车之两轮、鸟之双翼，互相依存，互相联系，不能有先后轻重之分。"在今天的中国，实体公正与程序公正并重的理念已经在理论界受到大部分学者的肯定，并被党中央、立法机关、司法机关所接受。譬如，最高人民法院、最高人民检察院、公安部、国家安全部、司法部（以下简称"两高三部"）联合颁布的《关于办理死刑案件审查判断证据若干问题的规定》（以下简称《办理死刑案件证据规定》）在非法证据是否需要排除的问题上指出：对于明显违反法律取得的证据实行排除；对于依照比较严重的程序违法手段取得的证据，由法院裁量排除；对于证据形式虽然存在瑕疵，如见证人没有在搜查笔录上签字的，但通过采取补救措施能够弥补或者作出合理解释的，可以采用。这种根

① ［德］克劳思·罗科信．刑事诉讼法：第24版．吴丽琪，译．北京：法律出版社，2003：5.

② ［日］兼子一，竹下守夫．民事诉讼法．白绿铉，译．北京：法律出版社，1995：8.

③ 陈光中，江伟主编．诉讼法论丛：第1卷．北京：法律出版社，1999：16.

据程序违法对基本权利影响的程度来判断诉讼行为之效力的思想，符合程序公正与实体公正并重的理念。另外，“两高三部”《印发〈关于办理死刑案件审查判断证据若干问题的规定〉和〈关于办理刑事案件排除非法证据若干问题的规定〉的通知》中明确指出，“各相关部门在司法实践中要严格贯彻落实两个《规定》，牢固树立惩罚犯罪与保障人权并重的观念、实体法与程序法并重的观念”。中央政法机关也多次强调要始终坚持程序公正与实体公正并重，切实改变“重实体、轻程序”的倾向，将实体公正与程序公正并重作为社会主义法治理念的重要内容。十八届四中全会《决定》中提出：“健全事实认定符合客观真相、办案结果符合实体公正、办案过程符合程序公正的法律制度”。其核心思想也是要求在刑事诉讼中坚持实体公正与程序公正并重。

3. 无罪推定原则

两大法系对无罪推定原则之内涵的界定不尽相同。在英美法系，无罪推定原则仅为一项证据规则，用于对证明责任进行分配，即被告人有罪的事实由控方举证证明，且被告人无罪的事实不需要证明；只要控方没有证据证明被告人有罪或者证明被告人有罪的证据不充分，就应推定被告人无罪。在大陆法系，无罪推定原则除在证明责任的分配上发挥作用外，也是正当程序的构成要素，保护犯罪嫌疑人、被告人的自由。① 虽然两大法系中无罪推定原则的具体内涵不同，但认定犯罪的证明责任由控方承担这一点获得了两大法系的共同认可。

无罪推定原则源于古代罗马法的两项著名原则，即“有疑，为被告人的利益”和“一切主张在未证明前推定其不成立”。8世纪的法兰克法律的规定已经体现了无罪推定原则：并非起诉本身，而是有罪判决使之成为真正的罪犯。② 贝卡利亚受“天赋人权”“自由平等”启蒙思想的启发，在其著作《论犯罪与刑罚》中也提道：“在法官判决之前，一个人是不能被称为罪犯的。只要还不能断定他已经侵犯了给予他公共保护的契约，社会就不能取消

① Francois Quintard-Morénas，“The Presumption of Innocence in the French and Anglo-American Legal Traditions”，58 *Am. J. Comp. L.* 107，125－33（2010）.

② Richard M. Fraher，“‘Ut nullus describatur reus prius quam convincatur’：Presumption of Innocence in Medieval Canon Law?”，Proceedings of the Sixth International Congress of Medieval Canon Law，Berkeley，California，28 July-2 August 1980.

对他的公共保护。”[①] 这一思想对中世纪纠问式诉讼制度所蕴含的有罪推定原则提出了挑战，符合市民阶级废除封建专横司法制度的要求，对刑事司法走向民主法治具有重要意义。无罪推定原则最早被吸收进法国1789年的《人权宣言》，其第9条规定：“任何人在宣判有罪之前应当视为无罪。”1895年，美国联邦最高法院通过 *Coffin v. U. S* 一案的判例，明确宣布在刑事司法中实行无罪推定原则：“一项指控不应被宣判有罪，除非有排除合理怀疑的证据证明有罪……无罪推定，是在刑事审判时，如果被告人不能被证明有罪，按照法律作出有利于公民的结论。”二战后，在联合国的推动下，无罪推定成为一项重要的国际刑事司法原则。《世界人权宣言》第11条第1款规定：“凡受刑事控告者，在未经获得辩护上所需的一切保证的公开审判而依法证实有罪前，有权被视为无罪。”《公民权利和政治权利国际公约》第14条第2款规定：“凡受刑事控告者，在未依法证实有罪之前，应有权被视为无罪。”后续，无罪推定原则在世界上多个国家得到确立。譬如，英国1998年《人权法》附表一第6条关于“接受公平审判的权利”规定：“二、被控告刑事犯罪的每个人均应被假定无罪，直到依据法律证明其有罪。”法国2000年《刑事诉讼法》序言第三项规定：“每个犯罪嫌疑人或被告人在其被确定为有罪之前均应被推定为无罪。禁止侵犯其无罪推定的权利，否则，依据法律应当予以赔偿并处罚。”

无罪推定原则已经成为衡量刑事诉讼制度民主和文明的一项重要标准，遵循这一原则已经成为现代法治国家的理性选择。[②] 虽然我国的《宪法》和《刑事诉讼法》尚未明确规定无罪推定原则，但该原则在刑事司法中逐步得到彰显和加强。在1954年《宪法》颁行和中国共产党八大提出要进行社会主义法制建设的背景下，无罪推定原则在我国当时的刑事诉讼法学界得到肯定。1957年草拟的《中华人民共和国刑事诉讼法（草案）》第5条规定：“被告人在有罪判决发生法律效力以前，应当假定为无罪的人。”这是新中国成立后当时唯一明确规定了无罪推定原则的草案，但该原则在随后的“整风反右”运动中被定性为“资产阶级反动原则”，继而受到强烈批判并被废弃。1979年《刑事诉讼法》制定、颁行时正处于改革开放起步时期，在“解放

① ［意］贝卡利亚．论犯罪与刑罚．黄风，译．北京：中国法制出版社，2005：37.

② 陈光中．论无罪推定原则及其在中国的适用．法学杂志，2013（10）.

思想，实事求是”的方针指导下，学界再次对无罪推定原则进行了反思和探讨。遗憾的是，由于观念上的分歧，无罪推定原则并未被 1979 年《刑事诉讼法》采纳。1996 年第一次修正《刑事诉讼法》时，学界又一次就是否应该在立法中吸收无罪推定原则进行了热烈讨论，大多数人对这一问题持肯定态度，继而 1996 年《刑事诉讼法》第 12 条规定：“未经人民法院依法判决，对任何人都不得确定有罪。”① 2012 年第二次修正《刑事诉讼法》时，随着经济、社会的发展及人权和法治观念的增强，学者要求将无罪推定原则立法化的呼声越来越高。② 2012 年《刑事诉讼法》进一步彰显和贯彻了无罪推定原则的精神，但仍未明确规定无罪推定原则。

2012 年《刑事诉讼法》对举证责任的分配增加了新的规定：“公诉案件中被告人有罪的举证责任由人民检察院承担，自诉案件中被告人有罪的举证责任由自诉人承担。”该规定明确了由控诉一方承担犯罪嫌疑人、被告人有罪的证明责任，被指控人在被证明有罪之前处于无罪的地位，无须承担自己无罪的证明责任。这一举证责任分配方式的确立符合无罪推定原则之要求，是 2012 年《刑事诉讼法》修改的一个进步。③ 另外，2012 年《刑事诉讼法》第 200 条第 3 项规定：“证据不足，不能认定被告人有罪的，应当作出证据不足、指控的犯罪不能成立的无罪判决。”该规定符合无罪推定原则的重要内容之一“存疑有利于被指控人”中的“疑罪从无”要求。为更好地贯彻“疑罪从无”原则，十八届四中全会《决定》要求“健全冤假错案有效防范、及时纠正机制”，后续最高人民法院发布的《关于全面推进以审判为中心的刑事诉讼制度改革的实施意见》（以下简称《审判中心改革实施意见》）等也不断强调，要夯实防范冤假错案的制度基础，筑牢防范冤假错案的程序防

---

① 对该法条，我国学者将其称为“无罪推定原则”“近似无罪推定原则”或者无罪推定原则精神的集中体现。

② 陈光中教授主持的《中华人民共和国刑事诉讼法——再修改专家建议稿与论证》中第 10 条规定了两款内容，其中第 1 款规定：“在人民法院依法作出生效裁判确定有罪以前，任何人应当被推定为无罪。”第 2 款规定：“不能认定犯罪嫌疑人、被告人有罪或无罪的，按无罪处理；不能认定犯罪嫌疑人、被告人罪重或罪轻的，按罪轻处理。”（陈光中主编．中华人民共和国刑事诉讼法——再修改专家建议稿与论证．北京：中国法制出版社，2006：4.）另外，其他相关论著中也主张将无罪推定原则载入刑事诉讼法典，例如，陈卫东主编．模范刑事诉讼法典．2 版．北京：中国人民大学出版社，2011. 陈瑞华，田文昌．《中华人民共和国刑事诉讼法》再修改律师建议稿与论证．北京：法律出版社，2007。

③ 陈光中．论无罪推定原则及其在中国的适用．法学杂志，2013（10）.

线。在看到进步的同时，我们也应该认识到“存疑有利于被告人”包含“疑罪从无”和“罪重罪轻存疑时从轻”两方面要求：首先，如果现有证据既不能证实被追诉人的犯罪行为，也不能完全排除被追诉人实施了被追诉犯罪行为的嫌疑，根据无罪推定原则，应当作出无罪判决；其次，如果控方提出的证据足以证实被告人有罪，但是无法确定罪重罪轻时，应当作出罪轻判决。[①] 美中不足的是，现行《刑事诉讼法》只体现了“疑罪从无”的要求，对“罪重罪轻存疑时从轻”尚无规定。中国共产党十八大提出，我国要“加快建设社会主义法治国家”，要提高“运用法治思维和法治方式深化改革、推动发展、化解矛盾、维护稳定能力”。因此，我们有理由相信，无罪推定原则将在未来的刑事立法和司法实践中得到明确确立，未来的刑事司法也将具有更高的人权保障水平。

4. 证据裁判原则

证据裁判原则是司法制度发展到一定程度所衍生的产物，也被称为证据裁判主义，是指诉讼过程中司法人员认定案件事实必须以证据为依据。这一原则包含三个层次的要求：一是裁判的形成必须以证据为依据，没有证据不得认定犯罪事实；二是作为认定犯罪事实基础的证据必须具有证据资格，并经过法定的调查程序；三是据以作出裁判的证据必须达到相应的标准和要求。[②] 证据裁判原则是现代刑事诉讼中认定案件事实所应遵守的核心原则，其在当今已被众多国家在立法中予以确认，成为法治国家证据制度的基石。

自从人类社会开始通过诉讼活动解决纠纷，裁判者就在诉讼过程中力求发现案件真实，而发现真实的模式、原则以及制度也随着人类社会的发展呈现出阶段性演进的样态。有学者以欧洲大陆为分析视角，将发现真实的方式的演进分为三个阶段：神明裁判、法定证据和自由心证。也有学者认为应将历史上的证明方式的演进分为两次重大转化，第一次是从神证到人证为主的转化，第二次是从人证到物证为主的转化。该学者进而将发现真实的方式分为与前述不同的三个阶段：第一个是神誓和神判阶段，第二个是以当事人和证人的陈述为主要证明方式的阶段，第三个是以物证或科学证据为主要证明

① 陈光中．论无罪推定原则及其在中国的适用．法学杂志，2013（10）．

② 黄晓云．把好事实证据关，提高刑事案件质量——最高人民法院刑三庭副庭长吕长伦就《办理死刑案件证据规定》和《非法证据排除规定》答记者问．中国审判，2010（7）．

方式的阶段。[①] 还有学者认为，虽然物证或科学证据在现代诉讼过程中扮演着越来越重要的角色，但人证（包括证人证言、当事人陈述等）对案件事实生动、具体的描述是物证或科学证据所无法取代的。其认为应将证明方式的演进进程划分为神明裁判、口供裁判以及证据裁判三个阶段。[②] 考虑到日本学者田口守一教授将证据裁判原则概括为两层含义［一是从历史意义上否定了所谓的神判（认定事实必须依据证据，其他任何东西都不是认定事实的根据），二是有规范性意义（必须根据具有证据能力的证据，而且只有经过调查之后才能认定构成犯罪核心内容的事实）[③]］，我们认为，田口守一所言的前一种意义的证据裁判，充分体现了诉讼的进步和文明，是对神明裁判的批判。与神示证据制度下的水审、火审等通过神的意志发现事实真相的做法相比，证据裁判无疑是诉讼历史上的巨大进步。[④]

证据裁判原则发轫于18世纪欧洲大陆资产阶级革命时期：资产阶级夺取政权后，将刑讯逼供和法定证据制度予以废除，并确立了自由心证原则。1808年《法国刑事诉讼法典》第342条规定，法律仅要求陪审员深思细察，并本着良心诚实推求已经提出的对被告不利和有利的证据在他们的理智上产生了何种印象，即只向他们提出这样的问题："你们已经形成内心确认否？"现行《法国刑事诉讼法典》第353条保留了上述条文原意："在重罪法庭休庭前，审判长应责令宣读下列训示，并将内容以大字书写成报告，张贴在评议室最显眼处：法律并不考虑法官通过何种途径达成内心确信；法律并不要求他们必须追求充分和足够的证据；法律只要求他们心平气和、精神集中，凭自己的诚实和良心，依靠自己的理智，根据有罪证据和辩护理由，形成印象，作出判断。法律只向他们提出一个问题：你是否已形成内心确信？这是他们的全部职责所在。"[⑤] 这一著名的规定自由心证原则的条文，强调的是事实裁决者对证据审查判断的自由裁量，但它又体现出内心确信的根据是提交给法庭的对被告人有利和不利的证据，也就是说它包含着证据裁判原则的

① 何家弘．神证·人证·物证——试论司法证明方法的进化．中国刑事法杂志，1999（4）．

② 陈光中．证据裁判原则若干问题之探讨．中共浙江省委党校学报，2014（6）．

③ ［日］田口守一．刑事诉讼法：第7版．张凌，于秀峰，译．北京：法律出版社，2019：437．

④ 宋英辉，李哲．证据裁判原则评介．政法论坛（中国政法大学学报），2003（4）．

⑤ 世界各国刑事诉讼法：欧洲卷·上．卞建林，等译．北京：中国检察出版社，2016：633．

内涵。[1] 同时，现行《法国刑事诉讼法典》第 427 条明确规定：在轻罪的审判中，“除法律另有规定外，罪行可通过各种证据予以确定，法官根据其内心确信判决案件。法官只能以提交审理并经双方辩论的证据为依据作出判决”。第 536 条规定，“对违警罪案件中证据的处理，同样适用第 427 条的规定”。第 537 条规定：“违警罪或由笔录或报告证明，在无报告和笔录时由证人证明，或由其他事实证明。”受 1808 年《法国刑事诉讼法典》影响，德国在 1877 年制定刑事诉讼法典时也确立了内心确信原则，现行《德国刑事诉讼法典》第 261 条规定：“对证据调查的结果，由法庭根据它在审理过程中建立起来的自由内心确信而决定。”[2] 法、德两国以及俄罗斯、意大利的现行刑事诉讼法典虽然规定了内心确信原则，却均未明确规定证据裁判原则。但是，英美法系国家在刑事诉讼中坚持证据裁判原则是显而易见的，英美法系国家的证据制度中有诸多有关证据可采性和关联性的规则，其与证据裁判原则的基本精神相一致。事实上，这些国家也特别强调认定案件事实必须依靠证据。

而日本与前几个国家不同，其在 1876 年制定《断罪依证律》时受法国影响，将《改定律例》中典型的口供主义表述“凡断罪，依口供结案”改为直接体现证据裁判原则的“凡断罪，依证据”，同时还规定了“依证据断罪，完全由法官确定”。如此便将法国的自由心证原则在日本分别规定为证据裁判原则和自由心证原则。[3] 现行《日本刑事诉讼法》第 317 条将其表述为：“认定事实应当根据证据。”[4] 受日本影响，亚洲其他一些国家和地区也在规定了证据裁判原则，如《韩国刑事诉讼法典》第 307 条第 1 款规定：“认定事实，应当以证据为依据。”[5] 而我国台湾地区也有相关规定：“犯罪事实应依证据认定之，无证据不得认定犯罪事实。”

在我国封建社会时期，通常以口供定罪为主并采纳其他证据。而清朝末年制定《大清刑事、民事诉讼法草案》时（该草案于 1906 年编成），因受到

---

① 陈光中．证据裁判原则若干问题之探讨．中共浙江省委党校学报，2014（6）.

② 世界各国刑事诉讼法：欧洲卷・上．卞建林，等译．北京：中国检察出版社，2016：298.

③ ［日］松尾浩也．日本刑事诉讼法：下卷．北京：中国人民大学出版社，2005：4.

④ 世界各国刑事诉讼法：亚洲卷．卞建林，等译．北京：中国检察出版社，2016：351.

⑤ 同④260.

了德国、日本等大陆法系国家的影响，其中的部分规定体现了证据裁判原则。如《大清刑事、民事诉讼法草案》第74条规定："承审官确查所得证据已足证明被告所犯之罪，然后将被告按律定拟。"第75条规定："被告如无自认供证而众证明白、确凿无疑即将被告按律定拟。"这是中国首部体现证据裁判原则的诉讼法草案，但可惜最终未能颁行。

在新民主主义革命时期，中国共产党探索提出了实事求是的路线方针，具体到司法裁判上则要求应当依据充分的证据来查明案件事实。《中华苏维埃共和国中央执行委员会训令》（第六号）（1931年12月13日中央执行委员会非常会议通过）规定："在审讯方法上……必须坚决废除肉刑，而采用搜集确实证据及各种有效方法。"[①] 毛泽东同志在《论政策》中也提道："对任何犯人，应坚决废止肉刑，重证据而不轻信口供。"[②] 1942年公布的《陕甘宁边区保障人权财权条例》第10条"逮捕人犯不准施以侮辱殴打及刑讯逼供，强迫自首，审判采取证据主义不重口供"，则明确规定了证据裁判原则。

新中国成立初期的相关法律文件中继承了证据裁判的原则，坚持强调以口供以外的证据作为认定案件事实的主要依据，如1956年10月最高人民法院发布的《各级人民法院刑、民事案件审判程序总结》指出："在法庭调查阶段，必须把案情彻底查清，取得确凿的证据……被告人的供词，必须经过调查研究，查明确实与客观事实相符的，方可采用。"[③]

"文化大革命"结束后制定的1979年《刑事诉讼法》第35条（现行《刑事诉讼法》第55条）则规定："对一切案件的判处都要重证据，重调查研究，不轻信口供"，定罪量刑也要达到"事实清楚，证据确实充分"的证明标准。虽然1979年《刑事诉讼法》没有直接明确规定证据裁判原则，但第35条的规定已体现了证据裁判原则的精神。1996年修正的《刑事诉讼法》第129条（现行《刑事诉讼法》第162条）、第140条（现行《刑事诉讼法》第175条）第4款和第162条（现行《刑事诉讼法》第200条）第3项等规定，即"公安机关侦查终结的案件，应当做到犯罪事实清楚，证据确

---

① 武延平，刘根菊，等编．刑事诉讼法学参考资料汇编：上册．北京：北京大学出版社，2005：10.

② 毛泽东选集：第2卷．北京：人民出版社，1991：767.

③ 韩延龙主编．中华人民共和国法制通史：下．北京：中共中央党校出版社，1998：60－61.

实、充分……”“对于二次补充侦查的案件，人民检察院仍然认为证据不足，不符合起诉条件的，应当作出不起诉的决定”“证据不足，不能认定被告人有罪的，应当作出证据不足、指控的犯罪不能成立的无罪判决”，都直接或间接地体现了疑罪从无的精神，但是仍未在法律文本中确立证据裁判原则。

证据裁判原则在我国首次得到正式明确是在司法解释之中：2007 年最高人民法院、最高人民检察院、公安部、司法部联合出台的《关于进一步严格依法办案确保办理死刑案件质量的意见》提出：“坚持证据裁判原则，重证据、不轻信口供。”2010 年出台的《办理死刑案件证据规定》继续强调了这一重要原则，其中规定，“认定案件事实，必须以证据为根据”。而在 2012 年修改的《刑事诉讼法》颁行后出台的最高人民法院《关于适用〈中华人民共和国刑事诉讼法〉的解释》第 61 条也再次明确“认定案件事实，必须以证据为根据”，十八届四中全会《决定》更进一步强调，“全面贯彻证据裁判规则，严格依法收集、固定、保存、审查、运用证据……”。

总的看来，我国刑事诉讼中证据裁判原则的确立经历了从口供裁判到证据裁判精神体现，再到证据裁判原则确立的三个阶段。这种发展路径根植于我国的特定环境，符合我国的诉讼文化和诉讼制度发展。[①]

5. 不被强迫自证其罪原则

不被强迫自证其罪，是一项国际通行的刑事司法原则和证据法基本原则，不仅被当代法治国家的国内法和地区法广泛确认，也被一系列国际公约认可，现已经成为最低限度的国际刑事司法准则之一。联合国《公民权利和政治权利国际公约》、联合国《儿童权利公约》等文件，均将“不被强迫作不利于他自己的证言或强迫承认犯罪”列为被追诉人应享有的“最低限度的保证”之一。[②]

不被强迫自证其罪原则，其精神来源于“任何人无义务控告自己”的古老格言。历经数百年的斗争，其才最终被确立为一项重要的国际公约人权准则和刑事司法原则。该原则起源于英国。1639 年，英国王室特设法庭——

① 陈光中．证据裁判原则若干问题之探讨．中共浙江省委党校学报，2014（6）．

② 刘桂明主编．中国特色社会主义司法制度研究．北京：中国人民大学出版社，2017：392．

星座法院在审理指控约翰·李尔本印刷出版煽动性书刊的案件中强迫李尔本宣誓作证，被李尔本拒绝。李尔本在法庭上说："任何人都不得发誓折磨自己的良心，来回答那些将使自己陷入刑事追诉的提问，哪怕是装模作样也不行。"星座法院遂对其施以鞭笞和枷刑。1640 年，李尔本在英国国会呼吁通过法律确立不被强迫自证其罪原则，得到国会的支持。1641 年以后，普通法院开始在其诉讼程序中限制使用宣誓。[①] 到了 18 世纪，该原则在英国的刑事诉讼和没收财产的程序中被普遍适用。

在美国，不被强迫自证其罪原则被 1789 年宪法第五修正案所吸收，上升为宪法性保障。即美国宪法第五修正案规定："任何人……在任何刑事案件中，不得被强迫作不利于他自己的证人，未经正当法律程序，不得剥夺他人的生命、自由或财产……"最初这一规则只适用于审判阶段。到了 20 世纪 30 年代，美国刑事侦查中刑讯逼供的现象屡有发生，刑讯被称为第三级（the third degree）审讯方法。1966 年，美国最高联邦法院通过米兰达诉亚利桑那州一案确立了米兰达规则，即如果警察在讯问时没有预先作出米兰达警告[②]，被讯问人的供词一律不得作为证据进入司法程序。米兰达规则一方面将不被强迫自证其罪原则更加具体化，另一方面为不被强迫自证其罪原则在侦查讯问活动中的适用提供了进一步保障。伴随着对米兰达规则的争议以及现实情况的千变万化，美国联邦最高法院认为，僵硬地要求警察在任何情况下都必须执行"米兰达警告"是不现实的。因此，美国联邦最高法院和一些州法院通过案例确定了诸如"公共安全例外"等例外规则。[③]

加拿大也确立了不被强迫自证其罪原则，1982 年加拿大《权利与自由

---

① 陈光中，[加] 丹尼尔·普瑞方廷主编．联合国刑事司法准则与中国刑事法制．北京：法律出版社，1998：213.

② 米兰达规则，也称米兰达警告，其内容为："宪法要求我告知你以下权利：(1) 你有权保持沉默，你对任何一个警察所说的一切都将可能被作为法庭对你不利的证据；(2) 你有权利在接受警察询问之前委托律师，律师可以陪伴你受讯问的全过程；(3) 如果你付不起律师费，只要你同意，在所有询问之前将免费为你提供一名律师；(4) 如果你不愿意回答问题，你在任何时间都可以终止谈话；(5) 如果你希望跟你的律师谈话，你可以在任何时候停止回答问题，并且你可以让律师一直伴随你讯问的全过程。"

③ "公共安全例外"，是指当对公共安全的关心合理地促使警察提问时，即使犯罪嫌疑人在被提问前没有收到"米兰达警告"，其所作的供述也可以被采纳为证据。New York v. Quarles，467 U. S. 649 (1984).

宪章》第 11 条规定，任何被指控犯罪的人应享有“在诉讼中不得被强迫作为证人指控本人犯罪”的权利。加拿大最高法院的判例认为，在警察拘捕后的讯问过程中保持沉默的权利，是《权利与自由宪章》所规定的“基本正义”原则（principles of fundamental justice）[①] 之一；并指出：“刑事诉讼中或许唯一最重要的组织原则是被追诉者不得被强制协助对自己的指控。”[②]

在法国，传统上一直奉行纠问式的诉讼模式。在该模式下，被讯问人必须履行“如实陈述”的义务，否则法院可判以“虚言罚”或者“不服从罚”；并且司法机关被明确赋予为了获取受审人的口供而对其进行拷问的权力。虽然法国在 1789 年废除了要求被告人宣誓后再接受讯问的规定，但 1808 年通过的《治罪法》又规定，法院可以为发现真实而采取一切方法。直至 1897 年，法国才在新通过的法律中明确规定预审法官讯问时必须明确告知被讯问人“有权选择沉默”，《法国刑事诉讼法典》第 116 条规定：“……预审法官随后通知该人（被讯问人——笔者注）有权作出声明，回答向其提出的问题或者保持沉默。进行该项通知，应当在笔录上记明。当事人只有其律师在场时才能作出同意接受讯问的表述，当事人的律师也可以向预审法官提出辩解意见。”[③] 该规定昭示法国已经确立了不被强迫自证其罪原则。

在德国的法律中没有明确的关于不被强迫自证其罪原则的表述，但德国的文献中常以拉丁文的形式引用该原则，即“任何人没有义务把自己交出去”[④]。1973 年德国批准联合国《公民权利和政治权利国际公约》并将其转变为国内法，该公约第 14 条第 3 款关于不被强迫自证其罪原则的规定在刑事诉讼程序中被适用。同时，德国联邦宪法法院宣称：刑事诉讼程序中拒绝积极合作的权利，是从德国基本法的第 1 条和第 2 条所保障的人的尊严和自由引申而来的，并且是法治国家概念的组成部分。[⑤]《德国刑事诉讼法典》

① 《权利与自由宪章》第 7 条规定：“每个人都有生存、人身自由和安全的权利，除非依据‘基本正义的原则’，不得剥夺。”

② 孙长永．沉默权制度的基本内容研究//陈光中主编．诉讼法论丛：第 4 卷．北京：法律出版社，2000.

③ 世界各国刑事诉讼法：欧洲卷·上．卞建林，等译．北京：中国检察出版社，2016：584.

④ 刘桂明主编．中国特色社会主义司法制度研究．北京：中国人民大学出版社，2017：395.

⑤ ［德］托马斯·魏特根．德国刑事诉讼程序．岳礼玲，温小洁，译．北京：中国政法大学出版社，2004：79.

虽然没有明确规定不被强迫自证其罪原则，但规定被指控人享有沉默权，从而体现了不被强迫自证其罪原则的精神。《德国刑事诉讼法典》第136条第1款规定："初次讯问开始时，应当告诉犯罪嫌疑人所被指控行为和考虑适用的刑法规定。应当向其指明，其依法有权就指控进行陈述或者对案件不予陈述，并有权随时，包括在讯问之前，向其选任的辩护人进行咨询……"[①] 该款确立了讯问人员在初次讯问被指控人时应当履行的告知义务，即被指控人享有"对所有指控不予陈述"的权利即沉默权。除了在侦查讯问程序，在法庭审判阶段被告人也享有沉默权，《德国刑事诉讼法典》第243条第5款规定："（审判长——笔者加）随后告知被告人，可以自行决定对起诉作陈述或就案件保持沉默……"[②] 由此可见，在德国，无论是基本法、判例还是刑事诉讼法，都体现了不被强迫自证其罪原则。

从前述不被强迫自证其罪原则的起源以及其在英美法系、大陆法系代表性国家的发展历程可以看出，无论是在法律规范中明确表述该原则，还是以具体诉讼权利实质贯彻该原则，都强有力地说明了一个事实：该原则已经成为当今国际通行的刑事司法准则和人权保障准则。

不被强迫自证其罪原则在我国获得确立始于2012年对《刑事诉讼法》的修改。2012年修改后的《刑事诉讼法》第50条（现行《刑事诉讼法》第52条）规定："审判人员、检察人员、侦查人员必须依照法定程序，收集能够证实犯罪嫌疑人、被告人有罪或者无罪、犯罪情节轻重的各种证据。严禁刑讯逼供和以威胁、引诱、欺骗以及其他非法方法收集证据，不得强迫任何人证实自己有罪。必须保证一切与案件有关或者了解案情的公民，有客观地充分地提供证据的条件，除特殊情况外，可以吸收他们协助调查。"其中新增加的"不得强迫任何人证实自己有罪"便是不被强迫自证其罪原则在我国的本土化规定，这对我国刑事证据制度的发展具有重要意义。

2012年《刑事诉讼法》确立不被强迫自证其罪原则是我国社会发展和司法现状的必然选择。首先，这是联合国公约原则在我国实施的重要体现。不被强迫自证其罪原则是联合国《公民权利和政治权利国际公约》等多项国际人权公约所确认的重要原则，2012年以修改《刑事诉讼法》为契机确立

① 世界各国刑事诉讼法：欧洲卷·上．卞建林，等译．北京：中国检察出版社，2016：281.

② 同①295.

该原则有利于我国刑事立法与联合国公约顺利衔接。其次，该原则符合尊重和保障人权的要求，在国家尊重和保障人权的环境下，也应当将不被强迫自证其罪这一人权保障的最低限度标准入法。最后，确立不被强迫自证其罪原则还是遏制刑讯逼供的必由之路，是完善我国刑事证据法的关键一环。

2012年修改的《刑事诉讼法》中“不得强迫任何人证实自己有罪”的表述与联合国法律文本中的表述主要有三点不同：第一，关于该原则的适用对象范围，联合国表述为“任何受刑事指控的人”，我国立法表述为“任何人”。可见在我国立法中该原则的适用对象范围更加广泛，既包括犯罪嫌疑人、被告人，也包括证人、被害人、鉴定人等其他诉讼参与人，因而更有利于人权保障。第二，关于拒绝作证的范围，联合国表述为“不利”证据（包括不利于自己的证言和认罪），我国立法表述不是“不利”，而是只限于“有罪”证据。从这一点来说，我国规定的范围相对较窄。这适应了我国基本国情，符合目前打击犯罪的需要。但从社会发展和法律完善的趋势来看，我国立法在未来应当将拒绝作证的范围扩展为“不利”证据。第三，在证明活动的表述上也存在差异，联合国表述为“作证或供认”（testify or confess），而我国立法表述为“证实”。作证或供认近似于证明（prove），“证明”是“用可靠的材料来表明或断定人或事物的真实性”①，是证明一种存在的可能性；而“证实”是“证明达到确实”。

我国《刑事诉讼法》在确立“不得强迫任何人证实自己有罪”原则的同时，还在第120条规定了“犯罪嫌疑人对侦查人员的提问，应当如实回答”。该两者在同一法律中并存引起了学术界和实务界的颇多争议。关于如何看待这一问题，各方也有不同见解，如有学者认为，“不得强迫任何人证实自己有罪”原则与“应当如实回答”义务存在一定矛盾；即使将“应当如实回答”理解为“如果回答，回答应当如实”，或者说在立法上将其规定为“回答应当如实”②，亦不能消解二者之间的矛盾，因为运用解释学方法对二者关系进行阐释时，体系解释、历史解释与目的解释的结论都与文义解释的结

① 现代汉语词典．5版．北京：商务印书馆，2005：1741.

② 程雷．刑事诉讼法律解释方法的顺序规则初探——以反对强迫自证其罪原则与应当如实回答之关系为范例的分析．中国刑事法杂志，2018（1）.

论不同。[①] 这一问题，或许留给立法来解决更为妥当。

6. 习近平法治思想中的司法观

公正高效权威的司法制度是中国特色社会主义法治体系的应有之意。中国共产党十八大以来，以习近平同志为核心的党中央高度重视法治建设，系统和深刻地阐释了新时期为什么要全面依法治国、怎样实行全面依法治国等重大问题。2020 年，全面依法治国实践持续深入推进，中央全面依法治国工作会议正式提出了习近平法治思想。这是顺应实现中华民族伟大复兴时代要求的重大理论创新成果，是马克思主义法治理论中国化最新成果，是全面依法治国的根本遵循和行动指南。其中，关于司法体制，习近平总书记立足新时期全面深化司法体制改革的实践，提出“深化司法体制改革，建设公正高效权威的社会主义司法制度，是推进国家治理体系和治理能力现代化的重要举措”这一重要论断，要求政法机关为践行“努力让人民群众在每一个司法案件中感受到公平正义”的承诺而不懈努力。

其实，早在 2012 年 12 月，习近平总书记在首都各界纪念现行宪法公布施行 30 周年大会上的讲话中就有关于司法体制改革的论述，“各级国家行政机关、审判机关、检察机关要坚持依法行政、公正司法，加快推进法治政府建设，不断提高司法公信力”，并要求“保证依法公正独立行使审判权、检察权”[②]。2014 年 12 月，习近平总书记在中国共产党十八届四中全会上就《中共中央关于全面推进依法治国若干重大问题的决定》起草情况向大会进行了说明，在重申司法公信力对司法公正与社会公正重要性的基础之上，明确指出了当前司法领域中存在问题的根本原因，即“司法体制不完善、司法职权配置和权力运行机制不科学、人权司法保障制度不健全”[③]。该次会议对新时期司法体制改革进行了全方位部署，根据中国特色司法体制和司法实践状况，创设了诸如立案登记制、巡回法庭、公益诉讼等制度。2015 年 3 月，习近平总书记在中共十八届中央政治局第二十一次集体学习时，提出了“公正是司法的灵魂和生命”“紧紧牵住司法责任制这个‘牛鼻子’”等重要

① 程雷．刑事诉讼法律解释方法的顺序规则初探——以反对强迫自证其罪原则与应当如实回答之关系为范例的分析．中国刑事法杂志，2018（1）．

② 习近平．论坚持全面依法治国．北京：中央文献出版社，2020：13.

③ 同②98.

命题。随着全面深化改革的深入，司法实践中的一些新问题随之暴露，如基层治理方面基层党组织队伍涣散，“微腐败”现象丛生，部分司法人员责任担当缺失，互联网领域司法治理能力低下等。为应对这些问题习近平总书记作出了重要指示：“深入研究司法责任制配套改革方案，加快构建权责一致的司法权运行机制”[①]，即要求通过司法责任制来促进司法职权有效配置，提升司法权的社会治理能力。

2020 年 11 月 16 日，习近平总书记在中央全面依法治国工作会议上指出：“公平正义是司法的灵魂和生命。要深化司法责任制综合配套改革，加强司法制约监督，健全社会公平正义法治保障制度，努力让人民群众在每一个司法案件中感受到公平正义。”[②] 这是对司法以及司法改革目标、原则、方法、逻辑等重要问题的集中阐释，也是习近平法治思想中的司法观正式确立的标志。[③]

公平正义是司法体制改革的目的，更是司法的灵魂和生命。习近平总书记多次强调公正对于司法的重要性，其在中共十八届中央政治局第四次集体学习时就明确指出：“公正司法是维护社会公平正义的最后一道防线。”司法公正，就是在每一起司法案件中，人民群众的诉求都能够得到公平对待，人民群众都能够感受到司法权所彰显的公平正义价值。正如英国著名哲学家培根的经典论述所言：“一次不公正的审判，其恶果甚至超过十次犯罪。因为犯罪虽是无视法律——好比污染了水流，而不公正的审判则毁坏法律——好比污染了水源。”公正司法是全面依法治国的重要目标之一，守住司法公正就是保护好法律本身，守住了司法公正就守住了社会公正的最后防线，守住司法公正就是在“延续法治的生命线”[④]。

司法公正是中国特色社会主义司法制度的核心优势和根本保障。与西方国家建立在私有制之上的司法公正不同的是，中国特色社会主义司法制度是中国特色社会主义政治制度的一部分，是建立在社会主义公有制基础之上

---

① 习近平．论坚持全面依法治国．北京：中央文献出版社，2020：234.

② 同①5.

③ 王孟嘉．习近平法治思想中的司法观：理论命题与实践品格．重庆大学学报（社会科学版），2021（4）.

④ 江国华．习近平全面依法治国新理念新思想新战略的学理阐释．武汉大学学报（哲学社会科学版），2021（1）.

的，因此，我国司法制度中的司法公正价值面向的是中华人民共和国全体人民，而非针对某一部分人，这从制度根本上祛除了法律中“私”的成分，真正体现了我国传统法律制度中“法不阿贵，绳不挠曲”的公正价值。[①]

司法公正体现了权力的监督制约与独立行使价值。在我国，人民法院、人民检察院和公安机关在刑事案件办理过程中相互配合制约，监察机关在办理职务犯罪案件过程中与审判机关、检察机关、执法部门相互配合制约，无论是一般刑事案件还是职务犯罪案件，都应当遵从权力监督制约规则。同时，我国《宪法》第131条规定“人民法院依照法律规定独立行使审判权，不受行政机关、社会团体和个人的干涉”，第136条规定“人民检察院依照法律规定独立行使检察权，不受行政机关、社会团体和个人的干涉”。这是具有中国特色的依法独立行使职权原则的宪法表述。

回顾我国对司法机关依法独立行使职权的态度会发现，这是一个循序渐进的曲折过程。从1954年宪法对依法独立行使职权的确认，到“反右”斗争中遭到否定打击；1975年宪法被废除，依法独立行使职权遭到了严重破坏；直至1982年宪法重新规定了依法独立行使职权原则。“司法机关依法独立行使职权这一法律原则在中国从形式到实质的确立是当代法制现代化的必然趋势。”[②] 中国共产党十八大报告进一步明确提出，要全面推进依法治国，进一步深化司法体制改革，坚持和完善中国特色社会主义司法制度，确保审判机关、检察机关依法独立公正行使审判权、检察权。

根据宪法和法律的规定，并结合司法实践可知，在我国，司法机关依法独立行使职权是一项具有中国特色的司法原则，它主要是指法院、检察院整体独立，而非法官、检察官个人独立；在上下级关系上，上下级法院之间是监督指导的关系，上下级检察院之间是领导关系，即各级检察院上下一体。此外，我国法院的产生机制是由作为根本政治制度的人民代表大会制度所决定的。

在司法工作中如何坚持和改善中国共产党的领导也一直是司法改革的重点问题。中国共产党的领导是中国特色社会主义法治之魂，中国共产党的领

---

① 王孟嘉．习近平法治思想中的司法观：理论命题与实践品格．重庆大学学报（社会科学版），2021（4）.

② 夏锦文．世纪沉浮：司法独立的思想与制度变迁．政法论坛，2004（1）.

导应被贯彻到全面依法治国全过程和各方面。就司法而言，中国共产党的领导主要体现在支持司法上，即支持和保障司法机关依法独立公正行使司法权，不受行政机关、社会团体和任何个人的非法干涉，切实维护司法的公正性和权威性。近年来，中共中央强调要处理好坚持中国共产党的领导与保证司法机关依法独立行使职权的关系，明确要求各级党政机关和领导干部要支持司法机关依法独立公正行使职权，不得让司法机关做违反法定职责、有碍司法公正的事情。习近平总书记强调，要“以优化司法职权配置为重点，健全司法权力分工负责、相互配合、相互制约的制度安排”，通过制度锁住权力，禁止利用职权干预司法。中共中央办公厅、国务院办公厅印发了《领导干部干预司法活动、插手具体案件处理的记录、通报和责任追究规定》，中共中央政法委员会印发了《司法机关内部人员过问案件的记录和责任追究规定》，司法机关也相应建立了领导干部干预案件“全程留痕”制度、“记录通报制度”和责任追究等制度，筑起了保障司法机关依法独立公正行使职权的制度防线。

二、刑事庭审的相应发展变革

（一）1979年《刑事诉讼法》确立的庭审模式特征

1979年7月1日，第五届全国人民代表大会第二次会议通过了新中国第一部刑事诉讼法典即《中华人民共和国刑事诉讼法》。这部法典将基本的刑事诉讼活动纳入了法制的轨道，意味着我国正式建立了刑事诉讼法律制度。这是中国法治时代的开端，也是中国法治化进程的真正起点。当然我们也必须看到，由于受立法者法律价值观的局限，受制于当时的政治状况、经济条件、历史文化传统以及立法水平，该法典显示出明显的初创性及不可避免的历史局限性。它赋予国家专门机关极大的权力，在极大程度上忽视了人权保障，显示出“重打击，轻保护”的倾向。诉讼程序不完善，尤其是对追诉机关的权力限制不力，致使实践中产生了较为严重的侵犯诉讼参与人，特别是犯罪嫌疑人、被告人基本人权的现象，程序法本应具有的权利保护功能因缺乏有效保障而难以充分实现。

该法确立了超职权主义的庭审模式，该模式与传统上的英美法系当事人主义和大陆法系职权主义纠问式两种审判模式均有不同。理论上纯粹的当事人主义模式的特征为：(1) 刑事诉讼被视为国家与个人间的冲突，国家的追诉人即检察官与辩护人法律地位平等且武器平等，一方不能比另一方多出任何权力（利）；(2) 追诉人与法院必须在组织上进行区分即控审分离；(3) 法院不得直接干预控辩双方的调查活动，不进行预先阅卷以及调查证据的工作，法院只需以中立者的身份听取双方的意见并作出判断；(4) 诉讼的核心在庭审程序，庭审适用直接言词原则以及公开审理原则。理论上纯粹的大陆法系职权主义模式的特征为：(1) 法院自行调查收集证据，实行秘密侦查；(2) 不需要特别的追诉人，任务由法院完成；(3) 被告人及辩护人虽可向法院提出申请、提出证据，但无独立的证据调查权，在证据收集方面起的作用非常小，亦无法律地位的平等可言；(4) 审判完全由法院主导进行，且实行书面审理。[①]

我国 1979 年《刑事诉讼法》确立的超职权主义庭审模式在诸多方面超越了大陆法系国家在刑事诉讼法中界定的职权范围，如对侦查权缺乏制约，检察官在诉讼中具有特殊法律地位等。[②] 其特征或者说其导致的后果为：(1) 法官庭前阅卷进行实体审查，形成预断；(2) 法官过于积极主动，不仅可以在法庭审判过程中对于证据不充分的案件或发现的新的需要调查的事实自行进行调查，而且可以在开庭前的审查公诉活动中展开证据调查活动，致使控审职能不分，违背了裁判者中立性的基本要求；(3) 被告人的辩护权受到极大压制，沦为审判的客体。具体来说，自 1979 年《刑事诉讼法》通过至 1996 年修改《刑事诉讼法》前我国的庭审模式主要具有以下特点。

1. 审判人员既主导和控制庭前审查程序，也主导和控制法庭审理程序

人民检察院在提起公诉时，需要向法院移送起诉书和全部的案卷材料；人民法院在受理案件后，要指派审判人员（受指派的审判人员也往往成为后来法庭审判的审判长）主持审查；审判人员不仅要审阅人民检察院移送的全部材料，还可以采取诸如勘验、检查、搜查、扣押和鉴定等在内的调查手

---

① 实践中，无论是大陆法系国家还是英美法系国家，其刑事诉讼程序并不是纯粹的理论上的职权主义模式或者当事人主义模式，两大法系代表性国家的刑事诉讼程序均有各自特点。有关该问题的详细论述，参见刘计划．中国刑事庭审方式向何处去——控辩式．中国控辩式庭审方式研究．北京：方正出版社，2005：7-22。

② 龙宗智．徘徊于传统与现代之间——论中国刑事诉讼法的再修改．政法论坛（中国政法大学学报），2004 (5).

段。只有在审判人员认为该案“事实清楚，证据充分”的情况下，才决定进入正式的审判程序。对于主要事实不清、证据不足的案件，可以退回人民检察院进行补充侦查；对于可免予判处刑罚的案件，可以要求人民检察院撤诉；对于重大复杂的案件，审判人员可以在开庭前将案件提交庭长、院长或者审判委员会研究决定，还可以由合议庭先拟定初步意见再开庭审理；除了可以进行庭外阅卷和调查，审判人员还可以自行决定法庭调查的范围。庭审中，审判人员对于公诉人、被告人、辩护人提出的调查证据的要求，可以进行审查并决定是否准许。控辩双方向法庭提出证据或者要求传唤证人也必须得到审判人员的许可；法庭调查的顺序和方法由审判人员根据公诉方移送的卷宗材料确定。审判人员有权在公诉人宣读起诉书完毕后审问被告人，并有权询问被害人、证人以及鉴定人；有权出示公诉人、辩护人、被告人提供的所有物证，并组织辨认；对于未到庭的笔录、鉴定结论等其他可以作为证据的文书，审判人员可以当庭宣读；如果在庭审中出现证据不足或者有新的事实等情况需要侦查时，合议庭可以将案件退回人民检察院进行补充侦查，也可以自行调查并在调查结束后作出是否重新开庭的决定。

2. 公诉人和辩护人在法庭审判中起辅助和次要的作用

公诉人和辩护人都无法有效参与法官开庭前实施的审查活动；无法对法庭调查的顺序、方式、范围施加积极有效的影响。只有在审判人员对被告人、被害人、附带民事诉讼的原告、辩护人发问结束后，公诉人和辩护人在得到审判长许可的情况下才能对前述人员发问；辩护人可以申请审判长对证人和鉴定人发问，但是否发问由审判长决定；辩护人也可以申请直接向证人、鉴定人发问，但是否可以发问仍需由审判长决定。即使审判长允许发问，但如果审判长认为发问的内容与案件无关可随时制止发问人继续发问；辩护人有权申请新的证人出庭作证、调取物证、重新鉴定或者勘验，但也需得到审判长的准许。

3. 被告人在法庭审判中地位低下，沦落为法庭讯问的对象

审判前，被告人羁押率极高且被告人没有保持沉默的权利。受此影响，绝大多数的被告人在正式开庭审理前已向侦查人员作了有罪供述。而且，1979 年《刑事诉讼法》规定的开庭审判的条件是“犯罪事实清楚、案件确实充分”，因此，审判人员讯问被告人时已经在心里产生了极强烈的有罪预

断。如此一来，审判人员对被告人的讯问便会以寻求被告人供认有罪为目标。除此以外，审判人员对公诉方的证据大量采用书面审查和间接审查的方式，很少进行言词调查和直接调查。审判人员在大多数情况下以“摘录式”地宣读侦查人员收集的证人证言的形式代替传唤控方证人出庭作证程序，因此被告人无法对证人证言充分发表意见，也无法质证和询问。如此，被告人事实上就难以对证据的提出和调查程序实施有效的参与和控制。①

（二）1996年《刑事诉讼法》带来的庭审模式发展

为了矫治上述审判模式导致的审判人员“大包大揽”、控辩职能弱化，特别是庭审程序形式化的弊病，我国在20世纪90年代初开始进行刑事庭审模式的改革。1996年3月17日，第八届全国人民代表大会第四次会议通过了修正后的《刑事诉讼法》，在科学化、民主化道路上前进了一大步；在保障有力惩治犯罪的同时，突出了对公民权益，特别是对犯罪嫌疑人、被告人基本权利的保护，扩大了权利保护的范围，加大了权利保护的力度。而庭审模式的改革尤为引人注目，修正后的《刑事诉讼法》对“对抗制”审判模式进行了大胆的吸收和借鉴，重新建构了以控辩分离、审判中心、控辩对抗为基本框架，被称为“控辩式”的刑事审判模式。有学者曾指出：“控辩式庭审模式已经成为我国庭审方式改革的方向，这是一条不归之路。”②

1. 庭审模式的主要变化

（1）对刑事公诉方式作了重大修改。

根据1979年《刑事诉讼法》的规定，人民检察院对于公安机关移送审查起诉的案件以及自行侦查的案件，只要符合《刑事诉讼法》第二编第三章规定的起诉条件的，都应当向人民法院提起公诉，但法律并未对起诉方式作出明确规定，人民检察院在实际操作中一般要向人民法院移送公诉书和全部案卷材料。人民法院在受理案件后，要指派审判人员主持审查，审判人员不仅要审阅人民检察院移送的全部材料，还可以通过勘验、检查、搜查、扣押和鉴定等调查方式判断案件的证据是否符合“犯罪事实清楚，证据确实充分”的要求，并作出是否开庭审判的决定。对于重大复杂的案件，审判人员可以在开庭前将案件提交庭长、院长或者审判委员会研究决定，还可以由合

---

① 陈瑞华．刑事审判原理论．北京：北京大学出版社，2003：395.

② 刘计划．中国控辩式庭审方式研究．北京：中国方正出版社，2005：166.

议庭先拟定初步意见再开庭审理。在这种情况下，审查公诉程序与开庭审判程序之间存在着一种内在的联系：审判人员在审查公诉过程中所得出的有关案件可进入法庭审判的结论，事实就等于法庭的有罪裁判结论，法庭审判事实上成为审查公诉结论的简单确认。同时，主持庭审的审判长很难保持中立的地位和态度，因为他在审查公诉活动中已对被告人有罪形成了强烈的预断，并对控方所掌握的证据在证明被告人有罪方面的充分性和合理性深信不疑。这样，审判人员倾向于追诉就成为一个不争的事实。[①] 1996 年《刑事诉讼法》第 150 条规定："人民法院对提起公诉的案件进行审查后，对于起诉书中有明确的指控犯罪事实并且附有证据目录、证人名单和主要证据复印件或者照片的，应当决定开庭审判。"该规定使检察机关向人民法院提起公诉时无须再移送全案卷证，也因此缩小了审判人员在开庭前的阅卷范围，有利于防止审判人员产生庭前预断，进而有利于实现庭审实质化。

（2）确立了与对抗制相类似的证据调查方式。

1979 年《刑事诉讼法》实施后，审判长在审判程序中处于强势的主导与控制地位，1996 年修正后的《刑事诉讼法》将证据的出示、举证和质证等环节交由控辩双方主导并控制。根据 1996 年《刑事诉讼法》的规定，法庭调查开始后，先由公诉人宣读起诉书，然后由被害人、被告人对指控的犯罪事实进行陈述。随后，首先是"公诉人讯问被告人"，"被害人、附带民事诉讼的原告人和辩护人、诉讼代理人经审判长许可，可以向被告人发问"，"审判长可以讯问被告人"；其次是"公诉人、当事人和辩护人、诉讼代理人经审判长许可，可以对证人、鉴定人发问"；再次是"公诉人、辩护人向法庭出示物证……勘验笔录和其他作为证据的文书当庭宣读"。另外，1998 年最高人民法院《关于执行〈中华人民共和国刑事诉讼法〉若干问题的解释》（以下简称 1998 年《解释》）还确立了交叉盘问制度（这被认为是中国刑事审判程序走向对抗制的重要标志），即向证人、鉴定人发问，应当先由要求传唤的一方进行，发问完毕后，对方经审判长准许，也可以发问。发问时应当遵循以下原则：发问的内容应当与案件事实相关；不得以诱导方式提问；不得威胁证人、鉴定人；不得损害证人、鉴定人的人格尊严。

① 陈瑞华．刑事审判原理论．北京：北京大学出版社，1997：256.

（3）对庭外调查权进行了改革。

按照 1979 年《刑事诉讼法》的规定，合议庭遇有认为案件证据不足或者发现新的事实等情形时，可以延期审理并自行调查。因为收集证据，特别是有罪证据，应该是公诉人所承担的举证责任，而审判人员进行庭外调查使得庭外调查具有了补充侦查或者追诉的性质，与审判人员所承担的审判职能相矛盾，故 1996 年《刑事诉讼法》第 158 条便对原规定进行了修改，将启动庭外调查程序的条件改为"对证据有疑问"，同时其第 162 条还规定："证据不足，不能认定被告人有罪的，应当作出证据不足、指控的犯罪不能成立的无罪判决。"因此，审判人员不得再基于收集、补充证据，从而作出有罪判决的目的进行庭外调查，只能出于调查核实证据的目的进行庭外调查。

（4）明确了检察机关的庭审监督方式。

1979 年《刑事诉讼法》第 112 条第 2 款规定：出庭检察人员发现审判活动有违法情况，有权向法庭提出纠正意见。该规定导致在司法实践中出现了检察人员当庭向法庭（审判人员）提出纠正意见，使庭审无法继续，甚至公诉人无故退庭，严重损害法庭权威的情况。为避免这样有损法庭权威的情形，针对 1996 年《刑事诉讼法》的相关规定即第 169 条"人民检察院发现人民法院审理案件违反法律规定的诉讼程序，有权向人民法院提出纠正意见"，最高人民法院借 1998 年《解释》第 185 条对其作了解释："人民检察院认为人民法院审理案件过程中，有违反法律规定的诉讼程序的情况，在庭审后提出书面纠正意见的，人民法院认为正确的，应当采纳"。而 1998 年"两高三部"和全国人大常委会法制工作委员会联合发布的《关于刑事诉讼法实施中若干问题的规定》第 43 条也规定："人民检察院对违反法定程序的庭审活动提出纠正意见，应当由人民检察院在庭审后提出。"也就是说，依修改后的规定及相关解释公诉人在庭审中发现人民法院违反法律规定的诉讼程序时，只能在庭审后告知其所在检察机关，以检察机关的名义向人民法院提出纠正意见。这种庭后监督的方式，有利于庭审的顺利进行，也能更好地维护法庭权威。

2. 庭审模式尚存的问题

1996 年修正后的庭审模式取得了一定的积极效果，但也存在一些严重的问题：修法时所追求的控辩平等对抗、审判人员居中裁判并未真正实现，而且之前的“庭审流于形式”问题依然没有克服。具体而言，主要有以下几个表现。

(1) 庭前预断问题依然存在。

1996年修正的《刑事诉讼法》所规定的公诉审查方式在客观上使审判人员的庭前阅卷范围缩小，在一定程度上可能有利于防止审判人员产生庭前预断，但实务表明，改革后的公诉审查模式，未能达到防止审判人员产生庭前预断的目标。其原因是，废除全案卷宗移送制度后，并未采取起诉状一本主义，而是采用了介于两种方式间的模式：公诉机关提起公诉时，既要移送证人名单、证据目录，也要移送主要证据的复印件或者照片。这被学者称为“复印件主义”的公诉方式。[①] 基于1996年《刑事诉讼法》并未明确规定何谓“主要证据”，为防止检察机关和法院在移送主要证据时出现问题，1998年“两高三部”和全国人大常委会法制工作委员会《关于刑事诉讼法实施中若干问题的规定》(以下简称《六机关规定》) 第36条对主要证据的范围专门作出了明确的规定，“主要证据”包括：1) 起诉书中涉及的各证据种类中的主要证据；2) 多个同种类证据中被确定为“主要证据”的；3) 作为法定量刑情节的自首、立功、累犯、中止、未遂、正当防卫的证据。人民检察院针对具体案件移送起诉时，“主要证据”由人民检察院根据以上规定确定。而对于人民检察院起诉时书面建议适用简易程序的案件，应当随案移送全案卷宗和证据材料。显然，由《六机关规定》的前述内容来看，适用普通程序抑或简易程序审理的案件，审判人员均可提前了解侦查、起诉阶段的绝大部分证据材料，在庭前进行实体审查的可能性较大，相应地，庭前预断的问题并没有从根本上得到解决。除此以外，导致庭前预断无法从根源上杜绝的另一阻碍在于，法官为了掌控庭审，普遍在庭前对主要证据进行全面审查，而我国既没有“预审”程序，也没有专门的庭前审查法官，庭前的起诉审查均由案件的主审法官进行。如此一来，公诉审查程序与庭审程序无法实现实质性分离，庭前预断便无法避免，甚至出现了庭前审查取代庭审程序，进而导致“先判后审”的严重问题。

客观来讲，较之于1979年《刑事诉讼法》规定的“全案证据移送”方

---

① 有关该问题的详细讨论，参见李奋飞．从“复印件主义”走向“起诉状一本主义”——对我国刑事公诉方式改革的一种思考．国家检察官学院学报，2003 (2)。

式，1996年《刑事诉讼法》采取的“移送主要证据”的方式反倒有一定的倒退，因为：在1979年《刑事诉讼法》“全案证据移送”的要求下，检察机关移送的证据既有对被告人不利的证据，也有对被告人有利的证据，法官在庭前审查时通常能客观全面地了解案情，即使产生了庭前预断，这种预断也是较为客观公正的。而1996年以后，检察机关对于向法院移送的证据种类、数量有了较大的自由裁量权，移送证据的范围具有极大的随意性和不确定性。而且，尽管《刑事诉讼法》要求检察机关以及检察官客观、公正，但检察官的职业特点决定了其并不能完全摆脱追诉犯罪的心理倾向，因此检察机关（检察官）向法院移送的证据也往往是对被告人不利的证据。加之在我国法官对检察官具有先天的信赖感，法官更偏重采纳检察官的意见。这种对被告人不利的预断实际上也剥夺了被告人获得公正审判的权利。此外，这种移送方式还在很大程度上损害了辩护律师的阅卷权，因为这种“复印件主义”移送卷宗的方式，使辩护律师在案件进入法院程序后，无法在法院查阅到所有证据材料，故而难以作出有效辩护。

（2）控辩平等对抗难以实现。

控辩平等对抗难以真正实现主要有以下原因：

首先，在法庭调查中，被告人无权决定是否陈述和接受讯问。根据1996年《刑事诉讼法》第93条的规定，对于侦查人员的讯问，犯罪嫌疑人有如实回答与本案有关的问题的义务。但是在法庭调查过程中，被告人是否还承担如实回答的义务，《刑事诉讼法》并未作出明确规定。而在司法实践中，由于犯罪嫌疑人、被告人已经向侦查人员或者检察官作出了有罪供述，且被告人担心在庭审中若不积极配合检察官、法官的讯问会因态度不好而影响最终的量刑结果，故被告人通常不会也不敢保持沉默。

其次，刑事案件的辩护律师参与度较低。根据1998年—2005年《中国法律统计年鉴》的数据，在1996年《刑事诉讼法》修改之后的1997年律师参与刑事诉讼率为54.5%，此后几乎呈现出一路下滑的局面，到2004年则下降到44.9%。[①] 没有辩护人的帮助，被告人不仅在接受讯问时将处于十分被动的境地，而且几乎无法对控诉方举出的其他证据提出有效的反对意见，

---

① 刑事案件律师辩护率下降，除代理刑事案件收费低廉这一人所共知的因素外，还有两个方面的影响更深刻、危害更久远的因素：一是刑事辩护“用处不大”，二是刑事辩护“风险太大”。

更无法及时提交有利于自己的证据和证人。另外，考虑到被害人在新的审判程序中具有当事人的地位，有权委托诉讼代理人，假如被告人“单枪匹马”地面对检察官、被害人及其诉讼代理人的“穷追猛打”，其诉讼主体地位都无法得到保证。[①]

再次，律师开展辩护工作存在较多阻碍。虽然，1996 年《刑事诉讼法》规定律师在侦查阶段就可参与诉讼活动，为犯罪嫌疑人提供帮助，并赋予了辩护人更多的诉讼权利，然而，律师的辩护活动仍受诸多限制，这些诸多限制突出表现在：第一，律师在侦查阶段所能进行的活动有限。根据 1996 年《刑事诉讼法》第 96 条和相关司法解释的规定，律师在侦查阶段所能做的主要工作包括：向侦查机关了解犯罪嫌疑人涉嫌的罪名；会见在押的犯罪嫌疑人；向犯罪嫌疑人了解有关案件的情况；为犯罪嫌疑人提供法律咨询；代理申诉、控告；在犯罪嫌疑人被羁押的情况下为其申请取保候审。由此，律师在侦查阶段不能阅卷，也无权进行证据调查工作。此外，律师行使法律规定的相关权利也受到了极大限制，例如，在侦查阶段，律师会见涉及国家秘密案件的在押犯罪嫌疑人需要经侦查机关的批准；而且无论何种案件，律师会见在押犯罪嫌疑人时，侦查机关均可派员在场。第二，辩护律师在审查起诉阶段后行使的权利受诸多限制。根据 1996 年《刑事诉讼法》第 36 条的规定，辩护律师自人民检察院对案件审查起诉之日起，可以查阅、摘抄、复制本案的诉讼文书、技术性鉴定材料；从人民法院受理案件之日起，辩护律师可以查阅、摘抄、复制本案所指控的犯罪事实的材料。受该规定以及复印件主义移送案卷方式的影响，律师在审查起诉阶段和审判阶段的阅卷范围、深度、广度非常有限。另外，1996 年《刑事诉讼法》第 37 条规定，辩护律师只有“经证人或者其他有关单位和个人同意”，才可以收集有关证据材料。这就意味着，“有关单位和个人”拥有了配合或者不配合辩护律师调查的自由选择权，从而导致辩护律师的调查取证权难以落地。

复次，审判人员在庭审中依然强势，难以保持中立。1996 年修改《刑事诉讼法》时，立法者认为由法官首先讯问被告人存在如下问题：讯问工作主要由审判人员进行，不利于审判人员居中听取双方意见，从而造成代替公

① 陈瑞华．刑事诉讼的前沿问题．北京：中国人民大学出版社，2005：374.

诉人履行揭露、证实犯罪的职责，对案件包揽过多的问题；同时，不能充分发挥控辩双方的作用。[①] 故1996年《刑事诉讼法》修改后，法官的被动性较修法前明显增强。不过由于传统习惯使然以及司法解释赋予了法官灵活机动的讯问权，法官在庭审中的讯问依然存在诸多问题，例如，在部分案件中，公诉人对被告人讯问后辩护律师尚未发问，法官便对被告人进行讯问；法官对被告人的讯问明显有利于控诉方；法官对被告人讯问的次数远远超过了控辩双方的讯（发）问次数。而且，辩护律师的发问（言）也会受到法官的限制，因为根据1996年《刑事诉讼法》的规定，公诉人有权直接讯问被告人，而辩护人向被告人发问，需要经过审判长的许可。所以，在法庭审判实践中，很多法官便据此限制或者制止辩护律师的发问。

最后，将公诉人讯问被告人作为法庭调查的开始。这一做法尤其不利于实现控辩双方的平等对抗，因为控辩平等的真谛在于控辩双方能在法庭审理的过程中公平地对抗，而不允许任何一方享有比对方更多的程序权利，更不允许任何一方，尤其是控方享有特权。将被告人作为法庭调查中首先被讯问的对象，既暗含着被告人主要是作为协助控方打击犯罪的手段而参与诉讼的逻辑，也显示出检察官具有要求诉讼地位上与其对等的被告人放下武器投降的特权。[②] 这一做法承袭了原来审判人员首先讯问被告人的强制性，但削弱了被告人作出回答的证据基础，因而被告人的地位在庭审程序改革后更加“客体化”。

（3）法庭审理流于形式的问题仍有待解决。

1996年《刑事诉讼法》对审判方式进行带有对抗制色彩的改革，最重要的原因就是解决庭审流于形式的问题，但改革后的效果不尽如人意，庭审流于形式在1996年审判方式改革之后仍是我国刑事审判实践中的头号难题。导致这一问题主要有如下原因。

首先，证人出庭作证率极低。无论是最高人民法院还是各级地方法院，几乎都没有提供过证人出庭作证率的准确数字，不过根据山东省东营市中级人民法院对2003—2005年刑事案件证人出庭情况的调查统计，在所审结的

---

① 全国人大常委会刑法室编著．中华人民共和国刑事诉讼法释义．北京：法律出版社，1996：178.

② 李奋飞．“将讯问被告人作为法庭调查的开始”有所不妥．法制日报，2006－10－26.

391件刑事案件中，有证人出庭作证的案件仅为4件11人，证人出庭率仅约1%。证人出庭作证率的低下程度由此可见一斑。[①] 虽然，1996年《刑事诉讼法》第47条规定，证人证言必须在法庭上经过公诉人、被害人和被告人、辩护人双方讯（询）问、质证，并经查实以后，才能作为定案的根据，但其并未规定采信证人证言以证人到庭为前提。从司法实践的情况来看，法院采纳的证人证言，基本上都是证人在不出庭的情况下提供的。虽然，如果被告人以及辩方对证人证言没有异议，证人出庭作证的意义不大，但问题在于即使对证人证言存在异议，证人也很难出庭作证。证人不出庭，有异议的证言就无法得到有效的质证和审查，而这不仅会限制，甚至剥夺辩护人对证人进行当庭质证的机会，更将导致法庭审理流于形式，使审判程序沦为只是针对侦查案卷笔录的审查和确认，同时还将导致刑事审判"高速度"和"高定罪率"现象的出现。有学者曾对31起刑事案件的庭审时间进行了统计分析：适用普通程序审理的刑事案件平均用时139.8分钟（约2小时20分钟），其中基层人民法院的平均审理时间为114.8分钟（约1小时55分钟），中级人民法院的平均审理时间为196.7分钟（约2小时37分钟）。而这31起案件中，有9件是对共同被告人审理的案件！如果以单个被告人来计算，庭审的平均用时更少，不足一个半小时。另外，根据《中国法律年鉴》和《最高人民法院工作报告》的数据，在2002年至2006年这五年间，我国无罪判决的平均比率为0.32%，即平均有罪判决率为99.68%，亦即平均1 000名被告人中只有约3名被告人被判无罪。[②]

其次，法官"庭后阅卷"问题突出。1996年《刑事诉讼法》并未从根本上废止案卷移送制度；而1998年的《六机关规定》还确立了庭审后移送案卷笔录的做法。按照《六机关规定》第42条的规定，人民检察院对于在法庭上出示、宣读、播放的证据材料应当当庭移交人民法院；确实无法移交的，应当在休庭后3日内移交。对于在法庭上出示、宣读、播放未到庭证人的证言的，如果该证人提供过不同的证言，人民检察院应当将该证人的全部证言在休庭后3日内移交。实践中，检察官通常是携带全部案卷材料出庭支

---

① 人民法院司法改革东营"破冰".法制日报，2006-04-19.

② 李昌盛.缺乏对抗的"被告人说话式"审判——对我国"控辩式"刑事审判的实证考察.现代法学，2008（6）.

持公诉，对所有证据材料的出示也主要是通过宣读案卷笔录的方式进行，“在法庭上出示、宣读、播放的证据材料”主要是侦查机关制作的原始案件笔录。由于司法实践中，法庭大多都是定期宣判而非当庭宣判，因而侦查机关和检察机关的卷宗笔录便在宣判前如潮水般涌到法官心证的门口，并被作为定案的依据。陈瑞华教授曾指出，法官庭后阅卷的实质依然是通过秘密地、单方面地阅览控诉方的案卷材料，在辩护方无法到场也无法申辩的情况下形成自己的裁判结论，法庭上经过质证和辩论的证据材料则被法官弃置不问，而没有经过法庭上质证、辩论的材料却成为法官形成其内心确信的根据。这显然会导致辩护方受到不公正的对待，违背“同时听取控辩双方意见”的“自然正义”法则。另外，法官由于有庭后阅卷作为裁判的“依靠”，往往会忽视法庭审理的过程，对控辩双方的举证、质证、辩论等活动不予关注，放弃了在法庭上审查证据、认定事实的责任，甚至视法庭审理为儿戏，明目张胆地走过场、走形式。这种新的导致法庭审理流于形式的做法也背离了审判方式改革的初衷。有鉴于此，庭后阅卷的做法一直被法学界和司法界视为审判方式改革的最大危险之一，受到普遍的批评。[①]

（4）审判程序行政化色彩浓厚。

1996年《刑事诉讼法》修改后，法院的管理方式并未发生实质性变化，刑事审判程序的行政化色彩依旧浓厚，具体表现在以下几个方面：第一，法官管理制度。法官的管理沿用了公务员的管理办法，并未体现出法官职业群体的特殊性。如，尽管2001年修正通过的《中华人民共和国法官法》专门规定了法官级别（法官分为十二级），但该规定在很大程度上仍未摆脱法官行政化色彩，法官仍适用全国统一的行政级别，即凡法院在编的工作人员，不论从事的是后勤工作还是人事或审判工作，每个人都被纳入统一的行政等级体系之中，审判员有副科级、科级、副处级、处级、副厅级、厅级和副部级、部级之分。[②] 第二，案件审批制度。作为一种很有特色的行政管理方式，审批制度在当时的不少法院仍然相当普遍地实行着，在独任审判员或合议庭审理案件之后作出判决前，主审人员必须将案件审理的具体意见上报主

① 陈瑞华．刑事诉讼的前沿问题．北京：中国人民大学出版社，2005：380.

② 张卫平．论我国法院体制的非行政化——法院体制改革的一种基本思路．法商研究，2000（3）.

管的行政业务领导，庭长或主管副庭长对该处理意见审查之后，应当作出批示，或者指出案件审理还存在什么问题，或者指出认定某个事实的证据不足，或者同意合议庭的意见。如果庭长或主管副庭长认为处理意见还存在问题，承办人员就要按照庭长或主管副庭长所批的意见继续进行审理或调查。[①] 因此，从形式上看，庭长、院长审核、签发裁判文书，只是其行使审判管理和监督权的一种方式，但从本质上看，审判组织的裁判意见只有经过庭长、院长的批准、确认，才能变成实际的裁判结果。[②] 案件审批制度造成拥有审理权的合议庭法官却没有裁判决定权，而拥有裁判决定权的院长、庭长一般不参与案件的直接审理。这样不仅规避和破坏了一些重要诉讼制度，诸如回避、公开审判等制度，虚化了程序法，弱化了人们的程序法意识，从而损害了程序法的应有功能，也造成“先定后审”“先判后审”“审判分离”的局面。第三，审判委员会制度。自创立以来，审判委员会制度在解决纠纷、惩治打击犯罪、保护无辜方面确实发挥了一定的作用，但是，目前审判委员会的运行是行政式的：审判委员会一般由院长、副院长、主要业务庭庭长和研究室主任或者资深法官组成，有的地方审判委员会成员还包括纪检、政工、办公室的负责人，而院长、副院长、庭长都是法院的行政领导。于是，审判委员会也就成了由院一级行政领导和部分庭一级行政领导组成的审判组织，具有明显的“行政会议”的特征。“法院院长往往在遇到疑难复杂重大案件时（甚至未经合议庭评议）就提交给法院党组，或党的政法委，或党委政府，或这些单位的领导人，避开了审判委员会；而后，又把有关党政部门及其领导的意见带回合议庭和审判委员会……”[③] 在司法实践中，审判委员会、法院行政领导几乎可以随时干预独任庭、合议庭审判案件，这使合议庭制度、独任审判制度流于形式，法官独立审判案子更是无从谈起。第四，案件处理过程中上下级法院之间的“沟通”。尽管根据宪法和法院组织法的规定，上下级法院属于监督和被监督的关系，而不存在上下级检察机关那样的领导与被领导的关系，也尽管上级法院对下级法院的监督并不代表上

① 张卫平．论我国法院体制的非行政化——法院体制改革的一种基本思路．法商研究，2000（3）.

② 苏力．论法院的审判职能与行政管理．中外法学，1999（5）.

③ 张步文．审判委员会制度亟待改革．中国律师，1997（10）.

级法院的法官就可以干预下级法院法官的审判活动，更不代表上级法院的法官比下级法院的法官高明（上级法院对下级法院行使监督权的法定方式同样应受“不告不理原则”的限制，即以“诉”的存在——上诉或抗诉为前提。换言之，只有在下级法院的裁判作出后，有上诉权的人提起上诉或检察机关提出抗诉后，二审法院才能依法进行审理），但是，在司法实践中，上下级法院之间广泛存在事先“沟通”，这已经完全背离上述法律准则的基本要求。在案件审理过程中，上下级法院之间存在的“沟通”现象，不仅已经严重危及上诉制度甚至“两审终审制”的正常运行，也使法院的独立审判难以实现。

总的来说，1996 年《刑事诉讼法》自施行后，在我国的政治、经济、文化、社会生活各个方面都发挥了巨大作用。然而，随着我国经济社会的快速发展，社会形势不断变化，1996 年《刑事诉讼法》存在的缺陷与不足也越来越明显，成为制约刑事诉讼法进步的主要障碍，迫切需要通过修法予以解决。

（三）2012 年《刑事诉讼法》修订后的庭审模式改革

自 2003 年中国共产党十六大提出“推进司法体制改革”战略要求将《刑事诉讼法》的再次修订工作纳入第十届全国人大常委会立法规划后，2004 年中共中央转发的《中央司法体制改革领导小组关于司法体制和工作机制改革的初步意见》以及 2008 年中共中央转发的《中央政法委员会关于深化司法体制和工作机制改革若干问题的意见》中，均有相当部分内容涉及《刑事诉讼法》的再修改工作。2012 年 3 月 14 日，第十一届全国人民代表大会第五次会议通过了《关于修改〈中华人民共和国刑事诉讼法〉的决定》，我国《刑事诉讼法》的第二次修改正式完成。

针对实践中出现的问题及之前理论界的相关研析，2012 年《刑事诉讼法》对刑事庭审制度进行了较大幅度的改革，具体表现在以下几个方面。

1. 修改庭前程序

2012 年《刑事诉讼法》对于庭前程序，一方面采用全案移送制度，另一方面实行彻底的庭前形式审查制度。采用此种模式的优势在于：一是确保了辩护方的证据先悉权。辩护方可以通过庭前阅卷，知悉控方在审查程序中收集的全部证据，避免了之前辩护方庭前阅卷不充分给辩护带来的不利影响。二是彻底的形式审查可以在一定程度上克服法官庭前全面审查证据导致的“先定后审”“庭审形式化”的弊端。三是避免了法官在庭前仅接触主要控诉证据复印件或照片所形成的“片面心证”，尽管在全案移送制度下，法官庭前预断不可避免地会产生影响，但在全案移送制度下，法官接触到的是审前阶段控方所收集的全部证据，既包括有利于被告人的证据，也包括不利于被告人的证据，这就会使法官庭前的心证建立在相对客观的基础之上。四是有利于实现较为充分的庭前准备程序，为法庭集中审理创造了条件。在全案移送制度下，法官能够通过庭前阅卷了解案件的证据和材料，根据案件的情况，有针对性地召集庭前会议，解决非法证据排除等问题。

2. 修改庭前准备程序

2012 年《刑事诉讼法》第 182 条规定：人民法院决定开庭审判后，应当确定合议庭的组成人员，将人民检察院的起诉书副本至迟在开庭 10 日以前送达被告人及其辩护人。在开庭以前，审判人员可以召集公诉人、当事人和辩护人、诉讼代理人，对回避、出庭证人名单、非法证据排除等与审判相关的问题，了解情况，听取意见。人民法院确定开庭日期后，应当将开庭的时间、地点通知人民检察院，传唤当事人，通知辩护人、诉讼代理人、证人、鉴定人和翻译人员，传票和通知书至迟在开庭 3 日以前送达。公开审判的案件，应当在开庭 3 日以前先期公布案由、被告人姓名、开庭时间和地点。上述活动情形应当写入笔录，由审判人员和书记员签名。

该条规定的内容主要涉及三个方面：第一，庭审准备由审判人员根据案件情况进行。实践中，对特定的案件是否适用这种开庭前的准备程序，需要结合个案情况作出决定，决定的主体是审判人员。公诉人、当事人和辩护人、诉讼代理人可以提出建议或者要求，但是没有决定权。第二，庭前准备的内容是就回避、出庭证人名单、非法证据排除等与审判相关的问题，了解情况，听取意见。其中，对于回避、出庭证人名单问题，审判人员应当在开庭前了解情况，听取意见，并作出决定。关于非法证据排除问题，当事人和辩护人、诉讼代理人在开庭前提出的，审判人员应当在开庭前了解情况，进行调查，并决定是否排除。当事人和辩护人、诉讼代理人在开庭前没有提出而在庭审过程中提出的，审判人员应当中止法庭审理程序，启动非法证据排除的调查程序。第三，庭前准备的方式，应当以召开庭前会议为主，以个别听取意见为辅。

此项程序的建立，打破了中国刑事审判程序一直以来由起诉直接过渡到审判的做法。在起诉、审判之间植入这样一个中间程序，可以实现以下三方面的功能：一是“庭前会议”程序的建立，配合全案移送制度的回归和2012年《刑事诉讼法》第40条关于“辩护人收集的有关犯罪嫌疑人不在犯罪现场、未达到刑事责任年龄、属于依法不负刑事责任的精神病人的证据，应当及时告知公安机关、人民检察院”的规定，可以保证辩护方阅卷权的实现，促进控辩双方诉权的平等，避免信息的不对称对诉讼平衡的影响。二是“庭前会议”程序可以有效保障集中审理、提高诉讼效率。提前确定回避、证人名单，排除非法证据，确定案件的重点和争点，将控辩双方无异议的证据在中间程序予以确认，庭审中重点针对有异议的证人、证据展开，可大幅度提高庭审效率，有效缓解案多人少的矛盾。三是“庭前会议”程序能有效规范公诉权行使，即防止公诉权滥用，避免一些不符合起诉条件（包括不应当起诉）的案件进入审判程序，以达到保障人权的目的。通过合理的制度安排，我国的庭前会议程序可以有效发挥权力制约的功能，保障起诉裁量权不被滥用。

3. 证人出庭的制度完善①

（1）证人证言的审查方式。2012年《刑事诉讼法》第59条保留了证人证言必须经过法庭质证并查实以后才能作为定案依据的证据采信规则，删除了“讯问”方式，保留了“质证”方式，因为证人不是犯罪嫌疑人，只能“询问”或者“质证”之，不能“讯问”之；同时，还删除了“听取各方证人的证言”的规定，因为实践中基本上不区分控方证人和辩方证人，也没有多方证人同时出庭作证的情形。

（2）对证人的保护措施。2012年《刑事诉讼法》第62条完善了关于证人保护的措施：1）明确了司法机关主动保护的责任和案件范围。“对于危害国家安全犯罪、恐怖活动犯罪、黑社会性质的组织犯罪、毒品犯罪等案件”，证人因在诉讼中作证，本人或者其近亲属的人身安全面临危险的，人民法院、人民检察院和公安机关应当采取保护措施。2）明确了证人保护的具体

---

① 童建明主编．新刑事诉讼法理解与适用．北京：中国检察出版社，2012：第五章，第七章．

措施。这些措施包括："（一）不公开真实姓名、住址和工作单位等个人信息；（二）采取不暴露外貌、真实声音等出庭作证措施；（三）禁止特定的人员接触证人、鉴定人、被害人及其近亲属；（四）对人身和住宅采取专门性保护措施；（五）其他必要的保护措施。"3）明确了证人享有申请保护权。"证人、鉴定人、被害人认为因在诉讼中作证，本人或者其近亲属的人身安全面临危险的，可以向人民法院、人民检察院、公安机关请求予以保护。"

（3）证人作证费用的补助。2012年《刑事诉讼法》第63条规定了对证人作证费用的补助，对于"证人因履行作证义务而支出的交通、住宿、就餐等费用"，公安司法机关应当给予补助，其补助标准应当以证人的实际支出费用为参照，同时考虑证人作证所耗费的时间长短、当地居民的平均生活标准等因素，确定合理的补助标准。给证人的补助由公安机关、人民检察院、人民法院从业务经费中列支。而且证人作证后，除可以获得有关补助外，其所在的单位不得因证人作证而直接或变相减少其工资、奖金、补助、津贴等一切福利待遇，更不得以证人履行作证义务而耽误工作为由，对证人作出解聘或开除等处罚。

（4）增加了强制证人出庭作证的规定。2012年《刑事诉讼法》第187条和第188条规定了强制证人出庭及其保障措施。证人在具备以下三个条件时，应当出庭作证：一是证人证言对案件定罪量刑有重大影响，二是公诉人、当事人或者辩护人、诉讼代理人对证人证言有异议，三是法院认为证人有必要出庭作证。同时具备上述三个条件，证人就应当出庭。这个规定也适用于人民警察就其执行职务时目击的犯罪情况作为证人出庭作证的情形。经人民法院通知，没有正当理由而不出庭作证的，人民法院可以强制证人出庭作证。该法第188条规定了强制证人出庭作证的条件、方式和处罚措施。此外，鉴定人有出庭作证的义务。特别是当公诉人、当事人或辩护人、诉讼代理人对鉴定意见有异议，人民法院认为鉴定人有必要出庭时，鉴定人应当出庭作证。经人民法院通知，鉴定人拒不出庭作证时，鉴定意见不得作为定案的依据。但是对鉴定人不得强制出庭，更不得采取处罚措施。

4. 落实有效辩护原则

2012年《刑事诉讼法》增加了"尊重和保障人权"的内容，这对于贯彻落实这一宪法原则，有效保障犯罪嫌疑人、被告人的以辩护权为核心的人权，对于整个刑事诉讼活动具有重大的指导意义。此外，2012 年《刑事诉讼法》还强调了保障犯罪嫌疑人、被告人和其他诉讼参与人依法享有的辩护权和其他诉讼权利的原则，强调犯罪嫌疑人自被侦查机关第一次讯问或者采取强制措施之日起有权委托辩护人，并明确规定了侦查机关、人民检察院、人民法院的告知义务。2012 年《刑事诉讼法》吸收《律师法》在适用时所取得的成熟经验，完善了辩护人在刑事诉讼中的相关权利。

（1）完善辩护人的会见权。具体规定了六个方面的内容：第一，明确赋予辩护人会见权。辩护律师可以同在押的犯罪嫌疑人、被告人会见和通信。第二，明确了辩护律师的会见条件。辩护律师持律师执业证书、律师事务所证明和委托书或者法律援助公函要求会见在押的犯罪嫌疑人、被告人的，看守所应当及时安排会见，至迟不得超过 48 小时。第三，明确规定了辩护律师会见犯罪嫌疑人、被告人时可以做的具体事项。律师会见时可以了解有关情况，提供法律咨询等；自案件移送审查起诉之日起，可以向犯罪嫌疑人、被告人核实有关证据。立法上明确规定辩护律师在审查起诉阶段有权向犯罪嫌疑人、被告人“核实证据”，从而扩大了律师会见时了解情况的范围。第四，明确规定了辩护律师会见犯罪嫌疑人、被告人时不被监听。第五，明确列举了经侦查机关许可后辩护律师在侦查期间方能会见在押犯罪嫌疑人的案件种类，把会见需要经过许可的案件限制在危害国家安全犯罪、恐怖活动犯罪、特别重大贿赂犯罪等涉及重大国家利益和公共利益的三类案件。第六，明确了辩护律师同被监视居住的犯罪嫌疑人、被告人会见、通信时适用前述规定。

（2）完善辩护人的阅卷权。2012 年《刑事诉讼法》第 38 条吸收了《律师法》关于律师阅卷权的相关内容，扩大了审查起诉阶段律师的阅卷范围，不再限于“诉讼文书、技术性鉴定材料”，而是包括所有“案卷材料”，而案卷材料应当包括公安司法机关在侦查、审查起诉、审判中形成的证据材料，在审查起诉阶段主要是侦查机关侦查终结移送检察机关的证据材料，即 2012 年《刑事诉讼法》第 48 条规定的八种证据材料。

（3）完善辩护人的调查取证权。第一，扩大了辩护人申请人民检察院、人民法院调取证据的范围。2012 年《刑事诉讼法》第 39 条规定的目的在于防范公安机关、人民检察院因疏忽而未提交，或因追求胜诉而刻意隐匿对辩方有利的证据。第二，赋予了非律师辩护人申请调取证据的权利。1996 年《刑事诉讼法》第 37 条并未赋予非律师辩护人调查取证的权利，而 2012 年《刑事诉讼法》第 39 条将申请调查取证权的主体规定为“辩护人”，这就意味着非律师辩护人如果认为在侦查、审查起诉期间公安机关、人民检察院收集的证明犯罪嫌疑人、被告人无罪或者罪轻的证据材料未提交的，可以申请人民检察院、人民法院调取有关证据。第三，2012 年《刑事诉讼法》并未赋予律师凭有关证件直接调查取证的权利，仍然保留了 1996 年《刑事诉讼法》第 37 条中对律师自行调查取证权的相应限制（参见 2012 年《刑事诉讼法》第 41 条）。对于辩护律师要求人民检察院和人民法院许可其自行调查取证的，人民检察院、人民法院应当在接到申请后及时作出是否许可的决定，通知申请人。第四，关于辩护人的证据开示义务。辩护人应当开示的证据仅限于涉及证明“犯罪嫌疑人不在犯罪现场”“未达到刑事责任年龄”“属于依法不负刑事责任的精神病人”的三类证据。

2012 年《刑事诉讼法》还规定了辩护律师的保密权及其限制，赋予辩护人、诉讼代理人申诉控告的权利，明确了检察机关对阻碍其依法行使诉讼权利的行为实行法律监督的责任。

与 1996 年《刑事诉讼法》相比，2012 年《刑事诉讼法》对刑事法律援助制度的修改力度也较大：一是取消了“公诉人出庭的公诉案件”的限制，把法律援助的适用范围扩大到所有刑事诉讼的各个阶段和所有的刑事案件；二是在法律援助的对象中增加了犯罪嫌疑人，并且扩大到尚未完全丧失辨认或者控制自己行为能力的精神病人和可能被判处无期徒刑、死刑，没有委托辩护人的犯罪嫌疑人、被告人；三是增加了法律援助的义务主体，不仅人民法院有义务为犯罪嫌疑人、被告人提供法律援助，而且人民检察院、公安机关也有义务为犯罪嫌疑人、被告人提供法律援助。如果本人及其近亲属向法律援助机构提出申请，并且符合法律援助条件的，法律援助机构也有义务指派律师为其提供辩护。

5. 完善量刑程序

2012 年《刑事诉讼法》第 193 条在法庭审理程序中增加规定了量刑的内容，并规定在审理过程中，法庭对与定罪、量刑有关的事实、证据都应当进行调查、辩论。在庭审程序中增加量刑辩论是一个巨大的进步。根据

2012 年《刑事诉讼法》的规定，在审理过程中，法庭应当对与定罪、量刑有关的事实、证据进行全面的调查、辩论。特别是对被告人不认罪的案件，法庭应当按照传统的审理模式，重点对定罪的事实、证据进行调查，以确定被告人是否有罪、构成何罪。对于被告人不认罪或者辩护人作无罪辩护的案件，在调查阶段，法庭应当查明有关的量刑事实。在法庭辩论阶段，审判人员应当引导控辩双方先辩论定罪问题。在经过法庭调查、辩论确认被告人有罪或者被告人认罪的情况下，法庭应当对量刑问题进行调查、辩论。

在 2012 年《刑事诉讼法》施行 6 年后的 2018 年 10 月 26 日，全国人大常委会通过了新的《刑事诉讼法》修正案并规定其在当天生效。此次对《刑事诉讼法》的修正，原本非立法计划内的，但因我国监察体制的重大改革，即国家监察委员会的成立、《中华人民共和国监察法》的颁行，《刑事诉讼法》迫切需要更新，以解决《中华人民共和国监察法》调整的监察案件的办理与刑事诉讼的衔接等问题；同时，我国司法体制改革的重要举措即认罪认罚从宽制度和刑事速裁程序改革的试点于 2018 年 10 月 31 日之前均已到期，需在立法的层面予以对接，以便在试点期间形成的一些可复制、可推广的经验能经法律的修正完善而向全国普遍推开。所以，此次修正案的修正内容特定、修正方向明确，具有应急、临时、片面的特点。①

撇开 2018 年《刑事诉讼法》修正时为顺应我国监察体制改革而予以更新的版块内容（因为其与本书主题关联度较低），2018 年《刑事诉讼法》创设的速裁程序、增设的缺席审判程序以及认罪认罚从宽制度，均涉及刑事庭审。(1) 速裁程序加快了案件承办速度，由侦查到审查起诉和审判共计不到一个月时间。(2) 缺席审判程序弥补了审判的一大缺陷，即在被告人不在场的情况下，哪怕是其恶意逃跑、规避惩罚，也可以继续审判。传统的对席审判与新增的缺席审判相加合，使我国的刑事庭审得以更顺利地推进，更利于应对诸如贪腐犯罪分子等外逃、自杀、隐匿之行径而导致我们打击相关犯罪受限的情形。虽然单从字面上看缺席审判似乎对被告人的权利有所减损，但该程序的启动有着严苛的条件：首先，犯罪事实必须清楚，认定犯罪事实的证据已经达到了确实充分的标准。其次，犯罪人潜逃境外，在接到人民法院

① 陈卫东 .《刑事诉讼法》最新修改的相关问题 . 上海政法学院学报（法治论丛），2019 (4).

送达的传票和起诉书副本后，仍拒绝出席法庭。后一条件，是被告人自己选择不出席法庭，放弃了出席法庭的权利，同时也违背了出席受审的义务。不论从权利还是从义务角度，对其进行审判，都是本人行为导致的。而前一个条件，则旨在解决被告人不在时案件的执行问题，故而 2018 年《刑事诉讼法》专门规定了此时的特别辩护制度，即近亲属可以直接委托律师来为其辩护；近亲属还可独立提起上诉。而就这样的缺席审查，还允许被告人提出异议，即在审理过程中，不论被告人是因抓捕归案还是自首投案，都要重新审判。即使判决、裁定已经发生法律效力，归案后、交付执行前，只要被告人提出异议，那么就要一律重审。换言之，缺席审判制度的设立不但保证了案件的质量，还确保了程序的正当，保障了被判决人的合法权益。(3) 2018 年《刑事诉讼法》第 15 条规定："犯罪嫌疑人、被告人自愿如实供述自己的罪行，承认指控的犯罪事实，愿意接受处罚的，可以依法从宽处理。"加之其后相关条文，从立法层面正式开启了我国的认罪认罚从宽制度。它全面涉及侦查、审查起诉、审判、强制措施等众多方面，更深刻影响着一直以来刑事诉讼中控辩双方严重的对抗格局，使这种对抗开始向合作的方向发展，在法庭上不再有太多的控辩双方的交锋，更有可能"放弃审判制度"[①]。诚然，我国认罪认罚从宽制度的创制目的应为三层，即首先是繁简分流，提升诉讼效率；其次是保障程序和实体处理上的宽严相济；最后是探索推进实质性的控辩协商。[②] 显然，其出发点甚佳，但其在全国各地的适用也带来不少现实问题，诸如"具结书"仅是对犯罪嫌疑人、被告人的约束，检察机关在法庭审理过程中可以调整量刑建议，从而造成控辩双方权力（利）、地位不对等；要求法庭"一般应当"采纳检察机关指控的罪名和量刑建议，触动法院依法独立行使职权原则；公安机关被不当赋予撤销案件的裁量权；值班律师地位、权利不明朗，等等。[③] 余金平交通肇事案二审宣判后引发的热议，更是令学界、实务界格外关注如何进一步完善我国的认罪认罚从宽制度。而该制

---

① 熊秋红．比较法视野下的认罪认罚从宽制度——兼论刑事诉讼"第四范式"．比较法研究，2019 (5).

② 张泽涛．认罪认罚从宽制度立法目的的波动化及其定位回归．法学杂志，2019 (10).

③ 卞建林，陶加培．刑事诉讼法学：迈向新时代，服务新实践——2019 年刑事诉讼法学研究综述．人民检察，2020 (1).

度从试点到入法，直至现在全国广泛适用后呈现出的种种问题及相关的思考，恰恰可能推动我国理论界及实务界开始审视刑事诉讼“第四范式”[①] 的建构和完善。

三、刑事庭审制度的中国特色

1979 年《刑事诉讼法》所确立的刑事审判模式具有典型的职权主义特征，并具有浓厚中国特色的超职权主义特征。这主要是因为，当时的法官在法庭调查等一系列环节上都占据着主导和控制地位，控辩双方难以进行充分的对抗。不仅如此，当时的法官还拥有十分广泛的并且具有追诉性质和追诉效果的证据调查权，法官不仅可以在法庭审理过程中对于证据不充分的案件或发现新的需要调查的事实自行进行调查，而且可以在开庭前的审查公诉活动中展开证据调查活动。[②] 然而，法官在法庭审理中承担过多的责任，造成了控审职能混淆，一方面限制了公诉人指控犯罪、证实犯罪职能的充分发挥，另一方面也极易形成法官与被告人、辩护人的对立情绪。与法官形成这种直接矛盾、冲突的局面，致使被告人及其辩护人不敢依法进行辩护和辩解，也不利于法官客观公正地听取控辩双方的意见，从而作出正确的判决。加之，当时的庭前审查是“实质化”的，法官在开庭审理前就已经对案件产生预断，法庭审理基本上是“流于形式”的。

在 1996 年的刑事司法改革中，立法者明确将解决“法庭审理流于形式”的问题、发挥法庭审理的功能，作为最重要的改革目标。[③] 1996 年修正后的《刑事诉讼法》确实在不少方面吸收了一些控辩式的因素，甚至，在一定程度上还可以说，新法确立了一种所谓的“控辩式”庭审方式。这主要表现在，新法废除了原来的全案卷宗移送制度，法院在庭审前也不再对公诉案件进行“实质审查”；在开庭审理之前，法官已不能再进行勘验、检查、搜查、扣押、鉴定等证据调查活动；改变了法庭调查的顺序和方式，削弱了法官在证据调查方面的主导地位，增强了控辩双方在庭审中的对抗程度；允许公诉

---

① 熊秋红．比较法视野下的认罪认罚从宽制度——兼论刑事诉讼“第四范式”．比较法研究，2019 (5).

② 李奋飞．刑事诉讼中的法官庭外调查权研究．国家检察官学院学报，2004 (2).

③ 陈瑞华．刑事诉讼的中国模式．北京：法律出版社，2008：147.

人、当事人和辩护人、诉讼代理人在法庭调查过程中对证据和案件情况发表意见并且互相辩论，使控辩双方可以就证据调查发挥更大的作用；适当扩大了合议庭的权限，从而对合议庭和审判委员会的关系作出了一定的调整；等等。上述这些改革举措，无论在理论上还是在实践中，确实都有助于增强庭审中控辩双方的对抗性，有助于维护裁判者的中立性，从而也有助于矫治“庭审走过场”的弊端。改革前的刑事审判程序存在着太多令人难以忍受的缺点，而新的审判程序对这些缺点作出了一定的纠正。相对于那种由法官所主导的法庭审理（审问式），这种由控辩双方所主导的法庭审理（控辩式），更能适应和满足人们对司法公正的渴望和要求。

在法治精神和法治理念日益为国人所接受的今天，司法公正既包括实体公正也包括程序公正的观念，已被国人普遍接受。如果说，在“发现事实真相”“实现实体正义”的问题上，究竟控辩式与审问式孰优孰劣，尚是一个难以证实的命题的话，那么在维护程序公正、提高裁判的可接受度这个问题上，“控辩式”无疑比“审问式”具有较为明显的优势，因为，在“控辩式”刑事审判模式下，控辩双方可以对审判结果施加更为积极的影响，从而可以从对审判程序的有效参与中感到自己受到了公平对待。对于那些真正实施了犯罪的被告人而言，如果他（她）们能够受到公平的对待，即使最终还是要承受不利的后果，他（她）们也更有可能心平气和地接受。

《刑事诉讼法》2012 年修改时，延续了控辩式庭审方式的改革方向，如完善了回避制度，规定辩护人有权申请回避及复议；改革辩护制度，完善了法律援助制度，扩大了强制辩护的适用范围，强化了辩护律师的会见权、阅卷权、申请调取证据权及保守职业秘密权等执业权利；修改证据制度，如 2012 年《刑事诉讼法》第 49 条规定了“公诉案件中被告人有罪的举证责任由人民检察院承担”的举证责任分配规则，建立了非法证据排除规则，完善了证人保护制度，建立了证人作证补偿制度；完善了审判程序，即 2012 年《刑事诉讼法》第 188 条建立了强制证人出庭作证制度，并规定辩护人有权申请法庭通知有专门知识的人出庭就鉴定人作出的鉴定意见提出意见，辩护人可以就定罪、量刑问题进行辩论；等等。上述新规定都有助于控辩式庭审方式改革的深化。控辩式庭审方式改革的目标为力避法官预断，实现庭审实质化，充分发挥庭审功能。然而，法官预断的问题仍然存在，一是因为

1996 年《刑事诉讼法》实行主要证据复印件移送主义，更有甚者，实务中卷宗移送方式出现复活，而 2012 年修改《刑事诉讼法》时则回归了卷宗移送主义。应当看到，当前中国的刑事审判仍然盛行着“以案卷笔录为中心”的审理方式。在“案卷笔录中心主义”的作用下，公诉方通过宣读侦查机关所制作的案卷笔录来主导和控制着法庭调查过程，相应地，法院则以公诉方移送的案卷笔录为基础展开法庭审理，并以此形成对案件事实的内心确信。[①] 于是，侦查程序就这样通过案卷笔录“登堂入室”，对法庭审理程序产生了决定性的影响，使法庭审理在一定程度上异化为对侦查结论的审查和确认，进而失去了独立自主地审查证据、认定案件事实的能力。因此，如果不抛弃这种“案卷笔录中心主义”的审判方式，任何以加强庭审功能为宗旨的司法改革将没有存在的空间。二是因为未要求审查法官与审判法官分离。而庭审实质化不足，庭审功能未能充分发挥，一是因为证人出庭率仍然很低，证据调查多为宣读控方卷证；二是因为法官于开庭前阅读控方卷证，在庭后阅读控方移交的全案卷宗（含未在法庭上出示的证据）以补充心证。故此，控辩式庭审方式改革离预期目标尚有不小差距，改革任重而道远。

① 陈瑞华．新间接审理主义——“庭审中心主义改革”的主要障碍．中外法学，2016 (4).

第二章　刑事庭审的典型问题透视

公正是法治的生命线，作为在刑事诉讼活动各阶段及环节中最能体现出以看得见之方式实现公平正义，也最能让人民群众真正感受到公平正义的核心场域，刑事庭审，尤其是关于其理念、制度、程序、技术等如何进一步发展和完善的主题，一直是备受理论学者与实务人士关注的焦点内容。但学术研究显然不能凭空臆造“伪问题”，为相关司法改革选择方向、设计路线的基本前提，就在于准确把握我国刑事庭审的主要顽疾，如此方得对症下药，形成既契合实际又思辨深入的中国方案。

司法是维护社会公平正义的最后一道防线，而法院是司法活动各职能主体中唯一能够确定一个人是否有罪的机关。作为现代司法的一项重要原理，“司法亲历性”要求在刑事诉讼领域贯彻以庭审为中心、直接言词审理、事实认定出自法庭、审理者裁判、裁判者负责等制度性内容。[①] 换言之，在审判阶段通过开庭审理的方式，由主持庭审的法官直接接触证据，特别是直接听取控辩双方的主张、理由、依据、质辩，以及其他诉讼参与人的言词陈述，对被告人的涉案行为及其法律性质予以评价，保证庭审在定罪量刑过程内的决定性作用，即实现“庭审实质化”，是对司法运行之基本规律的遵循。然而，与之截然相悖的“庭审虚化”现象，成为法学界公认的困扰我国刑事诉讼活动的基本问题。

根据既有研究总结，所谓“庭审虚化”，亦称庭审形式化，是指法官对于证据的审查、事实的认定以及被告人刑事责任的评判等问题，并非或主要

---

① 朱孝清．司法的亲历性．中外法学，2015（4）．

不是通过法庭上的调查和辩论活动完成，不是由主持庭审的法官作出，有时对这些问题甚至不是在审判阶段决定，而是由“法官背后的法官”定夺。换言之，刑事庭审沦为了一种可有可无、纯粹“走过场”的诉讼演出，就算这一程序被取消，司法人员仍然能得出相同的判决结论。[①] 当然，笔者认为，庭审虚化之下其实还隐藏着指向审理秩序、职能均衡、制度体系等相伴生的且同样值得思考的问题，例如，庭审程序在脱离实质化标准的运作中难免混乱无章、冲突迭发，诉讼构造在形式化的庭审流程里明显无法维系控辩平衡、保持审判中立，虚化背景下尚只能以定罪部分为重心和以普通程序为中心的一元化庭审模式也衍生出审理内容不完全、资源配置不合理等隐患。因此，本章将从上述内容切入，以期对我国刑事庭审的典型问题进行深入剖析与透视。

一、审理方式间接

法庭作为法官形成关于被告人是否有罪之内心确信的主要空间，担负着准确查明犯罪事实、正确应用法律的重任。而根据现代民主诉讼理念的要求，该刑事诉讼之基本任务应当以面对面、言词对言词的形式实现。质言之，即要贯彻落实直接和言词审理方式。这已然作为一项基本原则被大陆法系国家普遍认可，并通过传闻证据规则在普通法系国家继续发扬着非凡的司法价值。在我国，刑事审判制度尽管历经多次变革，却仍然保留了一种间接的审判方式。在我国，刑事审判制度尽管历经多次变革，却仍然保留了一种间接的审判方式。法庭以公诉方移送的案卷笔录为基础开展法庭审理，经听取公诉方摘要宣读的书面笔录来进行法庭调查，并会把承载着这些“传闻证据”的笔录材料作为最终定案的依据。陈瑞华教授把这种裁判方式称为“新间接审理主义”，指出其是法庭审理流于形式的关键原因，是制约我国刑事审判的主要障碍。[②]

（一）法治理念对审理方式的要求

直接言词原则是直接审理原则和言词审理原则的合称。这两项子原则分别对法庭审理提出了不同要求，相辅相成，是形塑并规范大陆法系国家庭审程序的纲领性要求。

---

① 何家弘．刑事庭审虚化的实证研究．法学家，2012（1）．

② 陈瑞华．新间接审理主义——“庭审中心主义改革”的主要障碍．中外法学，2016（4）．

具体来说，直接审理原则的内涵被细化为“在场”和“直接采证”两个维度。前者是指在开庭审理时，刑事诉讼的各个主体均应当出席法庭，并保证在精神和体力上能够积极、有效地参与审判过程；法官更不得缺席任何程序，且作为庭审主持方，还应当合理安排相关活动步骤及方法，使各方的程序参与权等合法权益均得到充分尊重。后者则主要针对法官，是指其应当以亲眼见、亲耳听、亲身感的方式体察法庭审理的全程，通过直接接触诉讼各方和全案证据，得出关于采证结果，即相关证据能否作为定案依据的直观感受，而不能以书面材料或转述证言作为裁判的依据。正如德国著名学者克劳思·罗科信所言，法官的判决必须倚赖其在法庭上所形成的关于案情的最直观印象。[①] 不难发现，直接审理原则中暗含着对审和判的主体应当保持同一的严格要求，法官不得委托他人代为进行证据调查或者其他审判行为，案件判决也不得由未亲身经历法庭审理的法官作出。

言词审理原则又称言词辩论原则，顾名思义，其要求庭审活动的基本推进方式（包括审理、指控、辩解等诉讼行为），必须是诉讼各主体的言词陈述，尤其是要以口头方式提出、展示、调查或质疑证据。法官应当在诉讼参与各方的说和听中发现、识别审理依据，不能仅从书面文件中获取案件信息，即禁止书面审理。当然，这里并不是拒绝任何书面材料，面对面朗读书面内容也可看作是口头审理。[②] 可见，该原则的重点在于强调庭审过程中应确保诉讼各方交流的即时性和互动性[③]，进而让诉讼两造有机会及时发问疑点且得到相应回答，并使法官能在“望闻问切”中建立并巩固心证。相应地，没有通过言词或口头方式进行的诉讼活动均被视为不存在，不具有程序上的效力；未经口头提出、言辞交锋的证据，也不得作为法庭裁判的根据。例如，《法国刑事诉讼法典》第427条第2项就明确指出：“法官只能以提交审理并经过辩论的证据为依据作出判决。”

英美法尽管没有确立直接和言词原则，但通过规定传闻证据规则，事实

① 卞建林．直接言词原则与庭审方式改革．中国法学，1995（6）．

② ［美］乔恩·R. 华尔兹．刑事证据法大全．何家弘，等译．北京：中国人民公安大学出版社，1993：81．

③ 刘玫．论直接言词原则与我国刑事诉讼——兼论审判中心主义的实现路径．法学杂志，2017（4）．

上也实行了直接言词审理。该规则把书面证言和转述陈述都视为“传闻”（hearsay），它们原则上都因不具有证据能力而必须被排除。以《美国联邦证据规则》为例，其第 801 (c)、802 条规定，“传闻”是指陈述人在当前审判或听证之外作出的，且将其用作证据以证明所主张事项之真实性的陈述；传闻不可采，除非联邦制定法、本规则或最高法院制定的其他规则另有规定。英美法学者认为，排除传闻证据并非由于它与案件不相关，而主要基于证据真实性、被告人诉讼权利保障以及程序公信力等方面的考量。首先，传闻证据存在转述不准确或伪造的可能，没有经由宣誓、交叉询问等公正程序的充分审查，且裁判者也不能根据陈述人的态度、表情、姿态等情况对其可靠性加以综合评断[①]；其次，传闻证据侵蚀了被告人的一项重要的宪法性权利，即与对方证人对质的正当需求；最后，对传闻证据排除规则的新近解释路径指出，其旨在采用一种公正的程序，来维持公众对整个刑事司法系统的信赖，提升裁判的可接受性。[②] 同时，鉴于在某些特殊情形下，部分陈述所拥有的可靠性程度足以保障法庭审理时陈述人不亲自到庭的合理性[③]，英美法系国家又规定了传闻证据规则的若干例外，如濒死心态下的陈述、对己不利的陈述、为医学诊断或者治疗目的而作出的陈述等可以在法庭上提出，并经查证属实后作为判案的依据。

直接言词原则与传闻证据规则虽然在基本性质、关注与侧重点、适用的诉讼模式等方面存在不同[④]，但均借助对法庭以外所作陈述（不论它们是仅记录于纸面还是经他人转述）之证据资格的否定，在实际上产生了相似的诉讼功能：不仅确保裁判者能够与诉讼参与各方当面接触，对涉案证据直接审查；也使控辩双方获得了围绕证据展开直接交锋的现实基础，辩方的诉讼权利由此得到实现。然而在我国，受制于案卷移送制度、证据规则以及诉讼纵向构造方面的约束，直接言词原则在刑事庭审中的落实和推进却遭遇了较大

---

① 樊崇义主编．刑事证据规则研究．北京：中国人民公安大学出版社，2014：422.

② Charles R. Nesson, “The Evidence or the Event? On Judicial Proof and the Acceptability of Verdicts”, 98 *Harvard Law Review* 1357 (1985).

③ Fed. R. Evid. 803 advisory committee's note.

④ 适用于职权主义诉讼模式下的直接言词原则，主要针对的是法庭审判如何进行，注重规范诉讼参与各方的行为方式，以充分发挥法官的主观能动性；而传闻证据规则适用于当事人主义的诉讼模式，主要是解决证据适格性问题的规范，在保证判决结果之真实性的同时，还重视对正当程序的遵守和推崇。

障碍。

（二）案卷笔录对直接言词的消解

刑事案卷是以文字为载体、以卷宗为形式的关于案件证据材料和诉讼文书的集合，其中还包括较为特殊的、记录着特定侦查活动或者证据收集行为的笔录材料。这些案卷笔录最早且主要由侦查机关制作，初步也基本成型于侦查阶段，并随着诉讼程序的推进，在侦查机关、公诉机关与审判机关间传递和流转，最终被提交到法庭之上。长期以来，我国刑事庭审中的法庭调查活动呈现出“以案卷笔录为中心”的模式样态：公诉方主要通过有选择地、摘要式宣读或者合并概括式介绍[①]案卷笔录的方式来出示证据，包括被告人供述、被害人陈述、证人证言等言词证据；被告人及其辩护人的当庭质证则只是对公诉方宣读的书面材料提出疑问和发表不同意见。于是，案卷笔录就成为法官进行法庭调查并据以开展书面审查的实质性对象，再加上法官之前还通过阅读检察机关移送的案卷笔录来进行庭前准备，在判决书中甚至援引案卷笔录，将之作为裁判的主要依据[②]，因此，案卷笔录，无疑就挤压了直接言词审理的空间。

应当说，形塑出该法庭审理方式的关键节点及制度，正是检察院向法院提起公诉时的模式问题。这里存在着两种“主义”的选择路径，分别是大陆法系国家的“案卷移送主义”与英美法系国家的“起诉书一本主义”。前者使法官在开庭前就可以全面查阅公诉方移送的案卷材料，了解其掌握的事实和证据情况，并为法庭审理进行全面的程序准确；后者则仅允许检察机关在提起公诉时向法院移送一份起诉书，至于所有证据材料只能当庭逐一呈交，由此，法官在庭前对案情及证据几乎一无所知。我国 1979 年《刑事诉讼法》曾确立了案卷移送主义的起诉方式，并且规定法院经过阅卷和庭外调查，认为“事实清楚，证据充分”的，才可以正式启动法庭审理程序。鉴于这种全卷证移送和实质性审查结合的制度暴露出严重的法官先定后审、庭审流于形式等弊端，1996 年立法机关在《刑事诉讼法》第一次修订时取消了该移送起诉方式，转向折中式的“复印件主义”，即规定检察机关在起诉时只能移送起诉书、证据目录、证人名单和主要证据的复印件，并改法院的实质审查

① 主要针对内容大体接近的证言笔录。

② 陈瑞华．案卷笔录中心主义——对中国刑事审判方式的重新考察．法学研究，2006（4）．

为形式审查。但这一仅限制公诉方对案卷笔录的移送范围、未禁止移送本身[①]的妥协性改革措施的实际施行效果并不理想，由于其与法院、检察院多年的刑事司法惯例相违背，还延伸出律师阅卷难的新问题，故招致控、辩、审三方的共同抵触，很多地方的法院、检察院都“默契”地恢复了原有的庭前全部案卷移送，并得到辩方的“默认”同意。2012 年，再次修订的《刑事诉讼法》复归案卷移送主义。这标志着我国对于向“起诉状一本主义”转型的放弃，也意味着相关改革努力宣告失败。其实，在上述改革、规避改革和终止改革的表象背后，还存在着我国法官要通过阅卷来掌握案情、安排庭审，并以案卷笔录为基础来得出裁判结论的司法传统和文化。[②]

而这种间接审理方式的负面影响还远不止于此，其中，法官庭前预断隐患的无法避免尤其值得深思。关于案卷笔录所引致之法官偏见的实证研究显示，法官在审前接触的案件信息对其判决行为的影响之大远超我们的想象，即使法官在随后的庭审中有机会亲自询问证人，也很难修正庭前预断带来的决定性影响。[③] 裁判者一旦出现预断，就会不自觉地把个人价值、情感等因素带进裁判，产生对控方或者辩方的观念偏袒。一般来说，这种倾向更多的是不利于被告人的偏见，甚至对被告方的辩护构成实质性威胁。如前所述，案卷笔录主要是侦查机关从立案开始到侦查终结期间，就整个侦查过程以及证据收集情况所做的工作记录；检察机关在审查起诉时也有可能对一些证据进行调查核实，并将相关工作和情况以笔录形式记载下来，附入案卷。虽然 2012 年《刑事诉讼法》增加了对辩护律师书面意见的附卷要求[④]，使案卷信息得到一定程度上的重构，但并未从根本上改变绝大部分书面卷证来自侦控单边且突出有罪证据的样貌。可见，我国以间接方式进行庭审是卷证片面、

① 1998 年《六机关规定》补充指出“主要证据”由人民检察院确定，并确立了庭审后移送案卷笔录的制度。

② 陈瑞华．案卷移送制度的演变与反思．政法论坛，2012（5）．

③ 其中很著名的一项研究就是由德国学者许乃曼主持进行的，关于该实证研究的内容，参见［德］贝恩德·许乃曼，等．案卷信息导致的法官偏见：关于与英美模式比较下德国刑事诉讼程序优缺点的实证研究．刘昶，译//何挺，等编译．外国刑事司法实证研究．北京：北京大学出版社，2014：74－105。

④ 2012 年《刑事诉讼法》第 159 条规定：“在案件侦查终结前，辩护律师提出要求的，侦查机关应当听取辩护律师的意见，并记录在案。辩护律师提出书面意见的，应当附卷。”第 170 条规定：“人民检察院审查案件，应当讯问犯罪嫌疑人，听取辩护人、被害人及其诉讼代理人的意见，并记录在案。辩护人、被害人及其诉讼代理人提出书面意见的，应当附卷。”

全卷移送、庭前预断等多重消极因素共同作用的结果。

（三）证据规则对间接审理的纵容

作为刑事诉讼程序规范的重要组成部分，刑事证据法承载着查明犯罪事实、规范证据运用、保障基本人权、实现社会调控、兼顾诉讼效率等预设功能，特别是“规范证据运用”之内容，被视为赋予证据规则以法学秉性、规范品格的核心功能。[①] 这里，如何约束法官采纳及采信证据时的自由裁量权在其中尤为重要。如前所述，在排斥案卷笔录的证据能力方面，在我国的证据规则下，案卷笔录内的证据材料被推定为合法，并且具有优先于相关人证之当庭陈述的证明力。这就在证明机制层面形成了对间接审理方式的进一步纵容。

一方面，根据我国的刑事证据规则，包括被告人供述、证人证言在内的各种笔录类证据材料，它们的合法性、可采性问题并不是法庭审理的对象。换言之，案卷笔录被天然“推定”具有证据资格。例如，《刑事诉讼法》第58条规定：“法庭审理过程中，审判人员认为可能存在本法第五十六条规定的以非法方法收集证据情形的，应当对证据收集的合法性进行法庭调查。当事人及其辩护人、诉讼代理人有权申请人民法院对以非法方法收集的证据依法予以排除。申请排除以非法方法收集的证据的，应当提供相关线索或者材料。”由此可见，虽然审判人员有在庭审过程中审查案卷笔录内的证据材料是否存在以非法方法收集之情形的职权，但其逻辑前提仍是将相关笔录类证据材料“视为”合法，默认它们具有证据资格；如果辩护方想对某一笔录证据的资格问题提出异议，则需提供有关非法取证的线索或材料，该举证责任的分配也意味着案卷笔录的证据能力得到了法律上的“推定”[②]。然而这种推定的正当性和合理性其实值得深思。再如，《刑事诉讼法》第61条规定：“证人证言必须在法庭上经过公诉人、被害人和被告人、辩护人双方质证并且查实以后，才能作为定案的根据。”但是这里的证人证言不限于证人的当庭陈述。在我国刑事审判中，证人并非一律被要求必须出庭，即便辩护方对

---

① 有关刑事证据规则的法律功能，参见陈卫东．刑事证据问题研究．北京：中国人民大学出版社，2016：第三章“刑事证据规则的法律功能研究”。

② 如果相反，即“推定”案卷笔录不具有证据能力，则应由控诉方举证证明相关取证方法、行为确系合法。

证人证言有异议，也必须满足“该证人证言对案件定罪量刑有重大影响”和“人民法院认为证人有必要出庭作证”之条件，证人才会被法院通知出庭作证。而法院又可以就何谓“对案件定罪量刑有重大影响”和“有必要出庭作证”进行解释，这就使法院在证人是否有必要出庭作证问题上享有绝对的控制权，即证人会否及能否出现在庭审现场并给出当庭陈述，完全由法院主导。那么，在我国证人出庭率低下的现实状况下，经公诉方出示、辩护方反驳后由法庭审查判断的证人证言，绝大多数是案卷材料中的证言笔录也就不足为奇了。更需要注意的是，就算证人出庭作证，公诉方还是可以当庭宣读证人在庭前向侦查人员所做的证言笔录，也就是说，此时证人庭外证言笔录的证据资格仍会被确认、不受影响，并与证人的当庭陈述一起在同一平台，没有区分地接受法庭的查证。这也成为影响我国“证人出庭作证运动”之效果的局限所在。[①]

另一方面，我国证据立法遵循着一种以限制证据证明力为核心的基本理念，其表现之一即在事先对单个证据的证明力强弱确立相关采信规则。[②] 而根据相关规则，当案卷材料中的被告人讯问笔录、证人询问笔录等与相关人员的当庭陈述出现矛盾时，被告人、证人的当庭陈述被要求需达到较高的要求方得采信，有时甚至在形式上很难实现。换言之，案卷笔录之证明力还是获得了被优先认可的“特别待遇”。例如，2021 年最高人民法院《关于适用〈中华人民共和国刑事诉讼法〉的解释》（以下简称《刑事诉讼法解释》）第 91 条规定：“证人当庭作出的证言与其庭前证言矛盾，证人能够作出合理解释，并有其他证据印证的，应当采信其庭审证言；不能作出合理解释，而其庭前证言有其他证据印证的，可以采信其庭前证言。”同理，第 96 条规定，“被告人庭审中翻供，但不能合理说明翻供原因或者其辩解与全案证据矛盾，而其庭前供述与其他证据相互印证的，可以采信其庭前供述”。可见，在我国的刑事审判活动中，若证人、被告人的当庭陈述与其庭外笔录的内容完全一致，则两者的证明力都将获得法庭确认；但是，若证人、被告人当庭改变证言、供述，则只有在证人、被告人能够对其翻证、翻供原因作出合理解释，且当庭陈述与在案其他证据相互印证时，才可以采信其当庭陈述，否

---

① 陈瑞华．新间接审理主义——“庭审中心主义改革”的主要障碍．中外法学，2016（4）．

② 这被陈瑞华教授提炼为“新法定证据主义”之理念。

则，法庭仍然会将案卷材料中的证言、供述笔录作为定案的依据。这无疑在证明力角度表现出对案卷笔录的抬高以及对当庭陈述的贬低。而除了人为贬损证明力外，我国证据规则对紧密关联着直接审理这一方式的当庭陈述更不“友好”之处还在于，相关印证标准带有浓厚的“形式化”色彩，缺乏实质性的审查评判。经过侦查机关、检察机关“双重把关”的案卷材料往往已经在证据体系内部形成印证，因此证人、被告人的当庭翻证和翻供实际上很难得到其他证据的印证支撑。

可以说，我国证据规则对案卷笔录的证据能力、证明价值保持了一种肯定且开放的态度，却在司法证明机制上对当庭陈述的采信设置了一定的法律障碍。这种规则设计显然无法推动法庭产生采取直接审理方式之动力，相反，还会放任法庭以间接审理的方式围绕案卷笔录来认定案件事实。

（四）行政决策对实质审理的干扰

审判权作为典型的司法权，本质上是一种判断权，其除应具有直接言词原则所内含的亲历性、交涉性外，还被要求应具有独立自主性特征。[①] 这是司法权与行政权的最大差别所在。具体来说，司法裁判的主要任务在于根据已知证据准确认定案卷事实，并基于所认定的案件事实正确适用法律。在庭审活动中，前者是法庭调查时要解决的主要问题，后者是法庭辩论时双方争论的焦点。独立行使审判权强调作为裁判者的法院、法庭及法官个体，在进行司法裁判时只能服从法律和良知，遵循诉讼规律和逻辑经验，不得受到任何来自系统内部或者其上级机关、外部机关的不当干预和控制。不同于司法裁判，行政决策属于行政管理的组成部分，是行政机关及其工作人员在单方意志下，依赖国家强制力处理事务、作出决定的活动。可见，行政权在性质上是一种处理权，具有较为明显的依附性，运行时需严格遵守“命令—服从”的决策模式，以实现对行政效率和管理秩序的价值追求，故身处“上命下从”之机制体系内的机构整体或官员个人，不可能具有较强的自决空间。

当然，审判权不仅包括裁判制作权，还包括法庭审理权，审理与裁判不可分割。裁判的独立必然内含该裁判权掌握在直接审理者手中，最终裁判是由负责审理者作出的应有之义。而这一合理内核又与审判方式息息相关。应

① 此外，被动性、公开性、透明性、多方参与性和集中性、终结性等也是司法权的基本特征。

当说，让独任法官、合议庭成员等案件的直接审理者享有独立自主的裁判权，是保障法庭审理实质化的重要前提。假若他们不得不听命于他人、受制于外部，无疑违背了司法权的基本特征，庭审可谓徒有其表，其意义聊胜于无，此时，形式化、走过场也就在所难免了。

可见，让审理者裁判，由裁判者负责，是司法规律的客观要求。但在过去的很长一段时间里，我国刑事司法实践中暴露出的审判权运行行政化问题，却违背了这一客观规律。这具体表现在如下几个方面：一是法院在体制上的行政化。这导致法院作为审判机关的权力属性和工作特点长期未得到良好体现。二是法官管理、待遇的行政化。它将法官与行政级别、待遇挂钩，没有按照法官工作的性质和规律的要求实行法官单独管理。三是法院内部审判管理行政化。案件审批制度固然在执法环境不成熟、法官队伍素质参差不齐的情况下，确实发挥了审查把关、提高审判质量的作用，但案件审理须报院长、庭长审批的工作方式无疑可能造成判审分离的结果。四是上下级法院关系的行政化，主要以上下级法院之间的请示汇报制度为代表，即下级法院就个体案件处理向上级法院申报、请示、批复。①

这种行政化的案件审理模式，尤其是法院内部的层级管理和呈报审批制度，既导致了司法裁判的责任不清、效率不高等问题，也引发了外界对“审者不判、判者不审”的质疑；既不符合司法的亲历性要求，也有违诉讼法确立的两审终审制度，还影响了法院和法官在规定审级的独立裁判。

2013 年 11 月，中国共产党十八届三中全会通过的《关于全面深化改革若干重大问题的决定》，对法院“去行政化”改革提出了总体要求：一方面，要求“依法独立公正行使审判权检察权。改革司法管理体制，推动省以下地方法院、检察院人财物统一管理，探索建立与行政区划适当分离的司法管辖制度，保证国家法律统一正确实施”；另一方面，要求“改革审判委员会制度，完善主审法官、合议庭办案责任制，让审理者裁判、由裁判者负责。明确各级法院只能定位，规范上下级法院审级监督关系”。

显然，“去行政化”是一场触及多方利益的革命，是要“把权力关进制度的笼子里”。尽管有改革顶层设计，但还需要基层拿出敢作敢为的勇气和

---

① 朱征夫．审判体制改革的关键是去行政化．人民法院报，2014－02－08.

善做善成的智慧予以呼应。我们看到，2014 年《最高人民法院工作报告》就指出，“确保人民法院依法独立公正行使审判权的体制机制还有待健全”，以及“一些法院管理行政化色彩浓厚，影响了审判质量和效率”，仍是人民法院工作当时存在的主要问题和困难。

近年来，为了更好实现“去行政化”这一审判权运行机制改革的核心与关键，全国法院系统开始着力从以下几个方面推进改革：一是建立新型审判组织模式，将审判组织扁平化，合理配置优质审判资源，不断提高审判委员会委员、院庭长参加合议庭审理案件的比例；二是完善裁判文书签发制，规范院庭长批示案件的范围和程序，充分尊重独任法官与合议庭的意见；三是界定审判权与管理权、监督权的权责边界，合理界定院庭长行使行政事务管理权、审判业务监督权的范围、方式和程序，形成以审判工作为核心的审判权运行体系；四是严格落实办案责任，探索建立科学合理的法官综合考评体系，设置法官履行职责的监督和惩戒程序，实现权责相统一；五是改革审判委员会制度，严格限缩审判委员会讨论案件的范围，规范审判委员会的议事规则，建立审判委员会讨论案件的过滤和分流机制。[①] 此外，全国法院系统还注意从“还权”与“归责”两大方向上发力，既将办案决定权归还于一线办案人员（主审法官或独任法官），又明确拥有决定权的法官必须承担相应的责任。我们期待，这种体现非行政化特色的审判权力运行机制能够清除行政决策对实质审理的干扰，推动中国特色社会主义审判权力运行体系的建立与完善。

二、预设功效失灵

作为现代刑事司法的重要理念，“审判中心”是各国孜孜追求的法治目标，其关键内容和最终归宿应落脚到“实质庭审”。这也是理论界和实务界的基本共识。根据学者对相关观念发展史的考证，“审判中心”这一概念由日本借鉴欧美刑事司法理念所发明后，陆续传播到韩国等东亚国家，考察其改革路径会发现，“庭审实质化”是这项诉讼制度转型运动的重点目标。[②] 换言之，法庭审理的核心工作为解决被告人的刑事责任问题；反过来，决定

① 龙飞．“去行政化”是审判权运行机制改革的核心与关键．人民法院报，2013－11－19.
② 高一飞．“审判中心”的观念史．国家检察官学院学报，2018（4）.

被告人命运的司法场域也只能是庭审现场。在我国最高人民法院 2015 年 2 月发布的《人民法院第四个五年改革纲要（2014—2018）》所提出的“诉讼证据质证在法庭、案件事实查明在法庭、诉辩意见发表在法庭、裁判理由形成在法庭”，就旨在落实庭审的这一预设功效，被概称为“四个在法庭”[①]。但在我国的刑事司法实践中，该庭审预设功效呈现出一定的失灵状态，这主要体现在定罪量刑的重心脱离了法庭程序。

（一）审判中心与实质庭审

“审判中心”这一概念源自日本，故围绕它在日本的发展沿革和主要内容进行制度谱系的源流考察，有助于积累知识素材、回归理论原点，更深刻地理解其核心要旨，尤其是“实质庭审”在其中的支撑性地位。

在日本，“审判中心”最早是以学理范畴的“身份”，作为制约预审的原则出现于《大正刑事诉讼法》制定时期，意为审判是刑事程序的中枢。而它从理论学说转变为立法精神，即成为日本刑事诉讼改革的指导主线，则是在二战后美国对其进行法律殖民化期间。[②] 日本自 1948 年颁布现行刑事诉讼法典起，就开始在其刑事诉讼立法中正式贯彻审判中心主义，初期尚较为粗浅地体现在要求案件的事实认定和法律适用应在审判阶段进行，在法庭上应落实直接审理和言词辩论。随后，基于理论界的广泛讨论和深入挖掘，审判中心被赋予了更丰富的内涵。例如，日本权威法学辞典《法律学小辞典》对“审判中心主义”的定义是：“审判的核心课题在于确定实体刑罚权存在与否以及其范围和量的大小。作出这样的实体判断必须要经过审判这一过程，而且原则上不能基于审判以外的程序来进行（此项可以参照旧刑事诉讼法中关于审判前置阶段的‘预审’程序）。公开审判围绕着上述的课题展开，检察官和被告人（辩护人）相互主张其所认定的真相，并提出能保证该真相的证据资料以努力说服作为裁判者的法院。审判中心主义的核心是在庭审期内进行的程序，也即是审判程序。审判程序应当在当事人双方都在场的情况下公

① 2016 年 10 月“两高三部”联合印发的《关于推进以审判为中心的刑事诉讼制度改革的意见》（以下简称《两高三部改革意见》）又进一步重申和细化了相关要求。

② ［日］松尾浩也．刑事诉讼的理论．东京：有斐阁，2013：452.

开进行，这便是近代刑事诉讼法的本质要求。（公开审理主义）。”[①] 再如，庭山英雄、岡部泰昌就认为：“狭义的‘诉讼’，仅指从提起公诉到判决确定这一段审判程序。在审判中确定检察官所主张的公诉事实是否存在，这就是‘审判中心主义’。”[②] 可见，日本学界普遍认可和形成大体一致看法的是：审判中心不仅指审判是整个刑事诉讼环节的中心，侦查及起诉仅是为审判做的准备；它更旨在强调在所有的审判程序中，一审的法庭审理才是重中之重，涉及定罪量刑的问题应该，且只能由庭审确定，庭审奉行公开、直接、言词、集中等正当化原则，庭审外的程序不能产生法律效力。[③]

当然，上述法治要求不限于理论，相关基本内容和配套措施也在日本宪法以及刑事诉讼法中有明确的制度设定和规则落实。这里以备受关注的“江歌案”的庭审程序为例进行简要说明：该案的被告人陈某峰未认罪，故控辩双方在庭审中围绕杀人罪能否成立展开了激烈对抗，整个过程历时六天。首先，法庭开庭前根据“审理前整理程序”，组织控辩双方进行了统摄全程的争点与证据整理，以便双方于庭审开始时能在此基础上进行“开头陈述”，阐明存在争议、须经庭审来重点查明的事实主张及其证据，并在随后进行有针对性、有计划性的法庭调查。其次，在直接言词原则的根本要求下，采用混合方式调查人证。日本的人证调查程序极具特色：一是规定对需要出庭的关键人证进行交叉询问，对不需要出庭的其他人证则采用书面调查；二是允许出示出庭人证的庭前笔录，但主要用于弹劾当庭陈述的真实性；三是遵循“由证到供”的证明思路，将被告人的作证置于法庭调查的最后环节。“江歌案”中共有四名关键证人，分别是法医（鉴定人）、江某莲（江歌母亲）、刘某（江歌舍友）以及陈某峰。其中在对陈某峰作交叉询问时，鉴于他在主询问中改变了关于第一刀捅刺方向的口供，控方随即在反询问中结合其庭前笔录的内容，将其在庭审中改变庭前笔录的不合理性以及其当庭证词的虚假性清晰地暴露出来。最后，法庭辩论重点突出、凝练有序。在日本，法庭辩论被视为对法庭调查的总结与对开头陈述的呼应，所陈述的观点应属“焦点中

---

① ［日］藤木英雄，等编著．法律学小辞典．东京：有斐阁，1979：284.

② ［日］庭山英雄，岡部泰昌．现代青林讲义·刑事诉讼法．东京：青林书院，1994：129－133.

③ 施鹏鹏．审判中心主义的源与流——以日本刑事诉讼为背景的制度谱系考．江苏社会科学，2018（5）.

的焦点”，系关切法官定罪量刑的决定性内容，故日本刑事诉讼法要求控辩双方发表的辩论意见必须围绕争点进行，且通常只有一轮机会，以保持整个庭审活动的连续性和集中性。“江歌案”的法庭辩论就只进行了一轮，其中检察官主要就存在重大争议的两个情节（陈某峰“行凶过程”与“杀人动机的发生时刻”）发表了综合性分析意见。[①]

由此可见，日本的审判中心以实质庭审为基本特征，更是将实质庭审定为其重点目标。而韩国等东亚其他国家或地区借鉴日本所推行的“审判中心主义”的刑事诉讼制度改革，最终也不约而同地落脚到了庭审程序本身，即通过凸显庭审的实质作用、强化其话语权来实现审判的中心地位。然而在我国，“流水作业”式的纵向诉讼构造以及审判环节庭前、庭外程序的“喧宾夺主”，阻碍了庭审预设功效的顺利达成和有效实现。

（二）流水作业的失重化

从刑事诉讼的纵向构造来看，在我国公安机关、检察机关和法院分别在三个环节进行前后接力式的程序操作，各自独立、互不隶属，法院不参与审判前的诉讼活动，不存在司法授权或司法审查机制。如此即形成一种明显的“流水线”型的作业样态。而在该流水作业中，鉴于我国单轨制侦查模式，公安机关把控的第一道工序自然而然地成为中心环节，刑事诉讼活动处理定罪量刑等实质问题时也就陷入了“以侦查为中心”的失重格局。

这突出表现在诉讼结果和程序推进两个方面。关于前者在前文已有所论及，即侦控机关制作的案卷材料是法院得出裁判结论的重要依据，而证据规则对案卷笔录的“宽容”也正是侦查程序之于后续审查起诉程序、审判程序具有决定性影响的必然结果。实践中有时可见，有些检察官直接在侦查机关移送的起诉意见书上进行细微修改就以此作为起诉书使用，法官又在起诉书上进行一些修改就算制成了判决书。[②] 后者则是指当公安机关侦查终结时，虽然有退回补充侦查制度这一回流式补充性的程序设计，但由于司法运行机制存在的一些弊端，退回补充侦查机制未能充分发挥在弥补初次侦查取证不

---

① 马静华，夏卫．日本刑事庭审程序对我国庭审实质化改革的借鉴价值——以“江歌案”庭审为分析样本．江苏行政学院学报，2019（1）.

② 何家弘．从侦查中心转向审判中心——中国刑事诉讼制度的改良．中国高校社会科学，2015（2）.

足、提高公诉案件质效方面的作用。这也是我国过去曝光的刑事冤假错案中时常出现“起点错、跟着错、错到底”连环现象的原因之一。整体来看，正如有论者的精炼总结，在一定意义上，“真正决定中国犯罪嫌疑人和被告人命运的程序不是审判程序，而是侦查程序”①。

曾有论者简单地将这一“流水作业的失重化”病症归因于我国的一项刑事诉讼基本原则，即“人民法院、人民检察院和公安机关进行刑事诉讼，应当分工负责，互相配合，互相制约，以保证准确有效地执行法律”。但必须厘清的是，这里的病根并非该原则本身，相反，它作为我国调整法、检、公三者关系的基本准则，“是符合中国国情、具有中国特色的诉讼制度，必须坚持”。真正的病因其实在于该准则在实际运作中的异化落实。

在立法本意上，“分工负责”旨在从法律地位上强调三机关地位的独立性和权力的有限性。换言之，每一阶段都只有一个拥有决定权的机关，由此确立每一阶段的权威主导机关，进而通过多层次、阶段性的递进认识，摒除认识上的不足，保证案件真相的发现。在各司其职的前提下，规定“互相配合”是为了在工作模式层面体现出刑事诉讼程序上的衔接关系，以实现国家权力的有效运转，防止三机关间出现互设障碍、故意刁难等情形。而“互相制约”则立足于权力制约这一中外共通的原理，锚定三机关关系的核心价值——如果没有这种制约功能，所谓的分工负责就失去了意义，互相配合也会严重变质。这说明，“分工负责，互相配合，互相制约”原则是一个完整的逻辑体系和规范结构。更重要的是，它蕴含着两种服从关系：在价值理念上，效率服从于公平，配合服从于制约；在工作程序上，侦查服从于起诉，起诉服从于审判。

然而，“分工负责、互相配合、互相制约”这一宪法原则在刑事诉讼领域贯彻落实的过程中却在一定程度上被误读与误用。一方面，未能充分理解“分工”的分权意味，将之与“分段”相混淆，把整个刑事诉讼过程划分为前后相继且彼此封闭的三个阶段，三机关不是各自发挥不同权能作用但共同参与刑事诉讼整体上的同一决策活动，而是对侦查、起诉、审判各管一段，在其管辖的阶段内将权力集于一体，实现程序自控。另一方面，未能充分理

① 陈光中，步洋洋．审判中心与相关诉讼制度改革初探．政法论坛，2015（3）．

解“配合”与“制约”的关系模式，将不同情形等同视之，对公检之间的配合强调不足，在原本同为控诉机关的公安机关与检察机关之间设置不必要的壁垒，影响了追诉效率，同时对控审之间的制约机制亦准备不足，时常导致诉讼的公正性受到减损。[①]

而当公、检、法三机关在各自的诉讼程序中具有权威裁判者的地位，并通过一种接力比赛的方式推动着刑事诉讼进程时，居于最前端的侦查程序就容易在整个刑事诉讼中获得中心地位。这主要表现为：侦查机关对犯罪嫌疑人人身自由的处置、对涉案财物的强制处分以及对追诉证据的封闭式采集，会对法院的裁判产生实质性的影响。反过来，法院在对案件作出裁判时，也会考虑侦查机关已经对犯罪嫌疑人进行了一段时间的未决羁押、已经处置了犯罪嫌疑人的涉案财物等情况，从而可能在定罪量刑时受到一定影响。与此同时，检察机关在刑事诉讼中的强势地位，也在一定程度上强化了侦查中心主义的诉讼构造。检察机关集诉讼监督权与公诉权于一身，在提起抗诉方面有超出辩护方的诉讼优势；检察机关还可以通过程序倒流机制使侦查结论得到法院的最终采纳。[②] 这些都对庭审实质化在我国刑事诉讼中的确立造成了障碍。

（三）庭前会议的实体化

2012年刑事诉讼法第二次修改，其中关于审判程序改革的亮点之一在于正式确立了庭前会议制度，陈卫东教授评价它称：“如果说整个审判程序的改革是一个美丽的皇冠的话，庭前会议制度的构建则是这顶皇冠上最耀眼的明珠之一。”[③] 从立法目的看，它通过将纯粹手续性的庭前审查程序改造为程序性的庭审预备程序，来为后续庭审活动做好准备，过滤掉不必要的纷扰，整理好主要的争议点，确保庭审实质化的落实。[④] 在这个意义上，庭前会议的制度实质应为程序性审查，其定位初衷类似于前述日本刑事诉讼法中的“审理前整理程序”，即在控辩双方的同时参与下，让法官于开庭前充分

---

① 孙远．“分工负责、互相配合、互相制约”原则之教义学原理——以审判中心主义为视角．中外法学，2017（1）．

② 陈瑞华．论侦查中心主义．政法论坛，2017（2）．

③ 陈卫东，杜磊．庭前会议制度的规范构建与制度适用——兼评《刑事诉讼法》第182条第2款之规定．浙江社会科学，2012（11）．

④ 汪建成．刑事审判程序的重大变革及其展开．法学家，2012（3）．

“了解情况、听取意见”，确定庭审重点，保证庭审质量。

在法律规范层面，现行《刑事诉讼法》仅在第187条第2款提出了对庭审会议的原则性要求。显然它只搭建了制度框架，实际运行则主要依赖2021年《刑事诉讼法解释》第226～233条，2019年《人民检察院刑事诉讼规则》(以下简称《高检规则》)第394～396条，以及2017年发布的《人民法院办理刑事案件庭前会议规程（试行)》(以下简称《庭前会议规程》)中关于庭前会议的具体内容。但由于司法解释在丰富细化制度的同时还对之进行了突破超越，再加上立法对庭前会议的功能设置尚不明晰，这就导致庭前会议在刑事司法实践中呈现出较为明显的实体化倾向，甚至在一定程度上有取代正式庭审的征兆。① 具体来说：

首先，实体性问题被纳为庭前会议的处理事项。标志着构建庭前会议制度的《刑事诉讼法》第187条所列举的系典型的程序性问题，但“等与审判相关的问题”这种兜底表述又泛化和模糊了庭前会议可解决事项的范围。在该含糊其词下，2021年《刑事诉讼法解释》第184条第2款关于“审判人员可以询问控辩双方对证据材料有无异议，对有异议的证据，应当在庭审时重点调查；无异议的，庭审时举证、质证可以简化”的规定，相当于默认了涉及实体问题的证据异议和事实争点可以是庭前会议的整理对象，而这种活动本质上就是一种质证。②《高检规则》第395条规定的公诉人可以在庭前会议中对辩护人提出的无罪证据“提出和交换意见”，也进一步佐证了这一点。有学者以京、沪两地的庭前会议实践为样本，发现其中对案件证据进行梳理、质证的情况占比达1/3。③ 其次，庭审法官兼任庭前会议召集人、主持人的规则设计，又进一步激发了法官庭前处理实体问题的意愿，并加剧了庭前预断的形成。《刑事诉讼法》在2012年新增庭前会议条款时，关于召集及主持人只是简单表述为“审判人员”，这引发了关于该审判人员能否或应否

① 汪海燕．论刑事庭审实质化．中国社会科学，2015（2）．

② 最高人民法院研究室曾强调适用该款时需注意“只是就证据有无异议发表意见，而不进行质证”。江必新主编．《最高人民法院关于适用〈中华人民共和国刑事诉讼法〉的解释》理解与适用．北京：中国法制出版社，2013：189．虽然如此，但辩方质证时所表达的本就是一种“意见”，该所谓“意见”与“质证意见”是无法泾渭分明地作出区分的。

③ 李斌．庭前会议制度的适用与建构——以京沪两地的庭前会议实践为视角．河北法学，2014（7）．

为合议庭组成人员的讨论。对此，法律起草机构给出的释义指出，“本款规定的审判人员可以是合议庭组成人员”[①]。2017 年发布的《庭前会议规程》则在第 3 条明确规定：“庭前会议由承办法官主持，其他合议庭成员也可以主持或者参加庭前会议。”考虑到庭前会议的程序较之正式庭审程序毕竟相对宽松、随意，在拥有处理证据争点及定罪事实之空间的前提下，我们有理由相信法官更愿意将相关问题消化在庭前程序中；同时，法官处理的无论是实体性事项还是程序性事项，都不可避免地可能被相关信息影响心证过程及结果。非法证据的排除就是典型例证：《庭前会议规程》第 14 条允许检察院在庭前会议中通过出示有关证据材料等方式，有针对性地对证据收集的合法性作出说明；《人民法院办理刑事案件排除非法证据规程（试行）》（以下简称《排除非法证据规程》）还明确指出，当控辩双方在庭前会议中对证据收集的合法性达成一致意见时，“法庭一般不再进行审查”。可见，庭前会议目前成为审查非法证据并得出实体性结论的重要阶段。在该情形下，就算某证据因收集程序违法而最终被排除，其往往仍会使已接触并知晓证据内容的法官产生不利于被告人的庭前预断。最后，根据司法解释及其学理阐述，相关规则不仅旨在让庭审会议归纳争议，还赋予了其引导协商解决争议的作用。[②] 换言之，庭前会议不再只是掌握案情、安排庭审的一种手段，更具有围绕争点作出结论的裁断功能。但法律同时规定，即使某事项在庭前会议中得到初步处理，其最终还是要通过庭审程序方得确认。若控方或辩方在庭审中对先前的合意事项表示反悔（当然需要有正当理由），法庭就需要对同一事项进行“二次处理”。

可以说，在处理实体事项、未能阻隔预断、功能设置交叉等多重因素的叠加下，诉讼证据可质证在庭前，诉辩意见亦可发表在庭前。这无疑让“四个在法庭”的基本要求被大打折扣，法庭审理本应承载的相关预设功效将很难实现。

（四）庭下活动的常态化

而就“四个在法庭”的余下内容，即“案件事实查明”和“裁判理由形成”而言，真正实现此两项之“在法庭”的表征之一就是做到当庭认证和当庭宣判。事实认定和定罪量刑的依据、过程尽管均属于法官自由心证的范

① 郎胜主编．中华人民共和国刑事诉讼法释义．北京：法律出版社，2012：395.

② 戴长林．庭前会议、非法证据排除、法庭调查等三项规程的基本思路．证据科学，2018（5）.

畴，但相较庭后认证和择期宣判，当庭进行的认证和宣判显然更符合审判公开、直接言词、集中审理等审判原则的要求，更契合现代刑事庭审的预期效能。早在1998年，时任最高人民法院院长肖扬就在《全面推进人民法院的各项工作为改革、发展、稳定提供有力的司法保障》的讲话中提出，“要逐步提高当庭宣判的比例”，“以防止背后交易，淡化庭审效果，影响裁判的公正”；1999年，最高人民法院《关于严格执行公开审判制度的若干规定》第5条要求“法庭能够当庭认证的，应当当庭认证”；当年印发的《关于〈人民法院五年改革纲要〉的说明》也强调“在庭审过程中，凡法庭能够当庭认证、当庭评理的，都应当当庭认证、当庭评理”。可我国刑事司法实践中，当庭认证率长期不高，所谓的当庭认证，只不过主要是对控辩双方都无异议之证据所予以的简单确认[①]；当庭宣判率同样一直较低，其中适用普通程序审理之案件被当庭宣判的则更为罕见。诚然，在法律上，当庭认证与当庭宣判只是倡导性要求，而非硬性规定。探究相关现状背后的深层原因却会发现，这反映出我国刑事庭审预设功效的另一失灵侧面，即庭下常态化的活动对庭审核心地位的动摇和削弱。法庭审理环节之于庭下诸多程序未能发挥出应有的统领作用以及聚拢意义，相反，两者呈现出轻重倒置之态。换言之，即“案件事实查明”和“裁判理由形成”在很大程度上并非发生在法庭，而是由庭后阅卷和庭外查证所决定。

所谓“庭后阅卷”，顾名思义，是指法官在开庭后继续查阅、研读全套案卷笔录材料，包括未经法庭完全宣读和充分质证的笔录材料、控辩双方在庭后提交的有关庭审口头所发表意见的书面版和其他补充材料。可以说，庭后阅卷是本章前文已经论及的基于案卷笔录之间接审理方式在庭后的必然延伸，是根植于我国案卷移送制度的“次阶”衍生品。该审判方式虽具有一定的积极性，例如有助于帮助审判人员纠正在法庭上被遗漏、扭曲的证据信息，检验或校正心证判断，基于更加全面、丰富的信息内容作出判决并制作判决书，尤其是在许多法官的素质、经验和能力等确有诸多不足，需借助庭后活动予以弥补的当前[②]，但长此以往，这种以相对合理作为正当化借口的做法，会极大妨碍具有理性之正确方式的产生，因为确立此种新审判方式的

① 梁坤．刑事审判当庭认证实证研究．人民司法·应用，2010（15）．

② 龙宗智．论建立以一审庭审为中心的事实认定机制．中国法学，2010（2）．

动力实在太微不足道且阻力重重。当法官认定案件事实的主要信息来自庭后时，法官难免就会忽略庭上的举证质证和庭审驾驭；而控辩双方在发现其意见得到研判的关键环节在庭后时，可能也不会将主要精力放在对法庭辩论及临场应变的准备。在日本，学者将法官“经常把已经法庭调查的证据带回审判官评议室甚至自己家里进一步加以审查”的现象，称为“法庭外的默读审判”①。应当说，在法官能够借助庭后研读案卷形成对事实认定的内心确信，控辩双方也能够通过庭后提交意见来弥补庭审不佳表现的情况下，庭审本身变得无足轻重也就不足为奇了。

对我国刑事庭审之功能弱化雪上加霜的，还有庭外查证问题。我国自首部《刑事诉讼法》开始就确立了“据以定案的一切证据都必须经过当庭质证”这一重大诉讼原则②，但2012年配套其时修订的《刑事诉讼法》而出台的2012年《刑事诉讼法解释》第63条，却在“但书”部分对法庭质证程序作出保留，使“未经当庭出示、辨认、质证等法庭调查程序查证属实”的证据，也得成为定案的根据（在“法律和本解释另有规定”时）。这被很多人视为对上位法的超越和私自创设例外。③ 对此，最高人民法院领导指出，该条主要是针对该版刑事诉讼法新增的经技术侦查措施所得的证据，以呼应2012年《刑事诉讼法》第152条规定的“必要的时候，可以由审判人员在庭外对证据进行核实”之内容④，从而消解了司法解释“僭越”法律规定的疑议。这一外在表现为庭审质证规范的背后，其实还涉及更深层次的被追诉人之质证权可否被剥夺之问题。笔者认为，虽然质证权确系在价值平衡中应当优先考虑和保护的宪法性权利，但也并非“绝对不能”妥协，当遇有维护情报来源和国家安全等更高需求时，是可以从当庭证据调查权适当让步为庭外证据核实权的。可令人担忧的是，对于该如何在庭外核实证据，一些实践中却出现了误读和滥用，使该庭下活动脱离了应行轨道。

---

① 孙长永．日本刑事诉讼法导论．重庆：重庆大学出版社，1993：12.

② 1979年《刑事诉讼法》第36条规定：“证人证言必须在法庭上经过公诉人、被害人和被告人、辩护人双方讯问、质证，听取各方证人的证言并经过查实以后，才能作为定案的根据。法庭查明证人有意作伪证或者隐匿罪证时，应当依法处理。”

③ 田文昌，陈瑞华．刑事辩护的中国经验：田文昌、陈瑞华对话录．增订本．北京：北京大学出版社，2013：416-419.

④ 张军，姜伟，田文昌．新控辩审三人谈．北京：北京大学出版社，2014：391.

具体来说，立法所作的上述退让，并不完全否决被告方的质证权，更不意味着就采取技侦手段收集之证据材料可以不予调查、直接定案。相反，它就是为了肃清和规范过去虽没有明文规定但实际心照不宣进行的对相关证据不在法庭上出示也不进行核实的错误做法。[①] 但当时的调研显示，法官的通常选择都是直接与侦查人员庭外接触，调查核实涉密证据的内容、来源、取证过程等情况，形成笔录后在法庭上宣读，听取控辩双方的意见，以决定是否作为定案的根据。[②] 这看似存在质证空间，可鉴于最终在法庭上宣读的笔录往往仅涉及证据内容本身，换言之，律师质证所能指向的对象也只有孤立的证据内容，其无法了解，更何谈质疑证据来源和取证方式等关系到证据真实、可靠性的其他部分。其实，对辩方质证权因此而受到的部分甚至全部限制，立法者早前已有过预估，并曾尝试借助辩护律师与被追诉人间的相对独立性，通过肯定律师的完全质证权而在整体上间接实现对被追诉人质证权之保护。具体办法即让法官庭外核实证据时“可以通知检察官与律师在场，但需要签署保密协议”，以此构建控、辩、审三方共同参与的庭外查证机制。可惜的是，该方案虽被写入全国人大法工委 2010 年年底提出的刑诉法修改草案初稿中，但经之后几个月的部门协调，却在 2011 年 8 月公布的修正案一审稿中被删除，最终无疾而终。[③]

值得注意的是，2018 年修订的《刑事诉讼法》第 154 条延续了 2012 年修订的《刑事诉讼法》第 152 条的内容，指出对采取技术侦查措施收集的材料，“必要的时候，可以由审判人员在庭外对证据进行核实”。而配套实施的 2021 年《刑事诉讼法解释》，一方面在第 71 条中删除了原来规定在 2012 年《刑事诉讼法解释》第 63 条的庭审质证例外规定，另一方面却在第 120 条、第 271 条规定了一些例外，包括：当庭调查技术调查、侦查证据材料可能危及有关人员的人身安全，或者可能产生其他严重后果的，必要时，审判人员可以在庭外对证据进行核实；对不影响定罪量刑的非关键证据、有利于被告人的量刑证据以及认定被告人有犯罪前科的裁判文书等证据，经庭外征求意

① 张军，姜伟，田文昌．新控辩审三人谈．北京：北京大学出版社，2014：391－392.

② 张建伟．特殊侦查权力的授予与限制——新《刑事诉讼法》相关规定的得失分析．华东政法大学学报，2012（5）.

③ 程雷．论技侦手段所获材料的证据使用．证据科学，2012（5）.

见，控辩双方没有异议的，则不经过当庭质证即可作为定案的根据。此外，根据《刑事诉讼法》第224条，速裁程序对证据的审查也可以被视为庭审质证的一种例外。

可见从整体上看，我国法律文本中关于庭外质证的规定较之以往并没有多大变化。尽管如此，但2021年《刑事诉讼法解释》第71条对庭审质证例外规定的原则性删除，还是体现出立法者对庭审质证重要性的强调，表达了适当淡化庭外质证及庭外证据调查的态度。我们也期待司法实践能遵循立法初衷，从追求司法效率和保护其他利益的基本立场出发，将庭外质证保持在“例外”的法治框架之下。

三、诉讼关系失衡

诉讼关系是诉讼构造的一种表征。在刑事诉讼领域，有纵向构造和横向构造两个维度，前者是侦查、起诉和裁判机关在整个刑事诉讼过程中的法律关系，后者是控、辩、审三方在侦查、起诉和审判等各具体诉讼阶段上的法律关系[①]，尤其表现为庭审场域下这三方之间的法律地位和相互关系。前文探讨了有关刑事诉讼纵向构造的诸多问题，下面则从横向构造的角度切入，深入挖掘、充分认识相关的庭审做法的不足，以期作出有的放矢的完善与突破。应当看到，要想实现庭审中心主义，就要在刑事庭审中真正实现审判职能的超然与平衡，科学设计、布局检察机关的诉讼职能及定位，并有效凸显辩护力量在架构合理诉讼关系方面的重要支撑作用。这又可具体拆解为控审分离、不告不理、控辩平等、有效辩护、检察监督等细化指标。但我国刑事庭审视阈下的诉讼关系呈现出较为明显的失衡之态，暴露出审方地位的偏私、僭越，辩方力量的萎缩、羸弱，及控方职能的杂糅、矛盾等典型问题，不符合法治理念的基本要求。

（一）审判地位的偏私及僭越

在国家追究犯罪的活动[②]中，控、辩、审三方客观上并非置身于同一程序平面，非有特定诉讼目的和诉讼价值之引导，辩护方天然上不具有与控诉方和裁判方进行平等、理性交涉的能力，控审双方先天地具有主导和左右刑

① 陈瑞华．刑事诉讼的前沿问题．2版．北京：中国人民大学出版社，2005：64.

② 追究犯罪由受害人的私事演变为国家的职责，是欧洲中世纪的纠问式诉讼程序所作之贡献。

事诉讼进程的权力。而就控审双方而言，尽管其有代表国家惩罚犯罪、保护人民的共同追求，但两者主要承担的起诉与审判这两项诉讼行为，所对应的诉讼职能、性质、任务、程序等均截然不同。如何调整起诉与审判的关系，就成为“决定一定历史时期刑事诉讼特征的关键因素，是衡量刑事诉讼制度文明与野蛮、民主与专横、先进与落后的重要尺度”①。而当我们站在法庭审理的视角，这一之于控审关系的最低限度要求，对法官活动的限制主要表现在：第一，刑事裁判权和追诉权由两个国家专门机关各自独立行使，即审检在组织架构上采用分立模式；第二，法庭上的指控程序与审判程序相分离，主持审判的工作和提起公诉的工作不得集中于一人身上，且法官在法庭调查和法庭辩论中应当秉持中立、超然的姿态，即审检在诉讼职能上实行彻底分离；第三，法院的审判应在检察院提出合法、正式之起诉的前提下开始和进行，法庭审理的对象仅限于起诉书明确记载的内容和范围，裁判结论必须且只能基于其独立进行的庭审活动作出，即在诉讼程序的启动上贯彻不告不理。②

新中国成立时即确立了审检双方的机构分立③，但经观察我国的刑事庭审实践，我们会发现一种与审判机关所肩负之使命相向而驰的司法逻辑和现状：裁判者背离了本应严格保持的中立性、被动性和应答性，与控方之间呈现出一种“暧昧不分”的氛围和样态。

一方面，法庭在诉讼关系上存在偏私。作为一种基本的正义理念，中立性或无偏私原则要求裁判者必须在控辩双方之间以不偏不倚的态度进行公正审判，不得偏袒一方而歧视另一方。西方神话中刻画的一手持天平、一手持宝剑、双眼紧闭或被蒙上布条的正义女神形象，也昭示着法官的职责不是“发现”，而在于“裁断”——在刑事诉讼这场旨在查明事实、惩罚犯罪的竞技赛场中，法官并非积极进行调查和辩论的运动员，相反，其应消极充当待有纠纷或犯规情况发生时才出面的裁判员。但我国的庭审舞台上，法官觉察到辩方的防守有漏洞，遂主动告诉控方“从这个地方踹一脚球就进了”的局

① 卞建林，谢澍．“以审判为中心”视野下的诉讼关系．国家检察官学院学报，2016（1）．

② 陈瑞华．刑事审判原理论．北京：北京大学出版社，1997：235，224．

③ 1949 年 12 月《最高人民检察署试行组织条例》规定：“对刑事案件实行侦查，提起公诉。”1951 年 9 月《中央人民政府最高人民检察署暂行组织条例》亦规定，最高人民检察署受中央人民政府委员会之直辖，直接行使并领导下级检察署行使的职权之一即为“对反革命及其他刑事案件，实行检察，提起公诉”。

面却时有发生。2015 年 9 月在广西来宾市兴宾区人民法院一起发回重审案件的庭审现场，辩方对控方未依据刑事诉讼程序讯问被告人的做法提出异议，控方回应称由于被告人不认罪，不需要发问；辩方则认为此案因事实不清、证据不足被发回重审，在被告人不认罪的情况下，更应借发问来更好地查明真相，否则属失职、渎职行为，辩护律师还就此向法庭提出控告。鉴于控方无力作出解释，庭审因此陷入僵持。随后，辩护律师发现坐在审判长右手边的一名审判员忽然起身，走到公诉席，将一张纸条交给了第一公诉人。经查，纸条上赫然写着法官对控方的“支招”：“公诉人：这个案件现在是重新审判，重新开庭，公诉人已经履行过询问被告人的程序，这次庭审根据案件情况，辩护人无权控告公诉人违法。”①

裁判者的中立性和无偏私性还直接体现在“任何人均不得做自己案件的法官”（Nemo judex in parte sua）和“听取另一方的陈述”（Audi et alterm parterm）② 这一著名的自然正义法则中。也就是说，法官应当与案件本身利益无涉，同时公正地听取对立两造的诉讼主张及其论据。在我国，受传统观念影响，法官在与案件当事人存在一定牵连关系的案件中担任裁判，则反而可能会被塑造为“铁面无私”“大义灭亲”等司法形象。据报道，2000 年被评选为“全国百名优秀法官”之一的某中级人民法院刑庭法官张某，其先进事迹中包括对一起故意杀人案的办理：该案被告人的母亲与张某的姐姐多年来情同姐妹，姐姐请求张法官给被告人留一条生路，甚至以断绝姐弟关系相要挟，但张法官不为所动，坚持依法对被告人判处了死刑，被称赞为“六亲不认”的“铁法官”③。诚然，张法官秉公司法的举动是严苛自律的体现，在

① 该案中，当律师发现审判员向公诉人“传纸条”后立即提出“反对”，并要求法庭公开纸条内容。但审判长以此事需要向上级领导汇报请示为由，宣布休庭。随后，该名审判员将纸条拿在手中，站在审判席旁。保持这一动作约两小时后，审判员方在审判席坐下，单手支在桌子上将纸条举起，以保证纸条不离开公众视线。直至当天晚上九点，经律师先后同兴宾区人民法院、来宾市中级人民法院纪检领导协商，法院方面最终同意公开纸条内容，但不允许拍照记录，只能由法院做笔录提取证据，并将全过程录像。赵复多．广西来宾一法官当庭传纸条“指点”公诉人．财新网：http：//china. caixin. com/2015－09－15/100850513. html.

② 中世纪的日耳曼法亦遵循类似的司法哲学，“诉讼一方的陈述等于无陈述；裁判者应听取双方的陈述”。

③ 吕爱哲，王立新．人民满意的好法院好法官专题报道之六十八：“铁法官”张福臣——记黑龙江省大兴安岭中院刑一庭副庭长张福臣．人民法院报，2001－03－19（2）.

道德层面值得嘉勉，然而回到法律层面，该案也确实有违反自然正义法则和具体回避制度之嫌。我们相信，肯定有很多“铁法官”面对利益牵连或其他利害关系时能够做到实际上的无偏私，但为了使之摆脱这种透露着些许“悲壮”色彩的道德困境，也为了消除社会公众难免产生的猜疑和责难，还为了避免那些无法保持中立立场的裁判者利用规则漏洞投机钻营，法律程序要求的表面上的无偏私也应得到满足，并将这种“外观上的正义”视为程序正义的一项重要独立要素。退一步讲，一旦法官抛弃超然的诉讼地位，正如西方法谚所言，“那只有上帝才能充当辩护人”[①]。马克思的评价亦与之相互印证，他指出：“……在刑事诉讼中，法官、原告和辩护人都集中到一个人身上。这种集中是同心理学的全部规律相矛盾的。”[②] 在我国的刑事庭审中，法官充当第二控诉人的情况可谓屡见不鲜，这就使辩方获得平等听审的空间变得极为有限。被告人的据理力争不仅很难说服法官，还可能会成为“无理狡辩”的佐证，并因“认罪态度不好”受到从重处罚。实践中值得反思的审辩冲突现象，即与辩护律师发生激烈争执的往往是理应居中裁判的法官，而非本该与之对立的检察官，其实也是控审不分的必然结果。

另一方面，法庭在诉讼职能上出现僭越。为防止裁判权的性质从被动应答畸变为主动追诉，诉讼领域确立了“不告不理原则”（德国学界称之为“控告原则”），用以调整和规范审判与起诉间的合理关系。诸如“没有原告，就没有法官”（Nemo iudex sine actore）、“法官不能自动审判”（Ne procedat iudex ex officio）等罗马法谚所蕴含的法理亦在于此。从基本含义来看，不告不理原则除旨在明确审判应以起诉为前提外，更意在强调审判必须受到起诉范围的限制，即做到“诉审同一”。

基于控审分离的基本理念，两大法系均认可诉审同一原则，但是对“同一”的理解有所不同。英美法中，鉴于严格的诉因制度，每项独立的起诉由罪行陈述与罪行细节两部分组成：前者为指控的罪名与适用的法律条文，即

① “如果原告就是法官，那只有上帝才能充当辩护人。”这一格言曾被德国法学家拉德布鲁赫援引，用来批评纠问式诉讼程序，指出它的严重错误就“在于将追究犯罪的任务交给法官，从而使法官与当事人合为一体”。[德] 拉德布鲁赫．法学导论．米健，等译．北京：中国大百科全书出版社，2003：121.

② 马克思恩格斯全集：第1卷．2版．北京：人民出版社，1995：133.

所主张的法律评价；后者为与构成要件紧密联系的案件细节，即所主张的犯罪事实。起诉书中不得记载不受法律条文涵摄和限制的犯罪事实，相应地，法庭审理也只能以起诉指控的罪状是否成立为中心展开，原则上不允许变更原有罪名或追加未经起诉的新罪名，例外只能是缩小认定包容性的罪名。[①]可见，英美法奉行的“同一”既针对犯罪事实，又包括对事实的法律评价。而在大陆法系，“同一”仅面向事实发生效力，关于被告人行为性质的裁断乃法院之职权，一般不受起诉范围约束。以德国法为代表，其规定对于起诉书指控的罪名，若法院经开庭审理认为不能成立的，则可以判决被告人构成新的罪名。但对于需要追加、补充或变更事实要素的犯罪行为，法庭受制于诉审同一原则，而无权径行审判。[②] 当然，为保障被告人的辩护权，法院被责令在变更指控罪名前及时履行告知义务，以给予辩方充裕的防御机会。

关于能否变更起诉这一问题，我国《刑事诉讼法》并没有对法院作出授权，但最高人民法院通过司法解释的方式进行了“自我授权”。根据 2021 年《刑事诉讼法解释》第 241 条和第 243 条，起诉指控的事实清楚，证据确实、充分，但指控的罪名与审理认定的罪名不一致时，法院应当按照审理认定的罪名作出有罪判决；同时，当法院发现新的事实，可能影响定罪的，可以建议检察院补充或者变更起诉；若检察院不同意或在 7 日内未回复意见的，法院应当就起诉指控的犯罪事实作出裁判。不难发现，上述规定较为粗疏；虽然对法院的变更罪名权予以一定限制，可这里的“新的事实”含义不清。这就导致在刑事庭审实践中，出现了一些披着所谓“合法外衣”或因规定不明而处于灰色地带的“诉审不一”现象。

根据学者的分析和提炼，我国法院的变更起诉主要存在四种模式。[③] 一是“单纯法律评价的变更”，即法院对起诉指控的事实不作变更，但直接改变罪名，不论是否可能对被告人施以更加严厉的刑责；二是“指控事实依据

---

① 例如，依据法律规定，若某一新的罪名包含在起诉书指控的原有罪名之中，那么，在控方证据足以证明该新控罪之犯罪事实成立的前提下，裁判者可以认定被告人犯有新的罪名。一般来说，这发生在罪名相互包容的情况下，如谋杀罪与过失杀人罪、夜盗罪与盗窃罪等。

② 陈瑞华．比较刑事诉讼法．北京：中国人民大学出版社，2010：320，326.

③ 陈瑞华．刑事诉讼中的问题与主义．北京：中国人民大学出版社，2011：277－284.

的变更”，即法院尽管对指控事实全部予以确认，但在不同于指控思路的裁判逻辑下，对据以定罪的事实依据作出改变[①]；三是“指控事实的依据的追加”，即法院在认可指控罪名 A 的前提下，将起诉书中记载的与罪名 A 无关，而是作为涉嫌犯其他罪名的另一指控事实，补充认定为构成该罪名 A 的事实依据；四是“指控罪名的合并、拆分和追加”，即法院在认定指控事实成立的基础上，根据自身对罪数的理解，对指控的罪名进行合并、拆分或者追加。[②]

表面上，四种做法均认可了指控事实，故似只是法律评价的变更问题；可是实质上，除第一种模式为纯粹的事实定性变化外，后三种模式均涉及对指控逻辑及其支撑事实的修正和调整。整体来说，这种空间较大、权限边界模糊的变更起诉权，以及法院对检察院补充、变更起诉的建议权，无疑让法院承担了超越其分内之事的“协助指控”或“变相指控”之责，使之呈现出明显的追诉化倾向，不禁让人产生关于审判职能逾矩、失当的深思和担忧。

（二）辩护力量的萎缩及羸弱

对于被视为国家与个人间之斗争的刑事司法活动来说，由于追诉犯罪的权力掌握在国家手中，控方较之被追诉方具有天然的强势地位，故各国宪法基本上在限制和规范控方权力的同时，注重强化和保障被追诉方的诉讼权利，特别是位居关键地位的辩护权。孟德斯鸠先生就在《论法的精神》中犀利指出：“一个人，即使是最卑微之人的生命也应受到尊重……在国家控诉他的时候，应给予他一切可能的手段为自己辩护。”[③] 可是被追诉方往往并不掌握法律方面的相关知识和基本素养，加上绝大多数身陷囹圄，其“为自己辩护”的权利实际上处于主观上无能行使、客观上也不便施展的状态。据此，刑事辩护中通常需要法律专业人士的介入和帮助，法律还强制规定在某

① 例如，在王某涉嫌民事枉法裁判罪的案件中，检察院的指控逻辑是被告人因收受贿赂而实施了枉法裁判行为。法院对指控事实表示认可，但将作为裁判基础的事实聚焦于受贿本身，进而判决被告人构成受贿罪。广东省中山市中级人民法院（1998）中中法刑初字第 38 号判决书，广东省高级人民法院（1999）粤高法刑经终字第 238 号判决书。

② 例如，检察院指控某人犯虚假出资、挪用资金、职务侵占等三项罪行，法院经审理对所涉事实部分均予认可，但认为这三个行为属于贷款诈骗的牵连犯罪，故最终判决贷款诈骗罪这一新的罪名成立。

③ Montesquieu. *The Spirit of the Laws*. 影印本．北京：中国政法大学出版社，2003.

些情况下必须有他们的身影。此即“律师辩护”。由此就产生了如何方能真正让辩护力量发挥出其应有价值之问题。

从外部因素上看，这无疑关涉到控辩双方的诉讼地位。其实人类历史上最早的正义观念，可能就是一种程序的正义，其核心内容除前述法官视角的应一视同仁地对待诉讼两造外，还包括控辩视角的应确保对抗双方能势均力敌地进行较量。“既听取隆著者，也听取卑微者”之法谚，即孕育着须在表达主张、提交证据、发表意见、进行辩论等方面给予诉讼双方平等程序机会的基本要求。当前，几乎所有法治国家都将检察官与辩护人设计成两种职能对立但地位完全相同的法律角色，秉持着“平等武装”（equality of arms）的原则。该程序正义要求尤其集中地体现在庭审环节。换言之，在法庭现场，诉讼职能虽决定了公诉人和辩护律师处于抗争局面，但无论是在着装、座位等外在表现方面，还是在举证、质证、辩论等实质权利方面，控辩双方均应保持分庭抗礼的格局，以使辩方能够在一种备受尊重与信赖的司法气氛及必要的抑强护弱之制度保障中，与控方展开交锋，各抒己见。

在我国，辩护律师较难与公诉人进行平等的对抗，法庭时常笼罩着一种歧视对待的氛围。例如，就对被告人的讯问程序来说，法律规定公诉人可直接发问，辩护律师则经审判长准许后才能发问；就庭上的调查权和辩论权来说，法庭理应公平保障控辩双方充分发表诉讼意见，合理分配各方时间，2015 年“两高三部”《关于依法保障律师执业权利的规定》也明确法官不得随意打断或者制止律师的正常发言，但仍可见辩护律师才说几句话就被叫停、公诉人却洋洋洒洒发表数千言意见的情形[①]，也出现了公诉人一次性向法庭出示大量证据，辩护律师应接不暇，甚至记不全证据内容及证明目的，或法庭允许公诉人发表第二轮公诉意见，却不再给辩护律师发表辩护意见之机会等现象；我国刑事诉讼中还有将扰乱法庭秩序的人员强行带出法庭的规定，辩护律师受其约束而公诉人却不受约束，且实践中有的辩护律师都不知道自己为

① 2019 年 2 月，在广东省高级人民法院审理某贩毒案二审的庭审现场，现有录像片段显示，面对律师提出的充分辩论、充分发表意见的请求，法官连续三次打断其发言，并强硬批评律师“水平不够，抓不住重点”。曝光后，法院经调查核实认为审判长确实“用语不当，有失规范”，对其进行诫勉。邵克. 广东高院回应法官批“律师水平不够”：法官已道歉，对其诫勉．澎湃新闻：https：//www. thepaper. cn/newsDetail _ forward _ 3 525 965.

什么被逐出法庭[①]，难怪最高人民法院院长周强都公开表示对看到的有关地方法院把辩护律师赶出法庭的报道“百思不得其解”[②]；哪怕只是进入法院时的安全检查问题，最早的制度依据、2004年《最高人民法院司法警察安全检查规则》虽然规定对公诉人、律师等只“应进行有效证件查验和登记”，但长期以来只有检察官免于安检，辩护律师仍被要求开包检查，后在律师的强烈呼吁下，不少地方法院出台的文件，包括前述《关于依法保障律师执业权利的规定》，均指出律师亦不需要安检，且若“律师进入人民法院参与诉讼确需安全检查的，应当与出庭履行职务的检察人员同等对待”，但现实情况仍不乐观，2015年年底就有律师反映北京市某法院南区还在对律师实行安检。[③]

其实，实践中暴露出的“知行不一”，辩护力量受外部因素干扰导致在法庭上趋于弱势，皆与律师与其他法律工作者的渐行渐远存在着紧密联系。正如李奋飞教授所言，“由于律师被认为是维护被告人的利益并且是为自己谋取经济利益的，其在政治地位上越来越被‘边缘化’，甚至为主流社会所抛弃（不仅政治参与有限、政治地位不高，而且还被排斥在法律职业共同体之外）。在不少地方，律师还被认为是社会不稳定的因素，是应该被防范和管制的对象”[④]。试想：在这样的观念认知下，律师怎么可能获得应有的职业尊严和平等的诉讼待遇？

---

① 2014年年底，在南昌市中级人民法院审理南昌大学原校长周某涉嫌受贿、挪用公款案的庭审中，周某的辩护律师朱明勇先后四次被赶出法庭，而事由均与其按程序就证据、程序和法律适用等问题所发表的意见有关。例如第一次是公诉人在法庭调查环节出示证据时，未作任何说明和解释，直接当庭播放了一份庭前并未提交给法庭的视频资料，据以证明周文斌在某个时间点在国内有收受贿赂的时间和空间。辩护律师马上以出现“新证据”为由请求休庭。但法庭经研究后认为公诉人播放的视频资料不属于新证据，只是补强证据。辩护律师不认同这一观点，坚持申请休庭；而审判长也坚持让“公诉人继续出示证据”。后辩审冲突爆发，审判长遂让法警将辩护律师带离法庭。朱明勇．无罪辩护．北京：清华大学出版社，2015：248-290.

② 2015年1月，周强院长在全国高级法院院长会议上指出，在网上能看到某某地方法院把律师赶出法庭：“坦率（地）讲，我百思不得其解，法官老把律师赶出法庭，如果是违反法庭的秩序，不行你可以休庭，也有录音录像，你公布出来就完了，这个确实要提高庭审能力和转变审判观念。当然问题在哪里我们也知道，都协调好了要怎么判，（但是）律师打乱了原来的程序。这个恰恰是要改革的对象。”张献伟. 规范庭审 杜绝“把律师赶出法庭”现象．法邦网：https：//www. fabao365. com/zhuanlan/view_1543. html.

③ 易胜华律师就“律师安检”问题向北京市东城区法院提出建议．新浪微博：https：//m. sg. weibo. com/user/5146303390/3921540515336931.

④ 李奋飞．论“表演性辩护”——中国律师法庭辩护功能的异化及其矫正．政法论坛，2015（2）.

路德维希·冯·米瑟斯先生曾说："人与人是不相同的，人们不能将法律面前人人平等理解成平等就是一视同仁、人人相等。"这警示我们，面对天然存在着强弱之分的刑事司法场域，必要时"倾天平以向弱者"的自觉和自省在追求实质平等之路上无疑十分重要，如此方能矫正诉讼双方事实上存在的不平等。如果说，"平等武装"体现着司法克制，那么"天平适当倒向弱者"就是司法能动的代表。两者并非不可兼得，相反，可相互配合、相得益彰！法庭某些环节的克制性是司法规律的必然要求，体现了对司法公正的追求；而其他环节的能动性则是司法灵活性的必要彰显，展现出司法智慧和才华。我们看到，2016 年修订的《人民法院法庭规则》为保障律师在庭审活动中行使各项权利，专门新增了以下五方面的内容，规定律师与检察人员在法庭安检方面待遇同等，律师在法庭上享有充分的辩论、辩护权，律师在法庭上可以使用自带电脑办案，律师享有对庭审活动的监督权，以及根据需要可以配备律师休息室，方便律师休息、换装和饮水，这体现了对于权利保障、庭审公平的格外重视。目前，法庭上不允许律师充分发表意见、法庭外对律师进行歧视性安检等情况已基本得到杜绝。我们建议，未来还可进一步考虑让辩方在举证、调取证据、延期等申请上享有更多的机会和便利，请控方在举证材料及顺序、证据组合上尽可能给予辩方关照。它们是在诉讼程序上更好实现"填高溪谷，削平山陵"之效果的制度举措，也正是弗朗西斯·培根先生所描绘的"使不平者得其平"之理想状态。①

而从内部因素来看，辩护职能的庭审发挥效果还与律师自身息息相关。在现代刑事诉讼中，律师辩护已从"奢侈品"发展为"必需品"，而评价该必需品的质量标准也由"有律师的辩护"上升为"有律师的有效辩护"。当前，法治发达国家一致认为，有效辩护是被追诉人所享有辩护权的应有之义——在本质上，它不仅是辩护律师对被追诉人负有的最重要的义务，也是国家对被追诉人负有的最重要的义务。② 前者论及有效辩护理论的微观方面

① 弗朗西斯·培根先生曾说："为法官者应当为公平的判断做一种准备，这种准备应当如同上帝对于他的路的准备一样，就是要填高溪谷，削平山陵，所以在两造的任何一方，若有强力、暴虐、巧计、结徒、奥援、善辩的情形出现，在那个时候为法官者若能使不平者得其平，使他自己的判断得以公平为基础，那就可见其才德了。"培根论说文集．北京：商务印书馆，1983：194.

② 吴纪奎．有效辩护的基本理论//徐昕主编．刑事辩护的中国问题：司法．厦门：厦门大学出版社，2014：167-170.

（如美国法中的特殊制度安排），后者则侧重于有效辩护理论的宏观方面（如欧洲对辩护权内涵所作的拓展）。虽然其外延有所区别，但实然适用最终一般都落脚于“有效”的评估标准。而相关标准的具体化且核心内容，均围绕辩护律师的行为展开。例如，欧洲学者在考察英、法、德、意等九国刑事辩护之有效性时适用的测评体系有三个层次，第三层次是最贴近实践运作层次的内容。即“刑事辩护律师是否有稳定一致的辩护水平，其所处的职业文化是否认同有效刑事辩护体现在程序和结果两方面，以及是否在理念和实践中都以嫌疑人和被告人为中心”[①]。再如，在特别关注律师辩护质量本身的美国，在正向确立律师有效辩护的职业准则之外[②]，美国联邦最高法院还于1984年在斯特里克诉华盛顿州案中，从反向思维出发，通过确立“无效辩护”的双重标准，包括行为标准（根据一般性的职业规范，律师的辩护工作明显有缺陷）和结果标准（存在着一种合理的可能性，即若律师没有犯上述错误，将会有不同的诉讼结果）来判断律师的辩护行为是否构成了对被追诉人获得律师有效帮助这一宪法性权利的否定。

在我国，对于已经被联合国有关文件确立为刑事司法准则之一的有效辩护，如何定位其理念价值、设计其客观标准并建立相应的实现路径，从而规范和督促律师尽职尽责，治理司法实践中的无效辩护问题，同样引起了理论界、实务界的广泛兴趣和较大关注。2013年，北京发生了两起律师无效辩护导致上级法院发回重新审判的案件，也是较为罕见的法院以律师无效辩护为由提出司法建议的案件。法院查明，两位律师在案件审理过程中没有按照规定在开庭前会见被告人，在庭后提交的辩护意见也不是其当庭发表的辩护意见（而是未出庭的其他律师早先写好的书面辩护意见）。法院认为上述行为“致使该两起可能判处死刑案件被告人的合法权益，特别是辩护权，没有得到充分保障，导致律师的辩护工作流于形式，可能影响案件的公正审判”；同时“律师接受法律援助中心指派后，未在开庭前征得被告人同意认可其担

---

① 另两个层次分别是：其一，是否有宪法或者其他立法规定了与欧洲人权法院所确定原则相符合的，且以可获得的刑事辩护权利作为最低标准；其二，是否有相应的法律法规以及实践操作确保上述权利是“实际且有效的”。Ed cape，等主编．欧洲四国有效刑事辩护研究——人权的视角．丁鹏，等编译．北京：法律出版社，2012：5.

② 其实，从根本上说，律师法和律师执业规范所确立的各种律师制度和行为规范，都具有实现正向之有效辩护的积极意义。

任指定辩护人，致使律师此后进行的一切辩护工作及其参与的审判工作，均归于无效，严重地浪费了司法资源”。据此，法院提出司法建议书，建议相关部门采取措施进一步加强对律师刑事辩护执业行为的监督规范。[①] 我们认为，它们尽管系个案，且迄今为止仍是我国唯二的法院将无效辩护作为宣告一审判决无效之依据的案件，但仍然具有较为普遍的推广潜力和抽象为正式立法的制度价值：一是可考虑将律师的无效辩护作为一审活动“违反法定诉讼程序、影响公正审判”的重要情形，法院可据此将案件撤销原判、发回重新审判；二是可考虑以律师辩护有重大瑕疵为由，由法院向司法行政机关和法律援助中心发出司法建议书，把怠于履行辩护职责列为惩戒违规律师的重要事由。当然，除了启动惩罚性和救济性的事后机制，我国还有必要对关系最低服务质量标准、职业伦理规范等内容的事前措施及时跟进，以全方位地贯彻有效辩护理念、匡扶并强化辩护力量，使辩护真正成为审判中心主义的助推剂。

（三）检察监督的杂糅及矛盾

根据通说，检察机关的前身为罗马法中追查犯罪的职权机构，是国家设立的以强制力为保障的专门机关[②]，但是其时的刑事司法由法官专断，并未区分公诉的提起与案件的裁判。时代推移下，在封建社会时期的法国和英国，国家职能的演进要求打击犯罪时亦应当实现权力的制衡，确立追诉犯罪的统一司法基准，公诉权随之诞生，并与审判权分离。该公诉制度的起源和独立也与现代检察制度的萌芽、形成相吻合，被普遍认为是其得以确立的关键因素。[③] 由此，刑事诉讼中形成并保持了架构控诉、辩护与审判之间等腰三角形的基本条件。这是司法公正的标志和现代法治的需要。那么，作为主动干预犯罪行为的国家代表，检察机关通过行使诉权的方式来启动刑事司法裁判程序，并负有证明被告人有罪的一般举证责任，即与被告方进行平等的法庭调查和辩论，且承担因举证不能而引发的不利诉讼后果。换言之，在刑

① 陈瑞华．有效辩护问题的再思考．当代法学，2017（6）．

② 樊崇义，吴宏耀，种松志主编．域外检察制度研究．北京：中国人民公安大学出版社，2008：121．

③ 有关检察制度的详细起源史，可参见梁景明．检察制度的多元发展刍议——基于检察制度起源的比较考察．法学杂志，2009（9）。

事诉讼框架内，检察机关之国家利益和社会公共利益维护者的身份，不会，也不应影响其诉讼一方当事人的地位。

在我国，检察制度这一“舶来品”经历了出于国情和政体要求的本土化再造。新中国成立之初，人民检察制度被赋予“一般监督”的职能[①]；改革开放后，恢复重建的检察机关被1979年《人民检察院组织法》第1条首次明确定位为“国家的法律监督机关”，并被写入1982年《宪法》。但该部宪法取消了检察机关对“国家机关的决议、命令和措施是否合法”的监督权，并将其对“国家机关、国家机关工作人员是否遵守法律”的一般监督调整为“只限于违反刑法、需要追究刑事责任的案件”[②]。以此为标志，根据我国人民代表大会制度，在人民代表大会的监督下，检察机关行使着法律监督权，即相较于人民代表大会基于特殊宪法地位所享有的有最高权威的监督权，检察机关的法律监督权具有专门性、具体性和专业性，检察机关的主要职责在于监督法律实施，维护国家法制的统一。[③] 而面向国家专门机关之刑事诉讼活动的监督正是其重中之重，表现为对公安机关的侦查活动的监督、对法院的审判活动的监督和对执行机关的执行活动的监督三个方面。[④] 可见，我国检察机关在法律职权上系集诉讼职能和监督职能于一体，在刑事诉讼中，检察机关一边作为“参与者”提起公诉，一边作为“管理者”实行监督（尤其还包括庭审监督）。这种既当特殊运动员又是裁判者的杂糅状态和矛盾立场，就成为导致我国刑事庭审陷入混乱和争议的深层次原因。

长期以来，我国《刑事诉讼法》均没有把公诉人列为当事人。[⑤] 而之所以在刑事诉讼中对处于原告一方的公诉人区别对待，原因主要在于：公诉人

---

① 1954年《宪法》规定，检察机关对“国家机关、国家机关工作人员和公民是否遵守法律，行使检察权”；1954年《人民检察院组织法》还规定检察院有“对于地方国家机关的决议、命令和措施是否合法……实行监督”的职权。

② 徐益初．从我国检察机关的发展变化看检察机关定位——对检察机关法律监督地位的再认识．人民检察，2000（6）.

③ 韩大元．法律监督是宪法赋予检察机关的神圣职责．检察日报，2011-11-07.

④ 与此同时，还有针对普通国家公职人员的刑事法律监督，也就是对贪污贿赂罪和渎职侵权罪行使检察权。此外，检察院也要对法院在民事审判和行政审判中的行为是否合法进行监督。换言之，我国检察机关的法律监督模式呈现出统摄“刑事法律监督”和“诉讼法律监督”的双轨样态。这一样会一直持续到国家监察体制改革启动。

⑤ 例如，2012年《刑事诉讼法》第106条明确规定，“‘当事人’是指被害人、自诉人、犯罪嫌疑人、被告人、附带民事诉讼的原告人和被告人”，不包括公诉人。

是国家追诉权的具体执行者，其本人与案件事实之间不存在具体的切身利害关系，同基于个人利益提起诉讼的原告人有原则不同；更重要的是，公诉人是国家法律监督机关的代表，其参与刑事诉讼的任务，不仅仅是出席法庭支持公诉，而且要对法院的审判活动是否合法实行监督。[①] 公诉人所承担的这一维护国家法律统一实施、维护包括被告人在内的所有诉讼参与人之合法权益的职责，也是一般当事人不可能具备的。[②] 还有论者提出其诉讼地位应高于当事人。同时，在我国刑事二审的开庭程序中，检方座位的席卡名称并非"公诉人"，而是"检察员"。这也与2012年《刑事诉讼法解释》的相关规定[③]相呼应。而该不同称呼的背后，其实隐含着极为关键，亦颇有争议的检察机关在刑事二审中的职能与定位问题。检察机关此时行使的究竟是审判监督权还是审判监督权与公诉权兼而有之，抑或因案而异，至今看法仍较为混乱，但达成共识的是检察机关定然享有审判监督权。[④] 这难免会再次减损控辩双方的平等关系，使被告方在具有权利救济属性的刑事二审程序中亦不能与检察员站在同一起跑线。

值得注意的是，我国刑事诉讼法中有关公诉人之庭审监督权的规定，伴随着控辩式庭审方式的改革逐渐呈现出向好发展的变化趋势。1979年《刑事诉讼法》虽未规定公诉人可以当庭对法官的审判活动进行监督，可当时这是理论和实践中的潜规则。1996年《刑事诉讼法》修正时尽管新增"人民检察院依法对刑事诉讼实行法律监督"之基本原则，并具体规定"人民检察院发现人民法院审理案件违反法律规定的诉讼程序，有权向人民法院提出纠正意见"，但1998年《六机关规定》第43条明确，人民检察院对违反法定程序的庭审活动提出纠正意见，应当在庭审后提出。该内容亦被1999年《高检规则》所吸收，并延续至今。上述规范对检察机关当庭监督权的明文废止，也标志着其审判监督权在整体上已出现较为明显的退化。然而，这只是我国检察机关刑事诉讼监督职能作出重大转型的第一步。控辩式庭审方式

① 公诉人在刑事庭审中发表的公诉意见开头均会言明，其"受××人民检察院检察长的指派，代表本院，以国家公诉人的身份，出席法庭支持公诉，并依法对刑事诉讼实行法律监督"。

② 王国枢主编．刑事诉讼原理与实务．北京：北京大学出版社，1998：28-29.

③ 2012年《刑事诉讼法解释》第322条。

④ 陈卫东，李玉华．刑事二审程序中检察机关的职能与地位．法学杂志，2007（1）.

的追求目标告诉我们，检察机关审判监督权的彻底终结是我国正在重塑之科学控、辩、审架构的必然结果。也就是说，刑事诉讼监督权应由蔓延全阶段、波及全方位的不合理布局，转向对审判前之立案侦查和审判后之刑罚执行的重点聚焦。[①] 在两审终审制的程序框架内，检察机关应回归职能原点，真正走向“当事人化”，通过行使公诉权的方式（提起公诉或提起抗诉）督促法院准确认定事实、正确适用法律，以此维护国家和社会公共利益，监督[②]国家法律统一实施。

四、规程运作失序

刑事诉讼对于因有犯罪嫌疑而受到指控的人来说，是与国家司法权最强烈的对抗，故站在权利保障的基点，就要求尽可能准确、具体、合理地从法律上明晰国家权限的边界。按照普遍认可的法目的，刑事司法活动旨在查明犯罪行为真相，并让犯罪人受到应有的刑罚惩处。但被指控者或有罪或无罪的未知状态，总体上造成了刑事诉讼法异于其他程序规则，即要充分考虑被指控者实为无罪的可能性。[③] 而无论是嫌疑的澄清，还是犯罪的证明，抑或就罪责程度的不同主张，其发生正面碰撞的直接地点就是庭审现场。这就使构建科学的刑事庭审规程体系变得至关重要，否则无疑难以在最终的判决中创造法和平。该体系应是多维立体的，围绕规范、精细的常规法庭审理程序之本体，既关乎定罪问题，又涵盖量刑问题；不仅指向普通程序，而且囊括分流处理后的其他程序。

从这个角度来看，我国当前的刑事规程体系则呈现出失序之态：法庭审理程序本身不尽完善，无法为案件真相的查明提供技术支撑，也未能有效保障辩护方行使诉讼权利；将量刑视为定罪之附带问题的模式选择，导致量刑裁决的过程不是在公开、透明、具有对抗元素的法庭上完成的，不禁令人质

① 陈瑞华．论检察机关的法律职能．政法论坛，2018（1）.

② 这里，其实还隐含着“监督”一词在我国刑事诉讼理论中的误用问题。陈卫东教授曾敏锐指出：“监督”本身并非程序法的专门术语，在刑事诉讼中，只有程序权力的划分以及实体权利的分配。当前，我国刑事诉讼程序中的所谓“监督”，实质上都是权力分工、职责分配与程序救济。因此，基于“监督”一词的张冠李戴及其容易引发的误解，陈卫东教授建议将其从刑事诉讼法中删除。陈卫东，刘计划．公诉人的诉讼地位探析——兼评检察机关对法院的审判监督．法制与社会发展，2003（6）.

③ 宗玉琨，译注．德国刑事诉讼法典．北京：知识产权出版社，2013：5.

疑结果的公平性。

(一) 庭审规则不尽如人意

我国因循大陆法系国家的传统，将刑事庭审程序大体上分为法庭调查和法庭辩论两个阶段[①]，前者聚焦在调查证据、还原案件事实，后者侧重于争辩法条、解决法律争议。我国的刑事庭审活动具有“头轻脚重”的特点，并且暴露出诸多隐患：法庭调查程序并未受到足够重视，其中的交叉质证较为表浅和局限，基本无法仅据此查清案情，未能充分发表观点的辩护律师往往又会采取更激烈的方式寻求救济，进而埋下庭审冲突的“不定时炸弹”；在居于重心的法庭辩论阶段，双方长篇大论的其实是庭前已准备好的公诉意见和辩护意见，争点与前序调查脱节，很多时候还不得不掺杂处理其所遗留的对单个证据的采信问题，内容也缺乏实质性的交锋，常出现“鸡同鸭讲”式的各说各话。

这反映出在根源上，我国刑事法庭的调查程序和辩论程序就存在一定错位。按照刑事庭审的一般规律，法庭调查是针对事实争点进行主张与反驳，并基于证据拼绘之案件事实形成法律争点的关键阶段，是展开法庭辩论的基础。而这两者的关系在我国出现了倒置。究其原因，一方面在于传统的庭审调查逻辑认为侦查、审查起诉所得证据极为真实可信，无须再在庭审中费时费力地审慎核查[②]；另一方面是过去较为抽象的实体法条文确实容易引起罪与非罪、此罪与彼罪的歧义，促使控辩双方的兴奋点都高度集中在对刑法问题的辩论上。[③] 但是站在发展的角度，随着刑法修正案的与时俱进和相关司法解释的陆续跟进，我国的刑事实体法已越来越完善，因罪状空白或表述过于简单而生成的法律辩点定然会逐渐减少和消失；同时，司法人员素质的大幅提高以及司法机关内部形成的比较严格的刑事案件审批、监督机制[④]，降低了实体法适用错误的可能性，很多案件就算原本有潜在的法律争议，其也

---

① 目前，法国、德国、意大利采取的就是这种庭审模式。

② 马静华．庭审实质化：一种证据调查方式的逻辑转变——以成都地区改革试点为样本的经验总结．中国刑事法杂志，2017（5）.

③ 田文昌，陈瑞华．刑事辩护的中国经验：田文昌、陈瑞华对话录（增订本）．北京：北京大学出版社，2013：215.

④ 例如，公安机关内部的刑侦、预审和法制等环节，检察机关内部的批捕、审查起诉和案件管理等程序。陈瑞华．法律人的思维方式．北京：法律出版社，2007：99－100.

会在审前流程中被化解，不会留待法庭审理阶段解决；更重要的是，在庭审实质化改革的推动下，关于事实判断的新逻辑将把侦查、审查起诉证据拉下“神坛”，转变为通过直接言词的方式对它们进行个别化审查[①]，在庭审现场来查明事实真相。可见，未来我国刑事庭审的重心还是要复归法庭调查环节，它也应是进行相关规程调整和革新的排头兵，2017年最高人民法院发布的《人民法院办理刑事案件第一审普通程序法庭调查规程（试行）》（以下简称《法庭调查规程》）正是佐证。进一步来说，具体到庭审规程本身，则有如下问题亟待探索和解决：

一是争点整理不足且滞后。

争点既是诉讼两造攻防交锋的焦点，也是审理者裁断的重点对象，可以说，无争点即无对抗。无论是从诉讼经济，还是从保障辩方防御权的角度，都要求及时、充分地明晰争点。[②]，但我国长期以来均没有制度化的争点整理程序，这就导致关于事实认定的争点无法在证据调查开始前形成，而是在第一轮辩论中与指向法律适用的争点混杂在一起提出，这就使法庭辩论在相当程度上不得不分担证据调查的工作，导致辩论内容冗长、程序拖沓。[③] 针对这一问题，成都等庭审实质化试点地区在庭前会议中增设争点整理程序，取得效果良好[④]，其经验被最高人民法院吸收为《庭前会议规程》的相关内容。根据规定，法庭可以在庭前会议中归纳控辩双方的争议焦点，制作庭前会议报告并在庭审中宣读，以明示和规范法庭调查与法庭辩论的重点。

但不同于域外专门设置的审前争点明示程序和相对独立的庭前争点陈述步骤，我国的上述争点整理做法须依附庭前会议，这就导致难免因庭前会议

① 这是指相比传统庭审针对书面证据体系的概括性核查，实质化庭审调查关注每一个证据的形成过程及表现形式，强调对影响每一个证据之证据能力和证明力的各种因素进行评断。马静华．庭审实质化：一种证据调查方式的逻辑转变——以成都地区改革试点为样本的经验总结．中国刑事法杂志，2017（5）．

② ［日］田口守一．刑事诉讼的目的．张凌，于秀峰，译．北京：中国政法大学出版社，2011：163-173．

③ 马静华，夏卫．日本刑事庭审程序对我国庭审实质化改革的借鉴价值——以“江歌案”庭审为分析样本．江苏行政学院学报，2019（1）．

④ 四川省成都市中级人民法院课题组．成都法院刑事庭审实质化改革试点工作调研报告//刑事审判参考．北京：法律出版社，2016：198．

制度本身的适用特点而存在相应局限：（1）并非所有案件中都会召开庭前会议，该程序也不具有强制性。[①] 对其适用范围外的案件来说，争点整理尚属空白。（2）召开庭前会议的主要目的在于针对案件的程序性争议事项听取意见，就证据材料一般只允许发表“是否有异议”之类的概括性观点[②]，更不会涉及法律争点，无法实现深入、细节的争点整理。（3）法庭可以裁量决定是否通知被告人参加庭前会议，然而大量案件中，作为争点指向主角和信息直接来源的被告人都是缺席的，这就降低了争点整理的完整度，削弱了其程序的正义性。（4）庭前会议报告的功能主要是总结性地“承前”而非引导式地“启后”，故控辩双方的争议焦点并非其侧重点，其记录较为简略，难以有效规范法庭有针对性地展开“争点审”。有鉴于此，有论者指出，应当在庭审初始设计“开场陈述程序”作为争点整理的主要依托，再辅以进一步细化的庭前会议规则，以真正形成我国的争点整理制度。[③]

二是证据调查较为混乱且失当。

“混乱”之处主要表现为当前的刑事庭审对证据调查的范围、种类、顺序等基本上采取一种随机方式，且整个活动中，由公诉人自主决定随案移送的证据哪些在法庭上出示、以何种指控逻辑和证明方法接受调查，辩方，甚至法官均处于较为被动的状况，从而不仅妨碍辩护权的正常行使，也不利于法官合乎规律地形成心证。例如，若公诉人是按照犯罪行为发生的时间先后来组织证据，辩护律师通常无法按照证明犯罪构成要素之证据的重要性进行质证；如果公诉人选择就案件构成的某基本事实概括举证，法庭往往无法听取双方围绕争议很大的单一证据展开的深入交锋意见；而一旦辩护律师坚持以异于公诉人指控思路的辩护程式来发表质证意见，又可能被视为“死磕不配合”，遇到庭审驾驭能力有限的法官时，还会成为引爆法庭秩序的导火索。

① 2012 年《刑事诉讼法解释》第 183 条规定了召开庭前会议的案件情形，包括：当事人及其辩护人、诉讼代理人申请排除非法证据的；证据材料较多、案情重大复杂的；社会影响重大的；需要召开庭前会议的其他情形。

② 2012 年《刑事诉讼法解释》第 184 条规定了庭前会议的工作内容。对于证据材料，最高人民法院研究室专门强调“只是就证据有无异议发表意见，而不进行质证”。江必新主编．《最高人民法院关于适用〈中华人民共和国刑事诉讼法〉的解释》理解与适用．北京：中国法制出版社，2013：189.

③ 马静华，夏卫．日本刑事庭审程序对我国庭审实质化改革的借鉴价值——以“江歌案”庭审为分析样本．江苏行政学院学报，2019（1）.

“失当”之处则主要在于我国针对出庭证人的调查程序，有违背质证发问原理之嫌。学界普遍认为，庭审实质化是以证人出庭作证并接受质证为核心内容。从作证与质证的内在关系来看，应当是先有试图支撑某事实主张的作证，后有试图动摇或否定该事实主张的质证。在英美法系，侦查阶段双轨制的证据调查制度会使证人被区分为控辩两大阵营，庭审阶段自然由双方提请支持本方事实主张的证人出庭，于是，提请方在前进行的询问就是作证（称作直接询问或主询问），相对方在后进行的询问就是质证（称作交叉询问或反询问）。在我国 2012 年《刑事诉讼法解释》中亦有类似内容，其第 212 条规定：“向证人、鉴定人发问，应当先由提请通知的一方进行；发问完毕后，经审判长准许，对方也可以发问。”可它忽略了我国其实并没有滋生该控辩询问逻辑的司法土壤。我国的证人在绝大多数情况下属于控方阵营，但申请他们出庭的往往是对其书面证言持有异议的辩方。按照上述发问顺序，就出现了先质证后作证的怪诞局面！另外，英美交叉询问对证言不利方提出的重要考验，也是辩护律师展现其辩护技巧的地方正在于，其能否基于证人申请方直接询问所确立的主题范围，以质疑的态度有针对性地从对方作证的内容中引出意想不到的不利问题让他回答，使其一步步走向被动，从而达到揭露虚假、发现不实的目的。可见，英美法系是允许在反询问中提出诱导性问题的。可在我国 2012 年《刑事诉讼法解释》第 213 条却规定一律“不得以诱导方式发问”。这种不加区分的规则设计无疑没有真正发挥控辩询问的作用。①

归根结底，以上这些都是我国刑事庭审缺乏规范、严格、法治化的证据调查请求及决定程序带来的“苦果”。然而值得肯定的是，2017 年出台的《庭前会议规程》《法庭调查规程》已针对前述问题作出一定突破。《庭前会议规程》第 20 条明确：“人民法院可以组织控辩双方协商确定庭审的举证顺序、方式等事项，明确法庭调查的方式和重点。协商不成的事项，由人民法院确定。”《法庭调查规程》第 19 条也将发问顺序调整为“证人出庭后，先向法庭陈述证言，然后先由举证方发问；发问完毕后，对方也可以发问。根据案件审理需要，也可以先由申请方发问”。当然，相关规定还有不少遗憾之处，须进一步完善，例如，庭前会议时关于举证程式的协商应和争点整理

---

① 顾永忠．庭审实质化与交叉询问制度——以《人民法院办理刑事案件第一审普通程序法庭调查规程（试行）》为视角．法律适用，2018（1）．

相结合，以保证法庭调查能围绕证据争点有序进行；对没有召开庭前会议的案件，还应另外专门设置针对证据调查范围、顺序和方法的协商程序；庭审中也应给予证人证言的不利方适当的机会和空间，在质证时向出庭证人提出诱导性问题。

（二）程序形态混杂不分

法庭审理是司法裁判的基石，不同的刑事裁判种类理应有各自的庭审程序形态作为支撑。伴随着我国刑事诉讼制度和法治观念的发展，我们认识到，定罪与量刑是截然不同的两项裁判内容，对程序性争议的处理也与传统上对实体性问题之裁判大相径庭，故在理论上理应分离，实际上也确实逐渐形成了定罪裁判、量刑裁判和程序性裁判三种类型。但不相匹配的是，作为其重要保障的庭审程序形态并未得到应有的丰富及独立发展。长期以来，法院仍是通过一场连续的法庭审理，既裁断被告人的行为是否构成犯罪，又对有罪被告人的刑事责任作出认定，还一并决定辩方提出的回避、管辖、非法证据排除等程序性异议。该种庭审程序形态的重叠交叉，显然会妨碍不同属性的刑事裁判构建与裁判活动之特征相适应的公诉方式、辩护方式及证据调查规则等，进而影响到公平正义之裁判结果的实现。这突出地体现在量刑程序和非法证据排除程序两个方面。

就庭审量刑问题来说，其重要性不言而喻。根据最高人民法院的工作报告，我国法院的无罪判决率一直在低位徘徊①，这意味着绝大多数站上法庭的被告人最后均会被定罪，此时，刑期之长短无疑更关乎其命运。尤其是在简易程序中，如果说普通程序下的定罪与否还存在些许悬念，那简易程序的法庭审理几乎就是量刑裁判的代名词。② 但重罪轻刑之观念在我国相沿成习、积重难返，表现在程序法上即为刑之适用程序隐而不显，致其粗放、“估堆”，甚至失之恣意。因此，力求庭审量刑公开、透明和对抗，就成为近年来法院司法改革和刑事程序改革的重要举措目标。而如何将量刑纳入法庭审理，即如何处理两者的关系，则是首当其冲需要作出的制度选择。对此，

① 根据最高人民法院 2019 年的工作报告，2018 年我国各级法院判处罪犯 142.9 万人，依法宣告 517 名公诉案件被告人和 302 名自诉案件被告人无罪。由此可得我国 2018 年的刑事案件无罪判决率约为 0.057%。

② 陈瑞华．刑事司法裁判的三种形态．中外法学，2012（6）．

大部分理论学者和一部分实务人士主张应当参照英美法系国家的模式，使定罪与量刑有各自独立的裁判程序，先由陪审团或治安法官对指控事实进行认定，再由法官举行独立的量刑听证程序来决定被指控人的刑罚。[①] 该做法固然对保障控辩双方充分参与、促进量刑结果合理公正等具有重要意义，但考虑到我国并不具备将定罪与量刑程序分离的陪审团制度，采取的是不同于当事人主义的客观真实原则，不具备将定罪与量刑程序分离的模式制度，且还存在未决刑事被告人的羁押率高，定罪情节和量刑情节难以区分的情况[②]，我国现阶段确立了“健全和完善相对独立的量刑程序”的改革方向，并通过《人民法院量刑程序指导意见（试行）》（2008 年 8 月）明确了规则框架。所谓“相对独立”，是指在维持现有的由同一审判组织、按照一套审判流程、就定罪与量刑问题同步推进的前提下（不论被告人是否认罪），在法庭调查和法庭辩论阶段分别设置专门的环节进行量刑证据调查和量刑情节辩论，据以对量刑程序予以强化和凸显。换言之，庭审中虽然开始区分定罪与量刑，可两者依然被混杂在同一审判程序中，这不禁让人担忧会否“顾此失彼”“此消彼长”；而量刑规范化改革试点十余年来的运行效果则显示，我们确实不是杞人忧天。

有关的实证调研情况反映出，目前我国庭审量刑程序的典型问题还是归结于“相对独立”的程度有限、配套不足，进而导致量刑辩论左右为难、功能趋于虚置。具体来说，侦控方往往忽视对量刑事实和证据的收集，辩护方的收集渠道则狭窄且无法保证内容客观，被害方是否享有收集权利还存有疑义[③]，那么，在量刑信息于庭前无法得到全面、准确之搜集的前提下，法庭即便想展开慎重、细致的量刑情节调查，也“巧妇难为无米之炊”。同时，当法庭并非将定罪与量刑作为不同法律问题，分别在两个具有明显逻辑和时空界限的程序阶段予以处理时，不认罪之被告人的辩护律师将面临两难困境：因为害怕假若无罪辩护失败，连带着在处罚上也可能走向从重结局，很多律师不敢贸然对量刑部分完全不予评论，遂不得不既“霸占”无罪辩护又

---

① 例如，可参见陈瑞华．论量刑程序的独立性．中国法学，2009（1）．陈卫东．定罪与量刑程序分离之辩．法制日报，2008-07-27（12）。

② 李玉萍．中国法院的量刑程序改革．法学家，2010（2）．

③ 陈瑞华．论量刑信息的调查．法学家，2010（2）．

“兼顾”量刑辩护，可是其从轻量刑请求“无疑削弱了他对当事人所作的无罪答辩的可信度”[1]，故还有部分律师会以无罪辩护为手段来换取量刑辩护的结果，借激进的无罪争辩达到法院宽大处理的效果。[2] 如此一来，就几乎完全淹没了量刑辩护的独立价值。此外，实践中有限的关于量刑问题的法庭辩论也集中在显而易见的自首、认罪悔罪和赔偿经济损失取得谅解等法定量刑情节上，少见指向酌定量刑情节的控辩交锋，且采纳率也很低。[3] 由此可见，相对于我国不断完善的量刑实体规范，庭审量刑程序的滞后确实比较严重，已成为影响司法改革整体效果的“落后产能”。

而就非法证据排除程序来说，鉴于我国法院的程序性裁判主要集中在审判阶段，并主要聚焦于程序的合法性问题，该关于证据收集合法性的调查和评断就成为我国程序性裁判的核心内容。[4] 相较实体性裁判所指向的对象和相应的程序、规则，程序性问题及其解决方式尤其是法庭审理规程具有很强的内在特殊性，即不同于实体性争议由指控方发起、倚赖庭审环节解决的基本模式，以非法证据排除为代表的程序性争议通常由被告方提起，且处理阶段既可在庭审，也可在庭前（甚至包括审前）；从基本原则看，如果说实体性裁判程序须以无罪推定的落实为宗旨，那么，程序性裁判程序则以程序正义的实现为导向。[5] 这就要求，针对证据合法性的程序性裁判制度应当是独立的和先行的——基于被告方就证据合法与否提出的申请或异议，法庭抛开案件的实体处理结果，针对该证据能力问题进行审查、作出处理后，公诉方才能宣读相关证据，并由双方展开后续质证。但是，在“重实体、轻程序”之传统观念的牵制下，也受制于法院依法独立行使审判权所面临的体制、机制难题[6]，程序性争议的法庭审理程序在过去很长时间内都没有在我国刑事

---

① ［德］托马斯·魏根特．德国刑事诉讼程序．岳礼玲，等译．北京：中国政法大学出版社，2004：145.

② 陈瑞华．论量刑辩护．中国刑事法杂志，2010（8）.

③ 刘冠华．对人民法院量刑规范化改革的检视与修正——以量刑程序独立改革为视角．法律适用，2019（13）.

④ 陈瑞华．程序性制裁理论．北京：中国法制出版社，2005：300.

⑤ 戴长林，等．中国非法证据排除制度：原理·案例·适用．北京：法律出版社，2016：236－237.

⑥ 这主要是指，一直以来由于某些因素的影响，我国法院对排除非法证据后定罪证据不足的公诉案件，又面临着无罪判决难之问题。

诉讼的法制领域占有一块应得的“自留地”，从而导致这一重要的刑事庭审活动一直“无法可依”[①]。2010年5月出台的《关于办理刑事案件排除非法证据若干问题的规定》（以下简称《非法证据排除规定》）首次明确了非法证据排除的调查程序，为审前供证的合法性设计了一个相对独立的庭审前置调查程序，并规定了控方证明、庭审为主、庭外补充等内容，是我国健全刑事庭审规程体系的重大进步。2012年修订的《刑事诉讼法》虽在立法层面正式确认了非法证据排除规则，但对其调查程序仅有原则性规定。与之相配套的2012年《刑事诉讼法解释》则未将该调查程序整合至普通程序的法庭审理章节，而置于“证据”章的“非法证据排除”一节；同时，其结合庭前会议制度之创新开辟了在该环节围绕非法证据排除问题“了解情况，听取意见”的先河，形成了“庭前＋庭审”的并轨模式，并将《非法证据排除规定》中的“先行当庭调查”原则调整为“根据具体情况选择先行当庭调查或法庭调查结束前一并调查”之做法。而上述规定的实践效果却不太乐观：（1）鉴于有关规定对于庭前会议可具体开展之调查工作及其结果效力的语焉不详，且没有畅通庭前会议与庭审程序在该问题上的有效衔接，这就导致庭前会议在整个程序性裁判法庭审理规程中的定位较为尴尬。（2）2012年《刑事诉讼法解释》确立的并行调查程式和极为模糊的择一适用条件，使得“在法庭调查结束前一并进行”证据收集的合法性调查几乎成为常态，这无疑就在证据能力和证明力两个层次间产生混淆。（3）而该混淆则进一步让程序性争议的处理难以与实体性争议的解决真正“解绑”，也就是说，“法官们考量是否排除相关证据的重点是案件的实体结果”——即使是明显以侵犯被告人基本权利的方式获得的证据，“如果全案其他证据能够印证其真实性，法官也不会单纯因为取证的非法性而排除该证据”[②]。

为弥补前述不足，2017年新发布的《关于办理刑事案件严格排除非法证据若干问题的规定》（以下简称《严排规定》）增加了相应的制度性规定。

---

① 我国1996年《刑事诉讼法》及其配套的司法解释，虽然在一定程度上明确了非法证据的概念和法律后果，但长期处于仅具有“宣示”效果、而没有实际效用的“失灵”状态。其中的直接和根本原因，就在于相关规定中没有明确的操作规程，尤其是缺乏相应的法庭审理程序来保障非法证据排除规则的实施。

② 陈卫东，程雷，孙皓，等．“两个证据规定”实施情况调研报告——侧重于三项规定的研究．证据科学，2012（1）.

主要表现为：一方面，它进一步扩充了庭前会议中可进行的证据合法性调查内容，即“人民检察院应当通过出示有关证据材料等方式，有针对性地对证据收集的合法性作出说明”；并且呼应最高人民法院《审判中心改革实施意见》对在庭前会议达成之控辩合意所赋予的约束力，增强了该庭前调查决定的法律效力，即若经过庭前会议“人民法院对证据收集的合法性没有疑问，且没有新的线索或者材料表明可能存在非法取证的，（在庭审中——笔者注）可以决定不再进行调查”；还就庭前会议与法庭审理程序间的承前启后予以了明确，即“公诉人宣读起诉书后，法庭应当宣布开庭审理前对证据收集合法性的审查及处理情况”。另一方面，《严排规定》虽延续了 2012 年《刑事诉讼法解释》中并行、择一的调查模式，但确立了“以先行调查为原则，以法庭调查结束前调查为例外”[①]，即把该例外的适用条件由“根据具体情况”限缩为“为防止庭审过分迟延”。应当说，《严排规定》中使庭前准备程序承担一部分解决证据合法性争议之功能的规则设计与许多法治发达国家的制度选择保持了一致[②]，对庭审中之证据合法性裁判应当“以先行调查为原则”的强调和坚持也遵循了先审查证据能力、后评断证明力的“两步式”证据调查原理。但是，本章前文已提及的由“庭前会议的实体化”趋向所带来的隐患此时仍然存在，某些规则内容因过于原则、可操作性不强而可能被司法人员“变通”执行或有沦为辩护律师“死磕”工具之危险等问题，也值得深思。可见，有关证据收集合法性的调查程序还需进一步完善，以便为法庭按照规范化、精密化的庭审规程作出程序性裁判提供可资参照的范本。

（三）繁简分化及其尚存问题

在经济运行和质量控制等领域，存在着一个提高质效的经典原理——帕累托二八定理（the Pareto 80/20 rule）。它是美国管理学家约瑟夫基于意大利经济学家帕累托发现的“二八定律”[③]，所提出的处理“重要少数与琐碎多数”之间关系的基本原则，其核心思想就是通过掌控前者、简省后者来把

① 戴长林，刘静坤，朱晶晶．《关于办理刑事案件严格排除非法证据若干问题的规定》重点解读．人民法院报，2017－07－19.

② 如美国的证据开示和审前动议程序、德国的职权式审判准备程序等。

③ 20 世纪初，意大利经济学家帕累托发现：在任何一组事物中，最重要的只占其中一小部分，约20%；其余 80%尽管是多数，却是次要的。这被称为“二八定律”。

握全局。在法律领域，法治的内在要求规定了，实用主义和经济考量亦是形构抽象法律原则和具体法律规则时必须关注的重要因素[1]，特别是在诉讼成本和案件质量的问题上。司法资源是有限的这一客观现实和尽快诊断并处理犯罪以尽快还原和恢复社会秩序的时效要求，使效率成为古今中外对正义进行诠释时都无法绕开的一个话题。正如法谚所云，迟到的正义非正义；在刑事诉讼中付出原本可避免、也理应避免的巨大代价来交换正义，就算最后勉强触及正义的尾巴，它也是不堪重负的。对劳民伤财的国家、望穿秋水的被害人、权利受限且前路未卜的被告人和长期陷入混乱的社会秩序、一直惴惴不安的普通公众来说，这一正义几乎已没有什么意义，甚至意味着更大的不正义。故波斯纳先生曾直言不讳地指出，“我们绝不能无视诉讼制度运行的成本”[2]。

对此，刑事司法中尤需引起重视且可能成为突破口的，其实同样是“二八定理”的应用。有学者敏锐观察到了刑事案件的“二八之分”，即轻微刑事犯罪是大多数，被告人认罪的亦是大多数，进而提出司法机关可以通过简化简单多数和优化复杂少数来实现司法资源的最优配置。[3] 该“简化”与“优化”所指向的直接对象正是法庭审判程序，其抓手则是刑事程序的“繁简分流”机制。这在域外已有较长时间的探索和发展，并构成了形式多样、过渡有序且适宜各自法律文化的规程体系。[4] 但整体上可以分为两种基本模式：一是以案件的复杂与简单、罪行的严重与轻微作为标准，主要适用于大陆法系国家；二是以被告人视角的认罪与否作为前提，主要施行于英美法系国家。上述模式选择的背后，体现着不同的价值追求：前者偏重对案件实体真实的查明，后者则旨在高效地定罪结案。当然，20 世纪 80 年代以来，两种模式出现了融合趋势，突出表现为大陆法系国家开始更多地学习英美法系国家的分流做法。[5]

把视线重新放回我国，有关制度的发展脉络可大致梳理如下。在案件总

---

① ［美］理查德·A. 波斯纳．超越法律．苏力，译．北京：中国政法大学出版社，2001：25.

② ［美］理查德·A. 波斯纳．法律的经济分析．蒋兆康，译．北京：法律出版社，2012：593.

③ 李本森．法律中的二八定理——基于被告人认罪案件审理的定量分析．中国社会科学，2013（3）.

④ 高一飞．刑事简易程序的发展趋势．甘肃政法学院学报，2002（3）.

⑤ 熊秋红．刑事案件繁简分流背景下的简易程序．人民法院报，2017－01－08（8）.

量不大的情况下，显然没有进行繁简分流的需求，故1979年《刑事诉讼法》对所有刑事案件的一审均采用了相同的审理程序，即普通程序。随着20世纪80年代末、90年代初刑事案件数量的逐年高速增长[①]，法院面临的“案多人少”矛盾愈加凸显，关于借鉴域外、增设简易程序的呼声也愈加强烈，故1996年《刑事诉讼法》第一次设置了简易程序。尽管如此，由于案件基数的进一步扩张[②]，不在简易程序适用范围内、只能通过普通程序审理的案件数量亦同步大幅增长，从而使简易程序逐渐变得“力不从心”，未能为法院缓减多少审理压力。在这一背景下，个别基层法院开始探索在普通程序中，对被告人认罪案件进行庭审环节简化[③]，被称为“普通程序简易审”。该可解“燃眉之急”的做法也得到中央认可，由最高人民法院、最高人民检察院、司法部《关于适用普通程序审理“被告人认罪案件”的若干意见（试行）》（2003年）正式确认。由此，在繁简分化的层面，我国当时就形成了由刑诉法规定的简易程序和司法解释确立的普通程序简化审程序所共同构成的简易程序体系。然而，它们在审判实践的检验中却逐渐暴露出各自的不足。就狭义的简易程序而言：一方面，其面向的公诉案件有严苛的刑期要求，即仅“依法可能判处三年以下有期徒刑、拘役、管制、单处罚金”的才能适用。从比较法上看，这远小于美国辩诉交易“除少数重罪案件以外的其他大部分案件”之适用范围，小于意大利简易程序“除无期徒刑以外的所有刑事案件”之范围，更不同于德国还可适用于违警罪案件的情形。[④] 另一方面，虽然简易程序的庭审过程省略了调查环节，相比普通程序确实较为简洁、高效，可是实践显示，其与普通程序简化审的程序耗费很接近[⑤]，也就是并没有拉开规程梯度，对某些事实清楚、证据充分且被告人认罪、控辩双方没有争议的轻微案件，适用简易程序仍好似“牛刀割鸡”。而就普通程序

① 由《中国法律年鉴1987—1997》可知，1987年全国各级法院一审、二审审结的刑事案件为34.8万件，1995年的相应数据为54.9万件，年均增幅超过7%。

② 由《中国法律年鉴2003》可知，2002年全国各级法院一审受理的刑事案件数量就达到了63.1万件，较1995年增长了27.35%。

③ 陈卫东主编．被告人认罪案件简化审理程序．北京：中国检察出版社，2004：217.

④ 高一飞．论我国刑事简易程序体系的重构．西南民族大学学报（人文社科版），2004（10）.

⑤ 左卫民．中国简易刑事程序改革的初步考察与反思——以S省S县法院为主要样板．四川大学学报（哲学社会科学版），2006（4）.

简易审程序来说，则出现了定位模糊导致的实施偏差。关于其程序性质，最高人民法院指出这不是创设一种新的程序，而是在法律规定的普通程序框架内，针对被告人认罪这一事实，在审理方式上适当灵活，如被告人可不再就起诉书指控的犯罪事实进行供述、询问可以简化或者省略、无异议的证据可以仅就名称及所证明的事项作出说明等，但审理程序的完整性还是必须保持。然而这种“简约”无疑有悖于普通程序的国际标准和普适认识；同时，也正是该基本定调，使适用简化审前“应当征求人民检察院、被告人及辩护人的意见”，均同意后再适用的规定往往未被严格执行。因为在法官眼中，既然简化审不是一种独立审判程序，那么，根据庭审中被告人、辩护人的态度变化来随机确定可以简化的环节也是可以的，还大大节省了前期征求意见、反馈沟通、书面通知所耗费的时间与精力。此时，被告人的诉讼权利显然就成了牺牲品[①]，而这也是我国的刑事庭审简易程序经常忽略的地方，即未能有效保障和促进程序公正。

近年来，在总结前述审判经验及实践反思的基础上，我国对刑事简易程序进行了较大规模的重构。2012 年修订的《刑事诉讼法》将简易程序适用标准的重心，从案情简单轻微转移为“被告人承认自己所犯罪行，对指控的犯罪事实没有异议”，并删除了原来的刑期限制，使基层法院管辖的所有可能判处有期徒刑的案件，均得以被纳入简易程序的空间内。2014 年全国人大常委会授权最高人民法院、最高人民检察院进行了刑事案件速裁程序试点，以案情简单轻微和被告人认罪作为双重标准，对相关案件进一步简化庭审，可以不再进行法庭调查、法庭辩论。2016 年，根据中央全面深化改革领导小组《关于认罪认罚从宽制度改革试点方案》，全国人大常委会再次授权最高人民法院、最高人民检察院开展刑事案件认罪认罚从宽制度试点，以构建宽严相济、区别对待、繁简分流的多层次刑事诉讼模式。[②] 这两项重要改革的基本内容、原则和精神也被 2018 年《刑事诉讼法》所吸收，我国自此形成了由速裁程序、简易程序、普通程序组成的新规程体系，而这无疑也是一条新的制度逻辑进路。如前所述，大陆法系国家与英美法系国家适用简

① 王超．普通程序简易审质疑．法商研究，2002（3）．

② 最高人民法院、最高人民检察院《关于在部分地区开展刑事案件认罪认罚从宽制度试点工作情况的中期报告》。

易/速裁程序的正当化依据较为单一，或以案情的复杂程度为前提，或以被告人是否做认罪答辩为切入。我国则兼采两者，并依据不同的结合情况规定了相应的审判程序，使整个体系更为科学、合理和精密。

而在该体系，特别是作为其内核的庭审规则向成熟样态不断细化和完善的过程中，还有一些问题须引起重视。一方面，不同于域外的简易程序是在案件数量持续增加和现代刑事司法程序正当化进程之双重作用下产生，刑事简易程序在我国的催生因素较为单一，即案件数量的绝对增长。这就导致我国的刑事简易程序自始就较为欠缺程序公正的内涵要求。因为，我们所立足的认罪认罚制度，意味着简易/速裁程序法庭审理的主要对象已不再是事实认定和法律适用，而被告人的认罪认罚本身。此时的证明方法和证明标准也会发生改变。这无疑要求我们深入探索与速裁程序、简易程序之定位相适应的庭审规则，以便能够切实审查认罪认罚的自愿和明智，核实认罪认罚具有事实基础，并确保被告人得到量刑优惠，进而在程序配置上实现权力与权利的真正均衡，恪守刑事法治的底线要求。另一方面，“程序从简”是认罪认罚从宽制度在程序上的基本特征，但实践中，“简易不简”“速裁不速”的难题还较为突出。其原因主要在于简化多局限于庭审环节，证据标准机械、僵化，内部审批程序过多、烦琐，文书重复等。对此，可考虑按比例原则建构分类递进的简化模式，实现从侦查到起诉，再到审判的全流程简化，并在区分证明标准与证据规则的基础上，探索类案证据标准（规则）的差异化，对各种文书进行适当“减负”[①]。如此，则方向已定，路在脚下。

---

① 李勇．认罪认罚案件“程序从简”的路径．国家检察官学院学报，2019（6）．

第三章　刑事庭审的新近改革述评

一、“以审判为中心”的诉讼制度改革

（一）改革的提出

十八届四中全会《决定》提出“公正是法治的生命线”，将司法公正提升到前所未有的重要地位。要实现司法公正，就要求完善司法管理体制和司法权力运行机制、规范司法行为并加强对司法活动的监督。为此，十八届四中全会《决定》提出一系列新举措，其中尤为引人注目的改革举措就是“以审判为中心”的诉讼制度改革。

1.“以审判为中心”的提出背景

（1）“以审判为中心”是对刑事司法实践反思的结果。

“以审判为中心”是针对司法实践中存在的“以侦查为中心”和庭审形式化提出的。[①] 在民事诉讼和行政诉讼中，审判自始就是诉讼活动的中心，在此二者领域讨论“以审判为中心”的诉讼制度改革并无必要。在刑事诉讼中，由于立法、诉讼结构、制度和技术层面的缺失，审判偏离了整个诉讼程序中的“中心”位置，呈现出“离心化”的趋向，“以审判为中心”的观念在我国刑事诉讼中基本上是缺失的。[②] 我国刑事诉讼法是以诉讼阶段论为基础建立的，根据这一理论，刑事诉讼应当形成线性结构，也即侦查、审查起诉和审判阶段都有其相对独立的任务和目的，互不附属。[③] 同时，为了保证

---

① 朱孝清．略论“以审判为中心”．人民检察，2015（1）．

② 魏晓娜．以审判为中心的刑事诉讼制度改革．法学研究，2015（4）．

③ 周士敏．刑事诉讼法学发展的必由之路——由审判中心说到诉讼阶段说．国家检察官学院学报，1993（2）//叶青．以审判为中心的诉讼制度改革之若干思考．法学，2015（7）．

刑事司法的健全运行，我国《宪法》和《刑事诉讼法》在制定之初就确定了公、检、法三机关分工负责、互相配合、互相制约的原则。然而，在过去的刑事司法实践中，公、检、法三机关在工作中“重配合，轻制约”，乃至无原则配合的现象屡见不鲜。[①] 由于立法缺陷、不合理的诉讼结构和三机关之间的权力配置等因素的影响，刑事庭审长期不能发挥实质性作用，审判活动甚至只是对侦查卷宗所认定的案件事实和证据的简单重复认定。案件的审判结果实际来源于侦查而非审判，有学者直接指出“真正决定中国犯罪嫌疑人和被告人命运的程序不是审判，而是侦查”[②]。

在这种侦查决定起诉、起诉决定审判的“侦查中心主义”局面下，本应是“等腰三角形”式的诉讼结构产生异化，审查起诉是对侦查阶段办理的案件的“再加工”，审判则是在侦查和审查起诉的基础上对案件的“深加工”，这种以侦查为中心的三机关关系被形象地表述为“做饭—端饭—端饭”[③]。从过去的司法实践，特别是从暴露出的冤假错案看，《宪法》和《刑事诉讼法》设置的公、检、法三机关间的制约机制存在“失灵”现象，审查起诉和审判都难以发现卷宗中的问题，更遑论纠正错误。[④] 根据现代法治的要求，侦查应当居于刑事诉讼的基础地位，一旦其诉讼地位歧化，乃至跃居刑事诉讼的中心，必然导致非法取证问题难以受到制约，刑事诉讼的人权保障功能更是无从实现。从近年来曝光、平反的“杜培武案”“佘祥林案”“张氏叔侄案”“呼格案”等刑讯逼供导致的冤假错案看，这些案件中的司法机关基本上都意识到了案件事实、证据存在严重问题，也多次发回重审、要求补充侦查，但最终仍然酿成错案。冤假错案不仅对当事人造成严重伤害，还动摇了司法公正，致使司法权威难以获得社会公众的认可和信服。

与此同时，随着我国经济水平的不断提高，刑事诉讼保障人权的价值取向逐渐受到重视，过去片面追求惩罚犯罪的观点开始转变，越来越多的学者和实务界人士开始认识到在刑事诉讼活动中保障人权的重要意义。2004 年，“国家尊重和保障人权”入宪。但令人遗憾的是，在侦查中心主义下的刑事

---

① 陈光中．如何理顺刑事司法中的法检公关系．环球法律评论，2014（1）.

② 孙长永．侦查程序与人权．北京：中国方正出版社，2000：5.

③ 陈卫东．以审判为中心：解读、实现与展望．当代法学，2016（4）.

④ 王敏远．以审判为中心的诉讼制度改革问题初步研究．法律适用，2015（6）.

司法中，惩罚犯罪与保障人权并未并重，实则是“打击犯罪有余而人权保障不足”，甚至成为影响司法公正的重要因素。

基于此，我国的理论研究和司法实践将焦点放在解决侦查中心主义引发的诸多问题上。作为侦查、审查起诉和审判的连接点，案卷移送制度一度成为解决侦查中心主义的切入点。学者对全案移送的利弊进行了较为丰富的分析和论证，这些理论研究成果在1996年修订《刑事诉讼法》时被认可，复印件移送取代全案移送成为案卷移送的方式，但2012年修改的《刑事诉讼法》回到原点，理由是“（复印件移送）在司法实践中的效果并不好，主要是法官在庭前对大部分案卷材料并不熟悉，不了解案件主要争议的问题，难以更好地主持、把握庭审活动”[①]。随着全案移送制的回归，侦查中心主义在刑事司法中的积弊再度聚集。但是，刑事司法中的侦查中心主义并非造成冤假错案的唯一因素。如有学者对著名的刑事错案进行分析后发现，法院受侦查机关、检察机关的制约，难以发挥应有的审查和纠错功能，不敢依法行使审判权，特别是无罪判决的权力，是造成许多刑事冤案的重要原因。[②] 可见，尽管侦查工作中出现的刑讯逼供等非法取证行为是产生错案的根本原因，但法院未能发挥其作为定罪量刑最终环节的审理功能同样是造成这些冤假错案的重要因素。这些现象与刑事诉讼中三机关关系的异化是分不开的。基于对长久以来刑事司法中种种问题的上述反思，要想健全和优化刑事诉讼制度，法院系统自身应当着力实现庭审实质化，对庭审进行技术性优化，但更重要的是健全刑事司法自我纠错的体制机制。因此，最高人民法院在第六次全国刑事审判工作会议中首次提出“审判案件应当以庭审为中心”，并在2013年颁布的《关于建立健全防范刑事冤假错案工作机制的意见》（以下简称《防范冤假错案意见》）中对“以庭审为中心”作出详细阐释，即“事实证据调查在法庭，定罪量刑辩论在法庭，裁判结果形成于法庭”。

为此，中国共产党十八届四中全会提出“以审判为中心”的诉讼制度改革，更有助于协调公、检、法三机关以及侦查、起诉、审判三职能之间的关系，推动刑事诉讼结构的进一步健全和发展。“以审判为中心”是遵循现代司法中刑事

① 朗胜主编．中华人民共和国刑事诉讼法释义．北京：法律出版社，2012：373.

② 陈永生．我国刑事误判问题透视——以20起震惊全国的刑事冤案为样本的分析．中国法学，2007（3）.

诉讼无罪推定原则的必然要求，是加强刑事诉讼人权保障的必由之路。推进以审判为中心的诉讼制度改革，有利于破解当前制约刑事司法公正的突出问题。

（2）“以审判为中心”是刑事诉讼发展的必然趋势。

刑事诉讼的无罪推定原则要求，被告人是否有罪的裁决只能由法官作出，不能由警察或检察官作出。[①] 审判中心主义是近现代国家刑事诉讼中普遍认同的一项基本原则，它是司法最终解决原则在刑事诉讼中的具体表现，是实行刑事程序法定原则而产生程序法治化的必然结果，也是民主社会公正彻底地解决政府与个人利益冲突的客观需要。[②]

可以看到，两大法系的刑事诉讼制度的发展历程都呈现出“侦查中心”向“审判中心”转变的趋势。英美法系国家和大陆法系国家早期的刑事诉讼都属于“控告式”诉讼制度，随后，英美法系国家率先在“控告式”的基础上逐渐形成了“对抗制”诉讼制度，即控辩双方都可以调查案情和收集证据，但审判才是刑事诉讼最重要的环节，控辩双方收集的证据是否具有证据资格、证明力强弱、案件事实如何等，所有问题都要在法庭上由法官裁定。在英美法系国家开始迈入“对抗制”诉讼的同一时期，大陆法系国家则是由“控告式”转向“纠问式”诉讼制度，刑事诉讼的中心环节是以查明指控的案件事实为任务的预审，而其后的审判仅仅是基于预审形成的案卷材料进行的最后讯问，无须对证据进行实质审查，可以说，此时的大陆法系刑事诉讼呈现出了侦查中心主义的特征。随着社会的发展，大陆法系国家刑事诉讼的中心也逐渐由侦查转移到审判，尤其是 20 世纪以来，在司法公正、人权保障等现代司法理念的影响下，“审判中心”的观点逐渐为大陆法系国家所接受，并在刑事诉讼的整个过程中得到体现。[③]

受历史原因影响，我国刑事诉讼长期受到侦查中心主义的制约和影响，但在相当长的一段时间内，我国刑事诉讼都试图向审判中心转型。在 1979 年《刑事诉讼法》和 1982 年《宪法》出台为界点：公安机关在此以前一度集侦查权、起诉权、审判权于一身，在刑事诉讼中占据至高地位。[④] 在 1979

①③ 何家弘．从侦查中心转向审判中心——中国刑事诉讼制度的改良．中国高校社会科学，2015（2）.

② 孙长永．审判中心主义及其对刑事程序的影响．现代法学，1999（4）.

④ 谢安平，郭华，等．中国刑事诉讼制度的改革——基于以审判为中心诉讼制度改革的思考．北京：知识产权出版社，2017：20.

年《刑事诉讼法》和 1982 年《宪法》出台后，检察院的检察权和法院的审判权得到恢复，并形成了分工配合制约原则下的现代刑事司法体制。然而，我国刑事司法始终未能摆脱过去的积弊，三机关“分工负责、互相配合、互相制约”的原则在司法实践中异化为“重配合，轻制约”，加之案卷移送制度等方面立法缺陷的影响，在实践中最终形成侦查中心主义。在这种侦查决定起诉、起诉决定审判的畸形模式下，检察院、法院不能实现其检察权、审判权，产生“先定后审”“先判后审”的现象，以至于产生一系列冤假错案。理论界对此展开较为丰富的研究，并形成一定成果，为 1996 年《刑事诉讼法》的修订奠定了良好的基础。1996 年修订的《刑事诉讼法》是刑事诉讼转型的一次积极尝试。该修正案针对旧有立法的缺陷进行完善，采取了包括强化检察院侦查监督职能、废止全案移送案卷笔录等在内的多个措施。令人遗憾的是，由于制度环境不契合，相关措施的实施效果并不理想。[①]

与此同时，有学者针对刑事诉讼中存在的侦查中心主义等种种弊病，凝练出“庭审中心主义”的概念，强调“审判是决定被告人有罪与否及其刑事责任轻重的最后和关键的阶段”[②]；亦有学者进一步提出“应当采取有力措施逐步由侦查中心主义向审判中心主义转变”[③]。在此后的十余年间，有不少学者对公、检、法三机关的关系以及侦查、公诉和审判三职能的定位开展研究，试图为三机关和三职能赋予更符合刑事诉讼发展趋势的角色定位，但相关问题始终没有成为学术研究的重点。2012 年《刑事诉讼法》再次修改时，尽管案卷移送制度重新回归，但我们看到，修正案进一步细化了检察机关的侦查监督职能，强调直接言词原则和证据裁判原则，确保庭审在法官心证形成中的作用。可以说，以审判为中心的诉讼制度改革在这次修法中初见雏形。2014 年，十八届四中全会《决定》首次正式提出推进“以审判为中心的诉讼制度改革”。这标志着中央层面推动的刑事诉讼由“侦查中心”向“审判中心”正式转型的开始。

2. “以审判为中心”的改革目标

基于对刑事司法实践深刻反思，为了保障庭审在认定案件事实中发挥决

---

① 陈瑞华．案卷移送制度的演变与反思．政法论坛，2012（5）．

② 徐静村．刑事诉讼法学：上．北京：法律出版社，1997：247．

③ 孙长永．审判中心主义及其对刑事程序的影响．现代法学，1999（4）．

定性作用，改变不合理的刑事诉讼结构，维护审判在刑事诉讼的中心位置，十八届四中全会《决定》正式提出推进以审判为中心的诉讼制度改革。十八届四中全会《决定》在“以审判为中心”的具体内容方面留有空白，这为相关理论研究和司法实践提供了大量的空间。“以审判为中心”的理论研究和司法实践都是为实现改革目标而展开的，但是，十八届四中全会《决定》本身亦未具体界定“以审判为中心”的改革目标。依据十八届四中全会《决定》的内容，有观点将“以审判为中心”的改革目标归纳为以下四点：一是规范侦查权、检察权和审判权的行使，二是保障当事人诉讼权利的实现，三是推进案件的程序正义和实体正义，四是保障司法公正，维护司法权威。但是，“以审判为中心”的诉讼制度改革，是涉及侦查、审查起诉和审判三职能和程序之间的关系，涉及公、检、法权力配置等一系列宏观层面的体制机制建构问题，其改革目标必然是多维、多层面的，而上述观点所提出的四个方面，存在一定的混淆和交叉，并非精炼的“以审判为中心”改革目标的核心内容。

关于“以审判为中心”诉讼制度改革的价值目标，习近平总书记在《关于〈中共中央关于全面推进依法治国若干重大问题的决定〉的说明》中指出：推进以审判为中心的诉讼制度改革，目的是促使办案人员树立办案必须经得起法律检验的理念，确保侦查、审查起诉的案件事实证据经得起法律检验，保证庭审在查明事实、认定证据、保护诉权、公正裁判中发挥决定性作用。这项改革有利于促使办案人员增强责任意识，通过法庭审判的程序公正实现案件裁判的实体公正，有效防范冤假错案的产生。[①] 基于这一论断，有学者根据价值目标之间的关系，从三个层面理解“以审判为中心”的改革目标：第一，“以审判为中心”的总目标是司法公正，即通过法庭审判的程序公正实现案件的实体公正，并最终实现司法公正；第二，“以审判为中心”的直接目标是保证庭审在查明事实、认定证据、保护诉权、公正裁判方面发挥决定性作用，也就是保证庭审在诉讼中的决定权；第三，“以审判为中心”的间接目标是促使司法人员树立办案必须经得起法律检验的理念，确保侦查、审查起诉的案件事实、证据经得起法律检验，即促使司法人员树立现代刑事司法理念。[②]

---

① 习近平．《关于〈中共中央关于全面推进依法治国若干重大问题的决定〉的说明》．

② 樊崇义．解读“以审判为中心”的诉讼制度改革．中国司法，2015（2）．

（二）后续的跟进

2014年10月23日，十八届四中全会《决定》在全面推进依法治国的背景下作出重大司法改革部署，其中的一个重大改革任务便是推进以审判为中心的诉讼制度改革。最高人民法院2015年发布的《人民法院第四个五年改革纲要（2014—2018）》将建立以审判为中心的诉讼制度作为一项重要改革任务，确保庭审在保护诉权、认定证据、查明事实、公正裁判方面发挥决定性作用，实现"诉讼证据质证在法庭、案件事实查明在法庭、诉辩意见发表在法庭、裁判理由形成在法庭"，明确了审判在刑事诉讼中的中心地位。

2016年6月27日，中央全面深化改革领导小组第二十五次会议审议通过《两高三部改革意见》，并在通告中指出：推进以审判为中心的诉讼制度改革，要着眼于解决影响刑事司法公正的突出问题，把证据裁判要求贯彻到刑事诉讼各环节，健全非法证据排除制度，严格落实证人、鉴定人出庭作证，完善刑事法律援助，推进案件繁简分流，建立更加符合司法规律的刑事诉讼制度。同年7月20日，"两高三部"共同会签《两高三部改革意见》，并正式下发执行。《两高三部改革意见》在我国刑事诉讼的基本框架内进行制度完善，在坚持公、检、法三机关分工负责、互相配合、互相制约的宪法原则的基础上，提出具体的改革框架：一是在刑事诉讼各环节全面贯彻证据裁判原则，要求全面规范侦查取证行为、严格落实举证责任、各个环节统一执行法定证明标准。二是在刑事诉讼各环节健全完善事实证据审查把关机制，具体包括：在侦查阶段健全结案前审查把关机制、在审查起诉阶段完善不起诉制度、在审判阶段落实疑罪从无原则。三是在刑事诉讼全过程着力提高人权司法保障水平，防止刑讯逼供等非法取证行为，严格执行非法证据排除规则，完善刑事辩护制度和司法监督机制。四是充分发挥庭审在查明事实、认定证据、保护诉权、公正裁判方面的决定性作用，主要举措包括：完善证人、鉴定人出庭作证制度，规范审理程序并完善案件繁简分流机制等。①

为了全面贯彻《两高三部改革意见》提出的庭审实质化改革框架，落实四个具体方面的改革要求，各机关陆续发布相关改革文件，进一步规范本部

① 沈德咏主编．严格司法与诉讼制度改革．北京：法律出版社，2017：12－21.

门的行为。其中，公安部陆续颁行了《公安机关讯问犯罪嫌疑人录音录像工作规定》《公安机关现场执法视音频记录工作规定》《公安部关于建立健全公安机关执法全流程记录机制的意见》等文件，进一步强化辨认、讯问、现场勘查等侦查取证活动的规范性，要求侦查人员留存证明取证活动合法性的证据和材料，以备在庭审阶段证明侦查行为的合法性。最高人民检察院出台《关于深化检察改革的意见（2013—2017 年工作规划）》，针对深化检察体制改革明确具体改革举措，包括：健全保障检察权依法独立公正行使的体制机制，完善三机关相互配合、相互制约的体制机制，健全检察权运行机制和自身监督制约机制，完善人权保障机制和检察工作机制，建立符合检察职业特点的检察人员管理制度。随后出台的《人民检察院公诉人出庭举证质证工作指引》等文件，进一步规范公诉等检察职能的行使。

作为以审判为中心的诉讼制度的重要环节，审判自始受到 2014 年开始的司法改革的重点关注。针对十八届四中全会《决定》和《两高三部改革意见》提出的改革要求，最高人民法院会同其他部门陆续出台一系列文件。2015 年，最高人民法院发布《人民法院第四个五年改革纲要（2014—2018）》，确定了全面深化人民法院改革的七项主要任务，即建立与行政区划适当分离的司法管辖制度；建立以审判为中心的诉讼制度；优化人民法院内部职权配置；健全审判权力运行机制；构建开放、动态、透明、便民的阳光司法机制；推进法院人员的正规化、专业化、职业化建设；确保人民法院依法独立公正行使审判权。上述文件要求截至 2016 年年底推动建立以审判为中心的诉讼制度，促使侦查、审查起诉活动始终围绕审判程序进行；并确定了包括全面贯彻证据裁判原则、强化人权司法保障机制、健全轻微刑事案件快速办理机制、完善刑事诉讼认罪认罚从宽制度、完善民事诉讼证明规则、建立庭审全程录音录像机制和规范处理涉案财物的司法标准在内的多项改革具体任务。2017 年，在对以审判为中心的诉讼制度改革前期工作进行经验总结的基础上，最高人民法院发布《审判中心改革实施意见》，再次强调审判环节坚持证据裁判原则和非法证据排除原则，提出规范和健全庭前会议、普通庭审程序等庭审制度，并完善繁简分流机制，优化司法资源配置。

2017 年 6 月，经中央深化改革领导小组审议通过，最高人民法院会同最高人民检察院、公安部、国安部、司法部联合签发《严排规定》。《严排规定》以 2010 年《非法证据排除规定》为基础，并总结后者在实施的七年时间里暴露出的非法证据范围模糊、排非申请难等突出问题的前提下，进一步明确了非法证据和非法取证行为的范围，细化和健全了覆盖刑事诉讼全过程的非法证据排除机制。同年，为了进一步推进庭审实质化、司法证明实质化和控辩对抗实质化，充分发挥庭审在查明事实、认定证据、保护诉权、公正裁判中的决定性作用，在总结、提炼各地法院的改革试点经验并结合《严排规定》的最新要求的基础上，最高人民法院研究制定了深化庭审实质化改革的“三项规程”（《庭前会议规程》、《排除非法证据规程》和《法庭调查规程》），对庭前会议、非法证据排除和法庭调查提出具体的规范要求，并同时下发试点通知，确定 17 个中级人民法院及其下辖的部分基层人民法院作为试点法院，开展相关试点工作。

二、刑事庭审改革的实践试点

（一）改革试点概览

自 2014 年明确提出以审判为中心的诉讼制度改革以来，最高人民法院根据改革的具体要求布置开展改革试点工作，包括成都市中级人民法院（以下简称成都中院）、温州市中级人民法院（以下简称温州中院）等地方法院开展的庭审实质化试点改革，17 个中级人民法院及其下辖的部分基层法院开展的“三项规程”试点，以及部分法院自发开展的相关试点工作。

1. 庭审实质化改革试点

以审判为中心的诉讼制度改革是近年来理论界与实务界高度关注和热烈讨论的重要论题，因此，采取何种路径开展以审判为中心的诉讼制度改革，使这项改革举措在刑事司法实践中切实发挥作用，就受到实务界和理论界的广泛关注。实务部门将庭审实质化作为以审判为中心的诉讼制度改革的重要路径，认为“庭审是审判的关键环节、主要方式，只有坚持以庭审为中心，切实发挥庭审的决定性作用，才能推动建立以审判为中心的诉讼制度”[①]。

---

① 沈德咏．论以审判为中心的诉讼制度改革．中国法学，2015（3）.

这一观点也得到部分学者的支持。如有学者认为，庭审实质化的核心在于被告人的刑事责任是在审判阶段通过庭审确定的，庭审实质化因而成了以审判为中心的诉讼制度改革的落脚点。[①] 还有学者直接指出，“以审判为中心的诉讼制度改革突出了‘庭审实质化’这一核心要求，有助于缓解长期困扰我国刑事司法实践的庭审虚化问题”[②]。因此，在党中央的统一部署以及最高人民法院的具体领导下，部分地方法院选择以庭审实质化作为突破口，开展以审判为中心的诉讼制度改革。

从司法实践来看，为了发挥庭审在查明事实、认定证据、保护诉权、公正裁判方面的决定性作用，确保庭审实质化，必须完善和健全庭前会议、法庭调查、律师辩护、非法证据排除、证人出庭等多方位的机制。基于这样的实务经验和理论认识，各试点法院确定了各自的探索方案并开展试点工作。

（1）成都中院的庭审实质化改革试点。

自 2015 年 2 月以来，成都中院在全国率先开展庭审实质化改革的试点探索。为了贯彻和落实庭审实质化改革试点工作的要求，成都中院从以下几个方面制订了试点方案。

第一，健全庭前会议制度。庭前会议作为庭审准备程序的重要部分，其功能在于审前解决程序性事项，明确审判焦点，整理证据、事实争点并发挥案件繁简分流的功能。为了更好地实现“事实调查在法庭，证据展示在法庭，控诉辩护在法庭，裁判说理在法庭”，客观上要求庭前会议充分发挥其过滤作用，以达到庭审集中审理的目的。尽管 2012 年修订的《刑事诉讼法》及最高人民法院的司法解释确定了庭前会议的制度框架，《两高三部改革意见》对健全和完善庭前会议提出了新的要求，但庭前会议的制度规定总体上较为笼统，导致实践中庭前会议效力不明、功能失灵的问题屡屡发生。因此，成都中院在改革试点中认可了庭前会议的证据开示功能，并明确了庭前会议在解决程序性问题、非法证据排除、厘清诉讼争点等方面的功能；另外，还增设庭前报告程序，形成庭前会议报告并在庭审中集中或分段宣读，以解决庭前会议与庭审程序脱节，庭前会议效力不明等突出问题。

第二，推行“两步法排非”程序。2010 年《非法证据排除规定》明确

---

① 汪海燕．论刑事庭审实质化．中国社会科学，2015（2）．

② 熊秋红．刑事庭审实质化与审判方式改革．比较法研究，2016（5）．

了非法证据的范围及排非程序，2012 年修订的《刑事诉讼法》及最高人民法院的司法解释吸纳了上述规范性文件的主要内容，但是这些规范所明确的非法证据排除程序都较为粗略，实践中效果不佳，甚至致使庭审集中审理的目的无法实现。成都中院在改革试点中确定并推行“两步法排非”程序，即将排非程序分为庭前说明和庭审调查两个阶段。在庭前说明阶段，辩方提出排非申请后，控方认为理由成立的，可以决定排除该证据并不将其作为指控证据出示；控方亦可对证据收集的合法性作出说明，辩方认为解释合理的，可以撤销排非申请。若控辩双方无法在此阶段达成一致，法官将相关内容记载在庭前会议报告中，并在庭审调查阶段决定是否启动排非调查程序。“两步法排非”程序有利于充分发挥庭前会议的功能，保证庭审的集中性、针对性和有效性，同时也有利于庭前会议阶段与庭审调查阶段的有机衔接。

第三，强化关键证人出庭作证。① 证人出庭作证有利于隔断侦审联结，而且以出庭证言替代询问笔录等书证，是由“侦查卷宗中心主义”走向“庭审中心主义”的关键，是以，强化证人出庭作证就成为成都中院庭审实质化改革中庭审调查环节改革的重要举措。首先，成都中院的试点改革在《刑事诉讼法》确定的证人出庭范围的基础上，进一步细化和明确了关键证人的范围。为了调动证人出庭的积极性，法院对出庭证人进行经济补贴并告知其单位不得克扣或变相克扣其经济待遇。此外，针对存在作证风险的人证，成都中院尝试视频作证、隐蔽作证等特殊作证方式，在裁判文书中隐藏人证真实个人信息，并会同有关部门对人证及其近亲属采取保护措施。此外，成都中院还完善了人证调查方式，出庭的证人，除自由陈述外，还需接受控辩双方的交叉轮替询问，实行混合式证人调查方式。②

第四，鼓励当庭认证和当庭裁判。为了严格落实“诉讼证据出示在法庭、案件事实查明在法庭、诉辩意见发表在法庭、裁判结果形成在法庭”，成都中院在开展庭审实质化改革试点工作中要求除不宜当庭出示的技侦证据以外，所有证据均需当庭举证质证。为了实现个案的繁简分流，成都中院允

① 本章探讨的“人证”，是指言词证据的提供者，包括法律规定的证人、被害人、鉴定人、有专门知识的人、出庭说明情况的侦查人员等能够证明案件有关情况的人员。

② 四川省高级人民法院《关于刑事公诉案件关键证人、鉴定人出庭作证的若干规定》。

许对控辩双方无异议的证据打包出示、从简调查，对存在重大争议的证据逐一举证质证，确保法庭调查和辩论围绕争点展开。对于能够判明证据资格和证明力的证据，成都中院鼓励法官尽可能当庭认证，并在此基础上鼓励法官当庭裁判。与此同时，试点工作强调不宜以当庭认证率、当庭宣判率作为庭审实质化的评判标准和考核指标，避免法官为追求当庭认证率、当庭裁判率而草率认证、强行宣判。[①]

成都中院率先开展的以审判为中心的诉讼制度改革试点工作取得了一定积极成果，在总结、提炼相关改革工作经验后，试点改革由成都中院向四川省内其他法院推开。为此，四川省高级人民法院会同有关部门先后制定并出台了一系列文件，从证人出庭、非法证据排除、庭前会议等方面规范省内各级试点法院开展的庭审实质化改革试点工作。[②] 例如，四川省高级人民法院审判委员会于 2017 年 3 月 6 日会议通过并下发执行的《关于刑事案件适用庭前会议的若干意见（试行）》，规定了控辩双方在庭前会议中的诉讼行为的相对效力，明确了庭前会议可以进行证据展示，确定了法庭调查辩论的重点，建立了庭前会议的具体规范并突出了法院在庭前会议中的主导地位，还增设了庭前会议报告程序，确保庭前会议与庭审程序的有效衔接；2016 年 1 月，四川省高级人民法院会同四川省人民检察院、四川省公安厅、四川省司法厅联合发布《关于刑事案件非法证据排除相关工作的会议纪要》，明确了“两步法排非”程序；2016 年 12 月，四川省高级人民法院会同四川省人民检察院、四川省公安厅、四川省司法厅出台《关于刑事公诉案件关键证人、鉴定人出庭作证的若干规定》。与此同时，在认罪认罚从宽、法官员额制的改革背景下，成都中法院在庭审实质化改革过程中注意各项改革措施的衔接关系，并出台了相关规范性文件。[③]

总体来说，成都中院及其他基层人民法院开展的相关改革试点工作取得

---

① 熊焱主编．刑事庭审实质化改革：理论、实践、创新．北京：法律出版社，2017：31－33.

② 在庭审实质化改革试点工作中，四川省出台的规范性文件包括：《关于积极稳妥推进刑事庭审实质化改革试点工作的指导意见》《关于刑事公诉案件关键证人、鉴定人出庭作证的若干规定》《刑事一审普通程序公诉案件庭审规范》《关于规范刑事案件公开宣判工作的若干意见》《关于刑事案件适用庭前会议的若干意见（试行）》《关于刑事案件非法证据排除相关工作的会议纪要》等。

③ 如《成都市依法快速办理轻微刑事案件的实施细则（试行）》《成都市中级人民法院关于刑事案件繁简分流的若干规定（讨论稿）》《成都市中级人民法院关于刑事案件分流和专业化审判的实施办法》等。

了重要进展，受到中央部门的肯定，在改革试点工作中总结、提炼形成的“成都经验”已在四川省乃至全国范围内得到推广。

（2）温州中院的庭审实质化改革试点。

2014 年 11 月起，温州中院联合国家司法文明协同创新中心中国政法大学团队在温州中院和瑞安、平阳人民法院开展为期一年的庭审中心与证人出庭改革试点工作。

温州中院开展的试点工作将强化证人出庭作为重点改革举措。为了提高证人出庭作证的积极性，保证证人的人身安全，温州中院创新证人出庭作证方式，对于危害国家安全犯罪、恐怖活动犯罪、黑社会性质组织犯罪、毒品犯罪及其他特殊案件的证人①，采取不公开个人信息、视频作证、遮蔽容貌、变声处理等保护措施。作为证人出庭的配套保障机制，温州中院在试点工作中协调温州市公安局，对部分重大案件的关键证人实行询问全程录音录像，防止无故翻证或蓄意作伪证；同时协调温州市财政局，完成证人出庭设施改造并设置证人权益保护专项经费，制定证人出庭费用补助标准。针对侦查人员等特殊类型证人出庭率低的问题，温州市委将侦查人员出庭作证情况纳入法治政府考核项目，以公安机关法制部门作为具体联络部门，对无正当理由拒不出庭作证的侦查人员进行监督，积极推进侦查人员出庭作证。此外，根据不同类型证人出庭作证的具体需要和特点，温州中院联合温州市公安局、温州市人民检察院共同探索研究并制定《关于刑事案件证人、鉴定人出庭作证若干问题的会议纪要》、《关于人民警察出庭作证若干问题的会议纪要》和《关于刑事案件专家证人出庭若干问题的纪要》，建立了相对完整的证人出庭长效机制，初步形成了涵盖各个类型证人的规范体系。② 温州中院在强化证人出庭方面的试点探索得到最高人民法院肯定，并由最高人民法院向全国推广。③

---

① 除 2012 年《刑事诉讼法》确定的需对证人采取特殊保护措施的四类案件外，温州中院及瑞安、平阳法院在改革试点中对更多类型案件的证人采取保护措施。例如，温州中院审理胡某某强奸上诉案和瑞安法院审理原平阳县主要领导陈某受贿案时，通过采用视频作证和遮蔽面部的方式，分别安排侦查人员、被告人的朋友及行贿人出庭作证。徐建新，吴程远．以审判为中心的诉讼制度改革的温州实践．人民司法，2016（25）：9.

② 徐建新，吴程远．以审判为中心的诉讼制度改革的温州实践．人民司法，2016（25）.

③ 陈光中，郑曦，等．完善证人出庭制度的若干问题探析——基于实证试点和调研的研究．政法论坛，2017（4）.

除强化证人出庭以外，温州中院在改革试点工作中还同步推进其他配套改革措施。一是加强控辩平等，保障律师阅卷等权利。温州中院联合温州市司法局印发《关于加强刑事案件指定辩护工作暂行办法》，要求对所有可能判处 3 年以上有期徒刑的刑事案件被告人提供法律援助，并加大对律师阅卷、会见、调查取证等权利的保障力度。二是发挥庭前会议制度功能，保证庭审集中运行。温州中院联合温州市人民检察院制定《庭前会议工作规则》，明确庭前会议的适用范围、启动方式、会议流程以及庭前会议中诉讼行为的效力等问题，并在多起案情重大或证据存疑的案件中启动庭前会议程序，发挥了庭前会议在解决程序性事项、非法证据排除、证据开示等方面的功能。此外，试点工作还进一步探索并健全案件繁简分流、认罪认罚从宽制度等机制，优化司法资源配置。在此基础上，温州中院于 2017 年年初正式启动庭审实质化试点改革，改革重点是推动证人出庭与刑事案件繁简分流。[①]

除成都中院和温州中院以外，全国范围内还有多地法院根据中央有关部门的规定与精神推行庭审实质化改革。例如，山西省高级人民法院于 2017 年 3 月启动了庭审实质化改革试点，涉及完善刑事庭审证据调查制度、健全非法证据排除程序等 12 个重点项目；并在山西省内 45 个法院开展试点工作。[②] 但总体来说，这些地方法院的试点工作还处于摸索阶段，尚未形成体系性的改革经验。

2. “三项规程”试点

推进以审判为中心的刑事诉讼制度改革，是中国共产党十八届四中全会作出的重大改革部署，“这项改革在整体司法体制改革中具有‘四梁八柱’性的重大意义”[③]。为了落实以审判为中心的改革目标，必须完善审判，特别是庭审程序，妥善解决实践中影响和制约公正审判的突出问题。因此，在中央深化改革领导小组审议通过《两高三部改革意见》后，为确保改革要求落地见效，最高人民法院在吸收前期各地法院开展的以审判为中心，特别是庭审实质化改革的经验的基础上，针对实践中存在的证人出庭难、非法证据

① 左卫民．地方法院庭审实质化改革实证研究．中国社会科学，2018 (6).

② 马超，王志堂．庭审实质化改革的山西实践．法制日报，2017－08－08.

③ 沈德咏．全面推进以审判为中心的刑事诉讼制度改革．[2019－01－10]. http://www.court.gov.cn/zixun-xiangqing-36912.html.

排除难、疑罪从无难等问题，立足于既有法律规定进一步细化庭前会议、非法证据排除、法庭调查等关键环节的程序和规则，研究制定了庭审实质化“三项规程”。2017 年 6 月 6 日，最高人民法院正式印发《庭前会议规程》、《排除非法证据规程》和《法庭调查规程》。[①] 同时，下发试点通知，确定 17 个中级人民法院及其下辖的部分基层人民法院为“三项规程”的试点法院，于当年 6 月至 9 月期间根据每项规程各选取 10 件以上案件进行试点工作。

（1）《庭前会议规程》试点。

庭前会议是 2012 年修订的《刑事诉讼法》新创设的程序机制，是指双方当事人在法官的主持下为案件审理和庭审的顺利进行开展的准备性工作，其内容包括证据开示、提出非法证据排除申请、繁简分流、整理案件争点等等。通过召开庭前会议，能够实现庭审的集中审理功能，继而保证审判质量。但是，庭前会议程序在实践中遭遇诸多阻碍，如庭前会议与庭审阶段脱节、庭前会议中的诉讼行为效力不清、程序性事项可能涉及案件实体问题，等等。对此，《庭前会议规程》在既有法律制度的基础上对庭前会议的争议事项、适用范围、证据展示等问题作出明确规定，将庭前会议界定为庭审准备程序。其目的在于确保法庭集中持续审理、提高庭审质量和效率。

在《庭前会议规程》的试点工作中，各单位严格按照相关规定开展工作。一是明确了庭前会议的适用范围和功能，即庭前会议适用于证据材料较多、案情复杂、社会影响较大，或控辩双方存在较大争议、涉及非法证据排除等情形的案件，具有解决案件程序性事项、组织控辩双方证据展示（仅出示证据目录）、归纳争议焦点等功能。二是积极探索了庭前会议涉及的技术性和程序性问题，如庭前会议的主持人、召开地点和召开方式，以及庭前会

① 其中，《庭前会议规程》对庭前会议的争议事项、适用范围、证据展示等问题作出了规定，将庭前会议界定为庭审准备程序，旨在确保法庭集中持续审理、提高庭审质量和效率。《排除非法证据规程》重申了《严排规定》对非法证据范围的最新界定，明确了庭前程序和庭审环节对证据合法性争议的处理程序，为司法实践提供了更明确的指引。《法庭调查规程》在总结传统庭审经验的基础上，确立证据裁判、居中裁判等法庭调查基本原则，进一步规范和完善了法庭调查的程序和相关制度、规则，确保诉讼证据出示在法庭、案件事实查明在法庭、诉辩意见发表在法庭、裁判结果形成在法庭。

议报告的制作和使用等。[①] 各试点法院普遍反映，庭前会议处理了大量可能导致庭审中断、拖延和影响庭审质效的突出问题，确保庭审集中进行，极大地提高了庭审效率。[②]

试点工作中还反映出庭前会议制度仍存在一些亟待解决的核心问题。首先是回避问题。《庭前会议规程》规定，审判人员需询问双方当事人是否申请有关人员回避，而根据相关法律和司法解释对回避制度作出的规定，审判人员自身也可能成为被申请回避的对象。然而，是否决定回避，应当在庭审中解决，因为回避事由中有部分涉及实体问题（例如与案件存在利害关系）。[③] 既然如此，在尚未作出回避决定的情况下，被申请回避的审判人员是否能继续主持或参与庭前会议，甚至庭前会议是否应当从头开始，都未能得到解答。其次是证据开示程度的问题。有的试点法院要求辩护人完整出示证据，但出于担心控方干预证人作证等因素的考量，辩护人只愿意部分展示或在隐蔽部分信息的情况下展示证据。

（2）《排除非法证据规程》试点。

《排除非法证据规程》吸收了 2012 年修订后的《刑事诉讼法》《严排规定》等规范性文件的主要内容，并在此基础上进一步明确了在庭前程序和庭审环节对证据合法性问题的处理机制，为审判工作提供了更加明确的指引。通过告知被告人申请排除非法证据的权利、尊重和保障被告人辩护权、采取“宽进严出”标准等途径，试点工作取得了较好的效果，一些实践中存在的影响非法证据排除的关键问题也得到解决。例如，对于庭前会议中针对排除非法证据申请出示证据的范围，试点法院认为可以有针对性地播放同步录音录像，但不应通知侦查人员等有关人员参加庭前会议。对于非法证据排除的后果，《排除非法证据规程》第 4 条明确规定“依法予以排除的非法证据，不得宣读、质证，不得作为定案的根据”。较之《刑事诉讼法》及最高人民法院司法解释的规定，新增的“不得宣读、质证”条款将排除非法证据调查程序设置于证据宣读、质证前，有利于强化检察机关的法律监督，对于预防

---

① 郭彦，魏军．规范化与精细化：刑事庭审改革的制度解析——以 C 市法院“三项规程”试点实践为基础．法律适用，2018（1）.

②③ 施鹏鹏．庭审实质化改革的核心争议及后续完善——以“三项规程”及其适用报告为主要分析对象．法律适用，2018（1）.

非法证据，具有重要意义。但与此同时，试点工作暴露出非法证据认定的难点仍然存在，主要是对于“威胁”获得的非法证据，由于侦查人员和被告人往往各执一词，缺乏伤痕或其他客观证据进行印证，因而对这一类非法取证行为在实践中难以认定。

（3）《法庭调查规程》试点。

为了实现“诉讼证据出示在法庭，案件事实查明在法庭，诉辩意见发表在法庭，裁判结果形成在法庭”，《法庭调查规程》在总结传统庭审经验的基础上重申证据裁判、居中裁判等法庭调查基本原则，并在既有法律规范的基础上进一步明确和完善了法庭调查的程序和相关制度。从试点实践来看，各试点法院针对《法庭调查规程》的试点成效主要包括以下几个方面：一是通过制作庭前会议报告，有效衔接庭前会议与庭审程序；二是强化证人出庭作证，推进庭审实质化；三是规范举证、质证程序，注重个案举证、质证繁简分流；四是当庭审查事实证据争议，提升法官的庭审驾驭能力和综合审判素质。与此同时，试点实践还反映出法庭调查环节存在的问题主要包括证人的保护和保障措施有待提高、侦查人员出庭积极性低、法官当庭说理能力不足等等。

总体上看，“三项规程”改革试点已经取得了阶段性的成效，特别是在庭前会议、法庭调查、非法证据排除等环节积累了较为丰富的经验。但是，在当前的改革背景下，刑事司法实践中还存在一些核心争议亟待进一步厘清。

除由最高人民法院统一部署的庭审实质化改革试点、“三项规程”改革试点以外，全国范围内还有部分法院开展相关工作，自发探索以审判为中心的诉讼制度改革背景下审判活动的改革路径，同样取得一定成效。

（二）改革实践评析

自十八届四中全会《决定》正式提出以审判为中心的诉讼制度改革后，相关部门陆续研究制定并出台有关刑事司法改革的指导文件。这些指导文件并未对“以审判为中心”的内涵进行界定，仅构建了以确保法官在各方充分参与下对案件进行开庭审理并作出裁决为重点的改革框架，为理论研究和试点创新预留了较大的空间。因此，全国部分法院在根据十八届四中全会《决定》、《两高三部改革意见》、“三项规程”等规范性文件开展的试点改革过程中，探索积累了丰富的改革经验，总结出了确保庭审实质化的实践操作方式。

一是强化和发挥庭前会议的功能，保证庭审集中、高效进行。

面对当前刑事司法案多人少的现实情况，庭审实质化改革应当以提高庭审效率为前提，这就要求庭审环节主要针对案件的争议焦点进行。为此，各级试点法院都将强化和完善庭前会议作为庭审实质化改革的一个重点，在试点工作中开展积极探索，取得较好的成效，如解决了庭前会议的主持人及召开地点、召开方式等程序性问题，明确了庭前会议可解决的程序性事项范围等等。在 2012 年修订后的《刑事诉讼法》及最高人民法院司法解释规定的庭前会议制度框架的基础上，通过创设庭前会议报告等机制，确定了庭前会议中诉讼行为的法律效力，完善了庭前会议与庭审程序的衔接问题，修补了致使庭前会议制度在实践中无效运作的制度留白。例如，成都中院开展的庭审实质化改革试点工作中，建立了庭前会议报告制度：主持庭前会议的法官于会后制作“庭前准备和庭前会议报告”，记录庭前会议的主要内容和案件的关键争议点，并在庭审中宣读，引导庭审针对庭前会议确定的争议点进行有针对性的举证、质证。[①]

二是完善证人出庭作证制度，强化证人出庭。

在过去的实践中，我国刑事司法长期存在着以案卷笔录为中心的裁判模式，法官普遍通过阅读案卷笔录来开展庭前准备活动，对于证人证言、被害人陈述等言词证据，则是由公诉方主导并通过宣读案卷笔录的方式进行法庭调查。[②] 证人不出庭剥夺了被告人的对质权，直接言词原则亦无从践行，且书面证言的真实性无法保障，可能导致部分案件事实认定错误，而侦查人员、鉴定人、有专门知识的人等特殊人证不出庭，同样可能导致案件事实认定方面的错误。可以说，关键人证不出庭，在程序和实体两方面都给刑事司法造成了很大的负面影响。因此，证人出庭制度改革自然成为本次庭审实质化改革所关注的一个焦点。通过明确关键人证的范围、强化对出庭人证的保护与保障机制、完善法庭调查程序，试点法院在证人出庭制度方面取得了一定的创新成果。从试点实践情况看，出庭证人数量增加、证人类型不断丰

---

① 万毅，赵亮．论以审判为中心的诉讼制度改革——以 C 市法院“庭审实质化改革”为样本．江苏行政学院学报，2015（6）.

② 陈瑞华．案卷笔录中心主义——对中国刑事审判方式的重新考察．法学研究，2006（4）.

富。成都中院以数据的形式披露的庭审实质化改革成效显示，截至2016年8月，两级试点法院召开示范庭210件，有证人出庭的案件150件，占比71.43%；最高人民法院发布的《人民法院司法改革案例选编（一）》显示，温州市两级人民法院的试点实践中证人出庭的案件占比达63.5%，证人出庭率达到68.8%。[①] 证人出庭能有效地帮助法庭认定争议事实和证据，使控辩双方服判，减少上诉率和申诉率，向社会公众树立了司法公开、公平、公正的良好形象。[②]

诚然，改革试点工作已经取得了良好的成效，针对证人不出庭等致使庭审虚化的问题形成了具体的改革措施，但从总体上看，当前的庭审改革仍是庭审技术层面的改良，具有鲜明的暂时性、局部性和测试性特征。

一方面，"以审判为中心"描述了侦查、公诉和审判这三项职能和程序之间的关系，涉及公、检、法权力配置等一系列宏观层面的体制机制建构问题。当前的诸多改革措施需要审判机关、公安机关、检察机关、律师等多方相互配合，但相关改革试点工作主要是由人民法院推动，不能直接将公安机关、检察机关和律师纳入其中，在缺乏这些机关和个体配合与参与的情况下，改革试点工作很难顺利推进。一些法院在试点工作中已经注意到上述问题，并在推进庭审改革的过程中取得相关部门的配合和支持，如在成都中院的庭审实质化改革过程中，成都市人民检察院、成都市公安局、成都市司法局和成都市律师协会都出台了相关规范性文件，温州中院则在改革实践工作中联合温州市人民检察院、温州市公安局、温州市财政局等多部门发布改革文件。总体上看，由于缺乏中央层面的统一规范，相当数量的试点单位在改革试点中都遭遇了相关部门不配合、不参与的问题，这也使其改革工作只能局限于庭审技术层面，甚至局限于一审程序，不能在刑事诉讼制度层面产生根本性影响。另一方面，相关改革试点工作也未能形成长效性和普适性机制。由于改革试点受到多方关注，因而试点工作在人、财、物的保障方面受到重视，但这种局面在改革工作全面铺开的情况下可能难以维持。另外，目前的改革试点适用范围有效，并未覆盖到全部犯罪类型。以成都中院为例，庭审实质化示

① 吴卫军．刑事庭审实质化改革：解析与检视．江海学刊，2017（6）.

② 陈光中，郑曦，等．完善证人出庭制度的若干问题探析——基于实证试点和调研的研究．政法论坛，2017（4）.

范庭审理的案件集中于故意伤害、故意杀人、抢劫、盗窃、交通肇事等二十余种类型[①]，相较于刑法确定的四百余个罪名，其改革适用范围极为有限。

此外，有学者认为，部分改革举措可能与庭审实质化的要求并不完全一致，甚至构成庭审功能发挥的掣肘和障碍，这一问题在庭前会议上体现得最为明显。[②] 根据2012年修订后的《刑事诉讼法》对庭前会议的界定，其内容在于解决回避、出庭证人名单、非法证据排除等程序性事项，其作用定位于使审判人员了解情况、听取意见，以提高庭审效率、保证庭审质量。之后发布的最高人民法院司法解释将庭前会议的适用情形、具体内容进行细化时，已有学者提出“庭前会议实质化”的批评。而成都中院出台的《刑事诉讼庭前会议操作规程（试行）》则明确规定，“在庭前会议中控辩双方达成的合意和法庭作出的裁决对控辩双方具有效力”。这一规定中所指的“合意”和“裁决”既涉及程序问题（如管辖、回避），又涉及实体问题（如非法证据排除）。如此，庭审的部分功能实际上被庭前会议替代，这显然与庭审实质化改革的目的相悖。

三、刑事庭审改革的学理建言

（一）学理话语综述

十八届四中全会《决定》从司法职权配置和诉讼程序设置的宏观层面对现行刑事诉讼制度进行检视和反思，提出“推进以审判为中心的诉讼制度改革”。作为以审判为中心的诉讼制度的重要环节，刑事庭审自始就成为自2014年开始的司法改革的重点。

要推进和落实以审判为中心的诉讼制度改革大背景下的刑事庭审改革，首先应当明确“以审判为中心”的概念，尤其是要明确庭审在这一新的诉讼制度中的角色地位。官方文件并未对“以审判为中心”等相关概念作出明确界定，这为理论研究预留了充分的空间。学者将目光投向其他法治国家，试图从域外经验中凝练出“以审判为中心”的概念。有学者认为，“德日韩等现代法治国家都历经了‘审判中心’的确立过程，特别是审判中心主义这一

---

① 郭彦主编．理性 实践 规制：刑事庭审实质化改革的成都样本．北京：法律出版社，2016：259.

② 吴卫军．刑事庭审实质化改革：解析与检视．江海学刊，2017（6）.

术语就源于日本的诉讼理论”[①]；甚至有研究直接指出，“‘审判中心主义’一词源于日本刑事诉讼”[②]。同时，有学者对欧美国家的法律制度和司法实践进行考察，发现“在欧美的诉讼法论著和法律文本中搜罗不到审判中心这一术语，但欧美特别强调法官和法庭的重心功能”[③]。还有学者进一步论述“庭审中心”这一术语在西方法治国家中无迹可寻的原因，认为在西方法治国家的刑事诉讼中，审前阶段都只是为审判阶段做准备，审判在刑事立法和司法中都是毫无疑问的核心阶段，并不需要强调庭审的决定作用，是以在西方法治国家的法律规范中没有“审判中心”的相关规定，在英文表述中也未形成专门术语。[④]

相关的域外经验可以为我国自 2014 年开始的刑事诉讼制度改革提供研究范本，与此同时，结合我国刑事诉讼的实际情况，在中国语境中提炼“以审判为中心”的概念，构建相应的改革方案，才能满足我国的改革需要。在认识“以审判为中心”的问题上，我国学界产出了丰富的理论研究成果，但歧见丛生。有观点认为，鉴于过去刑事诉讼制度中存在的“侦查决定起诉、起诉决定审判”的问题，以审判为中心是“解决刑事诉讼全过程中审判与侦查、起诉、刑罚执行等诉讼活动的相互关系及所处中心地位的问题”[⑤]。另一个问题是：审判与侦查、起诉等诉讼活动之间应当构建何种相互关系？有观点认为，现行立法确定的三机关“分工负责，相互配合，相互制约”是导致刑事诉讼流水线作业的主要原因，因此应当审视这一基本原则并重构更符合刑事司法规律的三机关相互关系。但是，以审判为中心的诉讼制度改革不是对既有刑事诉讼权力配置的颠覆，也不是对现有刑事诉讼程序的重构，而是在遵循公、检、法三机关“分工负责，相互配合，相互制约”的基本原则的基础上对控、辩、审三方的具体诉讼职能进行合理调整，保证庭审在整个诉讼阶段的决定性作用。[⑥] 这种观点在后续发布的改革文件中得到体现，如《两高三部改革意见》重申了三机关“分工负责，相互配合，相互制约”的

① 卞建林，谢澍．以审判为中心：域外经验和本土建构．思想战线，2016（4）．

② 张建伟．审判中心主义的实质内涵与实现途径．中外法学，2015（4）．

③ 王新环．以审判为中心和司法最终处理原则．中国律师，2015（12）．

④ 陈光中，步洋洋．审判中心与相关诉讼制度改革初探．政法论坛，2015（2）．

⑤ 顾永忠．试论庭审中心主义．法律适用，2014（12）．

⑥ 樊崇义，张中．论以审判为中心的诉讼制度改革．中州学刊，2015（1）．

基本原则，并在此基础上提出以审判为中心的改革框架。

在以审判为中心与庭审的关系方面，有观点认为，以审判为中心的诉讼制度改革的目的在于保证庭审在查明事实、认定证据、保护诉权、公正裁判方面发挥决定性作用，是以“以审判为中心”等同于“以庭审为中心”，甚至将庭审实质化作为以审判为中心的诉讼制度改革的唯一抓手。[①] 但是，广义的“以审判为中心”包含两层基本含义：“就外部关系而言，审判在刑事诉讼全过程中处于中心地位；就内部关系而言，庭审（尤其是一审）在整个审判阶段处于中心地位”[②]。狭义的“以审判为中心”就是强调侦查、公诉和审判之间的关系，而“以庭审为中心”（或庭审实质化）描述的则是庭审在全部审判程序中的地位，是以二者并不完全等同。甚至有学者提出，“以审判为中心并不必然要求或导致庭审实质化，推行庭审实质化也不必然实现以审判为中心”[③]。但是，要实现“诉讼证据出示在法庭、案件事实查明在法庭、诉辩意见发表在法庭、裁判结果形成在法庭”，势必要求对庭审制度重新审视，庭审实质化因而成为法院推动开展以审判为中心的诉讼制度改革的重要切入点或组成部分。有学者对庭审中心主义的产生原因开展研究，认为从现实层面看，目前尚不具备提出审判中心主义的客观基础和法律依据，与此同时，纠正系列冤假错案及中国共产党十八大以来的相关指导性文件为庭审中心主义提供了思想基础。审判中心主义与庭审中心主义既有联系又有区别：前者关注外部关系，涉及内容更广；后者则注重内部关系，是前者之正当性和权威性得到实现的主要途径。因此，“庭审中心主义的确立和巩固，为审判中心主义奠定了基础。从长远的观点看，庭审中心主义势必走向审判中心主义”[④]。

然而，无论是 2014 年发布的十八届四中全会《决定》、2015 年最高人民法院《人民法院第四个五年改革纲要（2014—2018）》，还是 2016 年《两高三部改革意见》，其中都未出现“庭审实质化”的概念。2017 年 2 月 17 日发布的《最高人民法院印发〈关于全面推进以审判为中心的刑事诉讼制度改

---

① 张吉喜．论以审判为中心的诉讼制度．法律科学，2015（3）．

② 卫跃宁，宋贞策．论庭审实质化．国家检察官学院学报，2015（6）．

③ 左卫民．审判如何成为中心：误区与正道．法学，2016（6）．

④ 顾永忠．试论庭审中心主义．法律适用，2014（12）．

革的实施意见〉的通知》首次明确提出“要以庭审实质化改革为核心”。但是，上述指导性文件并未提出庭审实质化的官方解释，在庭审实质化改革的具体举措方面更是留有大量空白，这也为试点实践工作和理论研究创造了良好的条件。在庭审改革试点工作稳步开展的同时，学界亦就庭审实质化改革的具体举措开展研究。

一种观点认为：庭审实质化是相对于庭审虚化而言。庭审虚化或庭审形式化，是指认定案件事实和对被告人定罪量刑不是通过庭审方式，甚至不是在审判阶段决定，庭审只是走过场。“先入为主”“先定后审”“先判后审”的问题早在《刑事诉讼法》第一次修改前就受到关注，1996 年修改后的《刑事诉讼法》改革庭前审查程序，由实质性审查改为程序性审查，同时增加庭审对抗性。2012 年修订的《刑事诉讼法》继续强调“审判是决定被告人是否构成犯罪和判处刑罚的关键阶段”[①]，并就庭前准备程序、证人出庭制度等方面进行改革。然而，上述改革举措都未能彻底扭转庭审虚化的现象。过去暴露出的浙江叔侄案、呼格案等冤错案件均与“侦查中心主义”和庭审虚化存在直接联系，故而，在 2012 年《刑事诉讼法》的上述改革举措未能消弭庭审虚化的成因的情况下，本次庭审实质化改革的首要任务，仍然在于解决致使庭审虚化的因素。

首先，应当完善审判权力独立运行机制，确保“审理者裁判，裁判者负责”。

审判权独立运行是庭审实质化的前提，这也意味着法院作为一个整体独立于其他外部机构，审判活动不受外界因素干扰。同时，行使审判权的法官享有独立审判的权利，不受行政管理的影响。

在过去的司法实践中，由于刑事诉讼的积弊，公安机关相对于检察院、法院具有更强势的地位，分工配合制约原则出现异化，三机关配合有余、制约不足，以至于“起诉决定逮捕”“逮捕决定审判”的侦查中心主义表象长期存在。因此，要提升审判在刑事诉讼中的地位，就必须优化分工配合制约原则。从宪法的角度看，这一原则体现了两重服从关系：一是在价值理念上，效率服从于公平、配合服从于制约；二是在工作程序上，侦查服从于起

① 王兆国．关于《中华人民共和国刑事诉讼法修正案（草案）》的说明//陈光中主编．《中华人民共和国刑事诉讼法》修改条文释义与点评．北京：人民法院出版社，2012：512.

诉、起诉服从于审判。[①] 实证研究显示，在过去的刑事司法实践中，三机关配合有余而制约不足，尤其是在制约方面，体现出侦查机关对公诉和审判的制约有余，而审判对侦查、公诉的制约十分有限。因此，完善分工配合制约原则，重点就是要强化制约：一方面，要构建司法权对侦查权的制约机制，通过司法审查限制侦查权；另一方面，检察监督应当主要定位于制约侦查权，采取与审判中心主义相适应的检警一体化模式。[②] 实践中还存在检察院通过事先沟通、协调甚至不当施压等方式确保法院作出有罪判决的问题，有学者认为，当前的国家赔偿制度和检察机关的案件考评机制是其主要成因：在以逮捕为时间节点的国家赔偿制度和以定罪率为主要评价方式的案件考评机制下，检察院一旦作出逮捕决定，往往采取种种方式确保犯罪嫌疑人被定罪，这就致使法院无法独立对案件事实和犯罪嫌疑人定罪量刑进行审查认定。[③]

法官个体的独立审判问题则涉及法院内部审判权力的运行机制。具体来说，我国法院系统长期存在一种独特的控制刑事裁判权的方法，即对刑事裁判权运行的过程和结果予以控制，其本质是以行政方式审判案件并管理法院和法官。[④] 从性质上看，司法是司法机关对形成个案的社会冲突在事实判断的基础上适用法律处置权益的行为[⑤]，行政则是政府管理社会的活动，二者的任务、对象和职能存在显著区别：第一，在目的与价值方面，行政注重管理的效率和有效，而司法的目的是通过解决个案纠纷的法律适用来维系社会关系和法律秩序；第二，在权力运行的结构方面，典型的行政行为结构是管理主体与行政相对人的两面关系，而司法的结构是纠纷双方和裁判者形成的“三方组合”；第三，在操作方法方面，行政具有行动性特征且不必然要求管理主体亲历现场，司法则要求裁判者亲自审查证据、直接听取意见并接受双方当事人的监督和程序约束；第四，在权力内部结构方面，行政体系内形成上下级关系，遵循“上命下从”的组织原则，而司法必然要求裁判主体具有

---

① 韩大元，于文豪．法院、检察院和公安机关的宪法关系．法学研究，2011（3）．

② 胡铭．审判中心、庭审实质化与刑事司法改革——基于庭审实录和裁判文书的实证研究．法学家，2016（4）．

③ 汪海燕．论刑事庭审实质化．中国社会科学，2015（2）．

④ 龙宗智，袁坚．深化改革背景下对司法行政化的遏制．法学研究，2014（1）．

⑤ 陈瑞华，袁坚．司法权的性质——以刑事司法为范例的分析．法学研究，2000（5）．

独立性；第五，在行为效果方面，行政强调效率，容错率较高，而司法强调公正，注重司法的权威性和确定性。[①] 理论界对司法行政化的分析和研究早已有之，甚至有学者直接指出司法行政化是“使司法被行政‘格式化’的变态现象”[②]。尽管学界对此展开了较为丰富的分析和论证，但这一现象始终未能缓解，“审者不判、判者不审”的问题长期存在，甚至严重影响司法公正。因此，自2014年开始的司法改革的一个重点，就是完善司法管理体制，保障司法主体独立作出裁判。2014年发布的十八届四中全会《决定》明确要求完善主审法官、合议庭办案责任制；2015年发布的《最高人民法院关于完善人民法院司法责任制的若干意见》（以下简称《司法责任制意见》）则进一步明确规定，除审判委员会讨论决定的案件外，院长、副院长、庭长不再对未直接参加审理的案件的裁判文书进行审核签发。上述改革举措从客观层面保障了司法主体的独立性，但在“审理者裁判，裁判者负责”的背景下，有学者建言，在废止院长庭长审批机制、落实审判责任制以外，还应逐步限制审判委员会讨论决定案件的范围并最终废止审判委员会的定案权，同时，还应进一步规范审判长与其他合议庭成员（尤其是陪审员）之间的关系。[③]

其次，庭审实质化要求刑事庭审落实直接言词原则。

作为保障对质权的前提条件，直接言词原则要求法官必须亲自听取控辩双方、证人及其他诉讼参与人的当庭口头陈述和法庭辩论，形成内心确信并对案件作出裁判。根据这一原则，书面证言的使用条件和效力应当被严格限制，双方当事人、证人及其他诉讼参与人应当在法庭上进行口头陈述。这就对健全证人出庭的强制机制和保障机制提出了更高的要求。

从既有法律规定看，一些规定与直接言词原则存在冲突，如2018年修订后的《刑事诉讼法》第61条与第195条，前者对证人出庭作证作出强制性规定：“证人证言必须在法庭上经过公诉人、被害人和被告人、辩护人双方质证并且查实以后，才能作为立案的根据”；后者又规定“对未到庭的证人的证言笔录、鉴定人的鉴定意见、勘验笔录和其他作为证据的文书，应当

① 龙宗智，袁坚．深化改革背景下对司法行政化的遏制．法学研究，2014（1）．

② 张卫平．论我国法院体制的非行政化——法院体制改革的一种基本思路．法商研究，2000（3）．

③ 孙长永，王彪．论庭审实质化的理念、制度和技术．现代法学，2017（3）．

当庭宣读”，为证人不出庭打开方便之门。[①] 再如，证人出庭作证的条件严苛，以“有异议、有重大影响、有必要”为判断标准，因此，是否通知证人出庭作证实际上取决于法院的判断，并且，即便是在经法院通知没有出庭的情况下，这些关键证人庭前证言的证据资格也不是必然遭到排除。[②]

因此，应当健全和完善证人出庭制度，具体包括：第一，完善证人、鉴定人出庭作证的范围，对抗制的审判应将证人、鉴定人出庭作证作为一般原则，证人、鉴定人有无出庭必要原则上应由控辩双方判断，法院不能随意拒绝双方的证人出庭申请。第二，明确证人庭前证言的证据能力，一方面，要严格限制未出庭证人的庭前证言，特别是无正当理由拒不出庭作证者的庭前证言的证据资格；另一方面，为了保障被告人的质证权，在证人当庭翻证的情况下，其庭前证言的效力应受到限制。第三，应当完善强制证人出庭作证的程序，对无正当理由拒不出庭的证人增加处罚措施，并明确强制证人出庭令的执行主体和程序。第四加强对证人的司法保护，扩大职权保护的内容、范围和持续时间，健全针对证人的人身权、财产权和名誉权等权利的保障措施和方法。[③]

再次，庭审实质化改革还应关注对被告人对质权的保障，应当进一步健全和完善辩护制度。

对质权作为公正审判的基本要素，是诉讼活动人权保障的核心内容，也是“刑事审判中对被告的最低限度的保障”[④]。保障对质权涉及多个方面的问题，至少包括作为实现对质权前提条件的有效辩护制度、庭前证据开示制度、证人出庭作证制度等等。对抗制的庭审对刑事辩护的要求很高，为了实现实质化辩护，就要确立有效辩护制度：一是犯罪嫌疑人、被告人在刑事诉讼中应享有充分的辩护权；二是允许犯罪嫌疑人、被告人聘请合格的辩护人

---

① 陈光中，陈学权．中国刑事证人出庭作证制度的改革．中国法律，2007（5）.

② 2012年《刑事诉讼法解释》第78条第3款规定：“经人民法院通知，证人没有正当理由拒绝出庭或者出庭后拒绝作证，法庭对其证言的真实性无法确认的，该证人证言不得作为定案的根据。”也就是说，经法院通知未出庭作证的关键证人，其庭前证言只有在真实性无法确认的情况下才不能作为定案根据。

③ 孙长永，王彪．论庭审实质化的理念、制度和技术．现代法学，2017（3）.

④ ［奥］曼弗雷德·诺瓦克．《公民权利和政治权利国际公约》评注：修订第二版．孙世彦，等译．北京：三联书店，2008：343，356//胡铭．审判中心、庭审实质化与刑事司法改革——基于庭审实录和裁判文书的实证研究．法学家，2016（4）.

为其辩护；三是国家应保障犯罪嫌疑人、被告人充分行使自行辩护权，设立法律援助制度，确保犯罪嫌疑人、被告人获得律师帮助。[①] 具体来说，有效辩护就是辩护权的实现问题，解决这一问题需要弥补当前法律制度存在的缺陷，如保障辩护人申请调取证据的权利、当庭发表辩论与量刑意见的权利等，同时还要贯彻证据裁判原则、直接言词原则、人民陪审制度等为辩护权有效行使所必需的制度和规则。[②] 还有研究提出应进一步健全法律援助制度，扩大法律援助的案件范围。还有研究提出应进一步健全法律援助制度，扩大法律援助的案件范围。而值得注意的是，2021 年 8 月通过的《法律援助法》根据当前刑事诉讼改革需求，结合刑事案件律师辩护全覆盖试点工作，对法律援助范围作出适当扩大。这为今后通过立法或制定行政法规、地方性法规等来进一步扩大法律援助范围提供了依据。我们期待相关内容的落地效果以及其对推动庭审实质化的有效助力。

最后，实现庭审实质化还依赖于繁简分流、庭前准备程序等制度的技术性支撑。在实质化的刑事庭审中，证人、鉴定人、侦查人员、专家辅助人等出庭进行口头陈述，能够保障被告人质证权的实现，但同时必然对庭审效率造成较大影响。这一问题在案多人少的现实状况下显得尤为突出。根据十八届四中全会《决定》关于“完善刑事诉讼中认罪认罚从宽制度”的要求，法院应建立和健全案件繁简分流机制，作为实现庭审实质化的客观条件和技术性保障。在提出建立繁简分流机制前后，我国法院针对案多人少的现实状况开展积极探索和尝试，形成一些有效的经验做法，如轻罪案件快速办理程序、普通程序简化审、速裁程序等等。然而，上述试验性的机制还存在一些明显缺陷，例如，认罪答辩程序被过度简化，不符合刑事诉讼的基本程序要求；轻罪案件快速办理程序作为法院系统的积极尝试，没能获得法律认可，等等。因此，在繁简分流机制的建立和健全工作中，在解决庭审实质化对司法效率的影响的同时，必须要克服上述尝试中暴露出的缺陷。

为此，有学者将目光投向大陆法系和英美法系的法治国家，研究这些国家诉讼制度中的程序分流技术，并借此优化我国的繁简分流程序以克服当前试点工作中显露出的问题。面对案多人少的现状和提高诉讼效率的需求，势

---

① 樊崇义．“以审判为中心”的概念、目标和实现路径．人民法院报，2015-01-14（5）．

② 卫跃宁，宋贞策．论庭审实质化．国家检察官学院学报，2015（6）．

必要对满足条件的部分案件采取简化程序或速裁程序，但是，在设置具体的改革方案时，必须考虑到刑事诉讼的基本要求和当事人的权利保障问题。因此，应当设置专门的罪状答辩程序，也就是在法官明确告知被告人诉讼权利和认罪的法律后果后，由被告人对被指控的犯罪事实逐一进行答辩，法官通过审查被告人是否自愿认罪、被告人与检察机关的协商是否公平等方面，确定被告人的认罪是否有效，以最大限度保障被告人的权利。此外，从当前的繁简分流试点工作的情况以来看，部分当事人在案件进入简易程序或速裁程序后提出以普通程序审理的请求，而当前的简易程序和速裁程序体系还不能与刑事普通程序很好地衔接。对此，有学者提出，应当在总结繁简分流试点经验的基础上将刑事案件速裁程序纳入简易程序，并建立与刑事普通程序相衔接、互相协调一致的简易程序和速裁程序体系，同时建立以认罪认罚从宽处理为核心的刑事案件辩诉协商程序。①

此外，实质化的庭审势必要求刑事司法具备配套的庭前准备程序，确保控、辩、审三方共同做好庭前的各项准备活动，以保障庭审高效、集中、有序地进行。是以，具有预断排除功能的庭前准备程序是庭审实质化的另一程序性保障。根据《刑事诉讼法》和相关司法解释的规定，法院应当指定审判人员对案件进行庭前审查，确定起诉书是否有明确的指控犯罪事实、案件是否属于本院管辖、检察院是否移送证据材料等等，继而决定是否或何时开庭审理；另外，对于被告人申请排除的非法证据或证据材料较多、案情重大复杂及社会影响重大的案件，审判人员可以召集双方当事人就案件的管辖、回避、出庭证人名单、非法证据排除等程序性事项“了解情况、听取意见”。然而，上述规定存在两重明显缺陷：第一，庭前审查和庭前会议高度依赖检察机关提供的案卷材料，审判人员在庭前程序已经阅卷，无可避免地会形成对被告人的有罪预断或偏见，是以庭审中的质证环节可能形式化，如双方当事人、证人及其他诉讼参与人的口头陈述的价值可能遭到忽视，这显然有悖于刑事诉讼直接言词原则的要求。第二，就当前的立法和司法解释来看，刑事诉讼庭前会议中诉讼行为的效力并不明确，双方当事人就案件事实、证据等问题达成的共识是否对庭审有约束力也不明确。针对第一个问题，有学者

① 孙长永，王彪．论庭审实质化的理念、制度和技术．现代法学，2017（3）．

提出应当对庭前阅卷的审判人员进行严格限制，一个方案是分设专门负责庭前准备的法官和庭审法官，保证审理者在庭前不接触案卷材料；另一个方案则是严格选择参与庭前阅卷的审判人员，确保合议庭的其他成员在庭审前不接触案卷材料。针对第二个问题，尽管许多学者已经开展了较为丰富的分析和论证，但歧见丛生。肯定者认为，从保证诉讼效率和节约司法资源的角度考虑，应当对庭前会议阶段的诉讼行为的法律效力予以确认；但反对者认为，刑事诉讼庭前会议的功能在于程序性审查，因此不得在庭前会议阶段解决案件的实质性问题。实际上，在 2012 年《刑事诉讼法解释》出台以后，其第 183、184 条有关庭前会议适用情况、具体内容的细化规定，已经受到部分学者批评：上述规定过于细化，导致庭前会议的功能由“程序”转向“实质”，甚至使庭审的部分功能遭到取代，庭审实质化受到削弱。因此，在庭前准备程序的问题上，仍然应当坚持发挥庭前会议的程序性审查功能，并在庭审过程中解决涉及案件事实和证据的实体性问题。

尽管多数观点认为，自 2014 年开始的以审判为中心的诉讼制度改革是在我国刑事诉讼制度的基本框架下进行的制度优化，修改立法或制定司法解释及相关法律文件是实现这一改革目标的基本路径，但亦有学者对庭审实质化的路径提出不同见解，例如，有学者主张，当前刑事司法中存在的突出问题应当归因于法律执行问题，实际上，“现有刑事诉讼法设定的各项规范、传递的立法意图完全足以作为推进庭审实质化改革的依据”，是以“庭审实质化的各项落实举措主要是正确执行法律而非修改法律的问题”①。

还有学者指出：当前理论研究和司法实践中对“以审判为中心的诉讼制度改革”的不当理解，以及“庭审实质化”这一用语的不当使用，可能对本次司法改革产生严重误导。这是因为，“庭审实质化”存在不确定性和歧义，可能使人们的注意力过多地集中于庭审，而忽略了刑事诉讼制度的其他组成部分。“庭审实质化”在本质上只是对审判环节的技术性修正，如果错误地将这一术语与“以审判为中心的诉讼制度改革”等同，改革的重心势必落在司法权力配置、法院独立审判等问题上，从而“导致刑事司法改革的局部效果显著，整体目标却难以实现”②。

---

① 程雷．审判公开背景下庭审实质化的进路．法律适用，2014（12）.

② 吴卫军．刑事庭审实质化改革：解析与检视．江海学刊，2017（6）.

（二）学理盲点反思

在刑事庭审改革的问题上，当前的理论研究已经产出了非常丰富的成果，在很大程度上弥补了指导性文件留下的空白，也在理论层面为部分法院开展的庭审实质化改革、“三项规程”等改革试点实践提供了可行的改革路径。例如在证人出庭制度方面，温州中院密切联系国家司法文明协同创新中心中国政法大学的学术团队，将证人出庭作为其庭审实质化改革的一个重点，共同设计方案并推进改革实践工作，取得良好的效果。在为试点工作和改革实践提供理论基础的同时，学界时刻关注实践中存在的问题并展开针对性的研究，及时调整刑事庭审改革的理论方案和措施。但是，当前针对刑事庭审改革的学术研究仍然存在一些不足。一个突出问题是“以审判为中心”与“庭审实质化”被普遍混淆，部分研究甚至将二者简单等同，认为庭审实质化改革是实现以审判为中心的诉讼制度改革的唯一抓手，甚至认为以审判为中心的诉讼制度改革就是庭审实质化改革。将庭审实质化作为以审判为中心的诉讼制度改革的单一任务，势必使研究焦点集中于影响庭审实质化的诸多因素。从当前的理论研究看，以此种观点为研究基点的成果，无不忽视了由侦查、公诉和审判共同组成的刑事诉讼制度整体，极少涉及公、检、法三机关之间的权力配置等外部因素，其关注点局限于致使庭审形式化的内部因素。

应该说，前述现象是对“以审判为中心”的内涵理解不当造成的。从中央层面发布的指导性文件和相关部门发布的改革指导意见来看，“以审判为中心”实际上包含两重含义：从外部关系看，“以审判为中心”强调了侦查、公诉和审判之间的关系，强调审判在刑事诉讼中的中心地位；从内部关系看，“以审判为中心”则是强调了庭审在审判活动中的核心地位。然而，庭审实质化是强调庭审在审判活动中的地位，要求庭审在认定案件事实和证据方面产生实效，并在案件定罪量刑方面发挥实质性作用。由此不难看出，“以审判为中心”与“庭审实质化”在具体内涵上存在竞合，但二者存在显著差异。正如有论者所言，“如果说以审判为中心关注的是一片森林，那么庭审实质化也许更关心这片森林中的大树”[①]。具体来说，庭审实质化有助

① 左卫民．审判如何成为中心：误区与正道．法学，2016（6）．

于保障审判程序在认定案件事实和证据方面的功能，有助于强化审判程序在全部诉讼活动中的地位和功能，但是，以审判为中心的诉讼制度改革还涵盖了针对侦查阶段和审查起诉阶段的改革任务和改革要求。正因为对上述两个术语的内涵认识错误，一些研究侧重于对造成刑事司法实践中庭审虚化现象的根本原因进行分析，总结提炼出包括卷宗移送制度在内的根本原因，并针对这些根本原因提出应进一步健全刑事庭审制度的建议。事实上，庭审实质化仅仅是以审判为中心的诉讼制度改革中的一环，只是针对刑事庭审提出的具体改革任务，但上述研究将重点局限于此，显然忽略了刑事诉讼其他阶段中存在的亟待解决的突出问题，这也可能导致局部效果显著而整体改革成果不佳的后果。在庭审实质化改革方面，还有一些观点认为，庭审实质化改革的主要路径就是消除庭审虚化的根本原因。过去的理论研究和司法实践经验显示，刑事庭审虚化的根本原因在于司法权力配置不当、分工配合制约原则异化等复杂因素，要彻底扭转庭审虚化的现象，就要从刑事诉讼制度，甚至宪法规定的基本原则等宏观层面加以考量，以顶层设计的角度设计改革方案。然而，在中央统一领导和部署的以审判为中心的诉讼制度改革的推进中，涉及多机关权力配置的改革措施尚且存在难以落实的现象，庭审实质化改革作为以法院为主要推动者开展的改革任务，更是难以实现。这是因为，司法权力配置、分工配合制约原则等涉及多个部门，法院在其中并不具有优势地位，若没有共同的上级部门或中央层面的支持，要想取得公安机关、检察机关和其他机关的支持，困难重重。是以，将根本性地消除致使庭审虚化的根本原因作为实现庭审实质化改革的主要路径，可能使改革落入窠臼，不能产生实质性的改革效果，更是忽视了作为真正改革对象的审判制度本身。

当前理论研究存在的另一缺陷在于，提出的庭审改革设计方案大多缺乏系统性思维，往往只是针对庭审实质化的制度保障或庭审技术提出改革举措，没能形成体系性的改革方案，更是未能在以审判为中心的诉讼制度改革大背景下与检察机关、公安机关等部门的改革措施协调统一。大量改革方案将刑事庭审制度的部分再造或重构作为改革的基本逻辑，如强调审判权独立运行的体制机制、强化公开审判、完善证据制度和辩护制度等。总体上看，当前理论研究中提出的具体改革措施较为分散，是对既有刑事审判制度的“打补丁”式修正。过去司法实践中存在的庭审虚化现象从表面来看是刑事审判制度的局部缺陷所导致，但从审判内部程序考量，庭审虚化现象更多的是刑事诉讼制度本身的不完善所导致的，这也使刑事诉讼立法和司法解释的具体条文之间存在矛盾或留白。因此，这种“打补丁”式的改革方案，尽管能够在一定程度上解决表面可见的问题，却难以触及问题的根本，不能取得长效的改革效果。

此外，部分学术研究提出的改革举措与“以审判为中心”的改革目标并不完全一致，甚至成为制约庭审功能发挥的阻碍。这一现象在庭前会议问题上显得尤为突出。正如本章第一部分所述，2014 年开始的司法改革的直接目标在于保证庭审在查明事实、认定证据、保护诉权、公正裁判方面发挥决定性作用，这就要求庭审在审判阶段发挥实质性作用，法官的心证应当最大限度地形成于这一阶段。然而，出于庭审效率的考虑，一些理论研究给出的改革方案赋予了庭前会议过多的内容和功能，甚至使庭前会议所解决的内容包括程序性问题和实质性问题。从刑事诉讼的制度设计来讲，庭前会议仅仅具有程序性功能，只能用于解决申请回避、申请调取证据等程序性问题。由于我国当前的刑事司法尚未严格区分合议庭法官和庭前会议主持人，甚至在大量案件中由裁判者担任庭前会议主持人的角色，一旦赋予庭前会议实质性功能，必然导致法官在庭前阶段就形成内心预断和主观偏见。

第四章　刑事庭审转型的理论推进

一、刑事庭审的内涵要求

刑事庭审程序乃是整个刑事诉讼活动的核心程序，是刑事诉讼的核心和灵魂。基于为了实现刑事诉讼之发现实体真实和追求法治程序的目的，确保在保障人权的前提下惩罚犯罪，现代刑事诉讼要求刑事庭审遵循一些基本的原则和要求，这也是刑事庭审作为庭审的基本要求。关于刑事庭审的内涵要求，有些与刑事诉讼活动的要求是一致的、共同的，比如，控诉原则、证据裁判原则、无罪推定原则等等；有些则是刑事庭审自身的独特要求，这些独特的要求恰恰是刑事庭审活动区别于其他诉讼活动的重要标志。在本章中所述及的则是刑事庭审自身专有的要求。

关于刑事庭审活动专有的内涵要求，不同国家、不同地区有不同的认识。在德国，通常认为刑事庭审活动的内涵要求包括言词辩论主义、直接审理主义、公开审理主义①；在日本，则将公开主义、口头主义和辩论主义、持续的审理主义作为刑事庭审活动的内涵要求②；在法国，刑事庭审程序的基本特征被界定为三个方面，包括法庭辩论公开进行、法庭辩论口头进行、法庭辩论是对席辩论③；在我国台湾地区，刑事庭审的基本内涵包括四个方

① ［德］克劳思·罗科信．刑事诉讼法：第24版．吴丽琪，译．北京：法律出版社，2003：428-450.

② ［日］田口守一．刑事诉讼法．张凌，于秀峰，译．北京：中国政法大学出版社，2010：194-197.

③ ［法］贝尔纳·布洛克．法国刑事诉讼法．罗结珍，译．北京：中国政法大学出版社，2008：485-489.

面：直接审理原则、言词原则、公开原则以及集中审理原则。[①] 概括来看，上述国家或地区对刑事庭审活动之内涵要求的认识有相同之处，也有不同之处，大致勾勒了各国或地区刑事庭审活动的基本内涵要求。这些相同之处体现的是对刑事庭审活动基本规律的共同认知和遵从，而不同之处则是各国（地区）基于自身的情形所作的发展。在我国，考虑到刑事诉讼活动的一般情况和特殊需要，本章将我国刑事庭审活动的内涵要求概括为四个方面，即直接审理主义、言词辩论主义、公开审理主义以及集中审理主义。

（一）直接审理主义

直接审理主义被学者称为支配审判程序最为重要的原则，与严格证明法则密切相关。[②] 直接审理主义是德国19世纪立法改革的产物，其目的在于祛除侦查法官和审判法官进行书面审理程序（邮递传送卷宗）时所带来的重大缺失。[③] 在中世纪欧陆奉行纠问式诉讼模式，不允许当事人在法庭上辩论，审判通常也秘密进行，法官通常直接以调查官员调查后制作的被告人讯问笔录或者供词等书面证据作为裁判的依据。这种书面审理主义、间接审理主义的弊端是非常明显的。为了消除此种弊端，法国最先提出了口头原则，而德国则提出了直接原则。

1. 直接审理主义的内涵和要求

直接审理主义包括两个方面的内容：一是形式的直接审理主义，二是实质的直接审理主义。

所谓形式的直接审理主义，意指制作判决的法官必须亲自审理案件，除非法律另有规定，原则上不得将证据的调查工作交由其他人来完成，即便是委托受命法官或受托法官进行讯问、调查证据也不可以。而且，法官在整个审理程序中必须始终在场、不能间断，当法官因为疾病、死亡或者其他原因无法审理时，也不能够直接由其他法官替代，而应更新审理程序。形式的直接审理主义的目的是确保法官获得对本案事实和证据的直接印象，否则，如果允许委由其他法官进行法庭审判，无异于认可法庭审判的心证可以相互替代，整个审判程序变成了一场接力赛。因此，有学者认为，形式的直接审理

---

① 林钰雄．刑事诉讼法：下册．北京：法律出版社，2017：263－270.

② 林钰雄．严格证明与刑事证据．北京：法律出版社，2008：41.

③ ［德］克劳思·罗科信．刑事诉讼法：第24版．吴丽琪，译．北京：法律出版社，2003：430.

主义就是要求法官自己跑完全程，是禁止接力赛原则。[①]

所谓实质的直接审理主义，则是指法官需要调查的证据必须是原始的证据，除法律另有规定外，不得以对证据的替代品的调查代替对原始证据的调查。其中，原始的证据是第一手信息，是直接证据，而证据的替代品则是从原始的证据派生而来的证据，是间接证据。例如，法庭当庭对证人的询问便是对原始证据的调查，而在法庭上朗读证人在法庭外陈述的记录便是对间接证据的审查，前者符合实质的直接审理主义的要求，而后者则与实质的直接审理主义相悖，也就是说，实质的直接审理主义禁止以对证据替代品的调查代替对原始证据的调查。

直接审理主义的要求通常包括[②]：（1）卷宗上的内容通常不得作为裁判的依据。第一，原则上，审判长和制作裁判文书的法官不得知悉卷宗文书的内容（其他职业法官则可以单纯地知悉卷宗文书的内容），荣誉法官也不得知悉卷宗文书的内容。第二，证人应当出庭接受询问，只有在一些例外情形下才允许在法庭上朗读对证人的询问笔录及其他书面陈述。第三，在符合法定条件下，为了提示证人昔日的陈述，可以朗读笔录。（2）其他所有在法庭外获得的证据均不得作为判决的依据。第一，法官私下对犯罪行为信息的了解不能直接作为判决的依据。此时，法官只能作为证人将这些信息引入审判程序，而不能再以法官的身份进行审理。第二，法官在进行评议时，请求一鉴定人说明其鉴定报告，而获得了新的知识，或者当法官从受命法官处获得了其于证人讯问时所感知的印象，或者法官在电话中从证人处获得了一些补充证据，等等，这些信息都不能作为证据使用。

2. 直接审理主义的法理基础

直接审理主义和其他的重要原则相互联系，形成了一套有机体，共同作用于刑事诉讼追求法治程序和发现实体真实的目的。[③] 第一，直接审理主义对于保障控诉原则具有重要意义。该原则之下，控诉者和审判者分离，如果审判者以书面卷宗进行审判，那么，刑事庭审活动将成为对卷宗笔录的确认

---

① 林钰雄．严格证明与刑事证据．北京：法律出版社，2008：43.

② ［德］克劳思·罗科信．刑事诉讼法：第24版．吴丽琪，译．北京：法律出版社，2003：430及以下．

③ 林钰雄．严格证明与刑事证据．北京：法律出版社，2008：46－50.

活动，审判者无法直接感受到案件活生生的事实，刑事诉讼的实体真实发现功能将会受到抑制。因此，强调直接审理主义，要求法官亲自接触案件的原始证据以获得对案件事实的直接感知，对于保障控诉原则具有重要意义。第二，直接审理主义也是言词辩论主义、公开审理主义、自由心证的前提和基础。没有直接审理主义，也就没有言词辩论主义，公开审理也将没有任何意义。而自由心证是建立在法官对案件事实的直接感知基础之上的，如果没有经过这一程序，而是借由侦讯笔录形成对案件事实的印象，那么，法庭审判无异于对侦讯记录，特别是侦讯人员心证的审查确认，法官的自由心证可能会异化为法官的擅断。第三，直接审理主义与法院的澄清义务相一致，都力求在法治程序下追求案件的实体真实。形式的直接审理主义要求法官亲自接触案件的原始证据，产生亲自印象；而实质的直接审理主义则要求法官接触最能够反映案件真实情况的直接证据，禁止使用原始证据的替代品，这些都有助于最大限度地还原案件的真实情况。第四，就人的证据方法而言，实质的直接审理主义要求证人、鉴定人等必须出庭，这对于保障被告人的防御权具有非常重要的意义。

（二）言词辩论主义

言词辩论主义包括两个方面的内容：一是言词审理主义，二是辩论主义。

所谓言词审理主义，又称口头审理主义，其要求呈现在法庭上的诉讼资料必须以言词陈述或问答的形式展现，即便是文件，也应当以宣读的方式呈现，法院只能根据口头提供的诉讼资料进行审理。言词审理主义与直接审理主义密切相关，通常两者是一起表述的，即直接言词审理主义。言词审理是与书面审理相对应的概念，也是19世纪欧洲大陆废除纠问制之际刑事诉讼改革的基本要求。

按照言词审理主义的要求，审判程序应该以口头的方式进行，禁止将判决建立在案件卷宗内容的基础之上。比如起诉要旨的陈述、证据的调查、对被告人的讯问、辩论、判决的宣示等等都应该以口头的方式进行，否则，未以言词方式进行的，法院不得作为裁判的基础。在法国，为了忠实于法庭辩论的言词原则，法律规定：除非存在例外情形，重罪法庭不能将案卷带进评议室，而且，即便是鉴定人也要以口头方式提出鉴定意见，因此，整个法庭审理的大部分时间里都是由双方当事人的律师进行口头辩论以及由检察官发表意见。[①] 此外，言词审理主义还要求法庭只能使用在审判中出示的证据，且该证据必须经过法庭辩论。[②]

适用言词审理主义还要求在审判开始后不得再变更法庭组成，如果法庭组成中的法官不能继续参加审判，那么审判程序必须在另行组成法庭后重新开始。其目的是确保未参加早期审判的法官获悉案件的口头信息。当然，在德国的实践中，对于复杂的案件，审判长早早就指定一位或多位陪审法官，一旦有其他法官不能继续参加，则由该陪审法官替代不能参加的法官履行职责。[③]

另外，言词审理主义还与集中审理主义有密切的关联。按照言词审理主义的要求，庭审的信息都是以口头的形式展现的，为了防止法官长时间后对庭审的印象降低，必须实行集中审理审理主义，确保审判集中进行，不被长时间隔断。

言词审理主义之所以成为庭审的一项重要内涵，原因在于其在庭审中发挥着重要的作用。具体而言，言词审理主义可以使法官，特别是非职业法官对事实形成生动的印象，而且，相较于书面表述而言，口头表述可以使被告人在庭审活动中发挥更为积极的作用。此外，言词审理主义也为公众的参与提供了空间和可能。[④]

所谓的辩论主义，在日本，是指法庭审判要依据当事人的主张、当事人提出的证据、陈述的意见进行。辩论主义和言词审理主义通常合称为言词辩论主义或者口头辩论主义。狭义的辩论主义是指，只有当事人才有收集和提出证据的权利和义务；而广义的辩论主义还包括当事人处分主义，即只有当事人主张的范围才是审判的诉讼对象。当然，在日本，并不实行彻底的辩论主义，法官也发挥一定作用，要依照职权调查证据。[⑤] 在法国，辩论主义似

---

① ［法］贝尔纳·布洛克．法国刑事诉讼法．罗结珍，译．北京：中国政法大学出版社，2008：487.

② ［德］托马斯·魏根特．德国刑事诉讼程序．岳礼玲，温小洁，译．北京：中国政法大学出版社，2003：139－140.

③ 同②138.

④ 同②137.

⑤ ［日］田口守一．刑事诉讼法．张凌，于秀峰，译．北京：中国政法大学出版社，2010：196.

乎强调更多的是对双方当事人法庭权利的保障，有平等对抗的内涵：在审判法庭上，各方当事人都处于平等的地位，可以对提交法庭的所有材料进行辩论。任何一方当事人都可以请求进行其认为适当的证据调查，甚至请求采取一般的补充侦查措施，任何一方当事人都可以提出抗辩或者提出附带问题。辩论的任何一方都不得逃避此种监督。当然，这一程序是在审判长的指挥之下进行的。[①]

在笔者看来，辩论主义不仅应当包括日本所谓的辩论主义的内容，即强调当事人对庭审程序的主导，也应当包括法国辩论主义的内容，即强调对双方当事人的包括辩论权在内的诉讼权利的保障，要平等地保障双方当事人平等对抗的权利。

（三）公开审理主义

公开审理主义也是刑事庭审的一项基本内涵要求。公开审理主义是指，法庭审理应当向一般民众公开，允许旁听。公开审理主义所指向的是一般的社会民众，不同于向当事人等特定关系人公开，即法庭审理允许一定的诉讼关系人参与诉讼程序。公开审理主义与直接审理主义、言词辩论主义都密切相关，没有直接审理，没有言词辩论，公开审理也就毫无意义了。

公开审理主义也是源自 19 世纪欧洲大陆的刑事诉讼改革，现在已经被各国（地区）普遍采纳为刑事诉讼的一项基础原则。通常认为，公开审理主义的意义在于：第一，巩固社会公众对司法的信任；第二，加强司法机关的责任；第三，防止不当的因素影响法院或者左右其裁判。[②] 法国学者还认为，审判公开是对辩护权最可靠的保障之一。[③]

当然，公开审理对被告人而言也不都是有利的，在一些情况下，公开审理也可能导致被告人遭受差别待遇，使其难以再社会化。[④]

公开审理主义也是有界限的。在德国，公开审理主义的界限在于：第

---

① ［法］贝尔纳·布洛克．法国刑事诉讼法．罗结珍，译．北京：中国政法大学出版社，2008：487.

② 林钰雄．刑事诉讼法：下册．北京：法律出版社，2017：269.［德］克劳思·罗科信．刑事诉讼法：第 24 版．吴丽琪，译．北京：法律出版社，2003：443.

③ 同①485.

④ ［德］克劳思·罗科信．刑事诉讼法：第 24 版．吴丽琪，译．北京：法律出版社，2003：443-444.

一，公开的审理程序必须在规定的空间许可下进行；第二，在个案中也可以完全不公开审理；第三，也可以使特定的个人被排除在诉讼程序之外。[①] 在日本，公开审理主义的界限在于：第一，对于判决来说必须公开进行，但是法庭审理在特定情形下可以不公开进行，如当审理可能有害于公共秩序和社会良俗时。第二，即使是公开的审理，也可以对公开的方法进行限制，例如，对旁听人数等进行合理限制，在审理过程中拍照、录音或者放映须经法院许可等。[②] 在法国，通常认为只有在有重大理由时才可以排除公众进入审判法庭，比如公众进入法庭对公共秩序有危险或者对善良风俗有危险，等等。[③] 在我国台湾地区，也存在着有妨害公共秩序或者善良风俗的风险时，法院决定不公开审理的情形，在此情形下法庭应将不公开的理由进行宣示，并且可以允许无妨碍的人旁听案件审理。[④]

关于公开审理主义，一个经常争议的内容是，在法庭审理时的拍照、录音、录像问题。法庭审理公开，无疑会引起新闻界对庭审状况进行报道，但是报道的限度在哪里则是一个不明朗的课题。在法国，对于是否允许对法庭辩论进行录像存在着争议。1985 年通过的关于准许建立“司法视听档案”的法律规定，在法庭辩论过程中，不允许使用电视，但是，审判长可以允许对法庭辩论进行录音，录音的存储依托应加封保存于重罪法庭书记室。此外，如果有关的录制活动具有历史意义，则允许建立“司法视听档案”[⑤]。在日本，传统上判例认为，对法庭的状况进行一般性报道，可能会扰乱法庭的审理秩序，不当地损害被告人及其他诉讼关系人的正当利益，是不被允许的。在实际审理过程中，在开庭之前限定一定的时间允许拍照和摄影。[⑥] 在德国，随着电子时代的来临，公众无限接触刑事审判的弊端和危险变得明显起来，对审判公开的热情也在逐渐减退，因为被告人和证人的隐私会受到影

---

① ［德］克劳思·罗科信．刑事诉讼法：第 24 版．吴丽琪，译．北京：法律出版社，2003：444.

② ［日］田口守一．刑事诉讼法．张凌，于秀峰，译．北京：中国政法大学出版社，2010：194－195.

③ ［法］贝尔纳·布洛克．法国刑事诉讼法．罗结珍，译．北京：中国政法大学出版社，2008：485.

④ 林钰雄．刑事诉讼法：下册．北京：法律出版社，2017：269.

⑤ 同③486.

⑥ 同②195.

响，证人的陈述被希望符合公众的期待，对法官的审判活动也有影响。[①] 其他学者也认为，当公开审理原则被不法地加以扩充时，会对法官造成不利影响，“因为电视及广播大众所造成的群众公开不只是可能在无法预测的方式下对被告及证人的行为加以左右，甚至于更常使法院成为广为散布的偏见及期待的受害人”。因此，在群众集会场所进行公开审理，将庭审以扩音器等方式播放至大街上等等，都是将审判公开无限制地进行了扩张，应被视为不合法。[②] 因此，在德国，法律上是禁止直播审判过程的，在立法和司法实践中通常在敏感案件中也倾向于采取不公开审理的方式。实际上，德国法院组织法第 169 条也只是保障了“法庭的直接公开”[③]，并不允许为了发行目的制作庭审的录音录像。[④] 在德国的司法实践中，判例对此持有不同的意见。一份德国联邦宪法法院的裁定表明，在未开庭期间，法院一般不能禁止电视和电台在法庭内进行录音录像；但是另一份裁定又认为一般性地禁止报道审判具有合宪性。[⑤]

（四）集中审理主义

集中审理主义，又称为持续审理主义或审理密集原则，是指法院必须持续集中时间审理案件。按照该原则，法院的审理活动除必要的休息时间外，应当是不中断地连续进行。集中审理主义是迅速、经济原则的重要体现。

关于集中审理主义的内涵，我国有学者曾经进行了研究，指出该主义包括四个方面的内容：（1）一起案件由一个合议庭进行审理，而且该合议庭自始至终审理该案件，在该案件审结前不得审理其他案件。（2）法官必须全程参与案件的审理，不得中途随意更换法官。（3）证据调查和辩论必须在控辩双方参与的情况下集中进行。（4）法庭庭审应不中断进行，法庭因特殊原因而长时间未能进行的，应当重新进行审理；在庭审结束后，应当迅速地作出裁判并进行宣告。[⑥]

集中审理主义本身并不是刑事庭审活动的目的，集中审理主义与其他原

---

①④⑤ ［德］托马斯·魏根特．德国刑事诉讼程序．岳礼玲，温小洁，译．北京：中国政法大学出版社，2003：135.

② ［德］克劳思·罗科信．刑事诉讼法：第 24 版．吴丽琪，译．北京：法律出版社，2003：443－444.

③ 同②443.

⑥ 陈卫东，刘计划．论集中审理原则和合议庭功能的强化．中国法学，2003（1）.

则密切相关，可以确保其他庭审原则的实现，例如，集中审理主义是直接审理主义和自由心证的重要保障：法官对原始证据的直接体验以及由此而形成的对案件事实的认知，容易随着时间的经过变得模糊，因此，采用集中审理可以确保法官及时根据当庭的心证进行裁判。

集中审理主义具有非常重要的意义：（1）集中审理可以保证审理迅速、顺利、公正地进行，有利于实现刑事审判公正和诉讼效率的双重价值；（2）集中审理要求证据调查和法庭辩论集中进行，可以避免法官单方接触案件的证据材料，可以保证控辩双方的平等对抗，实现被告人的辩护权，也可以确保被告人迅速审判权的实现；（3）集中审理可以让法官通过集中、全面地接触案件的证据，形成对案件事实客观、全面的认识；（4）集中审理还可以确保社会公众更好地了解案件情况，便于社会公众的监督，防止暗箱操作和司法不公。①

集中审理主义在域外一些国家和地区的法律制度上都有所体现。例如，在德国，其刑事诉讼法典第 229 条规定，正在进行的审理活动最多可以延长 10 日，只有当审判活动已经进行了至少 10 日时，才可以中断审理 30 日，如果法庭的审理活动没有遵从该要求，那么，审理活动就必须重新开始。在日本，其刑事诉讼法第 281 条之六也要求对于需要 2 天以上时间审理的案件，必须连日开庭、持续审理，而且，诉讼关系人也必须严格地遵守时间的要求，不能阻碍庭审的进行。在法国，其刑事诉讼法典也明确规定，庭审不得中断，应当持续进行至重罪法院作出裁定、宣布审判结束为止，当然，在法官和被告人必要的饮食时间内，可以暂停审理。在我国台湾地区，其“刑事诉讼法”第 293 条规定，审判不能一日便终结的，应当在次日连续开庭审理，对于间隔 15 日的庭审需要重新开庭审理。

二、刑事庭审的功能定位

（一）基本属性：查明真相

发动刑事诉讼程序，用意在于“获致一个依照实体刑法的正确裁判”，因此“发现实体真实”，也就是查明到底实际上发生的事件是什么便是必要的前提。② 任何人都会赞同以下判断：事实真相—可靠的审判结果，即，犯

① 陈卫东，刘计划．论集中审理原则和合议庭功能的强化．中国法学，2003（1）．

② 林钰雄．刑事诉讼法：上册．北京：中国人民大学出版社，2005：7．

罪人被判处有罪、无辜者被判无罪，是刑事司法制度的一个重要目的。

案件事实在当今现代化的诉讼过程中，通常都是经过三个基本的诉讼程序予以查明：侦查程序、审查起诉程序和审判程序。一些人认为，与警察主导的非正式的事实发现程序相比，正式的审判程序能够更好地促进事实真相的发现，庭审在查明真相方面发挥极其重要的作用。那么，什么是刑事庭审所要查明的真相？在以审判为中心的前提下，被告人的刑事责任在庭审中通过审判的方式确定。在事实认定中法庭面对的信息是零零碎碎的片段，当事人陈述真假混杂，证人证言难免不中立。如此种种，不一而足。案件事实的发现不仅来自庭前的侦查程序，更来自庭审中对于这些繁杂的内容的分析判断，并据以对事实进行追溯，裁断指控是否成立。

首先，“真相”与发现实体真实相关，但并不完全相同。发现实体真实蕴含着正反两种含义：对于无辜的被告，只有当裁判结果确认并开释无辜时，才是发现了实体真实，也才是实体正确；反之，对于真正的犯罪人，只有当裁判确认其犯罪事实并依照刑法施加处罚时，才是实体真实与正确。[①]其次，追求真相的主要目的是实现实体公正，最大限度防范冤假错案的发生。审判程序中的法庭审理是查明案件事实的关键性、把关性程序[②]，庭审的首要任务就是通过调查证据查明案件事实。对于刑事庭审如何实现查明案件事实的目的，下文将从多个方面进行阐释。

世界各国（地区）在刑事庭审结构设置上均采取一定的手段以确保刑事庭审查明真相的基本属性。以德国为代表的大陆法系国家实行的是“审问式”庭审模式，其程序构造以尽可能发现实体真实为目的，法官负有调查真相的职责。在以美国为代表的英美法系“对抗式”庭审模式之下，强调对当事人对质权的保障，以发现案件事实。在采取对抗式和审问式两种不同诉讼模式的背景下，各国（地区）相应地设置了一系列程序和规则。

1. 诉讼结构设置——交叉询问与官方调查

交叉询问被美国学者视为“迄今为止人类所创造的发现事实真相的最佳武器”[③]。在美国的交叉询问中，控辩双方当事人在法庭上分别就证据、证

① 林钰雄．刑事诉讼法：上册．北京：中国人民大学出版社，2005：7.

② 陈光中，李章仙．论庭审模式与查明案件事实真相．法学杂志，2017（6）：2.

③ Wigmore，*Evidence*，3d. ed.，p. 32（1974）.

人进行交叉询问，针对证据、证人进行一系列举证质证，特别是在陪审团审理的案件中，交叉询问最全面地展现了证据、证人对案件事实的证明作用，从而为法庭，特别是陪审团认定案件事实提供了清晰且直观的影响。在交叉询问中，主询问由申请传唤证人、鉴定人的一方当事人进行，反询问则由对方当事人进行，反询问之目的在于推翻证人的证词内容，使裁判者不相信该证人在主询问中所作陈述。①

与英美法系庭审结构不同，以德国为代表的大陆法系国家"审问式"庭审程序构造，以尽可能发现实体真实为目的。正如有德国学者所讲，"事实上，尽管人类的认识能力是有限的，而且事后再来澄清历史事实有着特殊困难，但是这并不妨碍对客观真实的追求"②。这种审问式传统最明显的特征就在于法院负有发现实体真实的职责。《德国刑事诉讼法典》第244条第2款明确规定，为查清事实，法院依职权应当使证据调查涵盖所有对裁判有意义的事实和证据材料。该款规定了法官的查明义务，该查明义务是诉讼参与人行使证据请求权的基础。只要措施不是根本无望的，法院就有义务采取措施，尽可能地获取可靠的证据基础。依据该款，法院有义务获得尽可能好的证据，对间接证据也不得禁止提取。对于法官的依职权查明义务范围，德国联邦最高法院的一项判例认为，它是一种全面的案件查明，这种查明义务应当涵盖法院获知的或者应当获知的须运用一定的证据加以证明的情况。③ 德国刑事庭审也吸收了英美法系对证人、鉴定人的交叉询问规则。《德国刑事诉讼法典》第239条规定，依检察院和辩护人的一致申请后，经审判长同意，控辩双方可以对证人、鉴定人进行交叉询问。但交叉询问后，审判长可以向证人与鉴定人提出其认为进一步查明案情所必要的问题。实际上，在德国的法庭审理实践中，这一被德国学者评价为"异物"的规定，"几乎从未运用过"④。

这两种庭审模式均强调在法庭上交叉询问对于案件事实查明的重要作用，二者的区分在于法官在案件查明中处于积极的还是消极的地位。我国的刑事庭审结构既不是英美法系的对抗式模式，也不是纯粹的大陆法系审问式模式。在我国，刑事庭审采取一种控辩式模式。这种模式的主要特色是：一

① 陈光中，李章仙．论庭审模式与查明案件事实真相．法学杂志，2017（6）：3.

② ［德］许乃曼．论刑事诉讼的北美模式．茹艳红，译．国家检察官学院学报，2008（5）.

③④ 宗玉琨．德国刑事诉讼法典．北京：知识产权出版社，2013：191－197.

方面，注重在庭审中开展控辩双方的举证、质证和辩论，在法庭调查中借鉴了当事人主义交叉询问的查证方式，控辩双方分别负责己方证据的出示、质证、辩论。对控方提供的证据，由控方进行主询问，经审判人员许可，辩方有权对控方的证据进行发问、发表意见。对辩方证据遵循同样的程序。在正反询问的进行过程中，逐步厘清案件事实。另一方面，在强化控辩职能的同时，重视、保留了审判者的主导作用。[①] 法律既明确规定公诉案件中被告人有罪的举证责任由人民检察院承担，又赋予法官查明案件真相的职责，并赋予法官在庭审中一系列实现查明真相目的的权力。[②] 法庭调查和法庭辩论的程序设置旨在查明案件事实，但中国式的法庭调查和交叉询问模式并没有最大限度发挥交叉询问在法庭查明案件事实方面应有的作用，主要体现在两个方面：一是法官在庭审中的主动性太强，二是卷宗移送导致的“先定后审”依然存在。

2. 证据准入与裁判规则的适用

除了在庭审程序上设置相应的模式以查明案件事实，关于法庭审理内容的规定也是查明案件事实的关键内容，其中证据准入与证据裁判规则的适用对事实认定进行了一系列限制。证据裁判主义是指法官在认定事实时必须以证据为依据，无证据不能认定事实存在，证据存在是法官内心确信的前提条件。

一般认为证据裁判主义的含义包括三项内容：(1) 不得以证据以外的其他现象为依据认定事实；(2) 不得仅凭法官个人的主观推测和印象认定事实；(3) 法官认定事实应当以相应的证据存在为前提。其核心是要求对于实体事实，必须经严格证明。法官不能凭借其推测、推断而决定刑罚处罚。证据准入是指法律对证据运用设置了相应规范，主要是指证据本应当具备法律可采性，即法律许可其进入庭审的资格限制。[③] 具体包括传闻证据规则、非法证据排除规则、最佳证据规则等。证据裁判主义限制法官认定事实时必须依据现实证据，而证据准入进一步强调这些根据本身的正当性。

英美法中，对质权与传闻证据规则密不可分。英美刑事诉讼中，将对质

---

① 陈光中，李章仙．论庭审模式与查明案件事实真相．法学杂志，2017（6）：5.

② 樊崇义，吴宏耀．中国刑事庭审制度的改革与特色．中国刑事法杂志，2000（1）：3－9.

③ 祁亚平．刑事庭审中的事实认定初探．重庆：西南政法大学，2004：26.

权视为公民的一项宪法性权利。要求证人宣誓后作证、使被告人有机会询问证人、使陪审团能够亲自观察评估证人的行为举止，是法律保障对质权的三项措施。为保障对质权，在庭审过程中，允许被告人向对其不利的证据提出挑战，以便在可能的范围内对案件事实作出最有利于己的辩护。因而，被追诉人被赋予出席所有对其不利的诉讼过程的机会，并且可以利用一种相对而言不加限制的直接询问和交叉询问程序。[①] 传闻证据规则旨在保障证人能够受到控辩双方的直接质证，通过区分法庭之内与法庭之外，证人证言必须在法庭之上经过双方质证，才能被认为具备证据资格，证言的内容才能作为认定案件事实的依据。以证言笔录或者其他方式间接呈现在法庭之上的证言，被严格地排除在法庭之外，且不能作为具有证据资格的证据用以证明待证事实。

传闻证据之所以被排除，原因在于证言可靠性受到怀疑，证人出庭可以使被追诉人对与证人陈述相矛盾的地方进行质证，使证言与各个证据之间的合理怀疑被排除。但是，证人不出庭作证，被追诉人的权利将无法有效行使，被追诉人无法向提供不利于己的证人证言的证人进行质证。若法庭在证人不出庭作证的情况下采纳了证人的证言，则剥夺了被追诉人当庭对证人进行质证的权利，使被追诉人被迫承受一种他未曾反驳和辩论过的证据。同时，未经法庭质证，裁判者无法通过双方交叉询问厘清案件真实情况，也不能够观察证人的行为举止，故不能充分保证法官正确查明案件事实，公正裁判。

大陆法中的直接言词原则融合了英美法中的对质权、传闻证据规则、最佳证据规则等。其与英美法中的传闻证据规则的根本差异在于：直接言词原则以规范法官审理行为为核心，而传闻证据规则以规范证据资格为核心。二者在规范书面证言的处理方面分别形成了各自的完整体系，而不是只有传闻证据的排除规则和直接言词的抽象原则。[②] 直接言词原则由两项原则组成，即直接原则和言词原则，具体包含以下几个具体规则：在场原则、证人出庭规则、直接采证规则、审理不间断规则、法官不更换规则。与传闻规则相同，二者都强调亲历性。

---

①② 熊秋红．刑事庭审实质化与审判方式改革．比较法研究，2016（5）：39.

各国的立法和实践表明，除了保障直接言词原则或传闻证据规则在查明案件真相方面发挥最大的作用，法庭审理的主要工作与目的即通过证据认定犯罪嫌疑人的行为是否构成犯罪，是否应受处罚。那么，为了查明案件事实，是否所有的证据都能进入法庭？法庭通过审查所有证据是否一定能获得一个准确的案件事实？答案显然并非如此。对案件事实的发现固然依赖对证据的审查判断，但并非所有证据都呈现在法庭上才能查明案件事实。而各国在证据审查判断方面均选择了设置一系列的证据规则以防止发生冤假错案，其中首要考虑的就是非法证据排除规则。

在美国，证据排除的理论和判例将证据准入问题归因于美国宪法。大陆法系国家以德国为代表，也通过证据使用禁止规则排除非法证据。[①] 从各国立法与实践来看，法庭审理对非法言词证据的排除主要存在两种方式：一是自动排除，即凡是能够被证明为非法获得之言词证据，就必须被排除在诉讼之外，无须法官进行裁量和决断。如美国、法国、日本采用这种排除模式。二是裁量排除，是指对于非法取得的言词证据，由法官根据个案之具体情形，自由裁量以决定是否排除。

非法证据排除规则的适用总是伴随着争议，认为非法证据排除规则不利于发现案件事实真相的观点也一直存在。这种观点侧重于关注有罪的人可能因此脱罪，而忽视了不采用非法证据排除规则，可能导致无罪的人被判有罪，甚至造成冤案。与合法取得的证据相比，非法取得的证据不真实的可能性更大。就犯罪嫌疑人、被告人的供述而言，如果被讯问的犯罪嫌疑人、被告人是真正的犯罪人，那么，在依法讯问的场合，出于逃避或减轻罪责的心理，其作虚假陈述的可能性很大。在此情形下，如果对其采取刑讯或其他违法手段，获得真实的供述可能有理可言。但他也可能为了避免承受进一步的刑讯或痛苦的折磨，作虚假供述，从而使案情复杂化。正如意大利著名刑法学者贝卡利亚所指出的，刑讯“要求一个人既是控告者，同时又是被告人”，因而“必然造成这样一种奇怪的后果：无辜者处于比罪犯更坏的境地”[②]。非法证据排除规则将通过违法方法或手段获取的证据排除在诉讼之外，在很大程度上避免了根据虚假的证据对案件事实作错误的认定，有助于对案件实

①② 熊秋红．刑事庭审实质化与审判方式改革．比较法研究，2016（5）：39.

体真实的发现。[1]

除了直接言词原则、传闻规则、非法证据排除规则，品格证据、意见证据等相应的证据准入规定，均在案件的事实查明方面发挥着至关重要的作用。尽管各国在相应问题上的立法、司法形式有所区别，但是给予证据裁判主义和证据准入的基本功能是相同的，即一方面表现为对法官、陪审团裁判权力的限制与约束，另一方面实际通过对证据资格的限定形成审判对侦查的监督与控制，从而实现刑事庭审查明案件事实的功能。

在我国刑事庭审中，目前仅有非法证据排除规则被明确纳入司法证明体系之中。在非法证据排除程序中，侦查行为的合法性与公诉方的证据是否属于非法证据的问题，属于司法证明的对象。在被告方申请排除非法证据的案件中，被告方承担初步的证明责任，需要就侦查行为的违法性提供证据或者线索。法院只有在对侦查行为的合法性产生疑问的情况下，才能启动正式的非法证据排除程序。

3. 证明标准的设定

证明标准是承担证明责任的诉讼一方对待证事实进行证明所要达到的真实程度。英美法系和大陆法系中，刑事庭审证明标准分别被确定为“排除合理怀疑”和“内心确信无疑”。而我国刑事庭审采用“事实清楚，证据确实、充分”的证明标准，并已经得到我国刑事诉讼法的确立和完善，成为法律人普遍接受的证明标准。证明标准的确立，严格约束了刑事庭审在判断事实真相时所要达到的高度，凡是未达到这一标准的案件，不能排除合理怀疑，对被告人均应坚持疑罪从无，判处无罪。

在定罪裁判程序中，检察机关对被告人的犯罪事实承担证明责任，并需要达到“事实清楚，证据确实、充分”的程度。检察机关提不出任何证据或者无法达到这一证明标准的，法院可以作出无罪判决。但与此同时，对于法定的积极抗辩事由以及刑法所确立的推定事实，被告人也承担一定的证明责任。

我国 1979 年《刑事诉讼法》确立了“事实清楚，证据确实、充分”的证明标准，并要求法院认定被告人有罪必须达到这一标准。1996 年修改后

---

① 陈光中，张小玲．论非法证据排除规则在我国的适用．政治与法律，2005（1）：104.

的《刑事诉讼法》对于检察机关没有达到这一证明标准的案件，确立了“证据不足，指控的犯罪不能成立的无罪判决”的规则。2012 年修订的《刑事诉讼法》对“事实清楚，证据确实、充分”的标准作出了进一步的解释，要求认定案件事实的证据必须同时达到三个条件，才可以被认定为“证据确实、充分”：一是定罪量刑的事实都有证据证明；二是据以定案的证据均经法庭程序查证属实；三是综合全案证据，对所认定的事实已经排除合理怀疑。与此同时，对于二审法院以“事实不清、证据不足”为由撤销原判、发回重审的案件，一审法院重新审判后提出上诉或者抗诉的，二审法院不得再次发回重新审判。2018 年修订的《刑事诉讼法》依然延续这一规定。但是，这一证明标准也面临着诸多方面的争议和批评。

首先，“事实清楚，证据确实、充分”的证明标准过于理想化。“事实清楚，证据确实、充分”的意思就是案件客观事实已经被发现，达到了不枉不纵、客观真实的程度。换言之，法官对待证事实的认定已经达到了百分之百的确定，也就是完全恢复了历史上曾经发生过的案件事实真相。[①] 但是，庭审是在案件事实发生之后进行的，通过证据的审查判断还原案件事实的过程。这种事后还原的方式能否绝对地展现已经发生过的案件事实，还有待考证。

其次，适用一刀切式的统一证明标准，即“案件事实清楚，证据确实充分”的证明标准，无视定罪与量刑、实体与程序、一般刑事案件与可能判处死刑案件的证明标准的不同。与量刑事实相比，犯罪事实涉及罪与非罪的问题，定罪一旦发生错误，往往会形成冤假错案。而量刑事实的认定即便发生错误，最多造成裁判者在量刑上的畸轻畸重，使量刑种类和量刑幅度的选择发生偏差，而不至于造成刑事冤案。实体事实往往涉及定罪量刑问题，可能影响被告人的自由、财产乃至生命，因此需要确立较高的证明标准，从而为法院的定罪判刑设置更大的法律障碍，使被告人乃至其他公民的权益不受国家的任意侵犯。[②] 对程序争议事实的证明一般不需要达到最高的程度，而达到高度可能性即可。相对于一般可能适用自由刑的案件而言，那些可能判处死刑的案件所要达到的证明标准要更高，不仅对犯罪事实的证明要达到最高

①② 陈瑞华．刑事诉讼中的证明标准．苏州大学学报（哲学社会科学版），2013（3）．

的确定程度，而且对那些支持适用死刑的量刑事实的证明也要达到不低于对犯罪事实的证明程度。①

最后，“事实清楚，证据确实、充分”，过于偏重对证明标准客观层面的表述，而忽略了对法官内心确信程度的主观层面的表述。这种过于强调司法证明的客观目标的立法表述方式，容易造成法官对“事实清楚”的含义作出任意解读。证据法对“事实清楚，证据确实、充分”所确立的法律规范，对证据的证明力以及待证事实的真实程度确立了限制性的法律规则，而没有交由法官根据经验、理性和良心进行自由判断。这种对定罪标准的法律规范，固然会发挥限制法官自由裁量权的积极作用，却以一种公式化的表述方式约束了法官主观能动性的发挥。②

大陆法系国家多采用内心确信的证明标准，法官只有对被告人构成犯罪这一点达到内心确信的程度，才能作出有罪的裁决，同时法官负担主动查明案件事实的义务。根据无罪推定原则和证据裁判原则，被告人不承担证明自己无罪的义务，而证明被告人有罪的责任则由检察机关承担。法官对任何一个犯罪构成要件产生合理怀疑时，都不得作出有罪判决，而只能作有利于被告人的解释。作为主观层面的要求，内心确信意味着法官对被告人犯罪事实的真实性形成了最高的确信度。具体地说，法官通过审查全案证据并经历全部法庭审理过程，对被告人有罪这一事实产生了深信不疑的印象。但与此同时，内心确信也有其客观的衡量指标，而不单纯属于法官的主观确信。具体地说，法官对犯罪事实的调查结果，应当认定其具有高度客观的可能性。要达成这一客观标准，法官需要尽力调查全案事实，不仅要着眼于法庭上的证据调查，还要通过庭外调查来发现新的证据和事实；法官在形成内心确信时应当兼顾多种可能性，并将被告人无罪的可能性予以排除；法官不得采用那些无法经受客观验证的经验法则来确立其心证；法官的内心确信应当建立在客观事实的基础上，并经得起反复的验证。③

与我国制定一刀切式的统一的证据标准相比，其他国家或地区对于“证据是否为非法取得”基于不同的情况作了相应的区分，在部分程序中采用较有罪判决之证明标准更低的证明标准。如英国 1984 年《警察与刑事证据法》

①②③ 陈瑞华．刑事诉讼中的证明标准．苏州大学学报（哲学社会科学版），2013（3）．

规定，如果被告人一方提出异议，或者法庭自行提出要求，证明被告人供述可采性的责任就在控诉一方，而且证明标准要达到排除一切合理怀疑的程度。在美国，美国联邦最高法院曾在一个判例中作出解释："在排除聆讯的证明中，不应施加大于优势证据的负担"。也就是说，只能采用优势证明标准或更低的标准。①

不可否认，设立严格的刑事证明标准，在规范侦查机关证据收集，强化检察机关证明责任方面能发挥更好的作用，更有利于发现案件事实，同时也在保障权利方面有较好的作用，但不同证明对象所涉及的诉讼利益是不相同的，因此对不同的证明对象所适用的证明标准应是不同的。要实现程序的繁简分流、差别有序，重要的方面是应当对证明标准进行分层设计。同时，也要进一步排除案卷移送带来的负面影响。"法庭审理流于形式"是我国刑事审判中长期未能解决的问题。在"案卷笔录中心主义"的作用下，侦查程序通过案卷笔录对法庭审判发挥绝对影响，成为整个刑事诉讼的中心，法庭审判在一定程度上变成对侦查结论的审查和确认过程，法庭失去了独立自主地审查证据、认定案件事实的能力。② 严格的错案责任追究制度进一步加深了公、检、法三机关之间的配合。③

（二）实质属性：保障权利

尽管发现事实真相，对犯罪行为人施加应有的惩罚，使无辜的人不受冤假错案的威胁，是刑事诉讼审判程序的重要目的，但这绝对不意味着法庭审理为发现案件真实可以采取不择手段的方式。现代各国的刑事诉讼中，均将权利保障视为核心价值，"禁止不择手段、不问是非及不计代价的真实发现"。一旦发生冤案，将导致无辜公民深陷囹圄，妻离子散，家庭衰败，对公民权利的侵犯不可谓不深。这种状况正是刑事诉讼制度所欲竭力避免的。④

人权，是指人基于其为人的属性而应享有的权利和待遇，对人权的尊重和保护是现代法治文明的集中体现。在各领域的人权保障中，诉讼人权保障

---

① 陈光中，张小玲．论非法证据排除规则在我国的适用．政治与法律，2005（1）．

② 陈瑞华．案卷笔录中心主义——对中国刑事审判方式的重新考察．法学研究，2006（4）：79．

③ 熊秋红．冤案防范与权利保障．法学论坛，2010（4）：35．

④ 同③34．

更主要是指个人人权保障，具体而言就是指诉讼参与人的权利保障，其中首要的是犯罪嫌疑人、被告人的人权保障。尽管法庭审理对人权侵犯的可能性较小，但是法庭审理的过程即追诉犯罪的过程，时刻对被追诉人的权利产生干涉，因此，在赋予国家追诉权与刑事审判权的同时，必须给予当事人与诉讼参与人在庭审中一系列权利，以防范任何滥用权力和擅断的危险。庭审的作用并不限于发现案件真实，其在保障人权的作用也越来越重要。刑事诉讼人权的基本含义是指正当程序权，具体应包括无罪推定、不受任意逮捕拘禁、不受任意搜查和扣押、由中立而无偏倚的法庭审判、迅速审判、公开审判、被告知指控性质及原因、获得律师帮助权、不得强迫自证其罪、对质权、强制程序取证权、反对双重归罪等 12 项权利。[①]

1. 无罪推定原则

作为一项确立和保障被追诉人诉讼地位的基本法律准则，无罪推定原则是一项为现代法治国家普遍承认和确立的刑事诉讼原则。在刑事诉讼中，任何受到刑事追诉的人在被法院依法判决证实有罪之前，应被视为无罪。对于无罪推定原则，《世界人权宣言》第 11 条第 1 款规定：“凡受刑事控告者，在未经获得辩护上所需的公开审判而依法证实有罪前，有权被视为无罪。”联合国《公民权利和政治权利国际公约》第 14 条第 2 款规定：“凡受刑事控告者，在未依法证实有罪之前，应有权被视为无罪。”联合国人权事务委员会关于《公民权利和政治权利国际公约》的第 32 号一般性意见指出：无罪推定是对基本人权的保护，由检察院承担有罪责任的证明，以保证在证明刑事指控不存在合理怀疑之前，被告人被推定无罪，保证对疑点作有利于被告人的解释，要求必须根据此原则对待被告人。所有公共机关有义务避免预先判断案件结果，如禁止作出推定被告人有罪的公开言论。被告人通常在庭审时不戴手铐或被羁押在囚笼里，或被以表明其是具有人身危险性的罪犯的方式出庭。媒体应当避免不利于无罪推定的报道。而且，预审羁押时间不应被认为是否有罪及罪行轻重的标志。

我国 1996 年《刑事诉讼法》第 12 条规定：“未经人民法院依法判决，对任何人都不得确定有罪。”该规定被认为是吸收了无罪推定原则的合理因

---

① 易延友．刑事诉讼人权保障的基本立场．政法论坛，2015（4）：15.

素。一般认为，无罪推定原则包含三项引申性规则，即证明责任由控诉方承担、疑罪从无和被追诉人享有沉默权。1996 年《刑事诉讼法》明确规定法庭在证据不足、不能认定被告人有罪时，应当作出无罪判决。

根据无罪推定原则及由此而引申的证明责任规则，在一定程度上允许有罪者被判无罪，应当说是制度设计中的合理结果。据此，“不枉”相对于“不纵”，应当处于优势地位，否则“疑罪从无”从何谈起?① 冤枉一个无辜者与放纵一个有罪者，虽然均没实现刑事庭审应有的目的，但是任何国家的刑事庭审都不是尽善尽美的，没有绝对的在每个案件中均能准确无误查明案件事实的程序设计。因此，比较“枉”与“纵”，二者均对刑事庭审产生负面效应，但是实践显示，冤枉无辜者较放纵一个犯罪人对刑事司法产生的负面影响更大。在刑事庭审过程中，面对强大的公权力追诉机关，即使给予被追诉人、辩护人等相应的制度保障，仍不可否认，被追诉人仍然处于弱势地位。②

2. 程序法定原则与公正审判

程序法定原则是指司法机关追诉犯罪的程序只能由国家立法机关制定的刑事诉讼法明文规定，司法机关应当严格遵守法定程序，不得超越法定职权或违反法定程序办案。在刑事庭审中，该原则要求庭审严格遵守证据规则，裁判者依据证据裁判事实，不受外界干预，不得任意裁判。

公正审判是指人人有资格由一个依法设立的、合格的、独立的和不偏袒的法庭进行公正和公开的审讯。公正审判权用来保护受刑事追诉者免遭不合法、不公正的定罪。

3. 不得强迫自证其罪

不得强迫自证其罪特权与沉默权之间存在着紧密联系。在刑事诉讼中，任何人不得被强迫作不利于自己的证言或被强迫承认自己有罪，被视为刑事诉讼中对被追诉人进行公正审判的一项最低限度保障。不得强迫自证其罪特权可以追溯到教会法和欧洲普通法，它在英国的发展与对抗式刑事诉讼制度密切相关。现代意义上的不得强迫自证其罪原则是在美国发展壮大的，并影响到全世界。

---

①② 宋英辉．刑事诉讼目的论．北京：中国人民公安大学出版社，1995：45－56.

美国宪法第五修正案规定，任何人不得被强迫作为指控其犯罪的证人。这一规定即为不得强迫自证其罪特权，该特权被视为美国宪法基本权利的一部分，是对抗制的重要组成部分。但关于这一特权在美国刑事司法中也是争议重重。捍卫者提出了多项理由来论证这一特权的正当性：一是强迫自我指控是一种道德错误，自我归罪就是自己伤害和自己指控自己……如果国家鼓励这种自我伤害式的自己指控自己的行为，那么就意味着国家闯入了自治自决的最后领域。社会公众不会承认，个人负有协助控方将自己定罪判刑的道德义务是一种明智之举。即便认罪能够更好地维护违法者的自身利益，但是否承认有罪的决定也应当由他自己作出。二是该项特权是对抗制的重要组成部分。在刑事追诉活动中，该项权利使控方和被追诉人之间维持了一种公平的平衡，同时，降低了政府借助不人道手段从被追诉人身上榨取证言的风险。三是有助于保护无辜。尽管反对强迫自证其罪有时会成为“有罪之人”的避难所，但是，该项特权至少通过两种方式为无辜者提供了保护：一种是警察问询时嫌疑人享有保持沉默的权利，一种是法庭审理时被追诉人享有拒绝作证的权利。①

对不得强迫自证其罪原则的探讨离不开对沉默权的分析。在我国关于刑事庭审是否应该引入沉默权存在两种不同的观点。从保障人权和打击犯罪两个方面进行分析，否定者认为，采用沉默权并不能绝对遏制刑讯逼供，而从打击犯罪的角度看，采用沉默权对侦查权行使不利，给打击犯罪增添了障碍。支持者则认为我国已加入联合国《公民权利和政治权利国际公约》，因此应当遵循国际法的规定，在国内法中加以确定。还有学者提出我国可以采用一般规定与特殊案件除外的方法对沉默权作出规定等。学界对于沉默权的引入，已经有些许探讨。如 2005 年陈卫东教授主编的《模范刑事诉讼法典》在“通则”中明确规定了“在刑事诉讼中，任何人不受强迫作不利于自己的陈述”。2006 年陈光中教授主编的《中华人民共和国刑事诉讼法再修改专家建议稿与论证》在第一章“基本规定”中即明确规定，“不得强迫任何人证明自己有罪或作其他不利于自己的陈述”②。

---

① ［美］约书亚·德雷斯勒，艾伦·C. 迈克尔斯．美国刑事诉讼法精解：第 2 卷．魏晓娜，译．北京：北京大学出版社，2009：239.

② 彭伶．不得强迫自证其罪原则研究．北京：中国政法大学，2007：144.

4. 一事不再理原则

一事不再理原则是指任何人已依生效裁判被最后定罪或宣告无罪的，不得就同一罪名再受审判或惩罚。在美国，这一原则被纳入美国宪法第五修正案，第五修正案“犯罪双重危险的保障”由三重独立的宪法保护构成：（1）防止在无罪开释后对同一犯罪进行第二次追诉；（2）防止定罪后对同一犯罪进行第二次追诉；（3）防止对同一犯罪多重追诉。在禁止双重危险的背后，是对刑事程序价值的判断：首先，对同一犯罪的再次追诉会使被追诉人生活在不安之中；其次，产生了一种令人难以接受的高风险，从而导致对无辜者定罪；最后，需保持裁决的终局性。①

5. 获得律师帮助权

辩护权作为被追诉人最为重要的防御性权利，是刑事诉讼中人权保障的重点。刑事庭审保障权利功能的发挥，离不开律师的参与。而上述不得强迫自证其罪、一事不再理等权利保障规则的实施，更离不开律师功能的发挥。被追诉人不可能都具备了解完备的刑事诉讼规则的能力，可以说其很难实现自我辩护。即使知道法律为保障其行使权利设置了相应的规则，但对规则如何适用以及规则与权利保障之间的密切关系被追诉人也不可能一一知晓。没有律师的帮助，被追诉人无力反抗强大的公权力。进一步完善辩护制度，切实保障辩护权的实现，是实现刑事庭审程序独立价值的前提。需将律师的帮助权贯穿在整个刑事诉讼的全过程，并进一步扩大法律援助的范围，进一步完善针对辩护权的程序性救济及程序性制裁机制。②

近年来，随着对正当程序独立价值的认识，积极的实体真实主义逐渐式微，但实践中司法机关滥用权力、忽视程序的现象仍有发生。要保障实现刑事庭审程序的独立价值，首先，程序设计应该清晰合理。如果程序自身的设计含混模糊、粗陋片面，无违反程序的制裁机制，这个程序必将在实施过程中失去效力。③ 其次，对违反程序的制裁措施也应具体化。应通过加强程序

① ［美］约书亚·德雷斯勒，艾伦·C. 迈克尔斯. 美国刑事诉讼法精解：第2卷. 魏晓娜，译. 北京：北京大学出版社，2009：283－304.

② 闵春雷.《刑事诉讼法修正案（草案）》完善的基本方向——以人权保障为重心. 政法论坛，2012（1）：25.

③ 同②24－30.

的明确性、具体性和违法后果的制裁性规定，尽可能减少程序的缺漏，有效防止程序违法行为的发生。由于对违反程序的行为缺乏必要的制裁措施，程序法沦为“软法”“弱法”，程序的独立价值无从实现，同时也严重损害了国家司法机关的威信及法律的权威。在程序设置上，应关注基本权利的保障，对违反程序的裁判权行使设置障碍，通过程序性救济及程序性制裁机制的完善，促进程序正义的实现。

（三）工具属性：追求高效

公正与效率是刑事诉讼的两大价值目标，其中“正义的第二种意义简单来说就是效率”，因为“迟来的正义是非正义”，可见，效率已成为当代司法公正的一项重要内容。同时，在当代社会中，效率也是衡量一个国家刑事诉讼是否科学与有效的一个重要尺度。刑事被告人在迅速处理对他提起的刑事指控方面享有三种不同的利益：首先，在自我防御方面，证据可能会灭失，记忆可能会消退，证人可能难以找到。其次，快速审理会使与公开追诉相伴而来的焦虑和担忧以及其他“候审期间的犯难和不确定性降到最低”。最后，在被告人审前被羁押的情况下，快速处理将会使“不适当和压制性的拘禁”减到最少。① 刑事审判作为整个刑事诉讼的中心环节，对实现诉讼目的、准确惩罚犯罪、切实保障人权具有重要意义。因此，提高刑事审判效率对于构建公正、高效、权威的社会主义司法制度至关重要。现代诉讼都把效率视为刑事诉讼的基本理念和价值要求，而案多人少、诉讼拖沓等问题普遍存在，在刑事诉讼案件压力之下，各国也在积极寻找出路，简易程序在各国飞速发展起来。

同中国一样，在美国，刑事案件庭审拖延、案多人少、程序烦琐也是多年来困扰刑事司法的要点问题。除联邦犯罪外②，超过95%的刑事犯罪在各州法院被提起公诉，其他犯罪可在联邦或各州法院被提起公诉。随着审前程序以及证据规则的发展，案件的数量在增加，复杂性在增强。案件复杂程度致使取证困难，或辩护律师采取拖延政策，也是简易程序盛行的原因之一。

---

① ［美］约书亚·德雷斯勒，艾伦·C. 迈克尔斯．美国刑事诉讼法精解：第2卷．魏晓娜，译．北京：北京大学出版社，2009：156.

② Floyd F. Feeney, “Lawrence Herman”, *American Journal of Comparative Law Supplement*, vol. 42, p. 74 (1994). 担保诈骗、反垄断违法、所得税避税等白领犯罪，跨州犯罪以及针对联邦政府的犯罪属于典型的联邦犯罪。

美国刑事诉讼中，检察官对案件的证明必须达到排除合理怀疑程度，庭审也面临诸多不可控因素，控辩双方均面临败诉风险。特别是在案情较为复杂的犯罪中，刑事诉讼的负担过重，检察官可能因准备不充分而败诉。因此，当被告方的辩护似乎很有力时，与其在陪审团面前败诉，不如给犯罪行为人较低程度的惩罚，半块面包好过没有。[①] 这些原因促进了简易程序在美国的发展进程。在美国，刑事简易程序种类主要包括[②]：（1）定额罚款代替轻微自由刑；（2）“夜间检察官制度”为代表的庭前分流与刑事调解；（3）控方自由裁量权的运用从而降低刑事诉讼的比例；（4）略去一些传统的程序步骤；（5）认罪答辩代替庭审；（6）辩诉协商作为一种加强有罪答辩的方式；（7）缓刑或撤销假释代替审判。

在大陆法系国家的刑事诉讼法上，职权主义模式之下的检察官是典型的国家公诉机关，并非像对抗制中属于刑事诉讼的一方当事人，控辩双方不平等，辩诉交易发展空间狭隘，因此，英美法中辩诉交易的经典模式在这些国家便无法展开。在职权主义模式下，检察官与法官一道，主要承担了挖掘案件实体真实的任务，而案件真实的发现在本质上与通过妥协和交易来处理案件是相悖的。英美法系简易程序更加注重处理案件的效率，对案件的审查重心不是发现案件真实而是审查案件的基础事实。大陆法系的检察官也没有英美法系那样广泛的自由裁量权，这使广义的简易程序在大陆法系国家的开展存在阻碍。

为提升刑事诉讼效率，德国发展出协商性司法的三种模式，包括在检察官提起正式起诉之前的附条件撤销案件程序、在检察官提起正式指控之后法官准备审判阶段的刑事命令程序，以及主要发生在审判准备阶段和主审判程序中的自白协商制度。不同于英美法系的辩诉交易制度，德国的协商性司法在审问式诉讼模式下得到发展。首先，基于严格的证明要求；其次，德国刑事诉讼将主审判程序作为重点，审判前的侦查程序的目的仅仅是澄清是否具备足够的犯罪嫌疑，辩护人在主审判程序中享有足够的申请举证权，参与庭审前侦查程序中的辩护被认为并没有必要；最后，刑事案件越来越复杂化，

---

① Raymond Moley，*Politics and Criminal Prosecution*，p. 185（1929）.

② Floyd F. Feeney，Lawrence Herman，*American Journal of Comparative Law Supplement*. vol. 42，p. 748（1994）.

协商的可能性取决于案件类型。法官、检察官超负荷工作，对于重大、复杂，涉及复杂的证据与法律争议的案件，协商似乎是一种最好的解决方案。

为了提升刑事庭审效率，我国开展了以“认罪认罚从宽”为核心的改革。综观目前国内刑事简易程序的研究现状，多强调对审判时间的压缩以达到提高诉讼效率的目的，但我国刑事诉讼审判时间可压缩的空间十分有限，适用简易程序的案件又可能因多种因素影响转入普通程序，周而复始的诉讼活动没有达到追求效率的目标，长时间的诉讼拖延也不利于公正。笔者认为，要完善合理的程序分流机制，可将是否认罪作为适用普通程序还是简易程序的唯一标准。首先，这一标准界限清晰，实施难度较小，不存在对认罪与不认罪的标准的争议，特别是在轻微犯罪和轻罪案件中，被告人认罪后可能获得更轻的判决，故其选择适用简易程序的可能性更大。而不认罪案件中，被告人必然有其考虑的因素，如被告人确实是无辜的等，从而不去选择在表面上对自己有利的程序，再进一步，对于认罪且认罚案件，适用速裁程序，进一步简化，经形式审查直接进入量刑程序；对于认罪但不认罚案件，适用简易程序或依普通程序简化审。在庭审步骤的设置上，对于认罪认罚的轻微刑事案件，可以考虑直接进入量刑程序。至于附条件不起诉制度的适用范围，也可以探讨进一步扩大。

（四）附加属性：实现教化

贝卡利亚在《论犯罪与刑罚》中写道：“刑罚最残酷的国家和年代，往往就是行为最血腥、最不人道的国家和年代。”“刑罚的目的既不是要摧残折磨一个感知者，也不是要消除业已犯下的罪行……刑罚的目的仅仅在于：阻止罪犯再重新侵害公民，并规诫其他人不要重蹈覆辙。”刑事庭审是整个刑事诉讼程序中公开性最强的阶段，世界各国刑事庭审中普遍采纳审判公开作为一项基本原则。与通过正当法律程序发现案件事实的西方国家刑事庭审不同，我国刑事庭审的目的不仅是更好地保障实体公正与程序公正，同时庭审也关注教化目标，即通过法庭审理程序来“展现”被告人的“犯罪事实”，促使被告人能够认罪、悔过，并通过法庭审理活动来教育其他民众遵纪守法，有学者总结为以“表态—展示—教育—忏悔”四部曲的方式来教化被告人和其他公民。①

① 李昌盛．刑事庭审的中国模式：教化型庭审．法律科学，2011（1）．

刑事庭审具有的独特教化功能，表现在预防犯罪、帮助犯罪人重返社会与抚慰被害人方面。

庭审因其教化功能也被称为家庭模式下的刑事诉讼，教化型庭审以爱的理念为前提，对公务人员保持高度的信任，以为国家利益和个人利益可以调和，刑事诉讼的功能重在教育而不是惩罚。在这种教化型庭审模式下，司法官员通过法庭审理活动，将法律价值、理念和规则以及其背后的道德价值等灌输给被告人、被害人以及其他民众，使被告人能够认识到自己行为的“可谴责性”，促使被告人认罪悔过，主动承担责任；并通过这种“反面教育”方式教育其他公民自觉遵纪守法，最终使被告人和其他民众成为守法公民，从而维护社会秩序的稳定。①

教化型庭审下的被告人是教化的对象。庭审教化功能的实现，前提是有罪判决。② 一方面，通过追诉犯罪、惩罚被告人来实现对被告人的教化，被告人因自己的行为付出金钱、自由的代价；另一方面，庭审过程对被告人本身也是一种谴责。对受有罪判决的犯罪人而言，以“反面典型”的形象出现在公开的法庭上，展现自己的犯罪事实，对其羞耻心的打击可想而知。从特别预防的角度而言，这将有助于犯罪控制。

对于遭受犯罪侵害的个体来说，有罪者在公开的法庭上接受审判，并被科以刑罚，是对其个人心理的抚慰。如果庭审中被告人真诚地悔过，对被害人而言更是一种必要的安慰，甚至可以说是一种精神的补偿，从而有助于被害人在心理上宽恕被告人。③

庭审还可以教育旁听公民，使其他群众从中吸取教训，遵纪守法。犯罪不只是对国家法律的漠视和对特定社会关系的侵犯，也会造成对特定个体的伤害。公开审理，首先加深了人们关于犯罪后必然会受追诉，即“天网恢恢，疏而不漏”的认识，从而预防犯罪。其次是对朴素的正义观的安慰，缓解因犯罪产生的愤懑不平。最后，被追诉人真心实意地认罪、悔过使社会民众看到了罪犯能“重新做人”的希望，有利于罪犯复归社会后获得社会的接受、认可。

我国在庭审程序担负着诸多目的和价值，庭审制度不断改进，在查明案

---

①②③ 李昌盛．刑事庭审的中国模式：教化型庭审．法律科学，2011（1）．

件事实、保障权利、实现教化、公正高效方面逐步实现现代化刑事庭审的目标价值。但庭审转型依然面临着一些问题，最大问题就是庭审无法真正实质化，“先定后审”“庭审流于形式”的问题仍然存在。法庭对侦查、审查起诉的证据材料难以做到实质性的审查并作出独立的判断。为了努力实现“事实认定符合客观真相，办案结果符合实体公正，办案过程符合程序公正”的目标，我国正在进行有相当深度和广度的司法改革，力求使庭审在审判程序中发挥决定性作用。为实现查明真相这一刑事庭审基本目的，需要进一步落实直接言词原则，严格遵守证据准入与证据裁判原则，庭审证明标准的设立也应更具科学性，分层次，分阶段；保障庭审程序的独立价值，无罪推定原则、不得强迫自证其罪、一事不再理等与被追诉人权利保障休戚相关，应该在庭审中得到明确，防止原则仅是原则而没有在实践中得到保障的尴尬局面；保障刑事庭审效率，实际上也是在保障公正，确立合理的案件分流机制，对庭审在不同类型案件中设置不同的应对机制，将庭审的资源更多地配置给疑难、复杂案件。

三、刑事庭审的影响因子

在我国，庭审虚化是刑事庭审制度的一项顽疾，引起了学术界和实务界的广泛关注。所谓庭审虚化，包括两个层面的含义：一是庭审过程的虚化，二是裁判的虚化。其中，前者指的是法院对证据、案件事实的认定主要不是通过法庭上的举证、质证来完成的，而是依靠对案卷的审查判断进行的；后者则指的是法官的裁判不是由主持、参与庭审的法官作出的，而是由“法官背后的法官”作出的。2014 年，十八届四中全会《决定》也认识到该问题的重要性和严峻性，从顶层设计的角度高屋建瓴地指出：“推进以审判为中心的诉讼制度改革，确保侦查、审查起诉的案件事实证据经得起法律的检验。全面贯彻证据裁判规则，严格依法收集、固定、保存、审查、运用证据，完善证人、鉴定人出庭制度，保证庭审在查明事实、认定证据、保护诉权、公正裁判中发挥决定性作用。”2019 年，中国共产党十九届四中全会决定强调要以习近平新时代中国特色社会主义思想为指导，增强“四个意识”、坚定“四个自信”、做到“两个维护”，坚持中国共产党对司法工作的绝对领导，以深化司法改革为动力，以全面建设智慧法院为依托，以建设过硬队伍为组织保障，加快推进审判体系和审判能力现代化，推动中国特色社会主义司法制度更加成熟更加定型，为坚持和完善中国特色社会主义制度、推进国家治理体系和治理能力现代化提供有力司法服务和保障。对此，最高人民法院印发的《关于人民法院贯彻落实党的十九届四中全会精神推进审判体系和审判能力现代化的意见》提出：要深化司法体制综合配套改革，推动完善公正高效权威社会主义司法制度。完善审判权力监督制约机制，加强依法履职保障，严格落实违法审判责任追究制度，全面落实司法责任制。在实践中，根据中央和最高司法机关的部署，各地也在不断地推进庭审实质化改革。造成庭审虚化的原因是多方面的，有理念的原因，也有规则设计的原因。在笔者看来，导致庭审虚化的因素主要是四个方面，即侦查中心主义的刑事诉讼构造、案卷笔录中心主义、职权主义以及审批制审判权运行机制。

（一）侦查中心主义的刑事诉讼构造

侦查中心主义是相对于审判中心主义而言的。审判中心主义是指，审判是决定被追诉人是否有罪以及承担何种刑事责任的重要阶段，未经审判，任何人都不得被确定为有罪，更不得承受审查罪犯的待遇。审判中心主义包括两个方面的内容：一是，在立案、侦查、起诉和审判整个刑事诉讼活动中，审判是的中心，只有在审判阶段才能决定被追诉人是否有罪以及承担何种刑事责任，在其他的程序阶段都不能作出此种决定；二是，在全部的审判程序中，第一审的法庭审判是中心，其他审判程序都是以第一审程序为基础和前提的。①

但在我国，司法运作中呈现出的是侦查中心主义的特征。所谓侦查中心主义，是指相对于审判程序和其他程序而言，侦查在整个刑事诉讼活动中处于核心地位，侦查是起诉的基础，也是审判的基础，在一定程度上来讲，审判无非是对侦查结论的审查确认而已。详而言之，侦查机关所收集的证据，大都会被法院认定为裁判的根据；侦查机关所认定的案件事实，大都会被法院认定为案件的事实；侦查机关所确定的追诉对象，大都会被法院认定为有罪。②

关于侦查中心主义的特征，我国有学者进行了详尽的概括，区分为程序

① 孙长永．审判中心主义及其对刑事程序的影响．现代法学，1999（4）．

② 陈瑞华．论侦查中心主义．政法论坛，2017（2）．

内的侦查中心主义和程序外的侦查中心主义。[①] 其中，程序内的侦查中心主义体现为侦查机关自主决定基本权干预行为对嫌疑人人身自由的处置、对涉案财物的处分并对证据进行封闭式采集，这会对法院的裁判产生实质性影响，而从法院的角度来看，法院也会考虑侦查机关侦查的情况，特别是会对侦查机关所制作的案件笔录进行审查确认，接受侦查机关所认定的结论。也就是说，侦查中心主义对审判中心主义的侵蚀是从两个方面体现的：一是，侦查中心主义摒弃了司法权在审前阶段的介入。在审前阶段，侦查机关自主进行侦查行为，并且可以自主采取干预基本权的措施，而无须接受司法权的审查。这就导致侦查机关的违法侦查行为得不到救济，更为严重的是，违法侦查所获得的证据可以借由案卷笔录合法地流入审判环节，进而成为案件裁判的依据。二是，案卷笔录可以无限制地进入法庭审判程序，即侦查所获得的案卷笔录具有预先的证据能力，而且事实上会被认为具有更高的证明力。这就导致违法侦查所获得的证据不仅可以顺畅地进入法庭，而且更容易为法庭所采信并作为裁判的依据。

而程序外的侦查中心主义则主要体现为侦查机关通过各种方式对法院的裁判施加强大的社会影响和政治影响，使法院不得不接受侦查机关所确立的结论。我国司法实践中，司法机关审判面临着来自法律之外的压力，法院审判不仅需要关注案件的政治效果，还要关注案件的社会效果和政治效果，有些时候，对案件的社会效果和政治效果的强调要高于法律效果。而从权力配置角度来看，法院的审判权在实际运作中受其他权力的影响较多，难免导致审判权无法顺畅地独立运行，从而丧失相应的对侦查权的审查把控与监督制约能力。

侦查中心主义对刑事庭审程序产生了非常严重的不良影响：第一，从功能来看，侦查中心主义不仅使审判弱化了对侦查行为的控制能力，更削弱了庭审对侦查错误进行预防、纠正的能力，这也是部分错案从侦查到起诉，再到审判，经过三道程序也无法得到纠正的原因所在。第二，从审判方式来看，整个庭审活动完全变成对侦查行为的结果进行审查确认的活动，庭审程序变得可有可无，只不过是走过场而已。第三，从法官的角色和庭审结构来

---

① 陈瑞华．论侦查中心主义．政法论坛，2017（2）．

看，法官不再是中立的审判者，在庭审活动中往往表现出对侦查机关行为的同情、对侦查结果的预先认可，而对被追诉人的权利则较为忽视，从而使整个庭审活动变得控辩不平等，成为一场完全指向被追诉人的“问罪”活动。

（二）案卷笔录中心主义

庭审虚化背后所体现的是案卷笔录中心主义①，即法庭审判活动完全建立在调查案卷笔录的基础上并将其作为裁判的依据。在我国，案卷的主要部分是证据卷，包括对犯罪嫌疑人的讯问笔录，对被害人的询问笔录，书面证人证言，勘验、检查笔录，辨认笔录等各种形式的证据材料。这其中，对犯罪嫌疑人的讯问笔录、书面证人证言等证据材料占了全部证据卷的80%左右，而对犯罪嫌疑人的讯问笔录则占到整个证据卷的30%左右。② 目前，庭审中案卷笔录占比较大的问题仍待解决，最高人民法院的《审判中心改革实施意见》等一系列文件也未能在实质意义上改变案卷笔录对庭审的负面影响。③ 正是案卷卷宗在证据内容上的丰富性、全面性和关键性，决定了在案卷笔录中心主义下，案卷笔录完全可以替代证人、被害人、侦查人员、鉴定人的出庭，甚至也不需要被告人的出庭就可以完成整个庭审活动，庭审活动也就演变成为以案卷笔录的审查确认为核心的“仪式”。

在我国，庭审过程的虚化主要表现为举证虚化、质证虚化、认证虚化三个方面。④ 无论是举证、质证还是认证的虚化问题，都与案卷笔录中心主义密切关联。举证虚化具体表现为：（1）举证主要为笔录类证据⑤，证人、侦查人员、被害人、鉴定人不出庭为常态；（2）批量举证，而非一证一举；（3）举证主要以宣读案卷笔录的形式进行，且往往是摘要式宣读。质证虚化主要表现为：（1）质证主要针对的是笔录类证据，而不是人证；（2）质证的方式是提出疑问即“质疑”而不是“质问”；（3）批量质证，而非一证一质。认证的虚化主要表现为法官在庭前、庭后以案卷笔录进行认证，而不是当庭

---

① 对案卷笔录中心主义的分析，参见陈瑞华．案卷笔录中心主义——对中国刑事审判方式的重新考察．法学研究，2006（4）。

② 左卫民．中国刑事案卷制度研究——以证据案卷为重心．法学研究，2007（6）．

③ 褚福民．案卷笔录与庭审实质化改革．法学论坛，2020（4）．

④ 关于庭审虚化的实证研究，参见何家弘．刑事庭审虚化的实证研究．法学家，2012（1）。

⑤ 此处是在非严格意义上使用笔录类证据，主要包括对被告人的书面供述或讯问笔录，书面证人证言或证言笔录，对被害人的书面陈述或询问笔录，勘验、检查笔录等。

以举证、质证的结果进行认证。

案卷笔录中心主义下庭审虚化是通过两个机制实现的：其一，案卷笔录被推定具有证据能力，且很难受到挑战。在我国，案卷笔录不受证据能力审查便可以畅通无阻地进入法庭，并被法庭使用。其二，案卷笔录被推定具有更强的证明力。在案卷笔录畅通无阻地进入法庭、被法官使用的基础上，案卷笔录还被赋予了更高的证明力，辩护方的质疑除非可以彻底推翻控方的证据，否则法庭将会采信控方证据。这其中，案卷笔录被预设具有证据能力是前提和关键。

不仅如此，导致庭审虚化的一个重要因素——上文论及的侦查中心主义也是借助案卷笔录中心主义加以实现的。在我国"流水线型"刑事诉讼构造中，审判职能的发挥受制于侦查职能。更为重要的是，在流水线型刑事诉讼构造中，审判职能无法实现对侦查职能的制约，反而依附于侦查职能，审判无非是对侦查结果的确认。在案卷笔录中心主义下，证人、被害人等较低的出庭率，导致：第一，辩护方由于取证能力等方面的限制，很难提供证据，法庭审判所需要的证据几乎全部是由侦查卷宗，特别是其中的证据卷所提供的；第二，辩护方通常很难进行有效的质证，证据的证据能力、证明力都很难受到挑战，即便存在挑战也可以轻而易举得到化解。这也意味着审判对侦查活动的制约作用受到限制。由此，借助案卷笔录中心主义，侦查活动将对审判活动发挥决定性影响，侦查机关的取证将构成法官裁判的基础，侦查卷，特别是其中的证据卷，构成法官心证的基础，法庭审判最终演变成为对侦查结果的确认。可见，案卷笔录中心主义是导致庭审虚化的制度性根源。[①]

此外，与案卷笔录中心主义密切相关的案卷移送制度也被视为导致庭审虚化的一个重要原因。[②] 2012 年《刑事诉讼法》修改后，案卷要随全案移送审查起诉，这就意味着法官在庭前可以全面地接触案件的事实和证据信息，尽管这可以提升法官对法庭的指挥能力，但也容易导致法官形成预断和偏见，使法官在法庭上的审判成为验证侦查结果的活动。

---

① 陈卫东．以审判为中心：当代中国刑事司法改革的基点．法学家，2016（4）.

② 对《刑事诉讼法》修改后案卷移送制度的评析，参见汪建成．刑事审判程序的重大变革及其展开．法学家，2012（3）。

(三)职权主义

职权主义是我国刑事诉讼的一大特质。职权主义刑事诉讼模式呈现出以下几个特点：第一，在侦查阶段，侦查基本上属于控方一方的行为，程序基本上不公开，控辩双方事实上处于不平等地位；第二，在审查起诉阶段，案卷材料需要全部移交给法官，法官在庭前便可以掌握案件的所有信息；第三，在开庭审理阶段，法官起到积极的主导作用。法官享有诉讼指挥权，指挥整个庭审的进行，控辩双方在刑事诉讼中处于被动地位，而且，法官可以依职权讯问被告人、询问证人以及采用其他方法证明案件的事实。更为重要的是，法官的审理不受控辩双方主张范围的限制。①

职权主义还可能引发当庭讯问的程序不当问题。在该审判模式下，法官负有查明真相的权力和职责，且由法官讯问被告人还是法庭调查的第一步和重要内容。而过分着力于当庭讯问，容易危及不得强迫自证其罪原则的实现。② 目前，我国法庭上对被告人的当庭讯问主要包含两个方面的导向：一是明确被告人认罪与否，从而决定法庭程序的繁简程度；二是通过被告人认罪还原案情全貌，并以此作为对其他证据形式予以印证的直接性内容。当二者相互混淆时，就容易使当庭讯问带有某种强制性。这也是公诉人要对拒绝认罪的被告人施加法庭教育的内在原因。同时，这样的程序安排也对控辩之间的平等构成了一定威胁。在法庭审理过程中，公诉人一般不会将被告人视作能够和自身进行平等对话的诉讼主体。而且，这样的安排也容易使当庭讯问占据庭审过多时间，从而对举证、质证环节造成影响。有时，当公诉人撇开其他证据向被告人盘诘，而公诉人的提问不能令人满意时，法官还会直接跳出中立者裁判者的角色，自行展开讯问。下面的例证就是典型代表：

公诉人：你在公安机关的供述是否属实？

被告人：属实。

公诉人：你对检察院起诉书指控的故意伤害罪的事实有无异议？

被告人：没有。

法官：你是咋到案的？

---

① 宋世杰，等．外国刑事诉讼法比较研究．北京：中国法制出版社，2006：73.

② 孙长永．刑事庭审方式改革出现的问题评析．中国法学，2002（3）.

被告人：当时派出所人也在，我跟派出所一起去的。

法官：你跟被害人是啥关系？

被告人：堂兄弟。

法官：你们以前有无过节？

被告人：没有。

法官：关系咋样？

被告人：可以。

法官：你挖的是你的宅基地吗？

被告人：前几年队里欠我钱，那块地支给我了。

法官：你有宅基地手续没有？

被告人：没有。

法官：麦地是不是裴某某种的？

被告人：不知道。

法官：你赔偿裴某某多少钱？

被告人：通过家属一次性赔 350 000 元。

法官：取得被害人谅解了吗？

被告人：取得了。

这是一起故意伤害案，适用的庭审程序也是简易程序。在公诉人实际已确定被告人认罪的前提下，法官仍就很多细节问题持续提问。应当说，法官过度关注实体问题，难免会以轻视诉讼指挥权的有效行使为代价。因此，调整当庭讯问的程序安排和方式，或可作为未来提高实质化庭审效率的点睛之笔。①

① 李奋飞．论刑事庭审实质化的制约要素．法学论坛，2020（4）．

第五章　刑事庭审转型的机制展开

理想的刑事庭审好比一场棋局，它棋局严整、规则公平、对决开放、紧张有序。现代刑事司法理念要求刑事庭审不能仅仅追求真相的查明，还应注重对被告人诉讼权利的保障和庭审效率的兼顾，而审判的结果也应当追求社会效果。为了保障这些功能定位和价值目标的实现，近年来我国庭审实质化改革从“事实发现机制”“心证约束机制”“裁断审决机制”入手，对我国的刑事庭审制度进行了重塑。

通过几年的试点，如今我们的庭审机制现状呈现出典型的“转型期”特征。它一条腿迈入了当事人主义、对抗式的庭审模式，但它的另一条腿还停留在职权主义、纠问式、书面式审理模式：证据规则更加注重证据可采性的调查过程，更注重保障辩方的对质权，细化了非法证据排除规则，推动证人出庭作证，但，传闻证据仍然在法庭宣读且具有较高效力，证人，尤其是侦查人员出庭还未形成常态，生动的证据调查机制的根基尚未成型；辩护权的授予更多，但辩护律师的证据调查权依然未得到充分行使；法律援助制度、值班律师制度、辩护律师全覆盖政策体现了加强人权保障的努力，但刑辩律师的处境仍不令人满意，距离有效辩护目标的实现还有一定差距；审理者裁判，裁判者负责加以落实，但审委会仍掌控着大案要案的最终抉择；人民陪审制度的改善推动法官从事实裁判的泥淖中抽身出来，但“陪而不审”“审而不议”的症状依然存在，陪审制度的作用尚未得到充分发挥；指导性案例制度的确立使司法的创制功能得到初步释放，使法官有了透彻说理的制度激励，但副卷制度依然与审判中心的司法公开、司法透明、司法独立理念背道而驰；合议庭运行与评议机制的完善使合议庭决策相对更加独立、运行更加高效，但嵌套其中的承办人制度饱受争议、合议庭实质化的基础条件方面尚需完善。总之，我国的刑事庭审正走在实质化的上坡路上，步伐较大，取得了很多实质性成果，但也有诸多障碍尚需克服。

一、事实发现机制的重塑

任何接触行为的发生都会留下痕迹，或者以客观的方式存在于物质世界，或者留存于人的大脑中。这为人们“还原”发生于过去的事实真相提供了可能。也正因为无法回到过去，人们只能借助尽可能多的痕迹对过去进行“还原”。有的痕迹被人们发现并经提取、审查、呈交法庭成了证据，有的则没有被发现或者被毁灭。证据越完整、越真实就越接近事实真相。正因为证据是认定事实的依据，诉讼各方为了各自的利益，有可能伪造、隐藏甚至毁灭证据。为了确保用于定罪量刑的证据具有关联性、合法性、真实性，对每一份证据的来源、发现经过、呈现状况等都需要仔细辨明。为了实现这一目标，就必然需要辩护方的辨明能力与控诉方的举证能力旗鼓相当。在我国辩方力量整体薄弱的现状下，围绕“增强辩方能力”这一核心展开的事实发现机制的重构就是融合实质正义与程序正义的必然通道。“增强辩方能力”至少包括三个部分，即确保被告的律师辩护权、增强辩方的取证能力和质证能力、降低辩方的质证难度，相应地，在法律规制层面，至少应从证据调查机制、有效辩护机制、专家参与机制三个角度去实现这一目标。

（一）证据调查机制

法庭调查是庭审的核心组成部分，而证据调查是法庭调查的中心环节，因而可以说证据调查是整个庭审的中心。证据调查能否充分展开，决定着法庭辩论能否切中案件证据问题、事实问题的要害，进而决定着裁判者能否借由辩方的细致入微和控方的有力回应对案件的细节加以挖掘，从而对案件作出公正的裁判。“回顾我国刑事诉讼程序的改革历程，法庭调查程序始终是改革的重点和难点。”① 能否实现法庭证据调查程序的实质化，直接决定了庭审实质化改革的总体成效。近年来，我国的证据调查机制通过完善庭前会议制度、证人出庭制度、非法证据排除制度等，致力于加强当事人主义因

① 刘静坤．刑事案件法庭调查的基本原则和程序设计．法律适用，2018（1）．

素、推动控辩平等、落实无罪推定、实现程序正义，控辩双方的对抗逐渐成为主导法庭进程的力量。

1. 证人出庭制度

庭审实质化以证人出庭作证并接受质证为核心内容，确保证人出庭就成为庭审实质化的前提。[①] 然而长期以来我国证人出庭率极低，“经过调研测算并得到学界业界认可的一个数据是：个别法院勉强能够到 5%，多数地方刑事案件证人出庭率低于 1%”[②]。造成证人出庭率低的原因是多方面的，要想扭转这种局面需要全社会的共同努力。但是单从法律制度来说，不完善的证人出庭规则难辞其咎。尽管 2012 年《刑事诉讼法》修订时从强制出庭、经济补偿、安全保障等方面对证人出庭作出了规定，但对出庭人员范围、出庭条件、强制出庭的执行方法等方面的规定都不尽完善。为了推进以审判为中心的刑事诉讼制度改革，2017 年 11 月最高人民法院出台了《法庭调查规程》对上述内容作出了进一步规定，体现了司法改革庭审实质化的最新实践成果。

目前我国的证人出庭规则基本形成了以下体系：

（1）出庭作证人员的范围：证人、被害人、鉴定人、侦查人员、有专门知识的人，其中侦查人员出庭作证的范围包括侦破经过、证据来源、证据真实性、证据收集合法性及执行任务时目击的犯罪情况；

（2）出庭作证的条件。首先，证人、被害人出庭的条件有二：一是，控辩双方对证人证言、被害人陈述有异议，申请证人、被害人出庭；二是，人民法院经审查认为证人证言、被害人陈述对案件的定罪量刑有重大影响。这两个条件在一定程度上弱化了 2012 年《刑事诉讼法》确立的出庭条件的主观性和随意性，有利于出庭概率的增加。其次，就侦查人员出庭的条件，规则之间作出了不同的规定。《严排规定》第 27 条规定：“被告人及其辩护人申请人民法院通知侦查人员或者其他人员出庭，人民法院认为现有证据材料不能证明证据收集的合法性，确有必要通知上述人员出庭作证或者说明情况

① 顾永忠．庭审实质化与交叉询问制度——以《人民法院办理刑事案件第一审普通程序法庭调查程序（试行）为视角》．法律适用，2018（1）．

② 程姝雯，黎湛均．司改措施千万条，证人出庭最关键．南方都市报，2019－03－09．

的，可以通知上述人员出庭。”《庭前会议规程》第17条则规定：“控辩双方申请证人、鉴定人、侦查人员、有专门知识的人出庭，应当说明理由。人民法院经审查认为理由成立的，应当通知有关人员出庭。”《排除非法证据规程》则又作出了不同的规定，其第21条第3款规定：“被告人及其辩护人申请人民法院通知侦查人员或者其他人员出庭说明情况，人民法院认为确有必要的，可以通知上述人员出庭。”对于这三者的效力，如果按照新法优于旧法的原则无法得出结论，因为后两者是同时出台的，且这两者之间也存在矛盾。从司法实践的角度讲，由于《严排规定》由“两高三部”发布，而后两者由最高人民法院单独发布，所以《严排规定》在实践中可能会更容易得到实施。从这个角度讲，侦查人员出庭的条件仍是主观性大于客观性，出庭的难度比较大。最后，值得注意的是《法庭调查规程》创新性地规定了法院依职权通知证人出庭的情形，即“为查明案件事实、调查核实证据，人民法院可以依职权通知上述人员到庭”①。此规定虽然体现了职权主义色彩，但增加了证人出庭规定的概率，有助于案件事实的查明。

（3）出庭实现机制多层次化。以法院通知证人到庭为基础，以控辩双方协助到庭、远程视频作证为补充，以强制到庭为最后手段。②

（4）出庭保障措施：包括经济补偿和安全保障。安全保障措施包括不公开真实姓名、住址和工作单位等个人信息，或者不暴露其外貌、真实声音等；安全保障措施的实施主体一般是法院，但“必要时，人民法院商请公安机关采取专门性保护措施”。经济补偿的范围包括交通、住宿、就餐等合理费用，支付方式为“除由控辩双方支付的以外，列入出庭作证补助专项经费，在出庭作证后由人民法院依照规定程序发放”。

尽管经过制定法律法规的努力，我国的证人出庭规则取得了一定进步，但仍存在许多局限，例如，我国尚未实行严格的传闻证据排除规则，证人的当庭证言并不必然优于庭前证言，证人的当庭证言与庭前证言矛盾，证人不能作出合理解释，而庭前证言与相关证据相印证的，可以采信其庭前证言；

---

① 《法庭调查规程》第13条第4款。

② 刘静坤．刑事案件法庭调查的基本原则和程序设计．法律适用，2018（1）．

再如，对于证人证言的调查方式虽然《法庭调查规程》进行了完善，基本确定了举证方、质证方、法官的调查询问顺序[①]，且规程对异议的处理规则也作出了规定，但我国关于质证方不能采用诱导式询问方式的规定不符合证人证言的质证规律，且法官在调查程序中仍扮演参与者而非消极主持者的角色，这一做法也留有职权主义特征。这种模式是否符合我国国情，是否有利于更好地对证人证言展开调查，如何对这种模式进一步完善，还需要理论和实践的探索。另外，证人的询问程序完善除了良好规则的构建，还取决于控辩双方的发问水平、辩论水平以及法官的主持水平，而法律职业群体水平的提升还需经过长期的努力。

2. 非法证据排除制度

基于证据能力与证明力二元化的证据审查原则，证据的合法性问题是证据调查中的重点内容之一。众所周知，由于我国没有确立被告人的“沉默权”，获取犯罪嫌疑人、被告人的口供，一直被侦查机关视为破案的关键，为了获取口供，司法实践中不当羁押、超期羁押、非法取证等侵害犯罪嫌疑人、被告人合法权益的情况不鲜见。由于相关法律法规的缺乏，辩护律师也无法就取证合法性问题展开有效辩护。自赵作海案等冤假错案得到纠正以来，取证合法性问题，尤其是刑讯逼供问题，得到了中央层面的重视，相关部门陆续出台相关法律法规对非法证据排除问题进行规定，这些规定成为律师进行取证合法性辩护的前提，也为法庭展开取证合法性调查提供了法律依据。

2010年6月13日，最高人民法院、最高人民检察院、公安部、国家安全部和司法部联合发布《办理死刑案件证据规定》和《非法证据排除规定》(以下简称“两个证据规定”)，首次对非法证据的排除程序作出了规定；2012年《刑事诉讼法》基本上确认了“两个证据规定”的成果，正式确立了非法证据排除规则；2013年最高人民法院发布《防范冤假错案意见》对何谓非法方法进行了列举式说明，并将“情况紧急必须现场讯问”确定为唯

① 根据《法庭调查规程》第19条第1款，根据案件情况提出证人出庭申请的一方也可以先行发问。

一一种合法的监所外提讯的情形[①]；以审判为中心的刑事诉讼制度改革推进以来，为推进严格司法，推进庭审实质化，2016 年 7 月，《两高三部改革意见》，提出了“逐步实行对所有案件的讯问过程全程同步录音录像”及“探索建立重大案件侦查终结前对讯问合法性进行核查制度”等创新性举措；2017 年 2 月，最高人民法院出台《审判中心改革实施意见》提出在庭前会议阶段对取证合法性问题进行情况核实和听取意见，还对实践中较难处理的讯问录音录像与讯问笔录存在实质性差异、应当对讯问进行录音录像而公诉机关未向法庭提供录音录像或者讯问录音录像不完整、侦查人员应当出庭而不出庭的情况如何处理等进行了规定；2017 年 6 月和 2017 年 11 月，“两高三部”和最高人民法院又相继发布了《严排规定》《法庭调查规程》《庭前会议规程》《排除非法证据规程》，对取证合法性的证明责任、证明标准、证明方法、审查及调查程序、处理办法以及非法证据的范围等作出了系统规定，由此形成了我国当前的非法证据排除规则体系，为证据合法性的法庭调查提供了基本依据。

这一规则体系的内容结构如下：

（1）非法证据的范围。

对非法证据的界定决定了取证合法性的调查范围，是开启调查程序的基础。非法证据包括非法取得的言词证据（被告人供述、被害人陈述、证人证言），以及非法取得的物证、书证等实物证据。

首先，对于言词证据，我国采取绝对排除的原则[②]，但在“非法方法”及“排除范围”的划定上仍较为模糊，体现了立法曲折前进的历程。就“非法方法”而言，《严排规定》对“暴力”“威胁”进行了界定，且将非法拘禁等非法限制人身自由的方法纳入非法方法的范围[③]，但对于“疲劳审讯”是

① 《防范冤假错案意见》第 8 条规定：“采用刑讯逼供或者冻、饿、晒、烤、疲劳审讯等非法方法收集的被告人供述，应当排除。除情况紧急必须现场讯问以外，在规定的办案场所外讯问取得的供述，未依法对讯问进行全程录音录像取得的供述，以及不能排除以非法方法取得的供述，应当排除。”

② 2012 年《刑事诉讼法》规定，“采用刑讯逼供等非法方法收集的犯罪嫌疑人和被告人供述和以暴力、威胁等非法收集的证人证言、被害人陈述，应当予以排除。”

③ 但关于超期羁押是否属于非法拘禁，学者有不同的看法。毛立新．严格排除非法证据规定的九大缺憾．中国律师，2017（17）.

否属于非法方法，通过该方法取得的供述是否属于绝对排除的范围，现在还存有争议[①]；《刑事诉讼法》明确规定严禁以“欺骗”“引诱”的方法收集证据，但对于什么是“欺骗”“引诱”，以此两种手段取得的言词证据是否应予排除，现有法律法规还未作出规定。就“排除范围”而言，《严排规定》首次对重复性供述的原则和例外情形作出了规定，但重复性供述仅限于借由刑讯逼供的手段取得这一种情形，在威胁、非法拘禁等影响下作出的重复性供述则不在排除范围之内，这与供述自愿性原则还有较大差距。有学者还指出，将更换侦查人员并告知犯罪嫌疑人、被告人诉讼权利和认罪的法律后果后，犯罪嫌疑人、被告人作出的自愿供述作为重复性供述排除的例外情形，也易将排除重复性供述的规定架空。[②] 另外，关于监所外提讯在何种情况下应被排除的问题，有关部门的态度似乎发生了倒退。实践中暴力取证的情形较多发生在监所外提讯时，但如前所述，在《防范冤假错案意见》规定将“情况紧急必须现场讯问”[③] 确定为唯一一种合法的监所外提讯的情形后，后续法律文件未对该规定加以确认。相反，《严排规定》第 9 条规定：“……犯罪嫌疑人被送交看守所羁押后，讯问应当在看守所讯问室进行。因客观原因侦查机关在看守所讯问室以外的场所进行讯问的，应当作出合理解释。”而《排除非法证据规程》第 26 条规定，“侦查机关除紧急情况外没有在规定的办案场所讯问，现有证据不能排除以非法方法收集证据的”。相比《防范冤假错案意见》，后两者都没有将监所外提讯限制在“现场讯问”，且何为“紧急情况”也没有相应标准，由此监所外提讯仍然难以排除。

---

① 2013 年《防范冤假错案意见》第 8 条规定：采用刑讯逼供或者冻、饿、晒、烤、疲劳审讯等非法方法收集的被告人供述，应当排除。此规定将通过疲劳审讯的手段获取的供述纳入绝对排除的范围，实践中也有不少排除的案例，但 2017 年《严排规定》没有体现这一内容。

② 因为犯罪嫌疑人、被告人仍处于同一机关的调查环境内，甚至有的犯罪嫌疑人、被告人还未见到律师，在其自身处境未发生根本改变的情况下，他们极有可能违背意愿作出重复性有罪供述。而且，实践中更换侦查人员的情形也很常见，犯罪嫌疑人、被告人并不清楚换人的以后自己的处境有何变化，这对于犯罪嫌疑人、被告人心理的调整并无太大意义。毛立新．严格排除非法证据规定的九大缺憾．中国律师，2017（8）．

③ 《防范冤假错案意见》第 8 条第 2 款规定：“除情况紧急必须现场讯问以外，在规定的办案场所外讯问取得的供述，未依法对讯问进行全程录音录像取得的供述，以及不能排除以非法方法取得的供述，应当排除。”

其次，对于非法实物证据，我国采取相对排除的原则。我国《刑事诉讼法》规定：违反法定程序收集的物证、书证，可能严重影响司法公正的，应当进行补正或作出合理解释；不能予以补正或作出合理解释的，对该证据应当排除。《法庭调查规程》将这一范围扩大至所有证据："收集证据的程序、方式不符合法律规定，严重影响证据真实性的，人民法院应当建议人民检察院予以补正或者作出合理解释；不能补正或者作出合理解释的，有关证据不得作为定案的根据。"① 基于物证的客观性，关联性强的物证是十分有力的证据，但与言词证据的收集不同，痕迹物证等物证的收集具有不可重复性，如果将该物证排除，则很有可能造成证据不足的严重后果。正是基于上述原因，我国对实物证据的排除采取了谨慎的态度。但从严格规范取证机关的取证行为、保护被告人的人身权和财产权等合法权益、确保证据可靠性的角度讲，此规定无不缺陷。学界也多对此持否定态度，认为如此规定容易滋生欺骗性证明，让不合法、不真实的物证成为最终定案的依据。

（2）非法证据的证明责任和证明标准。

在证明责任方面，我国《刑事诉讼法》规定了申请排除者的初步证明责任即提供时间、地点、人员、方式、内容等线索或材料。《排除非法证据规程》对"线索"和"材料"的具体内容作出了列举式规定。② 而公诉方则承担对证据收集合法性的证明责任。在证明标准上，《排除非法证据规程》将被告方的证明标准进行了按阶段划分，对于被告方在庭审前提出排除非法证据申请的，只有形式上的审查要求，并无实质性的证明标准要求，即只要被告方提交相关的线索或材料，人民法院就应当召开庭前会议③，但对于在庭审过程中提出申请的，则需要达到表见证明的标准，即"人民法院经审查，对证据收集的合法性有疑问的，应当进行调查；没有疑问的，应当驳回申

① 《法庭调查规程》第 47 条。

② 《排除非法证据规程》第 5 条第 1 款规定："被告人及其辩护人申请排除非法证据，应当提供相关线索或者材料。'线索'是指内容具体、指向明确的涉嫌非法取证的人员、时间、地点、方式等；'材料'是指能够反映非法取证的伤情照片、体检记录、医院病历、讯问笔录、讯问录音录像或者同监室人员的证言等。"

③ 《排除非法证据规程》第 10 条。

请”[①]。这一规定相较于 2012 年《刑事诉讼法》[②]，增加了“庭前提出申请”标准降低的规定，对于保障被告人的人权和提高法庭的效率而言都有帮助；而根据 2012 年《刑事诉讼法》的规定，公诉方的证明标准存在优势证据标准和确信无疑的标准两种表述，即确认或不得排除存在非法取证情形的，对有关证据应当予以排除。[③]

（3）非法证据的排除阶段。

按照《严排规定》公、检、法三机关都有审查和排除非法证据的职责，而犯罪嫌疑人及其辩护人在侦查阶段，被告人及其辩护人在审查起诉阶段、审判阶段都有提出控告、申诉和申请排除非法证据的权利。值得注意的是，审判阶段对取证合法性的审查受到审前阶段的影响。《审判中心改革实施意见》第 22 条第 1 款规定：“被告人在侦查终结前接受检察人员对讯问合法性的核查询问时，明确表示侦查阶段不存在刑讯逼供、非法取证情形，在审判阶段又提出排除非法证据申请，法庭经审查对证据收集的合法性没有疑问的，可以驳回申请。”《排除非法证据规程》第 17 条也对该规定进行了确认。有学者指出，由于在侦查终结前，“犯罪嫌疑人还没有脱离侦查人员的控制，甚至还没有会见上律师”，犯罪嫌疑人可能不敢说实话，而驻所检察室作为检察机关的一个部门，其中立性也难以保证。因此，这一规定，可能会产生对犯罪嫌疑人不利的结果，使犯罪嫌疑人、被告人提出的申请难以得到法庭支持。[④]

（4）被告人申请权等权利的保障。

首先，司法机关负有告知义务。《严排规定》规定了检察机关在审查逮捕和审查起诉期间、人民法院在送达起诉书副本时，应当向被告人及其辩护人告知其有权申请排除非法证据。其次，被告人享有获得律师帮助的权利。《庭前会议规程》第 3 条第 3 款规定：“被告人申请排除非法证据，但没有辩

① 《排除非法证据规程》第 17 条。

② 《刑事诉讼法》第 56 条第 1 款规定：“法庭审理过程中，审判人员认为可能存在本法第五十四条规定的以非法方法收集证据情形的，应当对证据收集的合法性进行法庭调查。”

③ 2012 年《刑事诉讼法》第 58 条。

④ 毛立新．严格排除非法证据的九大遗憾．中国律师，2017（8）.

护人的，人民法院应当通知法律援助机构指派律师为被告人提供帮助。”最后，被告人享有参加庭前会议的权利[①]，和向证人发问、与出庭证人对质以及申请调取证据的权利。《法庭调查规程》第 8 条第 3 款规定了“根据案件审理需要，审判长可以安排被告人与证人、被害人依照前款规定的方式进行对质”。第 19 条第 3 款规定了“经审判长准许，被告人可以向证人发问”。对于侦查人员就侦破经过、证据来源、证据真实性或证据收集合法性出庭作证时，是否能适用该两条规定，笔者认为，既然侦查人员出庭作证应当就相关情况接受发问[②]，而被告人是辩护权的直接享有者，应当享有与自己不利的证言进行对质的权利，那么，应当允许被告人向侦查人员发问。但是在发问方式上，同样要受到发问规则的限制。在申请调取证据方面，辩方享有包括申请播放特定讯问时段的录音录像[③]、申请调取控方收集但未提交的证据材料[④]、申请侦查人员及相关人员出庭的权利。[⑤]

(5) 取证合法性的审查与调查规则。

一方面，从当前规则体系来看，对取证合法性的法庭调查程序更趋于实质化，但“排除”依然十分谨慎。首先，对取证合法性有异议的证据是否予以宣读？现有规则对此作出了不同的回应。《排除非法证据规程》第 4 条规定：“依法予以排除的非法证据，不得宣读、质证，不得作为定案的根据。”[⑥]第 18 条规定：“人民法院决定对证据收集的合法性进行法庭调查的，应当先行当庭调查。对于被申请排除的证据和其他犯罪事实没有关联等情形，为防止庭审过分迟延，可以先调查其他犯罪事实，再对证据收集的合法性进行调查。”“在对证据收集合法性的法庭调查程序结束前，不得对有关证据宣读、质证。”《严排规定》第 33 条第 2 款规定：“在法庭作出是否排除有关证据的决定前，不得对有关证据宣读、质证。”从《严排规定》和《排除非法证据规程》的规定来看，二者似乎有矛盾，应作何解释？在笔者看来，《排除非

---

① 《庭前会议规程》第 3 条第 2 款规定：“……根据案件情况，被告人可以参加庭前会议；被告人申请参加庭前会议或者申请排除非法证据等情形的，人民法院应当通知被告人到场；有多名被告人的案件，主持人可以根据案件情况确定参加庭前会议的被告人。”

② 《严排规定》第 31 条第 3 款、《排除非法证据规程》第 23 条。

③ 《庭前会议规程》第 14 条，《排除非法证据规程》第 13 条、第 21 条。

④⑤ 《排除非法证据规程》第 21 条。

⑥ 《法庭调查规程》第 1 条作了同样规定。

法证据规程》的规定是针对将“证据收集合法性的申请放在其他犯罪事实之后进行调查”这一特殊情形作出的强调，即“在调查程序结束之前不能对有关证据宣读、质证”，《严排规定》是针对所有情况而言的一般规定，不能将《排除非法证据规程》的规定视为对《严排规定》的否定。显然，《严排规定》的表述更加有利于被告人，即在对取证合法性的调查结束后到作出是否排除有关证据的决定的这段时间内，不能对有关证据进行宣读。为了防止实践中有所误读，笔者认为，今后应该将两者统一表述成“在法庭作出是否排除有关证据的决定前，不得对有关证据宣读、质证”。如此规定有助于解决一直以来饱受诟病的“先宣读后调查”或者“决定排除前先宣读”的调查形式化问题，有利于减少对质证效果的影响。其次，法律法规对侦查机关出具的“说明材料”的要求从无到有、从弱到强，现在，以一纸“说明材料”达到全部证明目的的时代在法规层面已经彻底成为过去，《排除非法证据规程》明确规定“不得以侦查人员签名并加盖公章的说明材料替代侦查人员出庭”①。再次，对录音录像的审查方式和处理办法也更加明确具体：未依法提供录音录像或者录音录像存在选择性复制、剪接、删改等情形，从而导致“现有证据不能排除以非法方法收集证据”的，有关证据应当予以排除。②最后，应当看到，当前规则对非法证据的排除仍然是十分谨慎的。规则要求：法官在开庭前通过阅卷查阅被告方在侦查阶段和审查起诉阶段是否提出过排除非法证据的申请，相关机关是否进行了处理等，并且在审查后，认为需要补充证据材料的，通知人民检察院在三日内补送③；在庭审中，当公诉方不能当庭举证时，法庭应给予公诉方补充侦查的机会④，且法庭对证据的

① 《排除非法证据规程》第 12 条。2012 年《刑事诉讼法解释》第 101 条规定：“公诉人提交的取证过程合法的说明材料，应当经有关侦查人员签名，并加盖公章。未经有关侦查人员签名的，不得作为证据使用。上述说明材料不能单独作为证明取证过程合法的根据。”2012 年《刑事诉讼法解释》出台之前，法律没有关于取证合法性“说明材料”的规定。2021 年《刑事诉讼法解释》第 135 条第 3 款基本上沿用了 2012 年《刑事诉讼法解释》第 101 条的规定。

② 《排除非法证据规程》第 26 条。

③ 《排除非法证据规程》第 7 条第 2 款。笔者认为，此程序有利有弊。法官如果通过查看以往取证合法性的处理材料，了解了有争议的证据范围，进而将有争议的证据材料与自己隔离，可防止争议性证据对自己心证的影响。但如果既了解了争议证据的范围，也认同了相关机关的处理结论，将难免影响自己对取证合法性的审查和判断。如何趋利避害，还有待实践的检验和探索。

④ 《排除非法证据规程》第 20 条第 2 款。

来源、内容等有疑问时应依职权进行庭外调查核实[①]，这作为最后手段也增强了非法证据排除的谨慎性。较之于对公诉方宽容，现有规则对被告方有些苛刻，仅赋予被告方在开庭前提出排除非法证据的申请时补充提交线索、材料的机会[②]，但如果被告方选择在庭审过程中提出申请，一旦线索、材料不明确，将有可能面临申请被直接驳回，而没有补充提交机会的局面。[③] 虽然，按照《非法证据排除规程》第17条的规定，在申请被驳回后，辩方如果有新的线索或者材料，再次提出申请的，有可能得到法庭的再次审查[④]，但是，再次审查时，由于被告方申请排除的口供可能已经被当庭宣读，对审判员及人民陪审员的心证已经产生影响，此时即便法庭允许对取证合法性进行审查及调查，其效果也被大大削弱了。另外，当前法规也没有规定被告方对于“驳回申请”是否享有申请复议的权利，仅规定驳回申请后，“被告人及其辩护人没有新的线索或者材料，以相同理由再次提出申请的，人民法院不再审查”[⑤]。显然，现有规则仍将更多的便利赋予公诉方，而被告人仍处于弱势地位。但当前规则有所进步的是，明确规定，二审法院对于被告方在一审中“有合理理由而未申请”、“申请未获审查”及“审查、调查结论有异议”的情况都应当进行审查，这有助于对被告方申请权、上诉权的保障。[⑥]

另一方面，庭前会议对取证合法性的实质性调查、处理，在一定程度上

---

① 《排除非法证据规程》第24条第1款规定：“人民法院对控辩双方提供的证据来源、内容等有疑问的，可以告知控辩双方补充证据或者作出说明；必要时，可以宣布休庭，对证据进行调查核实。法庭调查核实证据，可以通知控辩双方到场，并将核实过程记录在案。”

② 《排除非法证据规程》第10条。

③ 《排除非法证据规程》第17条第1款规定：“被告人及其辩护人在开庭审理前未申请排除非法证据，在庭审过程中提出申请的，应当说明理由。人民法院经审查，对证据收集的合法性有疑问的，应当进行调查；没有疑问的，应当驳回申请。”

④ 《排除非法证据规程》第17条第2款规定：“人民法院驳回排除非法证据的申请后，被告人及其辩护人没有新的线索或者材料，以相同理由再次提出申请的，人民法院不再审查。”

⑤ 《排除非法证据规程》第17条。

⑥ 原来2012年《刑事诉讼法解释》仅规定了对于“一审未审查”“对调查结论有异议”这两种情况，二审法院应当进行审查，缺少“因有合理理由而未提出申请”“对审查结论有异议”这两种情形（2012年《刑事诉讼法解释》第103条）；《严排规定》和《排除非法证据规程》对此作出了补充（《严排规定》第38、40条，《排除非法证据规程》第29条～第34条）。“审查”与“调查”有所区别，前者是后者的前置程序，“审查”得出的结论是是否进行实质性“调查”，“调查”得出的结论是对相关证据是否予以排除。因为这是两个不同的步骤，所以应赋予被告方对两个步骤的结果提出异议、提起上诉的权利。

对庭审阶段的实质化调查有所消解。如前所述，现行规则鼓励被告人在开庭前提出排除非法证据的申请[①]，鼓励法院在庭前会议中开展一部分实质性调查、处理工作：公诉机关应当在此阶段出示有关证据材料，人民法院可以通过有针对性地播放讯问录音录像等方式对有关材料进行核实；控方在此阶段可以撤回相关证据，辩方在此阶段也可以撤回排除非法证据的申请；控辩双方就取证合法性达成一致意见，在庭审中反悔没有正当理由的，法庭一般不予调查。[②] 这种做法虽然有助于分担庭审的压力，有助于庭审效率的提高，但庭前会议毕竟是不公开进行的，相对于公开进行的庭审，庭前会议不易受公众监督，而公开进行的庭审调查更有助于形成对非法取证行为的威慑，也更有助于公众对司法的监督。[③] 因此，笔者赞同对取证合法性的实质性调查留待开庭时进行的观点。

虽然当前规则体系对非法证据的排除问题作出了较为细致的规定，取得了实质性进展，应当予以肯定，但正如有学者所言，我国当前对非法证据的排除仍然是一种“弱排除”，采取的疗法局限于“止痛疗法”，未从预防的角度防止非法取证行为的发生。其深层原因仍是公、检、法三机关的权力构造问题。[④] 因此，对非法取证问题的根本性解决仍有赖于整个司法体制机制的调整完善。

（二）有效辩护机制

刑事诉讼活动不仅仅是完成发现犯罪事实、追究刑事责任的活动，更为重要的是体现追究责任的过程是公正、规范的。程序正义不仅能为实现实体公正提供有效的保障，更具有独立的意义和价值，其本身就是司法公正的体

---

① 《排除非法证据规程》第 17 条。另外，按照 2012 年《刑事诉法解释》第 100 条的规定，如果被告方在开庭前已经掌握申请排除非法证据的线索，但待到开庭后才提出排除非法证据的申请，将受到一定的程序性“惩罚”，即申请无法当即获得审查，而是推迟到法庭调查结束前进行。且审查仅仅针对其提出的理由、材料、线索等，不等于开启调查，是否进行证据收集合法性调查要在审查后决定。这种处理办法是针对被告方在掌握材料、线索后在庭前就提出申请而言的，对于后者，法庭将召开庭前会议。对于庭前会议中双方没有达成一致意见的，开庭时，在庭审不过分拖延的前提下，排除非法证据的申请有可能获得当即调查。一般认为当即审查对于被告方而言更为有利（2012 年《刑事诉讼法解释》第 100 条）。但之后出台的规则，没有对该规定进行确认。

② 《排除非法证据规程》第 13 条、第 14 条、第 15 条。

③ 施鹏鹏．三项规程的进步与局限．证据科学，2018（5）.

④ 熊秋红．“三项规程”对非法证据排除规则的推进．证据科学，2018（5）.

现。而在刑事庭审这一环节中，程序得以公正的一个前提是被告的辩护权能够得到充分保障。在刑事诉讼中，辩护方在取证、举证、质证方面处于绝对劣势，在事实存在争议的条件下，如果不增强辩护方的辩护能力，使之能与公诉方展开实质对抗，本该是竞技场的庭审就成了公诉方一方的表演场，不仅调查结果的客观性难以保障，程序本身也失去了公平表达、去伪存真的淘洗、教化等价值。律师在法律专业知识、辩护经验、职业道德约束等方面，具有一般犯罪嫌疑人、被告人不可比拟的优势，律师的参与能够在一定程度上弥补被追诉人能力的不足、平衡控辩双方力量上的不平等。因此，保障犯罪嫌疑人、被告人平等、及时、有效地获得律师帮助是庭审对抗实质化的关键一环。然而，在过去很长一段时间，我国对被告人辩护权的保障不够重视，主要体现在刑事案件律师辩护率低，律师介入时间晚，律师调查取证权、会见权、阅卷权及庭审中的质证权无法得到保障等方面。辩护制度的欠缺直接影响质证的效果，间接导致冤假错案的产生。为了改变这一现状，近年来的司法改革对辩护制度进行了改造：提升律师辩护率，赋予律师在侦查阶段的辩护人地位，保证律师的阅卷权、会见权，尊重辩护律师的意见等。保障犯罪嫌疑人、被告人平等、及时、有效地获得律师帮助不仅被《联合国刑事司法准则》奉行为一项基本原则，也成为当前我国刑事诉讼制度所追求的目标。[①] 尽管，受律师个人水平、主客观努力程度等方面因素的影响，辩护效果参差不齐，但毫无疑问的是，在制度层面，有效辩护的条件至少有两点：一是，确保被追诉人能够平等、及时、有效地得到律师的帮助；二是，确保律师能够进行充分的辩护，且意见受到尊重。

1. 提升律师辩护率

首先，扩大法律援助范围。律师辩护率低是困扰我国刑事辩护制度发展的一个瓶颈问题，据有关统计，长期以来，我国律师辩护率徘徊在 30% 左右。这与法律援助制度的不足有直接关系，我国的法律援助申请条件较高、范围较窄。2012 年《刑事诉讼法》对法律援助范围进行了双重扩大：一是适用对象的扩大。尚未完全丧失辨认或者控制自己行为能力的精神病人案件以及可能判处无期徒刑的案件被纳入应当提供法律援助的范围，并将经济困

---

① 熊秋红．“两种刑事诉讼程序”中的有效辩护．法律适用，2018（3）.

难的以及“其他原因没有委托辩护人的”犯罪嫌疑人、被告人纳入可以申请法律援助的范围；二是，适用阶段的扩大。法律援助的申请由审判阶段提前到审前阶段，即犯罪嫌疑人符合适用法律援助条件的，在任何诉讼阶段都可以申请法律援助。尽管法律援助在制度上有所进步，2012 年《刑事诉讼法》所确立的指定辩护和法律援助制度仍属于“有限范围模式”，即根据犯罪嫌疑人、被告人自行辩护的能力、案件的复杂程度、严重程度等因素来决定国家是否提供免费律师，这一模式距离覆盖范围更广的“一般案件模式”还有较大差距。

其次，建立值班律师制度。刑事速裁程序和认罪认罚从宽试点改革推动了值班律师制度的建立。2014 年 8 月最高人民法院、最高人民检察院、公安部、司法部发布《关于在部分地区开展刑事案件速裁程序试点工作的办法》，首次提出要“建立法律援助值班律师制度，法律援助机构在人民法院、看守所派驻法律援助值班律师”。2017 年最高人民法院、司法部《关于开展刑事案件律师辩护全覆盖试点工作的办法》规定：适用简易程序、速裁程序审理的案件，被告人没有辩护人的，人民法院应当通知法律援助机构派驻的值班律师为其提供法律帮助。在法律援助机构指派的律师或者被告人委托的律师为被告人提供辩护前，被告人及其近亲属可以提出法律帮助请求，人民法院应当通知法律援助机构派驻的值班律师为其提供法律帮助。这一举措有效弥合了值班律师制度和法律援助制度之间的缝隙，为被告人能够及时获得法律帮助提供了法律上的依据。目前，“除西藏外，各省（区、市）均已实现人民法院、看守所法律援助工作站全覆盖”[①]。2018 年《刑事诉讼法》吸纳了试点地区改革经验，规定不符合法律援助条件的犯罪嫌疑人、被告人可以获得值班律师的法律帮助，包括法律咨询、程序选择建议、申请变更强制措施、对案件处理提出意见等。至此，值班律师的职责被《刑事诉讼法》确立下来。为了贯彻法律的实施，2018 年 11 月，最高人民法院、司法部联合在北京等地开展刑事案件律师辩护全覆盖试点工作。刑事辩护全覆盖试点推动了律师辩护率的提高，据有关统计，广东适用普通程序审理的案件的律师

① 辛闻．司法部试点刑辩率翻倍 法律援助工作站基本实现全覆盖．https://news.sina.com.cn/sf/news/fzrd/2018-02-08/doc-ifyrmfmc0273613.shtml.

辩护率达 92.8%，北京一审案件的律师辩护率达 95%。[①] 但从整体来看，我国的刑事案件辩护率仍在 30%左右，与发达国家的 90%的辩护率相比，差距还很大，实现质变尚需要攻坚克难。[②]

2. 保障律师辩护权

1996 年《刑事诉讼法》解决了律师在侦查阶段提前介入的问题。2012 年《刑事诉讼法》对律师辩护有关的条文修改达数十条，内容包括两大部分：一是对辩护制度的直接修改，主要包括：侦查阶段律师辩护人地位的确立，律师会见权、阅卷权的保障，律师职业安全的保障，对律师追究刑事责任时在程序上的保障等；二是对间接影响到辩护制度的其他制度的修改，例如证人、鉴定人出庭作证制度的确立，使辩护人有更多当庭发问的机会；非法证据排除规则的确立，使辩护人有了程序性辩护的空间。

首先，侦查阶段律师辩护人地位的确立。律师在侦查阶段具备辩护人的身份意味着律师可以行使必要的调查权，而且，法律明确规定在侦查终结前、审查批捕阶段及审查起诉阶段，辩护律师提出要求的，侦查机关、检察机关应当听取律师的意见。可以说，身份的确立不仅有助于辩护律师为庭审辩护进行充分准备，也使律师的辩护活动能够提前展开，在审查批捕阶段，就通过收集证据等为犯罪嫌疑人是否具备逮捕的法定条件、逮捕的必要性及风险性等提出有力的意见。特别是在“捕诉合一”制度实施的背景下，律师在审查批捕阶段进行的辩护变得更为重要，因为“捕诉合一”后在诉讼程序方面有一定整合，例如对于犯罪嫌疑人认罪、赔偿的，可以在审查逮捕环节就直接适用认罪认罚，批捕部门就可以不批准逮捕，或者要求公安机关“不捕直诉”；对于在批捕环节已经适用认罪认罚的，到了审查起诉阶段，检察机关审查起诉部门可以直接作出不起诉决定，这在很多省份都已有实践。因此，律师在此阶段可以充分发挥作用，为犯罪嫌疑人作出最佳的程序选择。

其次，会见权、阅卷权的保障。在会见权方面，2012 年《刑事诉讼法》

---

① 蔡长春．最高人民法院、司法部部署 扩大刑事案件律师辩护全覆盖和律师调解试点工作．(2018 - 11 - 29)．http：//www.court.gov.cn/zixun-xiangqing-133301.html.

② 刘子阳．中国刑事案件辩护率在 30%上下，实现质变尚需克难．(2019 - 01 - 28)．中国新闻网：http：//www.chinanews.com/wap/detail/zw/gn/2019/01-28/8740688.shtml. 王禄生．论刑事诉讼的象征性立法及其后果——基于 303 万判决书大数据的自然语义挖掘．清华法学，2018 (6).

吸收了 2007 年《律师法》关于律师会见权的规定，确立了除“危害国家安全犯罪、恐怖活动犯罪、特别重大贿赂犯罪案件”三类案件之外，辩护律师持律师执业证、律师事务所证明和委托书或法律援助函三证，无须经侦查机关批准直接会见的权利。2018 年《刑事诉讼法》将争议较大的“特别重大的贿赂案件”删除，从而进一步保障了律师的会见权。同时，2012 年《刑事诉讼法》还赋予律师一些新的程序性保障，如会见犯罪嫌疑人时有权了解案件有关情况，自案件移送审查起诉之日起可以向犯罪嫌疑人、被告人核实有关证据，会见过程不被监听等。在阅卷权方面，辩护律师获得了在审查起诉阶段和开庭审判前查阅、摘抄、复制公诉方全部案卷材料的权利，并且辩护人当发现案卷中缺少公安机关、人民检察院已经收集但未提交的关于证明犯罪嫌疑人、被告人无罪或者罪轻的证据材料时，有权申请人民检察院、人民法院调取。此规定解决了 1996 年《刑事诉讼法》实施后，被告方的证据开示需求无法得到满足的问题。2012 年《刑事诉讼法》还规定了辩护律师对三种证据的开示义务，即辩护人收集到证明犯罪嫌疑人不在犯罪现场、未达到刑事责任年龄、属于依法不负刑事责任的精神病人的证据后应当及时告知公安机关、人民检察院。对辩护人阅卷权的保障使辩护人能够充分了解控方所掌握的指控犯罪的证据、有利于被告人的证据以及公安机关或者检察机关诉讼活动违法的证据，从而为法庭上进行有力的举证、质证准备了基本前提。

最后，证人、鉴定人出庭。证人出庭率低是长期以来中国刑事庭审的又一难题。证人、鉴定人不出庭带来很多严重后果，例如辩护律师只能对侦查机关单方面制作的询问笔录质证，根本无法达到辩护的效果，质证基本上流于形式。2012 年《刑事诉讼法》修改，对证人、鉴定人出庭制度的规范有所进步，包含了证人、鉴定人应当出庭的情形，证人应当出庭而不出庭可以强制其到庭（被告人的配偶、父母、子女除外），鉴定人应当出庭而不出庭时其鉴定意见不得作为判决依据，民警在执行职务过程中目击犯罪现场时作为目击证人出庭作证的情形，以及为了证明取证合法性出庭作证的情形、证人补偿制度和证人保护制度等内容。但法律没有规定应当出庭而不出庭的证人的证言不得作为定案依据，且法官在证人是否应当出庭的问题上占据绝对主导地位，导致实践中证人出庭率依然很低，面对书面证言进行质证的情形依然是常态。2018 年出台的《法庭调查规程》，再次对证人应当出庭的情形进行了调整，使证人应当出庭的情形有了较为客观的判断标准[①]；并且在出庭人员的范围上，增加了“被害人出庭”、法院依职权主动通知证人出庭、侦查人员为证明“侦破经过、证据来源、证据真实性”等事项而出庭的情形[②]；而在强制证人出庭的措施上，增加了“由院长签发强制证人出庭令，并由法警执行，必要时，可以商请公安机关协助执行”的规定，使强制证人出庭有了新的保障，也有了更具体的操作性规定。与此同时，《法庭调查规程》规定控辩双方具有协助有关人员到庭的义务。这些规定对于证人出庭率的提高，质证的有效、充分展开，以及案件事实的查明，督促侦查人员规范侦查行为等，具有积极意义。

尽管经过立法及政策层面的努力，我国在被告人辩护权保障方面有了明显的进步，但仍应看到以下不足。

首先，当前的调查取证权仍然是“单边模式”。控诉方独掌调查取证的强大手段和权力，辩护律师的调查取证不仅受到自身取证手段的限制，还受到制度的限制，如辩护律师向被害人及其近亲属、被害人提供的证人收集证据材料，需要经过人民法院的同意。[③] 且由于被告人的阅卷权在我国尚未得到明确的承认，实践中，辩护律师在行使向被告人核实证据的权利时也常受到阻挠。由此，多数情况下，辩护人作无罪辩护时只能对控诉方提供的案卷材料中的证据进行质疑，这与通过自己收集证据，进而进行积极辩护而言，效果是有很大差距的。[④] 另外，依照法律规定，我国“刑事被告人及其辩护人只享有申请司法鉴定的权利，不享有启动司法鉴定的权利，换言之，他们

---

① 把 2012 年《刑事诉讼法》规定的“人民法院认为……有必要”与“证人证言对案件定罪量刑有重大影响”合并为“人民法院经审查认为证人证言、被害人陈述对案件定罪量刑有重大影响的”，“人民法院认为……有必要”不再作为独立的要件。“人民法院经审查认为”虽然仍是个主观标准，但“证人证言、被害人陈述”是否“对案件定罪量刑有重大影响”，毕竟是有一定的客观判断标准的。毛立新．三项规程对证人出庭制度的完善．证据科学，2018 (5).

② 不再局限于“证据合法性”及“目击的犯罪情况”两种情形。

③ 《刑事诉讼法》第 43 条。

④ 例如，在石东玉案中，控诉方提供的被害人的血型鉴定结论是错误的，杜培武案中被告人及其辩护人对案犯现场提取物的来源严重质疑。在这些案件中，如果辩护人能够独立展开证据调查，在庭上出示己方鉴定意见，这些冤案可能就不会发生了。

有权申请，但是无权决定”[①]。如现行《刑事诉讼法》第 148 条规定：“侦查机关应当将用作证据的鉴定意见告知犯罪嫌疑人、被害人。如果犯罪嫌疑人、被害人提出申请，可以补充鉴定或者重新鉴定。”第 197 条第 1 款规定：“法庭审理过程中，当事人和辩护人、诉讼代理人有权申请通知新的证人到庭，调取新的物证，申请重新鉴定或者勘验。”被告方没有鉴定的启动权或决定权，其辩护权就失去了一个重要保障，与控诉方享有鉴定启动权相比是平衡的。

其次，量刑辩护虽然开始受到重视，但仍未有较好的程序保障。在我国无罪判决率低，量刑程序未独立出来，而且绝大部分案件不能当庭宣判，律师出于有利于被告人的考虑，往往在一次庭审中既进行定性辩护，也附带进行一部分量刑辩护，但进行量刑辩护时往往有较大顾虑，担心“对法官、控方甚至旁听群众，包括被告人本身，产生一种心理影响”[②]，因而“出现一种有罪假定的思维方式，尤其是律师作无罪辩护的案件中，这样一种有罪假定对无罪辩护很可能是一种削弱和冲击，使无罪辩护变得更为困难”[③]。为了解决这一问题，《法庭调查规程》第 44 条规定：“被告人当庭不认罪或者辩护人作无罪辩护的，法庭对定罪事实进行调查后，可以对与量刑有关的事实、证据进行调查。被告人及其辩护人可以当庭发表质证意见，出示证明被告人罪轻或者无罪的证据。被告人及其辩护人参加量刑事实、证据的调查，不影响无罪辩解或者辩护。”虽然，该规定强调“被告人及其辩护人参加量刑事实、证据的调查，不影响无罪辩解或辩护”，但由于未将量刑程序独立出来或者增加一个开庭程序，无罪辩护与罪轻辩护仍在一次庭审中进行。因此，笔者认为，该规定对上述问题的解决作用是较为有限的。例如，在“鄂某某强奸罪”中，辩护人辩称：起诉书指控的事实不清，证据之间相互矛盾，不足以证明被告人构成强奸罪，如果构成强奸罪，被告人认罪态度较好，从在公安机关到在检察院，再到在法院，都能如实交代自己的罪行，属于认罪态度较好……[④] 这样的辩护显然是对无罪辩护的一种冲击和削弱。

---

① 何家弘．刑事诉讼中证据调查的实证研究．中外法学，2012（1）．

②③ 田文昌，陈瑞华．刑事辩护的中国经验．北京：北京大学出版社，2013：22，23．

④ 新疆维吾尔自治区洛浦县人民法院，（2019）新 3224 刑初 640 号刑事判决书。

（三）专家参与机制

1. 专家参与机制的诞生背景

首先，专家参与庭审是司法进入物证时代的必然要求。法律是社会发展的产物，随着社会的发展而不断进行自我调整。随着科技的发展进步，人类的司法证明方法如今已从人证时代转向物证时代。尽管人证仍在证明方法中占据重要作用，但物证的重要性已经日益凸显。无论是英美法系国家还是大陆法系国家，都曾有过刑讯逼供现象较为严重的时期。刑讯逼供固然是司法观念落后的表现，但从实质来讲，是受制于探究事实的方法的欠缺，是一种为查证真相的无奈之举。在科学技术日益发展的今天，越来越多的实物证据承载的信息能够通过专业知识和技术解读出来，加之程序正义、保护人权等现代诉讼理念的成熟，诉讼活动在事实认定上对专业知识的依赖越来越强。然而，有碍于知识范围的局限，为了应对司法审判实践中日益遇到的专业性问题，无论是控辩双方还是法官，都需要经过专业人士的说明才能理解。对于控方而言，由于承担着司法证明的责任，需要对存在犯罪现场的案件及时进行现场勘验，提取证据后进行专业分析，从而得到与案件事实有关的信息；对于辩方而言，律师作为法律职业工作者虽然受到过专业的法律知识训练，对自己所从事的司法领域的法律知识有一定的了解，但其知识范围也无法满足除法律以外更多方面专业知识的需求。为了防止控辩不平等，架空对专业性事实问题的质证，辩方也应借由某种制度获得检测物证的机会或者获得对抗控方专业性鉴定意见的力量。对于法官而言，面对事实之谜，一方面希望有客观性较强的实物证据帮助判断，另一方面对专业性较强的鉴定意见又无能为力辨识其客观性。因此法官也需要具有识别能力的专家作为鉴定意见的监督者，为其提供针对鉴定意见的评价或者意见。

其次，专家参与庭审是填补制度漏洞的必由之路。如上所述，我国刑事案件鉴定被控方垄断，呈现出控方独大的格局，且鉴定结果曾长期被称为“鉴定结论”，被不当地赋予绝对权威的效力。同时，辩方很难获得鉴定的机会，且由于没有相关制度保障，辩方也难以对鉴定意见展开实质性辩论。这体现在两个方面：一是立法层面，刑事鉴定的启动权由公、检、法三家单位掌握。1996 年《刑事诉讼法》第 119 条规定：“为了查明案情，需要解决案件中某些专门性问题的时候，应当指派、聘请有专门知识的人进行鉴定。”

虽然句中并未出现主体，但是该条文出现在侦查一章、鉴定一节，且从整个1996年《刑事诉讼法》来看，查明的主体只能是公、检、法三机关。[①] 且从1996年《刑事诉讼法》第121条、第159条的规定来看，犯罪嫌疑人、被害人只能从侦查机关那里获得鉴定结果的信息，申请重新鉴定也要根据不同阶段，得到侦查机关、检察机关或者法院的准许。因此，从法律规定来看，鉴定的启动权由公权力垄断。二是鉴定人员管理层面，鉴定队伍主要在公、检、法三机关内部。1979年之后，我国首先在公、检、法系统恢复和重建了司法鉴定系统，进而逐渐形成了以公、检、法内设为主，以院校为辅的司法鉴定队伍结构。[②] 在后续的司法鉴定体制改革中，附属于法院与检察院的司法鉴定队伍被剥离出来，但80%的鉴定人员仍保留在公安机关。[③] 虽然辩方可以委托社会鉴定机构进行鉴定，但是检材一般由侦查机关控制，鉴定缺乏基本条件，因此辩方启动鉴定十分艰难。而检察院与法院系统下属司法鉴定机构的剥离，也使法院、检察院对公安机关鉴定意见的审查更为不便。由于缺乏足够的监督和制衡，应当鉴定而不鉴定、鉴定过程不规范、检材受到污染、鉴定方法不正确等问题时有发生，由此而酿成冤假错案，如呼格吉勒图案、石东玉案、徐计彬案等。另外，我国对鉴定机构和鉴定人实行登记管理制度，依照全国人民代表大会常务委员会《关于司法鉴定管理问题的决定》第2条的规定，我国仅能对法医类鉴定、物证类鉴定、声像资料类鉴定，以及根据诉讼需要由国务院司法行政部门商最高人民法院、最高人民检察院确定的其他鉴定事项进行鉴定，所以，超出上述这四大类的事项需要鉴定的，可能因没有相应的鉴定机构及具有鉴定资质的鉴定人而无法鉴定，进而影响案件事实的认定。

2. 专家参与机制的初步建设

面对司法不公和专业性事实认定的严峻挑战，专家参与机制应运而生。

① "查明"在现行《刑事诉讼法》中共出现了11次，分布在任务和基本原则、证据、其他规定、侦查、提起公诉、第一审程序这六章中，其主语包括法庭、公安机关、人民检察院、审判长。且现行《刑事诉讼法》第108条第1款规定，本法下列用语的含义是：(1)"侦查"是指公安机关、人民检察院对于刑事案件，依照法律进行的收集证据、查明案情的工作和有关的强制性措施……

② 常林．司法鉴定专家辅助人制度研究．北京：中国政法大学出版社，2012：1-10.

③ 常林．司法鉴定专家辅助人制度研究．北京：中国政法大学出版社，2012：59-60. 柴会群．从"证据之王"到"是非之王"——司法鉴定争议录．南方周末，2010-01-21 (8).

在我国《刑事诉讼法》中，这主要是通过“有专门知识的人”的概念所指涉的范围和职责的变化实现的。在1996年《刑事诉讼法》中，“有专门知识的人”的表述只在“侦查”一章中出现了两次，分别是在“勘验、检查”一节和“鉴定”一节中。其第101条规定：“……在必要的时候，可以指派或者聘请具有专门知识的人，在侦查人员的主持下进行勘验、检查。”第119条规定：“为了查明案情，需要解决案件中某些专门性问题的时候，应当指派、聘请有专门知识的人进行鉴定。”这体现出刑事诉讼中“有专门知识的人”有两种角色：一是侦查人员的辅助人员，二是鉴定人。但两种角色都只为公、检、法三机关服务。2012年《刑事诉讼法》对鉴定人出庭制度进行了规定，同时，第二章“第一审程序”中出现了“有专门知识的人”，即第192条第2款规定：“公诉人、当事人和辩护人、诉讼代理人可以申请法庭通知有专门知识的人出庭，就鉴定人作出的鉴定意见提出意见。”为了区分于鉴定人，司法理论和实务通常将其称为“专家辅助人”。“专家辅助人”的出现说明，从诉讼角色来看，“有专门知识的人”获得了基本法律上的诉讼参与人资格，从以往通常只能作为为控方服务的辅助侦查人员或者鉴定人，到如今可以代表控方或者辩方作为对鉴定意见提出意见的“专家辅助人”；从参与诉讼的阶段来看，“有专门知识的人”从以往通常只在审前阶段通过鉴定活动发挥重要作用。到现在可以在庭审阶段通过发表专业性意见对证据审查和事实认定发挥重要作用，这一方面体现了法庭调查紧跟时代发展、技术发展的需求和对专业分工精细化的尊重，另一方面体现了庭审对实质化审查专业性证据和事实问题的回应和对被告辩护权利的保障。2012年《刑事诉讼解释》用五个法条，即第213条至第217条，规定了“有专门知识的人”的出庭作证规则，包括对其进行询问适用对证人询问的规则、不得旁听案件及出庭人数一般不超过两人等；同时规定“有专门知识的人出庭，适用鉴定人的有关规定”。2017年出台的《庭前会议规程》对“有专门知识的人”出庭规则进行了进一步细化。首先，从定性来看，其第26条规定有专门知识的人的角色是协助申请其出庭的一方当事人就鉴定意见进行质证；其次，从发表建议的流程和方式来看，可以先发问后提意见——“有专门知识的人可以与鉴定人同时出庭，在鉴定人作证后向鉴定人发问，并对案件中的专门性问题提出意见”；再次，从经济补助来看，有专门知识的人出庭所支出的交通、住宿、用餐等合理费用，除申请方支付以外，列入出庭作证补助专项经费，出庭作证后由法院依照规定程序发放；最后，从发问规则来看，其第 27 条规定，对有专门知识的人的发问参照适用证人有关规定，且“同一鉴定意见由多名鉴定人作出，有关鉴定人以及对该鉴定意见进行质证的有专门知识的人，可以同时出庭，不受分别发问规则的限制”。《庭前会议规程》还对申请方对其出庭的协助义务作出了规定。可以说如今我国已经具备了专家参审机制的雏形，为提高辩方的质证能力，实现专业性事实质证的实质化提供了制度保障。也正因如此，“专家辅助人”制度一经建立，就在实践中发挥了重要作用，特别是在一些有重要影响的案件，如念斌案、林森浩案、徐玉玉案等中加以适用，引起了社会各界的广泛关注。

3. 专家参与机制的不足与完善

关于专家参与机制的内涵和外延，如“有专门知识的人”的性质、资格，其意见能否单独作为证据、“知识”采信标准等，理论界和实务界均存在不同意见，还需要法律进一步明确；另外现行《刑事诉讼法》规定第 197 条第 4 款的“有专门知识的人出庭，适用鉴定人的有关规定”，也有待进一步具体化，比如：有专门知识的人是否存在应当出庭的情形？不出庭的有专门知识的人，能否通过书面的形式对鉴定意见发表意见，由当事人或辩护人等宣读？有专门知识的人是否适用四种条件下的回避制度？有专门知识的人是否适用人身保护的规定……这些问题也需要实践和理论的进一步探索。总之，专家辅助人制度的框架已经搭建，内容还有待填充和完善。

同时，专家辅助人制度的落实离不开相关机制的保障。如上所述，专家辅助人出庭发表建议的主要方式之一是先向鉴定人发问，后提意见。可见鉴定人能否出庭，对专家辅助人有无出庭的机会有重要影响。然而，自 2012 年《刑事诉讼法》修改以来，鉴定人出庭的状况不甚理想，以 2017 年为例：据司法部司法鉴定管理局统计，尽管“经司法行政机关登记管理的司法鉴定人接到出庭通知 14 917 次，其中 14 691 次得到司法鉴定人依法出庭，应出尽出率为 98.48%”，但“法院向鉴定人发出出庭通知的次数占民事诉讼、刑事诉讼、行政诉讼中委托业务量的比率仅为 1.20%”[①]。2018 年天津市高

① 党凌云，张效礼．2017 年度全国司法鉴定情况统计分析．中国司法鉴定，2018 (3).

级人民法院成立调研组，对全市 23 家法院近 3 年鉴定人和有专门知识的人出庭情况进行调研发现，“两类人员出庭率比较低（不少法院不足 1%，一些法院甚至 3 年为零），许多人不愿出庭、不敢出庭、不能出庭”，“81.3% 的法官表示：专家不出庭但是案件不等人，一些问题只能通过阅卷解决”[①]。鉴定人不出庭将使针对鉴定意见的疑问难以通过当庭质证的方式解决，庭下咨询或者重新鉴定对诉讼效率和诉讼公正都将是一种损害。鉴定人不出庭的原因包括出庭经济补偿不到位、安全保障不充足、庭审过程不受尊重、出庭情形不统一、质证程序不详细等。完善配套制度，提高鉴定人出庭率，将是促进专家参审机制发展和完善的不可或缺的环节。

二、心证约束机制的构建

事实发现机制成功的前提是庭审所进行的事实调查，而非庭前先入为主的印象或庭外的指挥，对于裁判者心证的形成具有唯一、决定作用，否则，事实发现机制建构得再完善、运行得再彻底，也将为偏见所掩盖或为权力、利益所压倒，正义的追求也就是空谈。为此，打破我国刑事司法的顽疾——权力操控和案卷裁判，建立公正的权力运行和案卷移送制度，成为庭审实质化的重点。

（一）权力运行机制

1. 审判权的定位和属性

我国法院内部关于审判事务的权力[②]大体可分为“审判权”、“监督权”和“管理权”。“一般而言，审判权就是指参与审理案件、作出判决的权力”[③]。审判权是司法权的核心组成部分，审判权运行机制是指为保障审判权顺利行使而建构的规则体系与程序集合。[④]“监督权”，又名“审判监督权”，是对审判活动的监督，例如法院院长就负有监督审判质量的职责。2001 年最高人民法院发布《地方各级人民法院及专门人民法院院长、副院

---

① 张勇，钱岩．鉴定人、有专门知识的人出庭制度构建——以天津市法院系统实践探索为基础．法律适用，2018（19）.

② 法院除审判事务外，还有行政事务等。

③ 翁子明．司法判决的生产方式——当代中国法官的制度激励与行为逻辑．北京：北京大学出版社，2009：93.

④ 吴仕春．审判权运行机制改革研究——以刑事审判权运行为视角．重庆：西南政法大学，2016：14.

长引咎辞职规定（试行）》，其第 4 条规定："院长、副院长在其直接管辖范围内，具有下列情形之一的，应当主动提出辞职：（一）本院发生严重枉法裁判案件，致使国家利益、公共利益和人民群众生命财产遭受重大损失或造成恶劣影响的……""管理权"则是对审判事务和审判资源的分配和管理，本质上是一种行政管理权。理论上，三者中"审判权"应居于核心地位，监督权和管理权都应围绕审判权进行，成为审判权的保障。三者关系处理得恰当，会使审判权运行公正、高效，从而获得裁判公正、高效的效果；反之，则会导致审判权丧失应有的功能，禁锢于监督和管理。

从审判权的属性来看，审判权有别于行政权，审判权本质上是判断权，判断是一种偏重于内心的思维活动，要求亲历后作出判断，因此审判权的运行距离较短，理论上，对事实问题的判断应仅限于亲历了案件庭审的人；行政权则运行距离较长，需要经过请示、汇报、审查、批准等多道层级。如果使审判权比照行政权运行，将监督权作为审判权的上位"审批权"并且作为审判权行使的必经步骤，则会拉长审判权运行的距离和时间，影响案件审判的公正和效率。

2. 审判权运行轨道的偏离与回归

首先，审判权运行轨道的偏离。基于上述对审判权定位与属性的分析可知，审判权运行距离的拉长、报批环节的附加，审判权与监督权、管理权的混淆，会让审判偏离判断的本质特征，使判决结果变为行政命令。以往我国的审判权运行恰恰存在这一问题，主流观点称之为"行政化"问题。其表现为：一些裁判的形成需要经历内部层层审批，包括庭长审批、院长审批以及审判委员会审批，裁判的形成存在着下级服从上级的规律，简言之，"审而不判、判而不审"。这一问题带来的严重后果是一旦出现冤假错案，难以有效追责。如此，就为司法腐败留下了宽松的空间，容易出现"人情案""金钱案""权力案"，司法公信力受到损害。①

其次，审判权运行轨道的回归。"牵牛要牵牛鼻子"，基于审判权运行机制中存在的上述弊病，让审判权回归运行轨道，需要从整体上整顿权力关系，但这一大工程有一个"牛鼻子"——责任制，即对于合议庭审理的案件

① 相关论述可参见顾培东．再论人民法院审判权运行机制的构建．中国法学，2014（5）。

而言，“谁审理、谁合议”“谁合议、谁决策”“谁决策、谁负责”——由参加审前准备工作，到参加庭审，最终达至判决，作出判决也意味着承担审判权行使的后果与责任。这样一个“时间上前后相继、行为上依序进行、逻辑上环环相扣的三个阶段”就是权力与责任相呼应而形成的对审判权的授予和监督。这种通过责任的追究来制约权力行使的方式遵循的规律在于权力与责任的完全吻合，如果责任的承担者并非权力的拥有者，或者权力的拥有者并不实际承担责任，则这种通过责任与权力相一致的控制逻辑就很难真正发挥作用。[①] 基于这一原理，本次司法体制改革将“司法责任制”置于关键位置，司法责任制改革被称为“司法体制改革的牛鼻子”：中国共产党十八届三中全会通过了《中共中央关于全面深化改革若干重大问题的决定》，规定“完善主审法官、合议庭办案责任制，让审理者裁判，由裁判者负责”。其后，中国共产党十八届四中全会和十九大也对此项改革任务作出重要部署。为了贯彻落实党的决议，最高人民法院先后发布《司法责任制意见》《关于进一步全面落实司法责任制的实施意见》（以下简称《落实司法责任制实施意见》）等文件，对如何深入推进司法责任制及相关配套改革作出了具体部署。

3. 司法责任制的落地

基于司法责任制发挥作用的原理，该制度的主体由两部分组成——权力分配和责任确定，即“让审理者裁判，由裁判者负责”。但这一制度作用的发挥还取决于一个底层因素——法官的能力，正所谓“好刀配好将”。遵循这一规律，2014 年，中央全面深化改革领导小组会议审议通过的《关于司法体制改革试点若干问题的框架意见》首次明确提出“建立法官、检察官员额制”，员额制改革及其配套制度的跟进成为深化司法体制改革的又一重要部分。

首先，权力分界。

最高人民法院《人民法院第四个五年改革纲要（2014—2018）》提出：“完善以审判权为核心，以审判监督权和审判管理权为保障的审判权运行机制”。《司法责任制意见》的出台进一步推动了这一规划的落实。《司法责任制意见》《落实司法责任制实施意见》明确了审判委员会、院长、庭长行使

---

① 姚宏斌，姜金良．案件承办人与合议庭制度关系的异化与回归．审判研究，2014－05－26.

监督权、管理权、审判权的范围、方式，通过权力边界的划分，避免审判权受到监督权和管理权的压制，同时将审判权运行由院庭长主导推向审判组织主导：一是，推进院长、庭长办案常态化[①]，让院长、庭长回归审判岗位。遵循审判权运行规律，明确“院长、副院长、庭长除参加审判委员会、专业法官会议外不得对其没有参加审理的案件发表倾向性意见”[②]。就实施效果而言，据统计，改革后，全国法院由独任法官、合议庭直接作出裁判的案件占比达98%以上，“各地法院普遍制定了落实院庭长办案制度的具体方案……院庭长办案已实现制度化和常态化”[③]。二是，建立院长、庭长审判监督、管理权责清单制度，确立审判监督、管理权的公开行使原则。《司法责任制意见》规定院长、庭长承担宏观审判管理、监督职责[④]以及对特定四类案件的事中监督职责[⑤]，但“院长、副院长、庭长对上述案件的审理过程或者评议结果有异议的，不得直接改变合议庭的意见，但可以决定将案件提交专业法官会议、审判委员会进行讨论。院长、副院长、庭长针对上述案件监督建议的时间、内容、处理结果等应当在案卷和办公平台上全程留痕”[⑥]。这就意味着，院长、庭长直接改变合议庭意见的，属于不当过问或者干预案件。此举措不仅划清了审判权和监督权之间的界限，还使越权的行为有据可查。《落实司法责任制实施意见》进一步细化了院长、庭长审判监督、管理权责清单，且对“四类案件”的识别制度作出了规定。[⑦] 三是，改革审判委员会制度，推动审判委员会从侧重讨论个案向侧重宏观指导转变。明确审判委员会只讨论涉及国家外交、安全和社会稳定的重大复杂案件，以及重大、疑难、复杂案件的法律适用问题等[⑧]，从而强化了审判委员会统一裁判尺

① 《落实司法责任制实施意见》第7条。

② 《司法责任制意见》第23条。

③ 孟亚旭．最高人民法院：已全面完成法官员额制改革．(2017-07-03). https://baijiahao.baidu.com/s?id=1571907445187889&wfr=spider&for=pc.

④ 《司法责任制意见》第21、22、23条。

⑤ 《司法责任制意见》第24条第1款。四类案件是指：“(1) 涉及群体性纠纷，可能影响社会稳定的；(2) 疑难、复杂且在社会上有重大影响的；(3) 与本院或者上级法院的类案判决可能发生冲突的；(4) 有关单位或者个人反映法官有违法审判行为的。”

⑥ 《司法责任制意见》第24条第2款。

⑦ 《落实司法责任制实施意见》第13、14条。

⑧ 《司法责任制意见》第9条。

度、总结审判经验、提炼裁判规则的职能作用。四是，改革审判监督方式。《落实司法责任制实施意见》提出了“健全信息化全流程审判监督管理机制”的规划，即“全面支持网上办案、全程留痕、智能管理，智能预警监测审判过程和结果偏离态势，推动审判监督管理由盯人盯案、层层审批向全院、全员、全过程的实时动态监管转变，确保放权与监督相统一”[①]。但这一制度究竟如何落实？何时“预警”？何谓“结果偏离”？如何“监管”？这些都有待对实践落实情况的跟踪和观察。

其次，责任确定。

“即使司法的不确定比较明显，责任系统也可以在一定程度上替代程序要件和解释技术防止审判不公。在缺乏程序正义的观念以及相应的制度条件来限制裁量权的场合，严格追究过错责任就成为防止任意行使权力的重要装置。”[②] 明确责任主体是整个追责过程的起始环节。以往在领导审批的司法运行机制下，错案的纠正和责任的追究遇到了层层障碍。因此，2014 年开启的此轮司法改革着重对确定责任主体的方法进行了规范。

一是，从对外效力来说，谁签发谁负责。通过裁判文书签署机制改革，实现责任人的对外公示。《司法责任制意见》提出：在裁判文书的签发上，由独任法官、合议庭直接作出裁判后签发，且明确法官在职责范围内对办案质量终身负责。2018 年新型裁判文书签署机制正式写入《人民法院组织法》：“合议庭或者法官独任审理案件形成的裁判文书，经合议庭组成人员或者独任法官签署，由人民法院发布”，“合议庭审理案件，法官对案件的事实认定和法律适用负责；法官独任审理案件，独任法官对案件的事实认定和法律适用负责”。2015 年 9 月 21 日，最高人民法院司法改革办公室主任贺小荣在最高人民法院召开的关于《司法责任制意见》的新闻发布会上说道：“表面上看，这只是文书签署机制的一个改变，但对于审判权运行‘去行政化’能起到‘四两拨千斤’的作用。”

二是，从责任的内部划分来说，谁拍板谁负责。当前审判委员会讨论个案的机制尚未完全被取缔，在部分案件中，审判委员会的监督权与合议庭的审判权存在交叉重叠，前者被置于后者之上，审判权运行环节增多、距离拉

① 《落实司法责任制实施意见》第 11 条。

② 季卫东．通行法治的道路．北京：法律出版社，2014：122－123.

长，因此，明确审判委员会讨论决定时如何进行责任划分就十分必要，否则又会回到追责时无人担责的老路。同时，合议庭少则由三人组成，多则由七人组成，持多数意见的成员与持少数意见的成员之间如何承担责任也有必要加以明确。《司法责任制意见》对此采取“负责”与“追责”的两分法：对合议庭审理的案件合议庭成员共同承担责任，但对合议庭成员的追责应当“根据合议庭成员是否存在违法审判行为、情节、合议庭成员发表意见的情况和过错程度合理确定各自责任”；审判委员会讨论案件时，审判委员会委员对其本人发表的意见及最终表决负责，而在追责时需注意区分审判委员会是否改变了合议庭意见并导致裁判错误，以及是否“故意曲解法律”发表意见。具体而言，“审判委员会改变合议庭意见导致裁判错误的，由持多数意见的委员共同承担责任，合议庭不承担责任。审判委员会维持合议庭意见导致裁判错误的，由合议庭和持多数意见的委员共同承担责任”。当然，在追责时强调主观过错和客观行为相结合。《司法责任制意见》列明了应当追究违法审判责任的七种情形及审判责任豁免的八种情形，使责任追究机制更具合理性。《司法责任制意见》还对负有监督管理职责的人的责任、审判辅助人员的责任及法官应当排除外部干预而没有排除时应当承担的责任作出了明确规定。[①]

再次，员额制改革。

从历史的角度看，2002 年《中华人民共和国法官法》（以下简称《法官法》）颁布、实施以前，我国法官队伍人员构成复杂，包括从党政机关选拔的干部、军队转业人员、恢复高考后分配过来的专科或大学毕业生等[②]，司法队伍水平参差不齐，从专业素养到审判思维都更具行政色彩。2002 年《法官法》颁布、实施后，明确将通过司法资格考试作为初任法官的法定任职条件之一，还将法官的学历要求从专科提高到了本科。这使我国初任法官的专业化水平得到了明显提升。但仍有相当一部分的法院领导和审判委员会成员仍非法律专业人士，而且实践中“以老带新”的法官培养模式，使传统的办案机制就此延续，司法环境和运行机制并没有发生根本改变。员额制改革正是针对上述选任制度问题进行的变革。最高人民法院发布的《中国法院

① 《司法责任制意见》第 26、27、28 条.

② 李鑫．法官选任制度变迁与改革构想研究．四川大学法律评论，2017（1）.

的司法改革（2013—2018）》白皮书表示，建立法官员额制，就是要通过严格考核，选拔最优秀的法官进入员额，并为他们配备法官助理、书记员等审判辅助人员，确保法院85%的人力资源配置到办案一线。员额制改革为审判权运行机制从层级型向平权型转变做好了队伍上的准备，其至少有三点意义：一是，打造真正专业化的法官队伍，提升司法公信力。一方面，员额制改革要求采取严格的考试考核的入额选拔规则，突出对办案业绩和办案能力的考核比重。这使业务能力突出、经验丰富的法官进入员额，确保了员额法官的整体素质和专业水平。另一方面，配备辅助人员使法官能够集中精力做好裁判工作，更有助于办案水平的提升。二是，优化司法资源配置，使审判资源从分散配置向集中配置转变。员额制改革的实质是对司法人员分类管理，入额法官的工作仅限于审理案件，至于其他的工作则交由法官助理、书记员等审判辅助人员去进行。法官与辅助人员的科学、合理搭配能够达到人力管理上的“帕累托最优”效应，大幅提升工作效率。三是，推动法官职业化建设，提升法官职业待遇水平。员额制改革之前，从整体上提升法官职级待遇、薪酬标准难以实现，只能“优中选优”，遴选出部分审判长和主审法官，实行审判长负责制或主审法官负责制，通过地方党委政府的支持，首先提升这部分法官的职级和薪酬待遇。员额制改革之后，入额法官地位平等，且随着法官单独职务序列和单独工资制度的建立，法官的整体收入水平得到提高，职业尊荣感也更强。[①] 目前我国的员额制改革已基本完成，根据2018年最高人民法院工作报告公布的数据，“全国法院从211 990名法官中遴选产生120 138名员额法官……实现85%以上人员向办案一线集中”。2019年1月1日，《中华人民共和国法院组织法》生效，“法官实行员额制”“法官、审判辅助人员和司法行政人员实行分类管理”，以及审理者裁判、裁判者负责的具体方式被正式写入法律条文，成为我国法院新型审判权运行机制底层设计的法律支撑。

最后，配套制度跟进。

一是，改革办案单位模式，推动法官“单打独斗”办案模式向团队化工

---

① 何帆．“审判团队”会替代审判庭么？．微信公众号“法影斑斓”，2016-09-10．但需要指出的是，目前许多地方只将法官在职时的待遇提高，对退休后的待遇则保持不变。这引起了许多员额法官的意见，认为比起终身负责制所带来的职业压力，目前的待遇水平还不到位。

作模式转变，组建以员额法官为主导，以法官助理、书记员为辅助的审判团队，形成权责明晰、运转高效的办案工作机制。二是，改革审判组织产生方式和分案机制。在审判组织的产生方式上，鼓励随机组成合议庭；在分案方式上，实行随机分案为主、指定分案为辅的案件分配制度。[①] 三是，加强审判流程标准化建设，利用信息化方式推动审判监督管理从依赖人工的管理监督模式向全流程信息化监督模式转变。[②] 四是，建立科学的法官问责机制，实行人民法院和法官惩戒委员会分工负责的法官惩戒制度。目前，全国 27 个省自治区、直辖市在省一级设立了由三级法院法官代表和社会有关人员组成的法官惩戒委员会，并在进一步推广设立。[③]

尽管为了完善队伍建设，中央层面全面铺开了以上措施，但是目前在实践中上述措施的实行存在很多问题，以员额制改革为例：笔者经过与不同地区的法官座谈，发现各地在落实过程中存在如下共性问题：一是，配套措施不到位，降低了改革效能。中基层人民法院法官助理、书记员不足的问题较为突出，员额法官事务性工作繁杂[④]；二是，院庭长参审多承办少、虚办代办问题仍较为突出；三是，立案登记制改革以后案件数量持续增加，入额法官的工作量巨大；四是，员额数量较为固定，对于未入额的年轻法官而言，其积极性在一定程度上受到了打击。[⑤] 但笔者通过调研也发现，尽管存在上述问题，各地的结案率和办案质量并未受到影响。这一方面得益于合议庭负责制实施以及院庭长审批行政化造成的负面影响的减弱，另一方面也得益于简易程序的大量适用。而在改革办案单位模式、审判组织产生方式和分案机制方面，有的地区存在改革方案上报与实际落实两张皮的现象。这主要是因为这些改革举措的主要目的之一是解决案多人少的问题，对于案多人少矛盾不突出及法官总体数量较少的基层人民法院，这一改革的需求不大。

---

① 其理论基础见本章“合议决策机制”部分。

② 《落实司法责任制实施意见》第 11 条。

③ 最高人民法院院长详解如何牵住司改“牛鼻子”．(2019－04－17)．佛山市政府网：http：//www.fszfw.gov.cn/sjsy/201904/t20190417_7462009.html.

④ 这一问题在年轻法官中尤其比较突出。很多年轻的法官没有正式的在编的法官助理，少数有临时聘任的法官助理。这些临时法官助理工资低，因此稳定性差。这使员额法官经常不仅要做好审判工作，同时还要负责一些辅助性的工作，例如，送达等相关工作。因此，对于年轻法官而言，其压力较大。而资历较深的法官相对而言，更容易分到助理。

⑤ 但个别地区不存在这一问题，比如满洲里市，在所有法官都入额的基础上，还有员额数量的空缺。

总之，司法体制的改革牵扯到多年来权力运行模式、管理模式及工作模式习惯的改头换面，各地在实施过程中必然面对种种矛盾和问题。这是体制改革的正常症状。改革不能操之过急，应当在实践中不断总结，对症下药，才能获取改革质量与效率的双赢。

（二）案卷移送制度

为了确保法官的自由心证，不仅需要避免法官受到来自外在力量的不当干涉，还应当防止法官在开庭前因了解任何一方的材料或者观点而在心中形成预断。为了避免不当审判的出现，保障被告人的合法权利，“我国刑事诉讼没有实行有诉必审的方针，对于人民检察院提起公诉的案件，都要经过审查，符合法庭的起诉条件才能开庭审判”①。这一程序在学理上和司法实务中被称为“庭前公诉审查制度”。在我国“审查法官和庭审法官通常是同一人”，因此，庭前审查方式、目的的不同会使法官对案件产生不同程度的认识，进而对法庭调查的展开和法庭审理的效果产生不同程度的影响，因此可以说，在我国，庭前公诉审查制度的设计合理与否能够借由对法官心证的影响在一定程度上间接影响着庭审的实际效果。在我国，庭前对公诉进行审查主要是通过对案卷，尤其是侦查卷宗的审查实现的，因此“案卷”成了这一制度调整的重要媒介，“案卷移送制度”由此提纲挈领地抓住了整个庭前公诉审查制度的精髓，“案卷移送制度”的变迁在一定程度上成为庭前公诉审查制度发展、变化的缩影。“审查范围大小、审查方式如何、审查的目的是什么”被视为庭前对公诉进行实质审查和形式审查的区分。正因为其具备此种重要意义，我国在1979年、1996年、2012年《刑事诉讼法》的制定、修改中均涉及对案卷移送制度。尽管，庭前公诉审查制度能够对庭审的效果产生间接影响，但应当明确，庭审实质化是一个系统性工程，从微观的证据制度，到中观的审理模式，再到宏观的司法体制，无不影响着庭审的质效。缺少其中任何一环，都可能无法实现庭审实质化的目标。因此，任何试图通过单项制度的改革达到庭审实质化目标的尝试终将以失败而收场。

1.1979年的实质审查、全案移送模式

1979年，在打击犯罪、强调职权、独重“效率”的司法理念的指导下，

---

① 江必新．最高人民法院刑事诉讼法司法解释理解与适用：上．北京：人民法院出版社，2015：551.

我国庭前公诉审查制度采取了实质审查的态度。根据1979年《刑事诉讼法》，庭前公诉审查程序被分派了查明案件事实是否清楚、证据是否充分的任务，只有在确定犯罪事实清楚、证据充分的情况下，才能决定开庭审理。为了完成这一任务，尽管我国1979年《刑事诉讼法》没有直接作出明确规定，但检察官在起诉时将全部案卷移送法院，否则对于法官和检察官而言都很不便[①]，而法官被赋予了在审查公诉的过程中，进行勘验、检查、搜查、扣押和鉴定的权力。虽然，庭前对公诉进行实质审查的初衷是防止公诉权的滥用，便于法官为庭审调查的有序进行做好充分准备，同时也使辩方全面了解案件信息，进而为辩护做足准备，但这种做法违背了控审分离、法官中立的基本原则。证据调查核实工作在庭前进行，公诉方的案卷是否达到定罪标准在庭前确定，庭前审查与法庭审理功能相混淆，意味着，一旦决定开庭审理，在审理过程中，辩护人既需要与公诉人相对抗，又需要与内心已经确信被告人有罪的法官相抗争。在辩护人与公诉人力量并不对等的情况下，辩护人很难对裁判结果产生实质性影响。再加上当时非法证据排除规则的缺失及侦查机关注重犯罪嫌疑人口供的做法，导致侦查笔录在没有经过当庭质证的情况之下，就成为法官内心确信的依据，自然使以保护人权为中心的程序正义难以实现，刑事庭审形式化。

2.1996年的形式审查与有限案卷移送模式

1979年的全案移送、对庭前公诉的实质审查与“法院内部实行的院长、庭长审批案件、审判委员会讨论案件制度相结合，导致在司法实践中出现了严重的‘先定后审’甚至‘先判后审’的现象”[②]。有的学者建议废除庭前实质审查，效仿英美法系国家，实行“起诉一本主义”，加强控辩双方在庭审中的对抗。但基于对我国公、检、法三机关“分工负责、相互配合、相互制约”的司法体制等的考虑，立法最终采取了限制检察官移送案卷的范围、将庭前“实质审查”改为“形式审查”的有限案卷移送模式。修改后的1996

---

① 但最高人民检察院和最高人民法院以1979年《刑事诉讼法》为根据，先后以司法解释的形式对全案卷宗移送方式作了明确规定。如，最高人民检察院在1980年7月21日印发的《人民检察院刑事检察工作试行细则》(已失效)第22、24条，最高人民检察院1980年10月13日制定的《人民检察院法纪检察工作试行细则(修改稿)》第20、33条，最高人民法院1994年3月21日通过的《关于审理刑事案件程序的具体规定》第88条、第89条和第92条。

② 陈瑞华．案卷移送制度的演变与反思．政法论坛，2012，30(5)．

年《刑事诉讼法》第150条规定："人民法院对提起公诉的案件进行审查后，对于起诉书中有明确的指控犯罪事实并且附有证据目录、证人名单和主要证据复印件或者照片的，应当决定开庭审判。"由此，开庭的标准由实质上确认"犯罪事实清楚、证据充分"，调整为形式上具备证据目录、证人名单、主要证据复印件或照片。相应地，法官的勘验、检查、搜查、扣押和鉴定等庭前调查权也被取消。立法者希望通过这种方式，实现加强开庭审理、充分发挥控辩双方在庭审中的作用的目的。但立法实施之后，实践不仅没有达到立法所期望的目标，而且还增添了许多新的刑事程序上的问题：第一，由于立法未界定"主要证据复印件"的范围，控方拥有了自主决定移送材料范围的权力，这导致辩方难以通过阅卷知悉控方的全部证据材料，其结果是原本就处于劣势的被告人的辩护权更加无法得到保障。第二，法官庭前预断虽然受到了一定的阻断，但我国法官查明案件事实、主导诉讼进程的责任并没有改变，法官需要在开庭前了解案件争议焦点，做庭前准备，才能在开庭时有效地主持庭审，并对被告人等发问。有限移送案卷虽然阻碍了法官庭前对案件的了解，但审理中一旦控辩双方不能充分地进行举证和质证，事实仍有疑问，法官就很难进一步澄清事实，这直接影响到程序正义和实体正义的实现。由是之故，1996年《刑事诉讼法》刚刚通过，最高人民法院和最高人民检察院即先后于1996年年底和1997年年初以司法解释的形式对"庭后案卷移送"作出了明确规定，但两者对庭后案卷移送的时间、范围和方式等所作的规定不一致，在理论界引起了激烈的批评。[①] 1998年，"两高三部"会同全国人大常委会法制工作委员会，发布实施了《关于刑事诉讼法实施中若干问题的规定》(以下简称为《六机关规定》)，其第44条规定："人民检察院对于在法庭上出示、宣读、播放的证据材料应当当庭移交人民法院，确实无法当庭移交的，应当在休庭后三日内移交。对于在法庭上出示、宣读、播放未到庭证人的证言的，如果该证人提供过不同的证言，人民检察院应当将该证人的全部证言在休庭后三日内移交。"由此统一了庭审后移送案卷的时间、范围，确立了庭后案卷移送制度。而庭后移送案卷制度在司法实践中也未得到普遍遵循，对于一些有重大影响的案件，法官仍可以在庭前阅读全部

① 唐治祥．刑事卷证移送制度研究——以公诉案件一审普通程序为视角．重庆：西南政法大学，2011：141.

案卷。[①] 于是，阻断法官庭前预断、降低审判对卷宗的依赖、加强庭审对抗性的第一次“案卷移送制度改革”可以说以失败告终了。这次改革失败的表层原因有两个方面：一方面，当时我国法官素质普遍偏低，长期习惯于通过研读案卷发现笔录之间的矛盾，进而整理庭审提纲、主持庭审。在不充分阅卷的情况下，法官不仅难以有序主持庭审，更难以仅通过法庭上控辩双方的举证、质证形成正确的裁判结论；另一方面，防止公诉权滥用的“庭前审查机制”“诉因审查机制”，确保诉讼质效的“罪状否认程序”“证据开示程序”，以及确保庭审实质化的“开场陈述”“交叉询问”等“起诉一本主义”所必需的庭前准备和庭审配套机制没有建立起来。[②] 但从深层原因来看，公、检、法三机关的关系调整没有触及、有效的辩护制度没有建立起来、直接言词原则没有确立、笔录中心主义并未打破等，才是导致这次改革失败的真正原因，归结起来就是“以审判为中心”的刑事诉讼架构尚未形成。

3. 2012 年的形式审查与全案移送的恢复

如上所述，1996 年“复印件移送主义”和后来的“庭后案卷移送主义”的改革效果并不好。法官开庭前不熟悉案情，不了解案件的主要争议；辩护律师在庭前无法了解全案证据，庭审几乎由控方把控，导致庭审质效不高，而证据突袭导致庭审被迫中断的现象也屡屡发生。有鉴于此，2012 年《刑事诉讼法》虽然在审判方式上继续向着控辩对抗的庭审方式前进，但在卷宗制度上实事求是地恢复了庭前全案移送制度。2012 年《刑事诉讼法》第 181 条规定：“人民法院对提起公诉的案件进行审查后，对于起诉书中有明确的指控犯罪事实的，应当决定开庭审判。”而第 172 条则规定了人民检察院对于向人民法院提起公诉的案件，应当将案卷材料、证据移送人民法院。2013 年“两高三部”和全国人大常委会法制工作委员会联合制定的《关于实施刑事诉讼法若干问题的规定》（以下简称《六部委规定》）第 24 条规定，“人民检察院向人民法院提起公诉时，应当将案卷材料和全部证据移送人民法院，包括犯罪嫌疑人、被告人翻供的材料，证人改变证言的材料，以及对犯罪嫌

① 陈瑞华．案卷移送制度的演变与反思．政法论坛，2012（5）．

② 唐治祥．刑事卷证移送制度研究——以公诉案件一审普通程序为视角．重庆：西南政法大学，2011：63－78．

疑人、被告人有利的其他证据材料”。《人民检察院刑事诉讼规则（试行）》第395条、2012年《刑事诉讼法解释》第180条也作出了相应规定。由此可以看出，2012年《刑事诉讼法》对庭前公诉审查延续了程序性审查的态度，即只要检察机关的起诉有犯罪事实、材料满足形式上的要求，法院就应当受理，且按照《六部委规定》第25条，人民法院对于人民检察院提起公诉的案件，没有驳回起诉即不予受理的权力。但在材料移送上，要求全案移送，不光要求移送证明被告人有罪的证据，还要求移送对被告人有利的证据。虽然2012年《刑事诉讼法》重拾全案移送制度，但其与1979年的全案移送制度有很大区别，并不是简单的制度回归。其最大的区别在于案卷审查的目的和审查方式的不同：1979年的实质审查不仅在开庭前就要确定公诉是否犯罪事实清楚、证据充分，而且还赋予法官多种证据调查手段，这对庭审价值的冲击是极大的。而2012年的庭前审查是程序性审查，法官审查案卷的目的是“确定人民法院收到的公诉案件是否符合法定的起诉条件，是否正式开庭审判，而不涉及犯罪构成和刑事责任等实体性问题”[①]。同时，2012年《刑事诉讼法》对辩护制度进行了修改，增强了对辩护权的保障，明确将“尊重并保障人权”写入刑诉法，对非法证据排除等证据规则进行了完善，因此，对庭审对抗性的增强提供了一定的制度保障，这在一定程度上能够缓解庭前阅卷给庭审带来的冲击。尽管，2012年的庭前全案移送制度有助于审判人员熟悉案卷材料，熟悉争议焦点，以便更好地把握庭审活动，但法官毕竟在庭前对一方准备的证据材料进行了审阅，根据德国学者许乃曼主持的关于案卷信息对判决影响的实证研究，“侦查案卷信息对法官判决行为的影响之大超出了我们的想象，即使法官有机会亲自询问证人，也很难修正侦查案卷信息带来的决定性影响”[②]。因此，如何避免对案件产生“先入为主”的印象，将对证据的实质性审查留待庭审中控辩双方充分行使诉讼权后再进行，是需要进一步研究的问题。

综上，为了实现庭审的实质化，减轻庭前审查对庭审价值或效果的削

① 江必新．最高人民法院刑事诉讼法司法解释理解与适用：上．北京：人民法院出版社，2015：551.

② 魏晓娜．以审判为中心的刑事诉讼制度改革．法学研究，2015（4）：93.

弱，我国对案卷何时移送、移送范围进行了长期的探索，并在 1996 年、2012 年对《刑事诉讼法》的修改中进行了幅度较大的调整，从庭前移送全部案卷到庭前移送主要证据复印件，再到庭后移送全部案卷，接着又回到庭前移送全部案卷，体现了探索过程的曲折，也进一步说明了庭审实质化的体系性需求并非单项制度调整就能够满足的，它需要一系列的配套措施和相应的制度环境，否则单项措施的调整很可能事倍功半，甚至南辕北辙。

三、裁断审决机制的规范

倘若外来的打扰被打破，妨碍庭审对决的规则障碍被减弱，裁判者得以将一场酣畅淋漓的庭审对决尽收眼底，但要想作出公正的裁判，裁判者仍面临着自身的问题，即如何打破思想的束缚。这种束缚有时是面对一个人情和法理相冲突的案件时如何从僵硬的职业思维中跳脱，有时是面对知识的不足、认识的狭隘但如何予以填补，有时是面对自己都没有意识到的非理性的意气用事时如何控制，有时是面对扑面而来的诱惑或压力时如何抵挡。法官亦是普通人，在克服人类的弱点和局限面前，分工、制约与监督就是最好的良药。人民陪审能够填补思维的局限，也分担了一部分是非判断的压力；合议制度能够填补知识的局限，也具有监督的功能；裁判说理、心证公开则是将心证置于公众的监督下。这三者共同填补了非理性的漏洞。这三者作为封顶，为庭审机制的庞大工程收尾，才算完成了正义引擎的建造，才可能在个案中播散与传递公平正义的种子。但此三项制度亦十分复杂，建造得好可以带动整个工程的质量的提升，建造得不好会影响整个工程的质量。司法体制改革开展以来，我国从这三个方面着手，采取了一系列举措，如出台了《中华人民共和国人民陪审员法》(以下简称《人民陪审员法》)及其解释、完善合议制评议规则、实施指导性案例制度等。这些制度的贯彻落实在一定程度上有助于人民陪审员陪而不审、裁判文书说理不充分、合议庭成员合而不议等问题的解决，同时仍存在诸多不足，需要在实践和理论进一步探索的基础上，加以完善。

(一) 人民陪审制度

人民陪审制度是中国特色社会主义司法制度的重要组成部分，是人民群众参与司法、监督司法的有效形式，是人民民主在司法领域的重要体现。我国陪审制度自清末时自西方引进已有一百余年，20 世纪 30 年代土地革命时期，源自苏联的人民陪审员制度在中央苏区诞生，并在新中国成立后得到确立。[①] 尽管由于制度不完善，“陪而不审”和“审而不议”问题的长期存在，认为陪审制度可有可无的大有人在，甚至主张废除陪审制度的声音也从来没有消失，但学者的基本共识是重视其在程序正义等方面对现代司法体制的重要意义，国家推动这一制度渐进发展、不断完善的脚步也从未停止。自改革开放以来，我国共进行了两次系统的人民陪审员制度改革：（1）2004 年 8 月，第十届全国人大常委会第十一次会议通过《关于完善人民陪审员制度的决定》(以下简称《完善人民陪审决定》)。这是我国第一部关于人民陪审员制度的单行法律，共 20 个条文，规定了我国人民陪审员的性质、地位、职责、选任、权利和义务等内容。《完善人民陪审决定》颁布后，最高人民法院又单独或与司法部、财政部等部门联合，出台了《关于人民陪审员选任、培训、考核工作的实施意见》《关于人民陪审员经费管理有关问题的通知》《关于人民陪审员管理办法（试行)》《关于人民陪审员参加审判活动若干问题的规定》《关于进一步加强和推进人民陪审员工作的若干意见》等规范性文件和司法解释，“这是改革开放后高层决策者对人民陪审员制度所进行的一次较系统的改革尝试”[②]。尽管出台了诸多法规，人民陪审制度也在推进司法方面发挥了一定作用[③]，但陪审制度“促进司法公正”的实效仍未发挥出来，陪审员的广泛性、代表性不足，“驻庭陪审、编外法官”“陪而不审、审而不议”等问题饱受诟病，可以说实践中陪审制度多流于形式。(2）中国共产党十八大以来，在深入贯彻、全面推进依法治国的大潮下，人民陪审制度得到修改、完善，扩大陪审规模、完善陪审模式、重视保障机制等成为改革重点。2014 年十八届四中全会《完善人民陪审决定》提出要“完善人民

① 刘方勇，廖永安．新时代中国特色人民陪审员制度发展的立场与策略．人民法院报，2018－11－21（5).

② 施鹏鹏．二元陪审合议庭的创新与局限．人民司法，2018（22).

③ “例如，在法官工作负担过重的情况下，人民陪审员可以凑成法律要求的合议庭组成人数，缓解法院人力不足的压力，犹如公安机关需要‘协警’或‘辅警’；在庭审过程中，人民陪审员可以帮助法官对当事人进行调解，也可以在当事人或律师与法官发生冲突时居中调和；在那些因经济发达而吸引许多外来法官的地区，人民陪审员还可以帮助那些不懂当地方言的法官与当事人沟通。”何家弘．从侦查中心转向审判中心——中国刑事诉讼制度的改良．中国高校社会科学，2015（2).

陪审员制度，保障公民陪审权利，扩大参审范围，完善随机抽选方式，提高人民陪审制度公信度。逐步实行人民陪审员不再审理法律适用问题，只参与审理事实认定问题”。这为人民陪审员制度改革提出了明确方向和政策要求。根据中央全面深化改革领导小组《人民陪审员制度改革试点方案》和全国人大常委会《关于授权在部分地区开展人民陪审员制度改革试点工作的决定》，2015年5月，最高人民法院和司法部联合发布《人民陪审员制度改革试点方案》（以下简称《试点方案》）以及《人民陪审员制度改革试点工作实施办法》（以下简称《实施办法》），在北京、河北、黑龙江、江苏、福建、山东、河南、广西、重庆、陕西共10个省50家法院开展试点，开始了新一轮人民陪审员制度改革，探索人民陪审员制度改革的有效路径。试点过程中，各地法院总结出许多可复制、可推广的经验做法，对其中所涉主要问题也基本上达成共识，为立法积累了有益经验。2018年4月，第十三届人大常委会第二次会议通过了我国第一部关于陪审制度的专门法律——《人民陪审员法》，以法律形式固定了改革试点的经验做法，标志着中国特色人民陪审员制度进入一个新的发展阶段。2018年8月，司法部、最高人民法院、公安部联合制定并发布的《人民陪审员选任办法》规范了人民陪审员选任工作，为人民陪审员制度的有效实施奠定了基础。2019年2月18日，最高人民法院审判委员会第1761次会议通过《关于适用〈中华人民共和国人民陪审员法〉若干问题的解释》（以下简称《人民陪审员法解释》）并于4月24日公布，自2019年5月1日起施行。该解释细化了案件参审范围、议事活动规则、合议庭评议规则等方面的内容。2019年4月24日，最高人民法院、司法部公布了《人民陪审员培训、考核、奖惩工作办法》，对人民陪审员的管理、培训、考核奖惩工作的分工、内容、方法等提出了要求。至此，具有中国特色的人民陪审员制度的法律框架已经大体形成，但仍在不断丰富、完善，人民陪审制度的价值和功能在立法层面基本上实现了由新中国成立初期响应“群众路线”、扮演“政治符号”向司法民主、司法公正及对审判能力进行补强等价值和目标转变，更具体系化特征。①

当前我国人民陪审员制度已形成了两大特色：一是在陪审模式的构建上，选择了“二元陪审模式”；二是在挑选陪审员方面，创新性地确立了

① 陈卫东．人民陪审员法的价值评价与实施展望．人民司法，2018（22）．

“三个随机”的陪审员产生方式。同时，为了更好发挥陪审员的主观能动性，2014年启动的本轮改革也对履职保障和管理监督制度作出了完善。下文将从这三个方面对我国当前的人民陪审制度加以分析、评价。

1. 确立“二元陪审模式”

正如有学者所言，“中国陪审制度改革和完善的关键，是解决陪审制基本模式的选择问题”[①]。从世界各国陪审制度来看，影响陪审模式的基本因素有两个：一是陪审员与审判员之间是否有明确的职能分工，二是陪审规模的大小。基于这两个因素，世界各国的陪审制度主要形成两种模式：“一种是以英国和美国为代表的‘分工式陪审制度’，即陪审团模式；一种是以法国和德国为代表的‘无分工式陪审制度’，即参审模式。”[②] 这两种审判组织结构具有不同的功能。首先，从陪审员发挥实质作用，从而保障诉讼的民主性、制度的有效性而言，陪审团模式优于参审模式。其原因在于陪审团模式具有两个特点：一是较多的人数，具有较为普遍的民意代表性，且较多的人数有利于克服个人偏见，提高事实判断的准确性。二是在陪审团模式中，陪审团具有独立的不受法官控制的事实判断职能。这种职能分工有两个好处：一方面，对证言真伪和事实存在与否的判断没有超出陪审员的能力范围，不会使其勉为其难，因为陪审员在日常生活中也作着类似的判断，而且有人认为，有着不同生活环境、工作领域、人生经历的陪审员有时在事实认定上较专业法官更胜一筹——“法官误认为一切的人都像他们一样地合逻辑，而陪审员则往往比较更明了普通人的混乱和谬误。”[③] 因此，陪审团负责事实判断，法官则负责专业性较强的法律和审理技术问题，二者各显其能，是对非专业人员与专业人员之功能的适当安排。另一方面，陪审团借由事实判断在审判中发挥着决定性的作用，这是对法官之裁量权最有力的制约，也是陪审团模式与参审模式最重要的区别。在参审模式中，普通人要和法官共同决定

---

① 龙宗智．论我国陪审制度模式的选择．四川大学学报，2001（5）．

② 何家弘．从侦查中心转向审判中心——中国刑事诉讼制度的改良．中国高校社会科学，2015（2）．

③ 哈罗德·伯曼编．美国法律讲话．陈若恒，译．北京：三联书店，1988//龙宗智．论我国陪审制度模式的选择．四川大学学报，2001（5）．但也有学者对此提出不同的观点，如何家弘教授认为：“不熟悉司法裁判的陪审员能够比专业法官更加准确地认定案件事实的观点是难以成立的。”何家弘．从侦查中心转向审判中心——中国刑事诉讼制度的改良．中国高校社会科学，2015（2）．

其不擅长的法律问题，且对事实问题也没有决定权，“陪审员”因此往往成为职业法官的附庸，难以发挥实质性的作用。[①] 其次，就诉讼效率和经济成本而言，参审模式优于陪审模式。陪审团模式下“一案一选”的陪审员挑选方式、庭审方式、审议方式都需要消耗较多的人力、物力、财力和时间，诉讼效率明显低于参审模式下，而成本高于参审模式下。

就当前我国的社会现状和司法环境来说，首先，我们最需要的是陪审制度的司法民主功能。[②] “陪审制首先是一种政治制度，其次才是一种司法制度。”[③] 作为一种政治制度，陪审制使人民在司法裁判这一关键事情上参与进来，具体行使主权。这就是反对司法专权、保障公民自由的重要机制。正如内尔·威德玛先生所言：“现代学者和法律职业人员仍然把陪审制度视为一种把民主价值观念注入司法程序的载体，一种凝聚民众智慧的胶囊，一种制约司法权力的卫士，一种向民众进行法律教育的机构，一种提高法律权威的制度。”[④] “黑箱操作”在裁决过程中的存在是不言而喻的[⑤]，各行各业公民的参与，在理想层面上能够增加这一操作的难度，且数量越多的公民参与，这种“黑箱操作”的阻碍就越大。裁决权力的运作对部分人的公开也好于完全不公开。其次，我们还需要陪审制度的社会功能，即审判、裁决活动对于陪审员的意义。陪审员与法官的不同在于，审判活动对其而言不是职业，而是与自身熟知的职业所不同的体验过程，“不同的个体组成一个独一无二的小组，形成一个陪审团，权衡共享的信息和经验以达成一个共同的决定，即裁决……陪审团工作的重要性改变了陪审员，使其以不同的面貌离开法庭。他们以各自的方式将把法庭上的体验带入了日常生活”[⑥]。如果说，司法的公平正义通过个案的裁判得到实现，那么，对权力的认知，对司法的

① 龙宗智．论我国陪审制度模式的选择．四川大学学报，2001（5）．

② 何家弘，主编．中国的陪审制度向何处去．北京：中国政法大学出版社，2006：334．

③ 汤维建．英美陪审团制度的价值论争——兼议我国人民陪审员制度的改造．人大法律评论，2000年卷第2辑．

④ Neil Vidmar. World Jury System. Oxford University Press，2000，pp. 1－2//何家弘主编．中国的陪审制度向何处去．北京：中国政法大学出版社，2006：326．

⑤ 何家弘，赵志刚主编．谁的陪审谁的团：刑事庭审制度改革的虚拟实验．北京：法律出版社，2011：33．

⑥ ［美］约翰·加斯蒂尔，佩里·迪斯，菲利普·J. 维瑟，辛迪·西蒙斯．陪审团与民主．余素青，沈洁莹，译．北京：法律出版社，2016：致谢：4．

了解，对生活甚至人生的思考等，也一定可以经由裁判活动传递给参与者。因此，陪审员参与司法审判，其意义绝不仅仅限于单个案件的判决结果，更是从整体上、长远上带动民众产生对规则的尊重、对法治的信仰，培养公民的责任感，进而推动全社会法治文明的进步和法治国家的发展。[①] 最后，"诉讼的民主化是司法改革的根本大势所在。将那种装潢门面的东西变为实实在在的民主，是中国司法制度改革发展的内在要求"[②]。

正是基于上述价值和需求，2014 年开始的此次人民陪审制度改革对陪审模式作出了较大的调整。中国以往的人民陪审制度是在借鉴苏联陪审制度的基础上建立的，与大陆法系国家的参审制相似。《人民陪审员法》对此作出了调整，创新性地确立了"二元陪审模式"[③]。《人民陪审员法》第 14 条规定："人民陪审员和法官组成合议庭审判案件，由法官担任审判长，可以组成三人合议庭，也可以由法官三人与人民陪审员四人组成七人合议庭。"由此，两种陪审模式——类似于陪审团模式的"七人合议庭"和近似于参审模式的"三人合议庭"，在我国人民陪审制度中并存，在第一审案件中分情形适用。

首先，七人合议庭模式。七人合议庭模式有三个特点：一是，在数量上，人民陪审员的人数增加到四人，比法官的数量多一人。二是，在职能上，采用"分工式陪审制度"。根据《人民陪审员法》第 22 条，七人合议庭模式中，人民陪审员和法官之间有了一定的职能分工。人民陪审员对事实认定有发表意见权和表决权，对法律适用有发表意见权但无表决权。法官则对事实认定和法律适用都有表决权。由于陪审员的数量超过法官的数量，所以当陪审员的决定一致时，陪审员享有了事实的决定权。三是，在适用范围上，根据《人民陪审员法》第 16 条的规定，七人合议庭适用于公益诉讼类

---

① 当然，权力的恣意运作，同样可以让陪审员产生负面认知，并通过这种方式逐渐累积起来，对民众整体的文明程度产生负面影响。

② 龙宗智．论我国陪审制度模式的选择．四川大学学报，2001 (5).

③ "一般认为，陪审制有广义和狭义之分，两者是种属关系。具体而言，依司法技术的不同，学者往往将广义的陪审制分为两种，即陪审制（狭义）和参审制（又称为混合法庭制）。陪审制狭义的程序特点是：陪审员和职业法官各司其职，前者决定事实问题，后者决定法律问题。而参审制的特点则是陪审员和职业法官协同合作，共同决定案件的事实和法律问题。"施鹏鹏．陪审制度研究．重庆：西南政法大学，2007."二元陪审模式"采用广义陪审。

案件和社会影响重大的第一审案件，具体包括："（一）可能判处十年以上有期徒刑、无期徒刑、死刑，社会影响重大的刑事案件；（二）根据民事诉讼法、行政诉讼法提起的公益诉讼案件；（三）涉及征地拆迁、生态环境保护、食品药品安全，社会影响重大的案件；（四）其他社会影响重大的案件。"

其次，三人合议庭模式。三人合议庭模式的三个特点为：一是，人民陪审员的数量较少，人民陪审员人数少于法官人数。二是，在职能上，采用"无分工式陪审制度"，即参审模式。根据《人民陪审员法》第 21 条，三人合议庭中，人民陪审员同法官一样，对事实认定和法律适用都享有发表意见权和表决权。三是，在适用范围上，根据《人民陪审员法》第 15 条，三人合议庭适用于第一审刑事、民事、行政案件，适用情形大致包括"社会影响较大"和"根据案件需要"两类，具体包括："（一）涉及群体利益、公共利益的；（二）人民群众广泛关注或者其他社会影响较大的；（三）案情复杂或者有其他情形，需要由人民陪审员参加审判的。"

"二元陪审模式"是调和中国刑事庭审转型需求与司法现状的折中之举，适合当前我国司法的发展阶段。一方面，刑事庭审实质化转型要求加强民众对司法的参与，七人合议庭模式吸收了更多公民参与庭审，进一步强化了民主代表性，"从三人合议庭到七人合议庭的跨越，事实上也准确地反映了中国人民陪审员制度未来的发展走向。在可预期的未来，人民陪审员制度还将吸收更多的公众参与重大案件的庭审"[①]；另一方面，鉴于司法成本、法官适应实质陪审的能力、当前庭审对抗水平的不足以及对"失控的陪审团"的担忧等[②]，陪审的规模限制在四人及以下，且陪审员并不独立负责对事实的决定。三人合议庭模式保留的核心目的还是解决案多人少的问题。"三人合议庭的制度框架并没有实质性改变，故可以想象，在未来的司法实践中，三人合议庭很有可能重新回到制度虚化甚至异化的窘境。"[③]总之，随着我国整体司法水平的提升，未来还应当进一步放宽人民陪审员对司法审理和裁决的参与。

---

①③　施鹏鹏．二元陪审合议庭的创新与局限．人民司法，2018（22）．

②　何家弘，赵志刚主编．谁的陪审谁的团：刑事庭审制度改革的虚拟实验．北京：法律出版社，2011：380．

2. 采用“三次随机”

陪审制度有利于强化对法官的监督，维护司法廉洁，但陪审员的固定化也容易滋生陪审员的腐败。确立“一案一选”和“随机挑选”等选任陪审员的制度并认真执行有利于避免“制度性腐败”的出现。[①]“案结职了”[②]的任职期限方式则是更为彻底的“一案一选”制度。如美国首先“从地方居民的纳税登记表、汽车驾驶执照登记表或选民登记表中随机抽出候选陪审员名单，同时签发召集通知”，然后随机挑出各案件的预期陪审员名单，再由法官、当事人及其律师对候选的陪审员进行询问，通过询问来检验其是否能够担任本案陪审员。[③]案件审理完毕或者悬而未决，陪审团即告解散，对于需要重新审理的案件或者下一个案件，重复上述步骤重新挑选陪审员。虽然采用这些方式所消耗的司法成本较高，但为了保证陪审制度的广泛性、民主性以及其对司法公正起到切实的效果，英国、美国、法国等国家都保留了这一制度。

以往我国人民陪审员选取机制存在许多不规范现象，“长期驻庭”和“编外法官”等有悖于选取广泛性、代表性原则的现象饱受诟病。为了改变这一情况，《人民陪审员法》规定了人民陪审员选任的“三个随机”，即随机抽取陪审员候选人、随机确定陪审员人选、随机抽取陪审员审理具体案件。根据《人民陪审员法》，第一次随机抽取的范围是常驻居民名单，抽出至少五倍于拟任命人民陪审员数的人员作为人民陪审员候选人，然后由司法行政机关会同基层人民法院、公安机关对人民陪审员候选人按照《人民陪审员法》第6条、第7条、第8条的规定进行资格审查，征求候选人意见[④]；第二次随机是以通过资格审查的人民陪审员候选人为范围，由司法行政机关会同基层人民法院从中随机抽选确定人民陪审员人选，然后由基层人民法院院长提请同级人民代表大会常务委员会任命[⑤]；第三次随机是以上述经过任命

① 何家弘，赵志刚主编．谁的陪审谁的团：刑事庭审制度改革的虚拟实验．北京：法律出版社，2011：34-35.

② 即陪审员无任期，一个案件随机选一个陪审团，案件审理完毕陪审团即告解散。对于下个案件，仍需采取随机选取的方式在居民名单等人员名单中重新挑选陪审员。

③ 何家弘主编．中国的陪审制度向何处去．北京：中国政法大学出版社，2006：73.

④ 《人民陪审员法》第9条。

⑤ 《人民陪审员法》第10条。

的人民陪审员为范围，在案件审理时，需要由人民陪审员参加合议庭审判的，在人民陪审员名单中随机抽取确定。中级人民法院、高级人民法院审判案件需要由人民陪审员参加合议庭审判的，在其辖区内的基层人民法院的人民陪审员名单中随机抽取确定。[①] 为了保证人民陪审员均衡参审，《人民陪审员法解释》第17条规定："中级、基层人民法院应当保障人民陪审员均衡参审，结合本院实际情况，一般在不超过30件的范围内合理确定每名人民陪审员年度参加审判案件的数量上限，报高级人民法院备案，并向社会公告。"试点法院则通过抽选系统设置，在抽选时，将超过参审案件上限的人民陪审员自动屏蔽，优先抽选参审案件少的人民陪审员，实现人民陪审员均衡参审。[②] 另外，在选任条件上，年龄条件提高至28周岁，学历条件下降至高中以上文化程度。这体现了对陪审员生活经验、社会阅历而非文化水平的强调。由此，三轮随机挑选配合选任条件的调整，结合"人民陪审员的名额数不低于本院法官数的三倍"的规定，陪审员覆盖的广泛性大大提高。据统计，《人民陪审员法》施行一年，全国共新选出人民陪审员近12万人，加上原来选任、尚未到期的人民陪审员共计30余万人。[③] 而对审理数量上限的规定，对于防止"驻庭陪审"在一定程度上有良好的作用。

除了随机挑选的方式，《人民陪审员法》保留了个人申请和单位推荐的产生方式，但是对通过这两种方式产生的陪审员的数量作出了严格限制，即"不得超过人民陪审员名额数的五分之一"[④]，以避免通过这两种方式产生的人数超过随机选任的人数，造成大部分陪审员被机关、事业单位的人包揽，成为"非职业法官"，影响陪审员覆盖的广泛性。

《人民陪审员法》保留了五年任期的制度。有人认为这一规定具有一定的合理性，"为了节约司法资源，避免陪审制度成为昂贵的司法产品，选任陪审员不一定非要采取'案结职了'的方式，但要确保选任陪审员的'随机性'"[⑤]。但从采取陪审制度的西方国家来看，目前只有德国采取了五年任期

---

① 《人民陪审员法》第19条第2款。

② 最高人民法院《关于人民陪审员制度改革试点情况的中期报告》。

③ 最高人民法院发布人民陪审员法解释．(2019－04－26)．河南日报网：https：//www.henandaily.cn/content/2019/0426/161502.html.

④ 《人民陪审员法》第11条第2款。

⑤ 尹振国．"参""审"并重 强化司法民主．学习时报，2018－07－30(3).

的制度。在德国，陪审员被称为“非专业法官”，陪审员制度的存在仅有形式上的意义，但德国法官普遍较高的专业素养，在很大程度上弥补了陪审制形式化的缺陷。在我国目前法官的专业水平整体上还处于比较低的阶段，此外，从我国长期存在的“驻庭陪审”“编外法官”的现象来看，一直以来基层人民法院陪审员的最大作用在于补充合议庭的人数。这种根深蒂固的观念是否可以仅通过随机挑选而非彻底的“案结职了”加“随机挑选”的方式予以转变，还有待观察。

另外，我国的陪审员选任制度未赋予控辩双方发表意见的空间，而在实行陪审团制度的国家，控辩双方的这一权利备受重视，“在实行陪审团审理的案件中，陪审员的挑选关系到定罪大局，历来备受控辩双方的重视。在这一阶段，控辩双方在行使否决权时也是各尽所能，使这时的庭审成为整个案件审理过程中的第一个小高峰”[①]。随着陪审员在事实认定方面发挥越来越重要的作用，在现有回避申请权的基础上，探索赋予控辩双方在挑选陪审员方面更多的发表意见的权利，如通过向陪审员询问问题来决定陪审员的去留，能进一步加强司法审判的当事人主义色彩，增强庭审的对抗性，提升司法的公信力和权威性。

3. 完善履职保障与管理监督

履职保障包括经济保障、安全保障、“工陪关系”协调、参审职权等。履职保障关系到人民陪审员是否能没有后顾之忧地工作，是否能在舒适安全的工作环境下工作等，甚至是否有动力参加和完成这份工作。这直接关系到人民陪审工作能否顺利进行。履职保障措施的不完善是以往人民陪审员工作积极性不高、责任心不强的重要原因。《人民陪审员法》对人民陪审员的履职保障问题作出了几点调整：一是，在经济保障方面，对给予补助不再区分陪审员是否有固定收入，对参审的陪审员一律按实际工作日给予补助。[②] 试点法院探索适用了更灵活的补助方式——“60％的试点法院采用按件补贴、40％的试点法院采用按次补贴的方式，为人民陪审员发放陪审补助。广西上

① 何家弘，赵志刚主编．谁的陪审谁的团：刑事庭审制度改革的虚拟实验．北京：法律出版社，2011：95.

② 《人民陪审员法》第30条第1款规定：“人民陪审员参加审判活动期间，由人民法院依照有关规定按实际工作日给予补助。”

思县法院为人民陪审员购买意外伤害保险，山东青岛市中级法院、江苏盐城市中级法院就严格保护人民陪审员个人隐私以及人身财产安全作出规定”[①]。二是，明确安全保障。《人民陪审员法》将人民陪审员的人身和住所安全，以及其近亲属的权利纳入了保护范围，明确规定“对报复陷害、侮辱诽谤、暴力侵害人民陪审员及其近亲属的，依法追究法律责任”[②]。三是，工陪关系协调。《人民陪审员法》在工陪关系协调办法方面没有突破，只有宣示性的规定：“人民陪审员参加审判活动期间，所在单位不得克扣或者变相克扣其工资、奖金及其他福利待遇。”“人民陪审员所在单位违反前款规定的，基层人民法院应当及时向人民陪审员所在单位或者所在单位的主管部门、上级部门提出纠正意见。”“工陪矛盾”一直都是实践中棘手的问题，人民陪审员各自都有自己的工作，频繁参加审理案件势必影响自身工作。“由于大多数人民陪审员是单位业务骨干或领导，工作繁忙，很难保证陪审时间。”[③] “一些单位不支持本单位工作人员参审，人民陪审员因工作原因不能参审的比例较高。”[④] 同时，人民陪审员在参审过程中遇到个人信息泄露以及人身、财产损害时，也缺乏有效的救济保障措施。相关条例或规定还应及早出台，以确保人民陪审员的合法利益。四是，在参审职权方面，由于我国尚未展开完善的直接言词庭审规则，庭前阅卷一直是“看懂”案件争议基本前提，《人民陪审员法解释》明确规定了人民陪审员在庭前享有“阅卷权”，且为了保障陪审员实质性地参与庭审，该解释还规定，人民陪审员在庭审中享有“参加案件调查和调解工作”的权利、“发问”权、“先于法官发表意见权”、“列席审判委员会并发表意见权”，以及审判结束后“收取裁判文书副本权”。同时，为了保障陪审员发挥事实审理的长处，而避免受困于不擅长的法律问题，该解释增加规定了“事实问题清单制度”，其第 9 条规定：“七人合议庭开庭前，应当制作事实认定问题清单，根据案件具体情况，区分事实认定问题与法律适用问题，对争议事实问题逐项列举，供人民陪审员在庭审时参

① 最高人民法院《关于人民陪审员决定执行和人民陪审员工作情况的报告》。

② 《人民陪审员法》第 28 条。

③ 分析人民陪审员“难陪不审”现象并提出对策．(2014－12－03)．单县人民法院网．http：//hzsxfy. sdcourt. gov. cn/hzsxfy/381488/381489/381494/947316/index. html.

④ 最高人民法院《关于人民陪审员决定执行和人民陪审员工作情况的报告》。

考。事实认定问题和法律适用问题难以区分的，视为事实认定问题。”上述规定的出台，为陪审员实质参审提供了基本的制度指引，但是实践中如何区分事实问题和法律问题并非易事，随便拉一个事实问题清单的现象并不罕见，如何让该制度发挥实效还有待实践经验的积累与理论的研究。

上述立法对人民陪审员权利保障工作进行了理想的框架构建，在实施过程中应重点关注相关规定的落地实施情况。这既包括具体规定的细化落实，也包括加强信息化建设，为人民陪审员履职提供便利。通过人民陪审员信息管理系统、手机应用程序、远程查看电子卷宗等，推进人民陪审员管理网络化、规范化、简便化。但也要加强履职管理和惩罚、退出机制，督促陪审员规范参审。

4. 落实情况观察与完善建议

首先，尽管完善了选任制度，但实践中人民陪审员来源面较小，有走精英路线之嫌。就推荐这种选任方式来说，推荐人民陪审员在某种意义上演变成一种政治任务。为了直观地反映这一问题，笔者查阅了中国审判流程信息公开网基层法院公布的陪审员名单，随机选取8个基层人民法院公布的陪审员名单，并根据其职业情况进行了初步统计（参见表5-1)。

表5-1　　人民陪审员职业分析

法院名称	总人数	公务人员（机关、事业单位）	居委会、村委会干部	教育、卫生、企业职工等	居民、村民、个体工商户等	其他
山东省单县人民法院	218	68	122	14	9	5
浙江省余姚市人民法院	180	85	46	38	2	9
安徽省广德县人民法院	28	18	4	6	0	0
安徽省池州市贵池区人民法院	97	32	48	17	0	0
四川省绵竹市人民法院	58	52	3	3	0	0
四川省仁寿县人民法院	126	30	79	4	4	9
湖北省石首市人民法院	45	40	0	5	0	0
湖北省荆门市东宝区人民法院	60	22	18	11	6	3
	707	285	302	82	15	23
	占比统计	40%	43%	12%	2%	3%

数据来源：中国审判流程信息公开网

从上表可见，80%以上的人民陪审员系公职人员、居民自治组织干部(学历层次基本在大专及以上)，而其他行业的职工、居民却很少。这种来源结构在一定程度上反映了当前人民陪审员来源的广泛性还不够，与最高人民法院强调的“要注重强调人民陪审员的代表性和广泛性，广泛吸收社会不同行业、性别、年龄、民族的人员参加陪审工作，努力提高基层群众特别是工人、农民、进城务工人员、退伍军人、社区居民等群体的比例，确保基层群众所占比例不低于新增人民陪审员的三分之二”这一目标，还有很大的差距。

其次，保障机制尚不健全。《人民陪审员法》对人民陪审员的履职保障机制有所涉及，但这些规定尚较为原则，可操作性较弱。如在经济补偿方面，虽然《人民陪审员法》规定了补助制度，但就基层人民法院的操作情况来看，补助金额、结算方法等对人民陪审员尚缺乏激励性，有的地区经费保障没有全面落实，没有对交通、误工等费用建立统一的补助标准，也没有根据经济社会的发展要求建立相关经费的正常增长机制。依照《人民陪审员法》的规定，人民陪审员参加陪审工作，陪审员所在单位应当给予支持，不得克扣工资。对于来自机关、事业单位的陪审员而言，由于工资发放来源于财政供给，故一般较易实现。但对于来自其他行业，特别是私人企业的人民陪审员而言，如果用人单位违反了这些规定，由谁来对用人单位进行监督和追责？如何追责？《人民陪审员法》现有的“提出纠正意见”与《劳动合同法》中对企业违规的惩罚措施相比尚有差距，但是在现实社会中，有具体的惩罚条款尚不能全面应对企业的变相手段，更别说一个方向性的描述。因此，对于用人单位违反规定后的处置办法，实践中还应加以探索。

最后，人民陪审制度的改革方向建议。一是细化人民陪审员的构成。或可参照58同城、赶集网、智联招聘等求职网站的行业分类指标——IT互联网、金融、房地产、销售、普工技工、餐饮、人事行政、司机、仓储物流、保洁保安、财务审计等，进行人民陪审员的选拔，实现真正意义上的来源广泛的人民陪审；并建立分类科学的人民陪审员库，为进一步细化随机挑选人民陪审员参与案件审理打好基础，针对不同案件涉及的领域不同，从相关联的领域中随机筛选陪审员，充分利用陪审员熟悉其服务领域的优势，发挥其对事实认证的优势，为审判员决定法律适用提供更可靠的支撑。二是完善保障机制。明确对于不支持陪审工作，克扣或者变相克扣陪审员工资、奖金及其他福利待遇的企业的具体处罚措施，如按照克扣金额的 2 倍至 3 倍补偿陪审员；因陪审工作开除员工的，由法院将企业法人、自然人雇主等计入失信名录或采取其他强制措施。但为了兼顾企业和个体经营户的难处，笔者认为，也应降低每个陪审员参审案件的数量，逐步建立“案结职了”的挑选方式，不仅让更多的人拥有担任陪审员的经历，也让陪审员这份“任务”不至于影响本职工作。据估计，将近有三分之一的美国公民会在他们人生的某一阶段担任陪审员。[①] 同时加强对陪审员的人身安全保障、经济补助、职业培训等等，构建起一个完整的保障体系，解除人民陪审员的后顾之忧，使其全身心投入陪审工作。三是加强人民陪审制度的宣传引导，提高人民陪审员制度的社会认知度，提升人民陪审员的荣誉感、社会地位感，以增强其参与陪审的积极性，促进陪审制度效用的发挥。可以在不同的阶段加入相关法制学习，同时加强普法宣传，深入社区、扎根百姓，让人民陪审员制度真正走群众路线，来自群众，依靠群众，共同推进提高司法公信力，共建和谐稳定法治社会。

综上，我国的人民陪审制度正在走向“实质化”，但要彻底解决人民陪审员制度存在的历史顽疾，不仅需要陪审制度进一步完善和全国各地法院不折不扣地落实，更要看到从整个司法制度来讲，人民陪审制度只是停留在技术层面的建构，深入人民陪审制度的根基还是应该完善对抗制庭审机制，改变庭审对书面材料的依赖，真正构建起直接言词、集中审理、对席审理的庭审环境，在此环境下由人民陪审员裁决案件事实争议，才能解决事实审理的根本性、系统性问题。

（二）合议决策机制

“合议庭是人民法院最基本的审判组织，合议制是人民法院最基本的审判方式。”[②] 依照我国《刑事诉讼法》[③] 的规定，除轻微的刑事案件和法律另

---

① 何家弘，赵志刚主编．谁的陪审谁的团：刑事庭审制度改革的虚拟实验．北京：法律出版社，2011：3.

② 叶向阳．对当前职业法官合议制实施情况的调查与思考．法律适用，2004（7）.

③ 《刑事诉讼法》第 183 条规定：“基层人民法院、中级人民法院审判第一审案件，应当由审判员三人或者由审判员和人民陪审员共三人或者七人组成合议庭进行，但是基层人民法院适用简易程序、速裁程序的案件可以由审判员一人独任审判。”“高级人民法院审判第一审案件，应当由审判员三人至七人或者由审判员和人民陪审员共三人或者七人组成合议庭进行。”“最高人民法院审判第一审案件，应当由审判员三人至七人组成合议庭进行。”“人民法院审判上诉和抗诉案件，由审判员三人或者五人组成合议庭进行。”

有规定的案件外，法院所受理的刑事案件均由合议庭进行审理。正因为合议庭是人民法院审判案件的基本审判组织，在强调“强化独任庭、合议庭的法定审判组织地位”[①] 的前提下，合议庭的运行机制可以说决定了整个审判权运行机制的科学、高效与否。实质化的合议制在功能上具有两面性，而实质化的合议庭运行机制最少需要具备独立决策、运行规范、民主有限三个基本要素。我国的合议庭运行机制存在陪而不审、合而不议、议而不决的虚化现象，既影响案件的公正裁判又影响诉讼效率。充分发挥合议制积极功能、抑制其消极功能，使合议庭实质、高效运转，需要从司法责任制和合议规则的构建两方面着手，也需要完善相关配套机制。

1. 合议制的功能

实质化的合议制功能具有两面性。就积极功能而言，“合议制符合人类认识规律，是一种能够凝结法律智识，减少误判可能的重要方法，其可以使法官的司法能力得到延展或优化”[②]。同时，合议制也能通过集体决策分担独任制下的裁判压力，还能在一定程度上提高腐败的难度，抑制司法专横的现象。正如有学者总结：“无论一位法官是多么的聪明与自信，都不可能无瑕疵地弄清楚所有事情。如果法官能够意识到自己不是完美的，并期望同事们能够构筑一个安全网以检查错误，那么这将是一个极好的工作环境。”[③] 日本民事诉讼法学者谷口安平教授认为，由于人的认识能力的限制，追求完全的实体真实往往不可能，只能退而求其次，追求程序正义，实现程序公正。[④] 而合议决策机制正是实现程序正义、公正的解决之道。就消极功能而言，合议制可能会导致司法拖沓，因其为一种分权机制，如果没有明确的责任分担机制，可能会导致合议庭成员互相推诿的现象发生；同时，“合议庭各法官也不一定是彼此制约的关系，他们之间还会存在权力勾兑现象”[⑤]。固定的合议庭会引起小群体思维的产生，对不同意见产生排斥、对相同意见予以吸收，合议庭成员趋向于以妥协的方式同意其他法官的意见，以换取和

① 《人民法院第五个五年改革纲要（2019—2023）》。

② 宋远升．法院论．北京：中国政法大学出版社，2016：78.

③ ［美］哈里·爱德华兹．合议制对司法决策的影响．张顺，译//陈金钊，谢晖主编．法律方法：第21卷．济南：山东人民出版社，2017.

④ ［日］谷口安平．程序的正义与诉讼．王亚新，刘荣军，译．北京：中国政法大学出版社，1996：3.

⑤ 同②80.

谐的环境以及其他成员对自己承办案件的“支持”。基于此，合议制的改革应当趋利避害，从司法责任者和评议机制着手，以组合机制、分案机制等为配套，从而保证合议制功能的发挥。

2. 合议庭运行机制的基本要素

有学者对西方制度的发展梳理后发现，合议庭运行机制具有必不可少的三个基本要素：独立决策、运行规范、民主有限。其一，独立决策是其中最核心的要素，“合议程序能否实现独立决策，决定了其本身的性质。能实现独立决策的，才属于真正意义上的司法合议。反之，则更多体现为统治者的参赞辅助机构，而非实质意义上的司法机关及审判程序”①；其二，规范性则是体现合议庭运行机制完善程度的重要内容，“评议及表决规则不完备，司法合议就欠缺了最根本的程序要素”②；其三，民主有限则是司法合议最为独特的属性要素，判断权是司法权的本质，判断是一种偏重于内心的思维活动，“引入一定规模的主体参与判断，可以增强判断行为的准确性与公正性”，“但审判活动的专业性、效率性及决策集中性决定了民主程度不易过大，否则过多资源会消耗于组织审判主体及意见汇集的过程，同时还可能出现因主体过多，从而意见难以统一，导致最终裁决无法顺利形成的局面”。同时，民主有限的前提是民主，民主是一种集体决策机制，丧失民主的“合议制”则走向了另一个极端——合议制变成了“独角戏”。集体决策、民主决策本来的意义也就荡然无存，合议庭沦为成为掩人耳目的形式化司法机器，非但不起作用，反而拉低效率、空耗成本。这种情况的起因既包括工作量超负荷导致力所不及、机制不平等造成压制积极性等外部因素，也包括法官自身水平、工作态度等内部因素。

从这三个要素来看，以往我国的合议制在这三个方面都有所欠缺。

首先，合议庭缺乏独立决策权。根据审判权的属性，“理论上，只有作为某一个具体案件的独任法官或者合议庭成员审判案件的时候，该法官才具有审判权”③，但在以往的司法实践中，“审判权被分为法官各级‘长官’的

①② 吴仕春．合议制度的西方起源与评析．人民法院报，2016-08-26（8）．

③ 翁子明．司法判决的生产方式——当代中国法官的制度激励与行为逻辑．北京：北京大学出版社，2009：93．

案件审批权，以及审判委员会委员对案件的审议权。前者没有正式制度可循，但却是审判权实际运行的常态。后者是程序法和《人民法院组织法》确立的正式制度，审判委员会对案件作出的决议可以推翻合议庭或者独任法官的初始裁判意见”[①]。这种审判权的分层化使合议制在一部分案件中名存实亡，其实质是审判权变成了“行政权”，“请示、汇报、审查、批准、命令”的运行方式代替了“讨论、协商、表决”的运行方式。领导一句意见胜过任何证据和事实，司法权沦为政权的傀儡，审判成了实现某些领导人个人意志的工具。[②]

其次，合议庭缺乏有效的运行规范。合议庭的运行规范包括以下民主原则：“地位平等、共同参与、充分陈述、独立表决、多数决定、异议保留”[③]。地位平等首当其冲。“合议制，简单地说，就是少数服从多数的民主决策机制，即合议庭成员平等地行使表决权，并且以多数意见作为案件的判决意见”[④]。合议制本质上应当是一种“平权机制”，这一属性要求合议庭成员之间能够平等地表达意见，并且每个成员的意见分量均等，最后以多数意见作为判决意见。平权机制的属性也决定了合议制区分于“民主集中制”和“首长负责制”。“民主集中制”与合议制的不同在于，“民主集中制”有个“集中”的环节，这一环节并非按照“少数服从多数”的票决机制形成，而是“在讨论、协商的过程中逐渐并最后由主持会议的职务最高者集中起来的。在民主集中制中，每个人的意见并不是等值的，通常职务较高者的意见权重大于职务较低者，而院长的意见往往具有某种程度的决定性”[⑤]。由此看来，合议庭成员之间的地位决定了合议庭本质上以怎样的机制运行。以往我国合议庭“形合实独”“合而不议”的现象饱受诟病，合议庭成员之间的地位不平等是这种现象的成因之一：行政职责与审判职责的混同。例如，“当院长作者为审判长参与案件审判时，他/她不可能仅仅把自己定位于合议庭的成

---

① 翁子明．司法判决的生产方式——当代中国法官的制度激励与行为逻辑．北京：北京大学出版社，2009：93.

② 例如“周澄案”。一场被法外力量左右的审判．中国青年报，2005-10-08.

③ 林劲松．我国合议庭评议制度反思．法学，2005（10）.

④ 同①96.

⑤ 同①98.

员，而是自觉不自觉地发挥着院长和书记的影响力”[①]。而合议庭的其他成员也不可能把他/她仅仅当作一个审判长，而不把他/她当作院长和书记。

最后，承办人权力的扩张，在一定程度上影响了民主评议。合议庭成员之间的地位不仅受到职务、等级、资历等因素的影响，也受到信息获悉程度的影响，对于信息获悉较多的成员来说，其意见的质量往往更高。因此，信息不均衡也可能导致合议庭由平权型向“集中型”偏转。以往在我国合议制度之下，嵌套实施承办法官制度，承办法官与其他合议庭成员之间信息获悉程度的不均等是导致合议庭“形合实独”“合而不议”现象的另一重要原因。而信息不均等，又源于考评和追责机制的不合理设置、办案工作量的压力等，即业绩考评和追责机制围绕承办法官进行，非承办法官为了完成自己的结案率而降低对合议案件的参审程度。“我国法院内部实行案件按人分配，而非按合议庭分配，这种责任到人的机制导致法官个人作为承办人成为案件的行为主体，承担案件审理的绝大部分工作；另一方面，案件的承办数量和办理状况又直接与承办人的薪金、升迁、奖惩等实际利益密切相连，与合议庭其他成员关系相对不大，承办人已事实上成为案件的主要责任主体。”[②]承办法官制度配合不合理的考评和追责机制等，在一定程度上助长了合议庭成员之间信息地位的不平等，进而造成“民主决议”“集体决策”初衷的失效。

3. 合议庭实质化的基本路径

基于合议制的功能的双面性和基本要素原理，观察我国当前合议庭实质化改革举措，不难发现当前的改革举措具有一定的针对性，但仍有不足，尚需沿着以下路径加以完善。

(1) 围绕信息均等化，完善合议庭运行机制。

首先，鼓励合议庭成员全程参与。

在职业法官组成的合议庭中，合议庭运行的完整流程目前是自组成时起，至裁判文书签发时止，终身负责，中间需经历审前准备、开庭或书面审

---

① 翁子明．司法判决的生产方式——当代中国法官的制度激励与行为逻辑．北京：北京大学出版社，2009：55.

② 左卫民，吴卫军．“形合实独”：中国合议制度的困境和出路．法制与社会发展，2002 (2).

理、合议并发表意见、起草或复核裁判文书并在上面签字。这一流程是一个前后相继的过程，要想确保合议环节的质量，前面准备工作的投入是必不可少的。在实践中，目前执行效果最差的是审前准备环节，除承办法官之外，合议庭其他成员往往不参与阅卷、庭前会议等庭前准备工作，而是直接从庭审开始介入，这就容易导致如前所述的承办法官与非承办法官之间的信息不平等，从而导致后续的庭审和合议环节出现遗漏案件重要细节、不得要领的问题。尽管司法责任制和合议庭评议内容记录的制度为合议庭成员认真负责地履行评议职责提供了兜底保障，但是追责是一种事后机制，启动成本较大，也因此适用得较少。通过完善规则加强事中监管仍是一种优化选择。现有制度缺乏对合议庭成员参与准备程序的硬性约束。例如，《司法责任制意见》第 17 条规定："合议庭审理案件时，合议庭其他法官应当认真履行审判职责，共同参与阅卷、庭审、评议等审判活动……"同样，《庭前会议规程》第 3 条第 1 款第一句规定："庭前会议由承办法官主持，其他合议庭成员也可以主持或者参加庭前会议。"由于缺乏硬性约束，这两条只具有提倡作用，合议庭成员可"视需要"决定是否参与庭前准备工作。[①] 这种软性提倡的做法是基于司法力量的现实条件，但是长远来看，随着庭审实质化的改革，如果案卷审查制度得到改变，庭前会议制度等其他庭前工作流程得到常态化适用，那么，合议庭成员的介入时间必须提前至庭前，否则有必要给予一定的负面评价。从当前来看，案卷审查制度在决定案件的判断方面仍处于十分重要的地位，因此，对于重大复杂的案件，也有必要对合议庭全体成员作出庭前阅卷的硬性要求，并且为合议庭成员阅卷提供时间、工具等方面的便利条件。结合当前审判监督规范化、标准化、信息化改革工作的开展，运用智能管理、风险提示等手段进行阅卷提示、参会提示，也是一种有效的手段。

其次，弱化承办法官的突出角色。

其一，关于承办法官权力范围以及角色重量的发展变化。对比《最高人民法院关于人民法院合议庭工作的若干规定》（以下简称《合议庭工作规定》）、《最高人民法院关于进一步加强合议庭职责的若干规定》（以下简称《加强合议庭职责规定》）以及《司法责任制意见（试行）》（参见表 5-2），

① 当然，我国庭审的实质化程度不高，案卷审查制度难辞其咎。

可以发现，法律赋予承办法官越来越重要的工作角色，其履行职责的范围是扩大的，也是逐渐细化和明确的。《司法责任制意见》虽然没有进一步扩大承办法官的职责范围，但是通过增加“对当事人提交的证据进行全面审核，提出审查意见”“参与案件评议，并先行提出处理意见”两项，对《合议庭工作规定》的内容进行了确认和细化，其方向仍然是突出承办人的角色和意见。

表 5-2

法律法规名称	生效时间	承办人职责相关内容
《最高人民法院关于人民法院合议庭工作的若干规定》	2002.08.17	第十条　合议庭评议案件时，先由承办法官对认定案件事实、证据是否确实、充分以及适用法律等发表意见，审判长最后发表意见；审判长作为承办法官的，由审判长最后发表意见
《最高人民法院关于进一步加强合议庭职责的若干规定》	2010.02.01	第三条　承办法官履行下列职责： （一）主持或者指导审判辅助人员进行庭前调解、证据交换等庭前准备工作； （二）拟定庭审提纲，制作阅卷笔录； （三）协助审判长组织法庭审理活动； （四）在规定期限内及时制作审理报告； （五）案件需要提交审判委员会讨论的，受审判长指派向审判委员会汇报案件； （六）制作裁判文书提交合议庭审核； （七）办理有关审判的其他事项
《最高人民法院司法责任制实施意见（试行）》	2017.08.01	9. 承办法官应当履行以下审判职责： (1) 指导法官助理做好庭前准备及其他审判辅助工作； (2) 就当事人提出的保全、司法鉴定、非法证据排除申请等提请合议庭评议； (3) 对当事人提交的证据进行全面审核，提出审查意见，依法调取必要证据； (4) 制作阅卷笔录，拟订庭审提纲，撰写审理报告； (5) 协助审判长开展庭审活动； (6) 参与案件评议，并先行提出处理意见； (7) 根据合议庭、赔偿委员会、审判委员会多数意见制作并签署裁判文书； (8) 指导审判辅助人员落实院党组关于网上办案、司法公开、电子卷宗、案卷归档等工作要求； (9) 依法行使其他审判权力。

其二，关于承办法官的存废之争。有人提出承办人权力的扩大、角色的突出，入侵了合议庭其他成员独立思考的空间，建议废除承办人制度，建立以合议庭为办案单位的制度。但也有人认为“承办人制度在我国的存在有历史和现实的合理性，便于案件分配和进行考核，也可以发挥承办法官的主观能动性”[①]。笔者赞同“相对合理主义”的立场，即从当前的司法资源和效率角度进行考量，对承办人制度和合议庭制度之间的关系进行合理的协调，建立以合议庭为单元的考核机制，并对当前分案机制进行适当调整。就以合议庭为单元的考核机制来说，《落实司法责任制实施意见》第22条提出：“完善司法人员业绩考核制度……注重采用权重测算等科学计算方法，合理设置权重比例……将法官作为合议庭其他成员时的工作量……纳入业绩考核。”目前各地法院采取这一考核机制已不罕见。就分案机制来说，从操作技术层面来讲，将合议庭运行机制的链条前拉至分案阶段，即以合议庭为单位分案，代替以承办法官为单位，让合议庭成员都有足够的时间和便利条件阅卷、参加庭前会议，应当是对于提高合议质量而言‘更好的选择’但这一目标的实现，有赖于法官工作负荷的合理计算，以及法官助理、书记员等司法辅助人员的合理分工，只有做好事务性工作量的减法，才能做好审判性工作量的加法。

（2）围绕地位平等化，完善评议机制。

《司法责任制意见（试行）》第44条规定：“……合议庭成员发表最终处理意见时，应当按法官资历由低到高的顺序进行。”有学者对这一规定提出了异议，认为：从严掌握员额法官遴选机制后，员额法官的地位是平等的，而资历深并不代表对案件判断的正确把握，应摒弃资历深浅的观点，按承办法官、其他法官的顺序发言。其他法官按合议庭组成的随机顺序确定发言顺序。[②] 笔者不同意这种观点，因为从实践来看，无论是受制度、文化影响，还是依长期以来的习惯，“如果职务高或者资历深的法官首先发言，职务低、无职务或者资历较浅的法官可能出于尊敬、世故、顾虑或盲从等原因，迎合前者的意见，不敢或不愿展示自己的真实想法”[③]。尽管，在员额制改革以

① 郑未媚．庭审实质化背景下合议制及其运行规则．人民法院报，2016-08-31（6）.

② 合议庭发言顺序由“资历”确定，合理吗．微信公众号“民事法律参考”，2017-09-05.

③ 林劲松．我国合议庭评议制度反思．法学，2005（10）.

后，法官的地位确实应当是平等的，但是不可否认的现实是，我国还同时存在法官等级制度、审判监督管理制度以及党管干部的原则，前者是知识性权力，后者是行政性权力和政治权力。就知识性权力而言，“对于合议庭的法官而言，不仅存在科层制意义上的行政权力位阶的高低，也有因为对法律知识或者技艺掌握的不同而形成的知识性权力差异。由此，居于知识性权力高位阶的法官就获得了对低位阶法官的司法审判控制优势”①。我国法官分为四级十二等②，不同的等级代表着不同的德才表现、业务水平、审判工作实绩、工作年限等，即使不考虑职务因素，就法官群体来说，法官等级本身就是一种知识性权力的标签。从行政性权力和政治权力的角度看，就院长本身来说，其通常具有法官、院长、党组书记三种角色，意味着审判职责、行政职责和政治职责三种职责的融合③，其权力是行政权、审判权与政治权的杂糅，于是“处于行政权低位的法官对处于高位法官在司法裁判权方面的服从成为一种常态”④。因此，对发表最终意见的顺序作出规定是十分有必要的。但合议是一个持续的讨论过程，个人观点会在其中得到传播和渗透，因此，仅将对平等发言的希望寄托在对最终发表意见的顺序规制是远远不够的，还应配合合议过程详细记录等，以便对合议全程的民主性、平等性加以监督和把握。这在操作上也很容易实现，例如，上海市第一中级人民法院就利用“合议庭评议音字转换智能支持系统”，通过便捷的评议移动终端对合议庭评议过程全程录音，并将录音与案件关联保存在数据库中，实现了真实、完整地反映和保存评议的过程和内容⑤，而且智能科技的运用在一定程度上有利于促使合议庭成员认真参与审理。

（3）围绕工作量做加减法，完善配套机制。

合议庭运行起点的前伸对于法官而言是在做工作量上的加法，但法官的工作能力和工作时间是有限的，要想保障合议质量的提升，就必须在事务性

---

① 宋远升．法院论．北京：中国政法大学出版社，2016：85.

② 《法官法》第26条～第29条。

③ 翁子明．司法判决的生产方式——当代中国法官的制度激励与行为逻辑．北京：北京大学出版社，2009：55.

④ 同①83.

⑤ 朱瑞，李姝徽．上海一中院首创合议庭评议音字转换智能支持系统．(2015-09-10). 中新上海网：http：//www.sohu.com/a/31402532_117181.

工作上为法官做减法。如本章第二节“权力运行机制”所述，目前基层人民法官最为需要的是为法官配齐法官助理和书记员，并对上述人员的职责进行明确划分[①]，形成合理分工，从而为法官分担事务性工作。本次司法体制改革不仅推动司法人员分类管理，还鼓励组建以主审法官＋法官助理＋书记员的审判团队，并强调主审法官负责制。《落实司法责任制实施意见》第 4 条规定：“强化审判团队作为办案单元和自我管理单元的功能，切实增强团队合力。统筹内设机构改革与审判团队建设，人员编制较少的基层人民法院可以设置综合审判庭或者不设审判庭，实行‘院—综合审判庭’或者‘院—审判团队’管理模式；人员编制较多的基层人民法院一般实行‘院—审判庭—审判团队’的管理模式。”审判团队的模式有助于为主审法官做工作量上的加法和减法，由法官助理承担程序性事务和审理报告、裁判文书的撰写等辅助性工作，而主审法官专注于案件的阅卷、案件争议焦点的归纳、开庭审理、证据裁判与法律适用等实质性工作。只有管理工作理顺了，审判的职业化水平才能有质的提高。

同时，为了避免上文所述的固定合议庭成员之间形成权力勾连，合议庭随机产生、随机分案也是应当加以落实的配套制度。《加强合议庭职责规定》第 2 条规定：“合议庭由审判员、助理审判员或者人民陪审员随机组成。合议庭成员相对固定的，应当定期交流……”《落实司法责任制实施意见》第 6 条规定：“……各级人民法院应当健全随机分案为主、指定分案为辅的案件分配机制。根据审判领域类别和繁简分流安排，随机确定案件承办法官……”目前实践中，这些规定已经得到广泛的贯彻落实，如最高人民法院第二巡回法庭自建立以来，就采取这一举措，取得了较好的实施效果。[②]

（三）裁判说理机制

司法判决书的撰写是司法制度中的一个重要因素。[③] 裁判文书内容的完善和说理方式的变革对庭审实质化改革目标的完成具有重大的推动作用。判决书的写作虽然处在整个刑事诉讼的最末端，但却是整个刑事诉讼结果的呈

① 《司法责任制意见（试行）》第 13、14 条。

② 赵春晓．中国特色司法文明建设的探索与实践——以最高人民法院第二巡回法庭的改革实践为视角．法律适用，2019（1）：124.

③ 苏力．判决书的背后．法学研究，2001（3）.

现阶段，对于当事人来说它恰恰是整个刑事诉讼的最关键环节，毕竟判决书中最终认定的事实和法官最终裁判的结果才是当事人最关心的。判决书的内容结构和说理分析过程是包括当事人和其他阅览裁判文书的读者在内的广大受众最为重视的，其内容结构中尤其重要的是控辩双方的证据和观点是否全面涵盖，说理内容则包括采信证据、认定事实、评判争点、适用法律的理由等，理由是否得当而清晰地展现，事关当事人是否服判。有学者对裁判文书的使命作了如下描述："裁判文书承载着诸多法治使命：对当事人来说，是定分止争的稳定器，是行使权利、履行义务的依据；对社会大众来说，是预防违法犯罪的警醒剂，是传播法治教育的生动案例；对历史来说，是记录我们这个时代法治信息的重要载体。因此，古今中外的司法机关莫不重视裁判文书的质量。"① 也有学者将其机能概括为三种："（1）保障机能，防止审判机关的任意性；（2）说明机能，可以让被告人明白受裁判的理由；（3）审查机能，提出上诉时，可以审查原裁判是否得当。"这些使命和机能的实现说到底不会仅仅因为一个判决结果，而是因为"判断理由"带给观者眼明心亮的感受。

我国很早就意识到裁判文书说理的重要性，关于裁判文书说理的制度改革已经推行了近二十年，各类文件反复强调要"加强判决说理"，但成效一直有限。说到底，判决书是展现刑事庭审和法官心证的书面载体，没有实质化的庭审为前提却要求法官提出实质化的理由是"巧妇难为无米之炊"；但只有实质化的庭审而不以制度的形式明确要求并规范法官"如何说理"，也不能对法官产生制度激励和保护的效果。因此，只有两者相结合，才能达到实现裁判文书三种机能的效果。

1. 刑事庭审实质化是实质说理的基本前提

非法证据排除程序、庭前会议、直接言词原则的适用等是庭审实质化改革的重要内容，这些环节应当作为庭审实质化成果在判决书中得到载明，向公众展示。笔者在威科先行法律信息库中按时间顺序选取了 50 份强奸案一审刑事判决书来考察目前的裁判说理是否涵盖了上述内容，这 50 份中有 10 份其被告人或辩护人提出"证据存在矛盾或不足""存在非法取证""被害人

---

① 王新清．裁判文书释法说理的"加强"与"规范"．人民法院报，2018-06-24（2）.

系自愿”等，属于对事实有异议的案件，表 5－3 对这些案件的辩护意见和判决理由进行了以归纳。

表 5－3

案号	辩护意见	证据表述情况	判决理由
1. 山东省日照市岚山区人民法院（2019）鲁1103 刑初119号	提出非法证据排除申请及三点辩护意见：（1）客观证据不足；（2）被害人仅从声音上判断实施暴力的可能是被告人，但并不能确认；（3）被告人供述有反复，对案件事实的陈述前后矛盾	物证、现场勘查笔录、被告人供述、被害人陈述等详细列明	（1）对非法证据排除的回应：当庭播放讯问同步录音录像视频、看守所健康检查记录、后两次供述是在看守所内提讯室中进行等记录，表明能够排除非法取证情形。被告物证、现场勘查笔录、被告人供述、被害人陈述等详细列明人窦某某的三次有罪供述稳定、主要内容一致。（2）对其他辩护意见的回应：被害人陈某与被告人窦某某相识，通过看体型、听声音等肯定性表述，辨认出作案人是窦某某；公安民警经现场勘查发现，被害人陈某家南侧外墙有两条黑色长条印记、客厅内地面上有泥脚印。这与被告人窦某某供述和指认的作案方法、过程一致，且窦某某所穿鞋子的前部有清晰可见的摩擦痕迹，被害人家中客厅内地面上案发后遗留的泥脚印足迹与窦某某所穿鞋子的鞋印一致；窦某某的三次有罪供述内容稳定，与其指认现场情况、被害人陈述、扣押在案的鞋子、现场勘验检查笔录等证据形成证据链，足以证实被告人窦某某实施了强奸行为
2. 新疆维吾尔自治区洛浦县人民法院（2019）新3224 刑初640号	证据之间相互矛盾，不足以证明被告人构成强奸罪	证据罗列、未详细列明	本院认为……从其选择的时间是在凌晨，被害人的丈夫不在家的特殊时间，均可以证实被告人欲实施强奸的主观故意。根据……被害人于被告人到达被害人家之前，曾几次给同村的朋友（证人）打电话，希望朋友能到自己家中来，目的就是防止出现其受到侵害的后果发生……在被告人对被害人实施强奸行为的过程中，被害人用手机拨通了本村村警的电话，说明被害人对性行为的发生是不自愿的，并试图寻求救助

续表

案号	辩护意见	证据表述情况	判决理由
3. 青海省西宁市城北区人民法院（2019）青0105刑初214号	被害人自愿，被告人没有使用暴力或威胁手段	证据罗列、未详细列明	本院认为，被告人郝某某违背妇女意志，以泄露被害人不雅视频的手段对被害人进行威胁，使被害人不敢反抗或不能反抗，从而对被害人形成精神上的强迫，迫使被害人与其发生性关系
4. 福建省三明市中级人民法院（2019）闽0583刑初1091号（洪某某）	被害人自愿，没有违背被害人意志	被害人陈述、证人证言、鉴定意见、视听资料等详细列明	认定被告人洪某某趁被害人醉酒之机，违背妇女意志，强行与被害人发生性关系，有被害人王某1的陈述，证人赵某、陈某2等人证言，鉴定意见，现场监视视频等证据相互印证，足以认定。被告人洪某某关于其事前与被害人达成性交易约定后被害人自愿与其发生性关系的辩解缺乏事实依据，不予认定
5. 四川省青川县人民法院（2019）川0822刑初36号（李某某）	被告人辩称：与被害人没有身体接触 辩护人称：所有的证据达不到指控被告人犯强奸罪的指控目的	鉴定意见、被害人陈述、证人证言、被告人到案供述等详细列明	经查，对于被告人强奸被害人的事实，有被害人家属的报案、证人证言、被害人的陈述、被告人李某某到案后的供述予以印证，能够形成证据锁链，故对被告人李某某的辩解，本院不予采纳 对辩护人的辩护意见，法院认为，被告人知道被害人独自居住，没有反抗能力，即产生奸淫的想法，主观上存在故意，客观上实施了强奸行为，并有物证等证据予以印证，在证据上已达到确实充分 （注：本案鉴定意见中，只陈述对被害人和嫌疑人内裤、血样等进行检测，没有列明检测结果。只有一份鉴定书，体现鉴定结果是案发现场提取的手印与嫌疑人的手印是同一人所留）
6. 甘肃省崇信县人民法院（2019）甘0823刑初21号	被告人辩称：事发当晚，其并未脱被害人的裤子，也未殴打被害人	证据罗列，未详细列明内容	经审查，被告人的质证意见，与查证事实不符，且该辩解并不能否认其欲强奸被害人的主要犯罪事实。故该意见不能成立。因此公诉机关提供的以上证据，足以证明本案发生的起因、经过及结果，可作为定案依据予以确认

续表

案号	辩护意见	证据表述情况	判决理由
7. 湖南省桃江县人民法院（2019）湘 0922 刑初 79 号	被告人未对被害人使用暴力，被害人自愿与其发生性关系	物证检验报告、被告人供述、被害人陈述、证人证言等证据详细列明	对庭前进行的取证合法性调查程序的过程及结论进行了陈述 对被告人和辩护人的辩护意见通过明确列举证据、运用情理说明不予采信的理由
8. 吉林省扶余市人民法院（2019）吉 0781 刑初 150 号（任某）	被告人辩称：被害人是自愿与其发生性关系的	被告人供述、被害人陈述、证人证言等证据详细列明，包括被告人庭前的三次供述	经查明，被害人在与被告人发生关系时将被告人脸部抓伤，同时被告人给被害人出具书面协议，称将被害人强暴，同意赔偿被害人 4 万元钱。综合上述事实与情节，被告人强奸事实成立，被告人的辩解，本院不予采信
9. 江苏省江阴市人民法院（2019）苏 0281 刑初 806 号	被告人提出非法证据排除申请	侦查人员出庭作证、录音录像	经庭审调查，公诉人当庭播放了审讯同步录音录像，根据同步录音录像，被告人张某某在审讯室神情、身体均无异样，语言流畅自然……侦查人员包某、刘某某到庭针对证据收集的合法性说明情况……控辩双方当庭进行了质证和辩论……本院认为，能够排除被告人张某某审判前供述属非法取得……
10. 湖南省溆浦县人民法院（2019）湘 1224 刑初 77 号	被告人夏某、李某构成犯罪中止； 被告人夏某某辩解其行为不构成强奸	被告人供述、被害人陈述、微信转账截屏等证据详细列明，但没有物证及鉴定意见等	（1）根据证据所体现的事实内容分析被告人的行为属于因意志以外的原因强奸未得逞，系犯罪未遂。辩护人提出是犯罪中止的辩护意见，理由不成立 （2）根据证据所体现的事实内容分析被告人的行为所起到的作用，从而说明被告人的行为符合强奸罪的主客观构成要件

通过以上判决说理，我们可以看到：其一，庭审过程实质展现。对于被告人或其辩护人提出非法证据排除申请的，无论是通过庭前会议还是在庭审过程中进行了取证合法性调查，法庭都对取证合法性调查的过程及结论进行了较为详细的载明。其二，证据内容实质展现、种类多样。多数案件中不仅有被害人陈述、被告人供述、证人证言等言词证据，也有痕迹物证、视听资料、书证等证据加以佐证。对于被告人或其辩护人对证据提出异议的，多数案件中都对证据内容和证明事项进行了详细列明，但仍有少数案件中仅仅进

行了简单罗列，未体现证据内容，特别是被告人辩解内容少有体现。其三，认证逻辑实质展现。除（2019）甘 0823 刑初 21 号案件中缺乏对被告人的质证意见的具体论证外，其他案件中都有一对一的论证过程，实质性地回应了被告方提出的质证意见。

虽然上述案件统计数量有限，不足以全面反映当前裁判说理的现状，但是可以肯定的是，经过庭审实质化改革，针对辩护意见的实质性说理有了显著提升。庭审实质化基本上解决了庭审查明的事实不清，裁判文书程式化、无话可说、无理可说的问题。[①] 不足之处在于被告人辩解内容的呈现有所不足，证据的罗列顺序缺乏逻辑，有证人、专业人员出庭参与法庭调查的案件占比极低。笔者认为这是仍需要加以改进的地方。

2. 制度激励是实质说理的基本保障

（1）制度指引由粗到细。

我国的裁判文书说理改革最早始于 1999 年最高人民法院出台的《人民法院五年改革纲要》即“一五纲要”提出，“加快裁判文书的改革步伐，提高裁判文书的质量。改革的重点是加强对质证中有关争议证据的分析、论证，增强判决的说理性”。后十八届四中全会《决定》提出：“加强法律文书释法说理，建立生效法律文书统一上网和公开查询制度”；最高人民法院《人民法院第四个五年改革纲要（2014—2018）》中提出：“……实现裁判文书的繁简分流……重视律师辩护代理意见，对于律师依法提出的辩护代理意见未予采纳的，应当在裁判文书中说明理由。完善裁判文书说理的刚性约束机制和激励机制，建立裁判文书说理的评价体系，将裁判文书的说理水平作为法官业绩评价和晋级、选升的重要因素”；2017 年最高人民法院颁发的《法庭调查规程》第 51 条规定：“对于控辩双方提出的事实证据争议，法庭应当当庭进行审查，经审查后作出处理的，应当当庭说明理由，并在裁判文书中写明；需要庭后评议作出处理的，应当在裁判文书中说明理由”；2018 年最高人民法院发布《关于加强和规范裁判文书释法说理的指导意见》（法发［2018］10 号，以下简称《释法说理指导意见》）对释法说理提出了系统性要求，包括：目的、价值、要求、架构、取证合法性调查的说理规则、证

---

① 孙长江，杨佩正，韩天宇，等．以审判为中心诉讼制度改革背景下的裁判文书策应//宋北平，孙长江，等．裁判文书的语言、逻辑和理由研究．北京：人民法院出版社，2017：261.

据运用的说理规则、法律适用及自由裁量权行使的说理规则、强化说理的案件范围、简化说理的案件范围、二审及再审案件说理规则、裁判文书技术规范标准、引用法律条文格式标准、可运用的论据范围、表达方式、行文风格、优秀文书汇编要求、考核要求、评价机制、评查机制等。

从上述文件中可以看出，“增强裁判文书的说理性”改革从“一五纲要”到目前为止已推行了二十余年，从理念推广到制度实践，逐步深入、逐步系统、逐步具体、逐步细化；最重要的是通过学界和实务界的不断探索、研究和实践，裁判文书改革聚焦于“讲理”。如今，《释法说理指导意见》对于如何讲理的系统性的要求虽然仍有不足，但已能够为法官撰写裁判书提供较为全方位的指引，有利于法官有的放矢地提升说理技能。

（2）庭审直播、文书上网发挥倒逼作用。

2017 年《最高人民法院关于人民法院直播录播庭审活动的规定》第 1 条规定，“人民法院通过电视、互联网或者其他公共传媒系统对公开开庭审理案件的庭审过程进行图文、音频、视频的直播、录播”。当前庭审直播在避免庭审走过场、保护诉权，以及接受社会大众对司法的监督方面发挥了较大作用，也为裁判文书忠于庭审查明的事实、忠实地贯彻庭审实质化提供了有力保障。与此同时，庭前会议、合议庭对证据、案件事实以及法律适用的审议，却是通过庭审直播无法观看到的。然而这一部分却极容易引起当事人和社会公众的困惑。这部分，就需要通过裁判文书说理的公开来解决。

裁判文书全面实现网上公开可以说是裁判文书改革中最为人称道的部分。裁判文书全面上网的最大作用在于通过司法公开倒逼证据说理质量提高。最高人民法院院长周强曾在全国法院司法公开工作推进会上明确强调，“要通过推动裁判文书上网，形成倒逼机制，提高文书质量，加强裁判说理，进一步提升法官的司法技能和业务素养……增进公众对裁判文书的理解”。对于法官来说，一份公开的法律文书好比法官向社会公开的一份作品，其质量好坏将受到公众的评判。另外，充分说理也是法官的自我保护。目前“错案终身责任制”成为督促法官认真审理案件的有力制度。胡云腾大法官认为：“对故意造假案和重大过失造成严重后果的错案，才应当纳入责任追究的范围；如果没有故意，或者仅仅是工作上的失误，仅仅是因当时的能力水平，进行追究可能就是不合理的。”① 法官对证据与事实进行细致的分析，并充分说明自己审理的思路，是澄清故意和重大过失的一种有效方式，是法官进行的自我保护。截止到2019年5月，裁判文书公开总量已接近6 729万篇，其中刑事文书779余万篇，网站访问总量超过253亿次。“中国裁判文书网已经成为全球最大裁判文书公开网，裁判文书上网工作已实现全国所有法院、所有案件类型全覆盖”②。

（3）案例指导制度的正面激励。

2010年11月26日，最高人民法院发布了《关于案例指导工作的规定》（以下简称《案例指导规定》），标志着案例指导制度在中国司法审判制度中的正式推出。③《案例指导规定》第4条规定了指导性案例的来源可以是全国各级人民法院产生的案例，由此可知，全国各级法院的审判法官都可以是指导性案例的制作者。④ 2015年最高人民法院印发《〈关于案例指导工作的规定〉实施细则》（以下简称《案例指导实施细则》），其第2条规定：“指导性案例应当是裁判已经发生法律效力，认定事实清楚，适用法律正确，裁判说理充分，法律效果和社会效果良好，对审理类似案件具有普遍指导意义的案例。”这里，“裁判说理充分”被明确列为入选指导性案例的基本条件。因此，要想成为真正的指导性案例制作者，各级法官就需要在裁判说理上下功夫，让自己的裁判文书质量过硬。指导性案例制作者不仅可以受到种种奖励，最重要的是能够让自己的裁判理念和结论得到广大同行的认可和引用。根据《释法说理指导意见》及《案例指导实施细则》，指导性案例对于基本案情和适用法律方面相似的案件，具有“应当参照”的地位。这使指导性案例具有“准法律”的性质。对于从事司法审判工作的法官而言，自己审判案件的理念和方式能够得到广泛的认同，并对今后相似案件的判决产生积极影响，将是十分有力的荣誉激励。《案例指导实施细则》第14条规定，“各级人民法院

① 黎虹．周强出席全国法院司法公开工作推进会要求 充分发挥现代信息技术的作用 全面推进司法公开三大平台建设．（2013－11－27）．中国法院网：https：//www.chinacourt.org/article/detail/2013/11/id/1 151557.shtml.

② 李想．人民网全方位司法公开迈出一大步．（2016－01－21）．http：//legal.people.com.cn/GB/n1/2016/0121/c402138-28074414.html.

③④ 刘作翔．案例指导制度的定位及相关问题．苏州大学学报，2011（4）.

对于案例指导工作中做出突出成绩的单位和个人，应当依照《中华人民共和国法官法》等规定给予奖励”。这一规定同样为法官提供了明确的制度激励。

3. 技能提升是实质说理的重要支撑

（1）培训着手。

“法官的个人能力不足、不会说理”一直被视为裁判文书说理不足的一个重要因素。但从推动指导性案例制度的发展以及参照适用指导性案例的角度讲，加强对法官释法说理的培训仍十分必要。有的学者认为：当前指导性案例指导功能不足、案例选择不当的原因在于“无案可选”，多数判决书都是在“重申公共政策、重审司法解释、阐明最高人民法院的某种刑事政策（例如抚慰被害人）”。而说理不足的原因是“基层法官的创造性没有充分得到发挥，有的基层法官不能娴熟运用法律解释方法”[①]。因此，培养一线法官的法律解释能力是十分必要的。首先，应在入额选拔时注重对法官说理能力的考察。其次，应注重入额后，在法官职业生涯中的培训。从培训内容的角度讲，一方面，应对法官进行文义解释、体系解释、目的解释等解释方法的系统训练；另一方面，由于我国刑事案件禁止适用类推，因此法官只习惯于采取演绎逻辑来释法说理，但“归纳推理既是实现司法的制度功能的必要的司法技术，也是丰富法律规则体系、推动法律成长的重要力量”[②]。归纳推理与演绎推理的关键区别在于规则的一般化，就是从个案的特殊情形中发现、归纳、抽象出具有一般性和普遍性的法律规则，以便该规则对以后的类似案件具有可适用性。[③] 而指导性案例正是在一定程度上发挥司法的创制功能，向从个案中归纳推理所抽象出来的规则赋予法律意义上的普遍约束力。这就要求法官能够掌握归纳推理的技巧和能力[④]，因此，加强归纳推理技巧的培训也应被纳入未来培训的内容。

（2）工具便利。

“类案”判决能够为法官处理自己的手头案例提供启发、拓展判决思路，

---

① 周光权．判决充分说理与刑事知道案例制度．法律适用，2014（6）.

② 翁子明．司法判决的生产方式——当代中国法官的制度激励与行为逻辑．北京：北京大学出版社，2009：163.

③ 同②163－165.

④ 当然，这种推理方式的使用受到“罪刑法定原则”的约束，规则的创制需要在此前提下进行。

也能够统一司法裁判尺度，避免司法不公。但参考的无论是指导性案例、典型案例、公报案例，还是除此之外的相似甚至相同的“类案”，前提都是法官能够快速、便捷地找到这些案例。因此，高效的类案检索工具便成为一线法官的迫切需求。周强院长在国家法官学院2016年春季第一课中强调：“全面深化司法改革、全面推进信息化建设是实现审判体系和审判能力现代化的必由之路，是人民司法工作发展的车之两轮、鸟之双翼。”① 当前法律大数据+人工智能技术正在助力掀起中国司法的“技术革命”②，通过人工智能搜索类案，有望为法官提供便利的案例检索和推送工具，满足法官的现实需要。从智能类案检索的司法实践来看，在中央层面，2018年1月5日，最高人民法院类案智能推送系统上线，并在高级人民法院试点；在地方层面，各地法院也纷纷开发各自的类案类判系统，例如，上海海事法院上线“海事案件智能办案辅助系统”，重庆法院“民事类案智能专审系统”，安徽省法院“类案指引项目”等。但目前这些系统还存在很多问题，例如“检索推送不精确，无法解决法官实际需要”“推送案例的范围过窄、来源不明、层级不清”“地方各自为政、类案类判实践差异显著”③ 等。这些问题的解决有赖于技术的发展；法律案例数据库的扩充，也有赖于类案类判、类案推送、类案检索的国家标准的建立等。

综上所述，经过最高人民法院多年来推动裁判文书说理改革的努力，再加上近年来法院审判管理工作的加强，特别是最高人民法院案例指导和裁判文书评查工作的加强，裁判文书说理的改革取得了一定成效。但总体来说，当前我国多数案件的裁判文书说理处于“就案论案”式的说理或称“劝服式”说理，能够上升到法律规则论证层次的说理还是少数。④ 傅郁林教授曾指出，“综观目前围绕裁判文书改革所进行的种种探索，似乎尚未走出原有

---

① 周强．全面推进审判体系和审判能力现代化．(2016-03-22)．最高人民法院网：http://courtapp.chinacourt.org/fabu-xiangqing-18502.html.

②③ 左卫民．如何通过人工智能实现类案类判．中国法律评论，2018 (2).

④ 有学者将裁判文书说理分为两个层次：第一个层次的说理对应于司法的解决纠纷功能和演绎推理，说理主要是对裁判结论的合法性和正当性的论证；第二个层次的说理对应于司法的制度功能和归纳推理，其核心是规则的一般化。翁子明．司法判决的生产方式——当代中国法官的制度激励与行为逻辑．北京：北京大学出版社，2009：169.

的思维模式和制度框架”[①]。但当前我国推行的案例指导制度正在朝着打破这一桎梏的方向发展。尽管当前案例指导制度仍有诸多不足，但司法实践的需求、人民对公平正义的需求都必将推动案例指导制度得到更好的发展，而案例指导制度的发展也将进一步推动裁判文书说理更加透彻、更加公开，也向规则论证的方向推进。

① 傅郁林．民事裁判文书的功能与风格．中国社会科学，2000（4）．

第六章　刑事庭审的分而治之

长期以来，量刑程序问题在我国审判阶段，尤其是庭审环节一直未得到应有的重视，我国 1979 年、1996 年《刑事诉讼法》都没有对量刑程序问题作出规定。2012 年修订后的《刑事诉讼法》在认真总结、吸纳量刑规范化改革工作经验的基础上，在第 193 条明确规定，“法庭审理过程中，对与定罪、量刑有关的事实、证据都应当进行调查、辩论”。这也在一定程度上标志着量刑程序在我国刑事诉讼中的首次设立。2018 年《刑事诉讼法》修改时，在保留上述规定的基础上，又对量刑建议问题作出了更为具体的规定，这也是我国量刑程序完善的表现。

一、定罪量刑的相对分离

（一）定罪活动与量刑活动之间的关系

定罪和量刑是被告人刑事责任的两个基本方面。在刑事审判活动中，定罪活动与量刑活动共同构成了刑事审判的基本内容，两者前后相继、关系密切但又存在一定差异。定罪活动在前，量刑活动紧随其后，定罪活动是量刑活动的前提，量刑活动则是定罪活动的必然结果和最终归宿。

1. 定罪活动是量刑活动的前提和基础

我国《刑事诉讼法》第 236 条第 1 款、第 238 条规定，“第二审人民法院对不服第一审判决的上诉、抗诉案件，经过审理后，应当按照下列情形分别处理：（一）原判决认定事实和适用法律正确、量刑适当的，应当裁定驳回上诉或者抗诉，维持原判；（二）原判决认定事实没有错误，但适用法律有错误，或者量刑不当的，应当改判；（三）原判决事实不清楚或者证据不足的，可以在查清事实后改判；也可以裁定撤销原判，发回原审人民法院重新审判”；“第二审人民法院发现第一审人民法院的审理有下列违反法律规定的诉讼程序的情形之一的，应当裁定撤销原判，发回原审人民法院重新审判”。由此可见，认定事实和适用法律正确、量刑适当、诉讼程序合法，是第二审人民法院评价第一审人民法院裁判的基本标准。所谓的认定事实和适用法律正确，概括起来就是定罪准确。从上述规定我们不难看出：首先，从逻辑顺序上而言，定罪活动是量刑活动启动的基础和前提，只有在确定被告人有罪以后，才有必要进行量刑活动。如果经过法庭审理，发现不能认定被告人有罪，则没有必要启动量刑程序。其次，从法律规定上看，定罪准确是量刑适当的前提。这也是我国刑法之罪刑法定、罪责刑相适应原则的基本要求。如果定罪不准确，将此罪定为彼罪，将重罪定为轻罪或者将轻罪定为重罪，甚至将无罪定为有罪，那么对被告人的量刑也就是不公正的。因为，在我国的刑法分则中，犯罪与刑罚之间存在着对应的关系，经过庭审查明了基本的犯罪事实，也就基本上确定了对被告人应当适用的法定刑种类和幅度，除法律特别规定外，量刑结果一般不会超出此范围或者幅度。以故意伤害罪为例：根据我国《刑法》第 234 条的规定，“故意伤害他人身体的，处三年以下有期徒刑，拘役或者管制；犯前款罪，致人重伤的，处三年以上十年以下有期徒刑；致人死亡或者以特别残忍手段致人重伤造成严重残疾的，处十年以上有期徒刑、无期徒刑或者死刑。本法另有规定的，依照规定”。如果在某一犯罪中，查明被告人故意伤害他人身体并致他人重伤，在排除被告人有其他法定从宽处罚情节的情况下，一般选择“三年以上十年以下”的量刑幅度进行量刑。

2. 量刑活动是定罪活动的目的和归宿

惩罚犯罪是刑法的本源功能，这一功能是在定罪准确基础上通过量刑来实现。首先，在刑事审判活动中，在确定被告人有罪之后，就必须启动对被告人的量刑程序，对被告人的刑罚问题进行研究，否则刑事程序就不能终结，国家利益、公共利益、被害人利益以及被告人利益等处于不确定状态。其次，在量刑活动中，审判机关在控辩双方以及其他诉讼参与人的参加下，解决对被判有罪的被告人是否适用刑罚、如何适用刑罚等问题，从而将法条中的罪刑关系转变为现实中的罪刑关系，使刑法的目的最终得以实现。最后，无论之前的定罪活动如何公正，如果量刑过程或者结果不公正，那么刑事司法公正都将大打折扣，并极有可能使整个刑事司法活动失去意义。

（二）当今世界主要国家量刑程序概述

从立法和司法的情况看，目前世界各国关于定罪、量刑程序，主要存在两种模式：一种是定罪程序与量刑程序相对分离的“独立量州程序”模式。英美法系国家主要采用这种模式。在这种模式下，法庭审理明确区分为定罪程序和量刑程序两部分，在被告人不认罪的案件中，只有在经过法庭审理确定被告人有罪后，才能启动量刑程序；在被告人认罪的案件中，在法官确认被告人系自愿认罪且知悉认罪的法律后果后，法庭审理可以直接进入量刑阶段。另一种是定罪程序和量刑程序混合模式。在这种模式下，法庭审理中一并解决定罪与量刑问题，有关定罪和量刑的证据调查同步进行，控辩双方在庭审过程中一并对定罪与量刑问题进行辩论，法官在退庭评议之前，关于定罪与量刑的问题都已审理完毕。在评议程序中，法官在对被告人是否有罪作出评议后，即转入对刑罚适用问题进行评议，法官在作出定罪判决的同时作出量刑判决。大陆法系国家主要采用这种模式。

1. 英美法系国家——独立量刑程序

在英美法系国家的刑事诉讼中，定罪与量刑是相互独立的两种审判程序。一般情况下，当被告人进行有罪答辩承认其罪行时，法庭只需考虑量刑问题。如果被告人作无罪答辩或在个别情况下辩诉交易协议被法官否决，被告人会先进入由治安法官或者陪审团主导的定罪程序。在有罪裁断作出之后，法官在专门的“量刑听证程序”中负责裁决有罪被告人的量刑问题。

（1）英国。

英国的量刑程序是，首先由控诉方向法官或治安法官提供一份从控方证据中提炼出来的犯罪事实概要，控诉方有权提醒法官关于量刑的法律规定及与判决相关的高等法院的有关指导，但不允许向法官建议有关具体的量刑。通常，控诉方要在法庭上给出有关犯罪分子先前的有罪判决和量刑的具体情况，即所谓的“前科”。根据英国1991年刑事审判法的规定，缓刑委员会应提交给法庭一个量刑前报告，即被告人人格调查报告，主要包括被告人的年龄、经历、职业、品格、教育程度、家庭情况，有无前科，被逮捕和释放的日期以及对被告人适用何种刑罚的建议等。在该报告中，缓刑监督官在与被告人进行会谈的基础上，出具一份“危险评定”，目的是预测该被告人是否会在将来再次实施犯罪行为。[①] 量刑过程的第二步是被告人的律师提出减刑意见。在大多数案件中，辩方律师代表被告人发言，提醒法官注意一些减刑情况，如被告人的家庭状况和其他一些他认为可能帮助说服法官对被告人从宽处理的情况。在上述过程完成之后，大多数时候法官或治安法官会作出量刑决定，尽管他们可能休庭以便留出时间对问题进行考虑，或对案件的某一特定方面获取进一步的信息。原则上，关于量刑总是在被告人在场的情况下口头宣告。

（2）美国。

在美国，定罪程序与量刑程序是分开进行的，在确定被告人有罪之后才能开始量刑活动。其中，在许多轻罪和几乎全部违法（infraction）案件中，量刑在定罪之后马上进行；对于重罪和部分轻罪，则就量刑问题确定一个听证的日期。

量刑前报告，也将一并提交。书面形式的量刑前报告是最为理想的，但是在许多司法管辖区，书面报告仅是特例。如果量刑听证会安排在定罪判决下达日之后举行，有些司法管辖区域的公诉人和辩护律师会在听证举行之前提交量刑前报告，供法官在量刑时考虑。

征求公诉人的建议，并且听取公诉人提出的任何观点或信息。在美国许多司法管辖区域内，受害者有权出具一份受害影响声明。公诉人一般都会提请法官注意受害者发言的意愿或出具的书面声明。

征求辩护律师的建议，并且听取律师提出的任何观点或信息。有些时候，律师手里会掌握一些她（他）希望法官能够考虑的信件或文件。有些时候，律师会希望法官能够当面听取与被告人相关的一些个人，包括被告人的家庭成员、雇主或社会福利工作者等的声音。在有些司法管辖区，被告有权直接向法官进行陈述；在有些司法管辖区，法官会直接向辩护律师了解情况。

法官向缓刑官员了解其掌握的所有与被告人有关的情况，特别是被告人之前所有的缓刑记录。如果事先没有准备书面形式的量刑前报告，缓刑官员

---

① 汪建成，黄伟明．欧盟成员国刑事诉讼概论．北京：中国人民大学出版社，2000：105－106.

可以直接口述。法官也会询问缓刑官员对量刑有何建议。

宣布量刑结果，或在进一步考虑之后公布决定。无论出现何种情况，法官均可在决定作出后出具书面意见。

纠正科刑。根据《美国联邦证据规则》第 35 条的规定，如果存在以下情形，可以对原判刑罚进行纠正[①]：1）如果上诉法院发现一审中科处的刑罚违反法律，适用量刑不当，或者不合理，法庭应当将案件发回以纠正原判刑。下级法院在接到上级法院的裁定后，一般会采取以下做法：其一，按照上诉法院的裁定量刑；其二，如果经过此程序后，法庭认为原量刑不当，启动进一步的量刑程序。2）因情况变化而减刑。如果被告人被科刑后在侦查或者控告其他犯罪中起了重要的帮助作用，政府在量刑判决作出后一年内提出减刑申请，法庭可以按照量刑委员会根据《美国法典》第 28 编第 994 条颁布的指示和政策说明，对该被告人减刑。当被告人的重要帮助所涉及的资讯或证据直至被告人被量刑后一年或一年后才为被告人所了解时，法庭可以考虑政府在被告人被判刑后一年或一年后提出对被告人减刑的建议。根据该规则，法庭减刑的权限包括减至在法定最低刑之下。3）由判刑法院纠正量刑。在量刑决定作出后 7 日内，法庭可以纠正因计算、技术上的错误或其他明显错误造成的错判。

此外，根据《美国联邦证据规则》的规定，量刑应无不必的拖延。但是，如果存在与决定量刑有关的至关重要的因素尚未解决，法庭可以合理地决定推迟量刑，直至该因素能被解决为止；在举行量刑听证会前，法庭应当向被告人的律师和政府检察官告知缓刑官员的决定，按照《美国法典》（c）（2）（B）的规定告知其将适用于本案的量刑种类和量刑的指导幅度；在量刑听证会上，法庭应当向辩护律师和政府检察官提供对缓刑官员的决定和其他与正确量刑有关的事项发表意见的机会。在量刑前，法庭还应当：1）确定被告人及其律师已经有机会阅读和讨论按照《美国法典》（c）（3）（A）的规定提交的侦查报告和按照《美国法典》（c）（3）（B）的规定提交的概要；2）为辩护律师提供机会代表被告人发言；3）亲自与被告人谈话，确定被告人是否愿意在减轻刑罚方面作陈述和提供任何资讯。检察官应当有同等机

① 卞建林，译．美国联邦刑事诉讼规则和证据规则．北京：中国政法大学出版社，1998：74－75.

会向法庭发言。根据被告人和检察官联合提出的申请，法庭可以不听取被告人、辩护律师或检察官的陈述。在量刑后，法庭要告知被告人有上诉权。对被告人未作有罪答辩就已经审理的案件，在量刑后，法庭应当告知被告人所享有的上诉权利（包括对定罪和量刑上诉的权利），以及因不能支付上诉费用申请免交上诉费用的权利。根据有罪答辩或者不愿辩护但也不愿承认有罪的答辩科处刑罚后，法庭应当告知被告人有权就量刑部分提起上诉，但是没有义务告知被告人上诉的权利（此处指就定罪问题提起上诉）。

2. 大陆法系国家——混合量刑程序

大陆法系国家普遍实施的是职权主义诉讼模式，庭审并不严格划分定罪和量用程序。刑事诉讼法典一般只是规定法庭应在评议之后作出包括定罪和量刑在内的判决，没有规定单独的量刑程序，对如何确定量刑也没有具体规定。如《德国刑事诉讼法典》规定，对于普通案件“就犯罪行为对决定法律结果有重大影响之事物应在同一的审判程序中提出证据”。在这种模式下，一些单纯的量刑证据可能会不正当地影响对被告人的定罪。虽然《德国刑事诉讼法典》规定，只有与裁判具有关联意义，才能在定罪前出示被告人具有前科的证据，但这只是对一般要求的软性陈述，它只能在被告人明显无罪的情况下，防止法庭将被告人的前科记入笔录。实际上许多法官倾向于在审判即将结束时，讨论关于被告人的犯罪记录。因此在司法实践中，如果法庭认为与定罪有关，则部分与量刑有关的证据，例如被告人的前科，甚至在定罪前也可以出示。

为了克服法官的量刑恣意，大陆法系国家普遍建立了判决书量刑说理制度，要求法官在判决书中就量刑问题进行专门说理。以德国为例：公开宣布法庭判决是审判的最终阶段，法庭必须将定罪和量刑写成书面判决，由审判长在公开的法庭上宣读。宣布量刑后，审判长须进行口头解释。判决宣布之后的5个星期内，法庭必须再将定罪和量刑的理由制作成书面解释，此解释必须涵盖判决的所有方面，包括对证据的总体评价。[①]

混合量刑程序，通过一次开庭审理，既解决定罪问题又解决量刑问题，

① ［德］托马斯·魏根特．德国刑事诉讼程序．北京：中国政法大学出版社，2004：134.

能够克服独立量刑程序效率低下的缺陷。但庭审不严格区分定罪和量刑程序，可能使量刑情节影响定罪。如定罪之前在法庭上出示证明被告人前科的证据，可能给法官或陪审员造成先入为主的印象；同时还可能使量刑问题得不到应有重视，从而无法实现刑罚的个别化。此外，量刑说理制度的实质是法官对案件审理和法律适用的一种解释，具有专业性，模糊性等特征，难以达到英美法系国家独立量刑程序对法官自由裁量权的制约效果。

洞察到混合量刑程序的内在缺陷，1969 年在罗马举行的第十届国际刑法学大会就刑事审判制度作出专门决议，认为至少在重大犯罪案件中，审判程序应当分为定罪和量刑两个独立的部分。“审判分论”得到了大陆法系国家诸多学者的支持，如德国的罗科信教授曾坦率指出：“依现行法，就犯罪行为及对决定法律结果有重大影响之事物应在同一的审判程序中提出证据。而未来法中将相对于此，经常会以英美法作为借镜，将审判程序一分为二，要求分别就罪责问题及刑罚问题提出证据。此种分法原则上应尽速采行。”① 法国于 1993 年 1 月曾把定罪和量刑严格分开，将定罪权赋予陪审员，法官只留下了量刑权。但是由于压力过大，此项改革在 1993 年 8 月被叫停。

在日本，虽然二战以后修订的刑事诉讼法大量借鉴了英美法系国家刑事诉讼中的对抗制因素，但其在庭审中仍然保留了大量的职权主义因素。日本的法庭审理可以分为开庭、证据调查、最终辩论和宣判这四个阶段。其中，(1) 开庭阶段是为审理案件做准备的程序。(2) 证据调查阶段是法庭审理的中心环节，凡是作为定案依据的证据，包括量刑的证据，都必须在这个阶段查清楚。(3) 最终辩论是在证据调查完毕后，由检察官、被告人或辩护人就公诉事实的认定、法律条款的适用以及量刑等问题作总结性发言。在最终辩论阶段，检察官进行论告，就公诉事实的认定以及情节的评价陈述意见，并对适用的相关法条发表见解，此外，检察官一般还要进行求刑，即对应该宣判的刑罚种类、程度等阐述具体意见。尽管求刑并不是日本刑事诉讼法的直接要求，但这一习惯做法已形成制度，并起到了统一法律适用的作用。法庭作出裁判时，都会充分尊重和考虑检察官的论告与求刑意见，以防止量刑的不均。② 与检察官的论告相对应，辩护方可以在最终辩论阶段进行陈述，提

---

① ［德］克劳斯·罗科信．刑事诉讼法．北京：法律出版社，2003：412-413，470.

② ［日］松尾浩也．日本刑事诉讼法：上卷．张凌，译．北京：中国人民大学出版社，2005：288.

出对事实、情节以及适用法律的抗辩主张。在以情节为重点提出抗辩内容时，辩护人要从被告人的性格、经历环境，犯罪的动机、手段方法、结果，被害人方面的情况，犯罪后被告人的态度，共犯关系等量刑要素中，选择对被告人有利的事实。[①] 被害人可以发表意见，若杀人罪中的被害人已死亡，其配偶、父母、兄弟姐妹也可以请求陈述意见。法院要听取这些被害人及其家属的“被害心情”[②]，然后作出判决。

3. 两种量刑程序模式的比较

（1）定罪与量刑程序的关系不同。英美法系国家的量刑程序独立于定罪程序，在确定被告人有罪后才开始量刑活动。而大陆法系国家的量刑程序与定罪程序混合在一起，定罪与量刑问题只有逻辑上的区分而不存在程序上的区分，即不存在独立的量刑程序。

（2）量刑程序的完备、复杂程度不同。在英美法系国家，量刑程序作为独立的诉讼程序，与定罪程序在诉讼构造、证据规则、诉讼内容等许多方面都所不同，虽然量刑程序在复杂与完备程度上可能不及于定罪程序，但是该程序设计及其运行充分实现了量刑活动的公开性、参与性。而在大陆法系国家，量刑程序是与定罪程序混合于审判程序中的，并没有关于量刑程序的专门规定，有关量刑活动的规则也较为简略。

（3）量刑活动的参与主体不同。在英美法系国家的刑事诉讼中，由于量刑程序独立于定罪程序，在量刑活动中所要解决的问题不同于定罪活动，因而参与量刑程序的主体与参与定罪活动的主体有所不同，如在量刑程序中，除控辩双方以及法官外，还允许出具量刑报告的缓刑官员参与量刑活动，并允许证人出庭以核实一些在定罪程序中未曾涉及的情况（如被告人的家庭背景、收入情况等）。在大陆法系国家，由于定罪与量刑活动都在同一个庭审现场展开，因而所有诉讼参与人都会出现在同一法庭。

（三）当前我国宜采用相对独立的量刑程序模式

虽然当前我国理论界和实务部门就量刑活动以及量刑程序的重要性已经基本上达成共识，但是对于如何建立和完善我国的量刑程序，却存在不同观

---

① ［日］松尾浩也．日本刑事诉讼法：上卷．张凌，译．北京：中国人民大学出版社，2005：306.

② 陈光中主编．21世纪域外刑事诉讼法立法最新发展．北京：中国政法大学出版社，2004：254－255.

点，各种主张概括起来可以归为两大类：第一类观点是主张构建独立的量刑程序，即将定罪程序和量刑程序完全分离，先进行定罪程序，在确定被告人有罪后，再进行量刑程序。第二类观点不主张量刑程序完全独立于定罪程序，认为定罪活动和量刑活动是庭审活动的两个必要组成部分，两项活动前后相继、先后进行，量刑活动只能相对独立于定罪活动而不能完全独立于定罪活动。

1. 我国量刑程序的模式之争

（1）“量刑程序独立说”。

该说主张量刑程序完全独立于定罪程序，其主要理由有以下几点。

其一，专门的量刑程序有助于彰显量刑的重要地位，提高人们的量刑意识。虽然从理论上讲，定罪和量刑均是刑事审判的重要环节，但是在现有的庭审模式下，法庭审理活动主要是围绕定罪问题展开的，量刑问题难以得到应有的关注，甚至常常被排除在庭审之外。量刑活动的重要性没有得到体现，量刑程序被虚置。因此，从程序设计的角度看，只有将量刑程序独立出来，赋予量刑活动专门的地位，才能促使人们重视量刑问题。

其二，专门的量刑程序有利于促进量刑结果的合理化，实现与量刑有关的各种利益。由于法院的量刑结果不但关系到被告人的生命、自由、名誉和财产利益，而且关系到公共利益和被害人利益能否实现，因而如何通过程序设置保障诉讼各方能够在庭审中全面展示与量刑有关的各种信息、发表量刑意见或建议，进而促使法官“兼听则明”，合理行使自由裁量权，就显得至关重要。相对于定罪与量刑程序混合模式而言，独立的量刑程序无疑更有利于实现上述目标。

其三，专门的量刑程序有利于妥善协调定罪活动和量刑活动的关系。在定罪与量刑程序混合模式下，定罪活动和量刑活动放在一起进行，不可避免地会产生冲突。例如，在审判实践中，但凡被告人选择无罪辩护的案件，基本上都以牺牲量刑方面的辩护权为代价，而这显然不利于人权的保障，不符合现代国家法律保障人权、维护被告人合法权益的主旨。而将定罪程序和量刑程序分离，可以很好地解决上述定罪活动和量刑活动之间的冲突。[①] 此

① 陈增宝．构建量刑程序的理性思考．法治研究，2008（1）．

外，受长期以来形成的“重定罪，轻量刑”“重实体、轻程序”观念的影响，在审判实践中，法庭审理往往是围绕定罪问题进行，而不太重视量刑问题。尤其是在被告人作无罪辩护的案件中，控、辩、审三方关注的焦点问题都是定罪问题，量刑问题很难成为庭审的重点。而且，在被告人不认罪的案件中，将定罪活动与量刑活动合并进行，使被告人常常处于要么选择无罪辩护，从而放弃量刑辩护权，要么在作无罪辩护的同时提出从宽处理的量刑主张这一两难境地。①

（2）“相对分离说”。

主张“相对分离说”者不赞成将量刑程序完全独立于定罪程序，而主张量刑活动只能相对独立于定罪活动。其主要理由为以下几点。

其一，我国不具备设置独立量刑程序的条件。由于我国目前仍处在刑事犯罪多发高发阶段，案多人少矛盾较为突出，再加上我国目前尚未建立起有效的刑事案件分流制度，如果贸然采用英美法系国家的“二分模式”，由此造成的审判周期延长、诉讼成本增加等问题远非我国现有的司法资源所能接受。

其二，根据刑事诉讼法的规定，我国实行的是人民法院独立审判制度，而不是法官独立审判制度。这是我国的最大国情，如果无视此国情而移植独立的量刑程序，只能加大办案难度，降低诉讼效率。

其三，我国关于犯罪构成的理论与实践也决定了很难将定罪程序与量刑程序截然分离。这是因为，要构建独立于定罪程序的量刑程序，必然要求量刑程序中的审理对象（量刑情节）与定罪程序中的审理对象（定罪情节）能够分离。然而，从我国刑法的有关规定来看，很多定罪情节和量刑情节是难以区分的。如我国刑法规定了许多“情节犯”，这类犯罪以“情节严重、情节恶劣、情节特别严重、情节特别恶劣”为成立犯罪的要件，从而使量刑程序中的审理对象与定罪程序中的审理对象不具有区别性。又如，我国刑法规定了许多派生犯罪构成的情形，这些派生犯罪构成中的“加重”或者“减轻”情节不属于定罪情节，对于案件的定性无影响，但是，这一类情节是从基本犯罪中分化出来的，与基本犯罪中的犯罪行为具有紧密的联系，因此在

---

① 以上观点见于陈瑞华．论量刑程序的独立性．中国法学，2009（1）．陈卫东．量程序改革的一个瓶颈问题．法制日报，2009－05－27．陈增宝．构建量刑程序的理性思考．法治研究，2008（1）。

定罪程序中审理犯罪行为时附带审理这些“加重”或者“减轻”情节无疑更符合审判效率原则。再如，我国刑法中规定的修正犯罪构成的“修正情节”属于定罪量刑“混合情节”，如刑法总则中规定的犯罪预备、犯罪未遂、犯罪中止、主犯、从犯、胁从犯、教唆犯等，其与刑法分则的基本犯罪构成相结合，是对某一具体犯罪状态的变更，同时，由于上述情节属于刑法总则规定的从重、从轻、减轻或免除处罚情节，因而其同时也是量刑情节，但是对这些情节显然应当在定罪阶段与定罪事实一并查明。在上述情形下，定罪证据和量刑证据本身难以截然分开，可以的区分不仅背离正常的逻辑思维，也会由于实践中控、辩、审三方对区分标准掌握不一而产生庭审无序现象，更可能会引起辩方关于对同一事实不得在定罪和量刑环节重复评价的质疑。

2. 当前我国尚不能建立定罪程序与量刑程序完全分离的审判方式

在如何确立我国量刑程序模式的问题上，无论是借鉴英美法系国家的做法，构建完全独立于定罪程序的量刑程序，还是效仿大陆法系国家的做法，将定罪程序与量刑程序合二为一，都是一个必须慎之又慎的问题。这主要是由于，包括量刑程序在内的诉讼程序作为一国法律制度中的一个有机组成部分，同该国的司法体制、诉讼机制和其他法律制度具有紧密联系，并深受一国经济社会发展状况和法治传统的影响。因此，如何在我国现有的司法体制和诉讼机制的框架内进一步推动量刑活动的规范化，以及如何在司法改革的近期目标和远期目标的指引下，探索建立、健全量刑程序，进一步促进量刑公正，将是我国理论和实践部门面对的一项长期而艰巨的任务。我们认为，虽然“二分”模式具有一定的先进性与合理性，但是在我国现阶段，尚不具备将定罪与量刑程序彻底分离的条件。现简要分析如下。

（1）我国不具备将定罪程序与量刑程序分离的制度基础——陪审团制度。在英美法系国家，传统上采用的是陪审团审判制度，即由陪审团决定被告人的定罪问题，由法官解决刑罚的适用问题，这在客观上造成了定罪程序与量刑程序的分离。受此影响，即使在没有陪审团审理的情形下，定罪程序和量刑程序也是分开进行的。而我国采用的是与大陆法系国家类似的参审制，由陪审员和法官组成合议庭（或由法官组成合议庭）共同决定被告人的罪、责问题，因此，没有必要也很难将两个程序截然分开。

（2）我国的诉讼模式和司法资源配置模式与英美法系国家的存在重大差

别，因此不具备将定罪程序与量刑程序分离的制度保障条件。在英美法系国家，由于采用当事人主义诉讼模式，因而对于被告人认罪的案件，法官只需确认被告人认罪是出于自愿且了解认罪的法律后果后，就不再审理犯罪问题，而是直接进入量刑阶段。而这类案件在美国和英国占比高达90%以上，这在客观上为被告人不认罪案件中的定罪程序与量刑程序分离提供了制度保障，即通过司法资源的合理分配，将有限的司法资源主要用于被告人不认罪案件，以解决定罪程序与量刑程序分离而导致的诉讼效率低下、诉讼成本过高问题。

而在我国，由于奉行客观真实原则，即使被告人表示认罪，审判法官也不能直接定罪，而要依职权查明有关事实。例如，我国《刑事诉讼法》要求，对于适用普通程序审理的案件，无论被告人是否认罪，查明犯罪事实都是法庭审理中的一个必经阶段；而对于曾一度存在的“普通程序简化审程序”，其时的有关司法解释也要求法庭审理中只是可以简化对犯罪事实的调查，而不能省略；对于适用简易程序审理的案件，虽然根据相关司法解释的规定，法庭审理中不再查明犯罪事实问题，但适用简易程序的前提是“事实清楚、证据充分”，且相关司法解释还规定，对于人民法院同意或者决定适用简易程序审理的案件，检察机关应当“移送全案卷宗和证据材料”，因而，对于适用简易程序审理的公诉案件，人民法院在庭前已经进行了实质审查，且认为犯罪事实清楚、被告人的行为已经构成犯罪。上述现状表明，我国当前不可能参照英美法系国家的做法，对于被告人认罪的案件，法庭直接认定其有罪并进入量刑阶段。而这也意味着，英美法系国家将定罪程序与量刑程序分离的制度保障之一，即根据被告人认罪与否配置司法资源，在我国无法实现。在这一背景下，将定罪程序与量刑程序分离后所带来的诉讼成本增加问题，国家财政是没有能力解决的，由此带来的审理期限延长问题，也是社会大众所不能接受的。

（3）我国审判权的配置模式和办案机制决定了不宜将定罪程序与量刑程序分离。根据我国宪法和刑事诉讼法的有关规定，在我国依法享有独立审判权的主体是人民法院。人民法院独立行使审判权意味着法官只能在法院授权的范围内行使职权，对于其无权决定的案件或者难以作出决断的案件不能当庭宣判，而是必须休庭后履行提交审判委员会讨论的程序，或者合议庭继续进行研究后才能作出决定。如果采用定罪程序与量刑程序分离模式，可能的办案流程就是：就定罪问题开庭审理后休庭进行评议，评议后无法决断的，提交审判委员会讨论决定；如果审判委员会确定被告人有罪，合议庭再就量刑问题进行第二次开庭，休庭后仍可能重复上述的评议和审批过程，在决定量刑结果后第三次开庭进行宣判。由此不难想见，如果贸然移植二分式庭审模式，简单地将定罪程序与量刑程序完全分离，会严重降低审判的效率。

(4) 在我国，由于未决刑事被告人的羁押率很高，如果将法庭审理分为定罪和量刑两个部分，必然导致被告人被羁押的时间延长。这一方面会导致看守所的压力增大，另一方面可能导致法院在判处刑罚时不得不考虑被告人被羁押的情况，进而导致量刑结果的不适当。①

综上，在我国现有的立法框架下，较为妥善的办法是建立相对独立的量刑程序，其基本思路是以定罪与量刑之间的逻辑关系为前提，既要考虑定罪活动与量刑活动之间存在的重大差别，将定罪活动与量刑活动适度分离，又要考虑定罪活动与量刑活动之间存在的千丝万缕的联系以及我国的司法模式和司法传统，不能将量刑活动与定罪活动完全割离或剥离，要根据案件的具体情况，决定定罪活动与量刑活动是否分离以及如果需要分离的话应当如何分离。例如，由于犯罪事实中既包含定罪事实，也包含一部分量刑事实，因此，在定罪事实调查阶段，可以一并调查相关的量刑事实（这一阶段可以被称为犯罪事实调查阶段）。在量刑事实调查阶段，仅调查与犯罪事实无关的量刑事实，如被告人是否自首、是否赔偿被害人损失等，而不必人为地将定罪事实与量刑事实绝对分离。又如，在法庭辩论阶段，如果被告人认罪，则法庭辩论主要围绕量刑以及其他有争议的问题进行；如果被告人不认罪，则法庭辩论应当分为两个部分，先进行定罪辩论，后进行量刑辩论。

3. 相对独立的量刑程序的两层含义

所谓相对独立的量刑程序，包含两层含义：一是量刑程序应当具有一定的独立性，二是量刑程序的独立具有相对性。简要说明如下。

(1) 量刑程序应当具有一定的独立性。

① 如在审判实践中，有很多法官反映，在一些应当适用轻刑的案件中，由于被告人在判决前羁押的时间过长，法院在判决时本应判处 6 个月，但考虑到被告人已经被羁押了一年，只好将量刑结果定为一年。

量刑程序具有独立性，是指在庭审中应当适当、合理地突出量刑程序。应当看到，我国现行的刑事审判程序对量刑程序已有一定的关注，例如，在法庭调查、辩论阶段，控辩双方通常一并出示所收集的证明定罪事实和法定量刑情节的证据，并在发表庭审意见时一并说明定罪意见和量刑意见；合议庭通过庭后阅卷核实证据并综合全案的法定及酌定量刑情节，作出量刑决定。但是，不容否认的是，在我国刑事审判实践中，长期存在着量刑程序和定罪程序不作明确区分、量刑过程的公开性和透明度不高、裁判文书对量刑理由的展示不够充分等问题。这些问题影响到量刑的程序公正，也使量刑程序在规范法官的量刑裁量权、确保量刑实体公正方面的作用难以充分发挥，从而影响了诉讼当事人和社会公众对量刑程序之公正性的评价，使量刑程序在规制刑罚裁量权、确保量刑实体公正等方面没有起到应有的作用。

基于量刑事实与定罪事实、量刑活动与定罪活动的不同特征，为了确保定罪准确和量刑适当，在法庭审理过程中，应当根据案件的具体情况，将定罪活动与量刑活动适度分离，尤其是在被告人不认罪的案件中，在法庭调查阶段应当在查明犯罪事实后，查明与犯罪事实无关的其他量刑事实；在法庭调查阶段，应当组织控辩双方在定罪辩论之后，就量刑问题进行辩论；在合议庭评议阶段，应当分别就被告人的罪责问题进行评议；在判决书中，应当分别写明定罪和量刑的理由。

（2）量刑程序的独立具有相对性。

在审判活动中，由于量刑事实与定罪事实的重合性、量刑活动与定罪活动的承继性，因而量刑程序的独立具有相对性，而不能与定罪程序完全隔离，实践中应根据案件的具体情况，决定是否分离以及如何分离。例如，在法庭调查阶段，由于定罪事实与一部分量刑事实共同构成犯罪事实，因此，在定罪事实调查阶段，可以一并调查如犯罪动机、作案手段、犯罪的后果等相关的量刑事实；在量刑事实调查阶段，仅调查与定罪事实无关的、单纯的量刑事实，如被告人是否自首、立功或认罪态度如何等事实。此外，在适用简易程序和被告人认罪案件中，由于被告人已经认罪，且控辩双方对于基本的犯罪事实没有争议，因而法庭调查中可以省略或者简化对定罪事实的调查，而主要调查量刑事实以及其他有争议的问题；在适用普通程序审理的案件中，法庭调查阶段应当首先查明定罪事实，以保障定罪准确，然后查明其他与定罪无关的量刑事实，以保障量刑适当。

（四）我国量刑程序构建的基本情况

量刑是刑事司法制度的重要组成部分，是实现刑事正义的一半工程。古往今来，人类始终将量刑公正作为不懈追求的目标。量刑公正，不仅包括量刑结果公正即实体公正，也包括量刑过程公正即程序公正。一直以来，受长期以来形成的“重实体、轻程序”“重定罪、轻量刑”等陈旧诉讼观念的影响，量刑问题，特别是量刑程序问题，没有得到应有的关注；量刑的重要性、特殊性、复杂性没有引起重视；量刑程序的公开性、参与性及相对于定罪而言所具有的独立性，无论是在立法层面还是在司法层面，都没有得到充分的体现。随着社会的进步、时代的发展、民主与法治意识的增强，人民群众对人民法院的量刑工作提出了一系列新要求、新期待：不仅要求定罪准确，还期待量刑公平公正；不仅要求量刑规范，还期待量刑公开透明；不仅要求公开裁判文书，还期待增强裁判文书的说理性；不仅要求参与法庭审理，还期待对量刑发表意见。近几年来，在司法实践中，“于欢案”“天津老太气枪案”等之所以引发社会舆论高度关注，一个非常重要的原因是社会公众对量刑结果有质疑。

就世界范围来看，量刑出现偏差或者失衡也是世界各国存在的共性问题。为了解决这一问题，英国、美国等西方国家，早在20世纪70年代中叶就开始了量刑改革运动，纷纷制定量刑指南。早在20世纪70年代中叶，为了限制法官的自由裁量权，防止量刑偏差，美国就开始了一系列量刑方法的改革运动。1977年，美国的加利福尼亚州制定了《统一确定量刑方法》，明尼苏达州、华盛顿州和宾夕法尼亚州也相继制定了量刑指南，并建立了量刑委员会等机构专门指导量刑工作。1987年11月1日，《美国联邦量刑指南》正式生效。这是一部较具特色的量刑指南法。该指南将美国联邦规定的罪行分为43个等级并规定相应的刑罚，指导法官按照统一的标准量刑。英国的量刑指南制度，始于20世纪80年代，在英国《1998年犯罪与妨害秩序法》实施之前，英国刑事上诉法院在处理对量刑不服的上诉案件时，制定了一些罪名的量刑指南，以帮助法官处理类似案件。自2004年3月正式启动新的量刑指南体系后，英国的量刑指南委员会先后制定了《总的原则：犯罪严重性》、《2003年刑事审判法新刑罚的适用》和《认罪的量刑减让》等三个指南。德国、日本等国家也相继开展了量刑规范化方面的研究。正确认识量刑程序的价值和功能，改革和完善我国现有的量刑程序，保证与量刑有关的主体能够平等、有效地参与量刑活动并充分行使各项诉讼权利，实现量刑活动的公开、公正，并促进量刑结果的公正，已经是大势所趋。

在全国法院系统中，探索量刑规范化最早并最先作出成绩的法院，是江苏省泰州市姜堰区人民法院和山东省淄博市淄川区人民法院。早在2003年，姜堰区人民法院通过对该院三年来审理的全部刑事案件进行比较分析，结合审判实践经验，首先对11种多发犯罪的量刑进行规范，制定了《规范量刑指导意见》。《人民法院报》等新闻媒体对他们的做法作了突出报道，引发了全国关注。山东省淄博市淄川区人民法院抓住量刑规范化改革契机，在全面、认真总结该院多年来刑事审判实践经验的基础上，借鉴专家学者开发的电脑量刑研究成果和其他法院的量刑经验，于2004年1月出台了《常见百种罪名量刑规范化实施细则》，并开发出《人民法院电脑辅助量刑系统》，供法官在量刑实践中具体运用。2007年1月，淄川区人民法院又建立和完善了相对独立的量刑程序，并在实践中取得了良好效果。淄川区人民法院运用电脑辅助量刑的情况见诸报端以后，引发国内外很大争论。最高人民法院中国应用法学研究所组织人员到淄川区人民法院进行调查研究后认为，淄川区人民法院开发的电脑量刑辅助系统具有很强的应用价值，符合量刑规范化改革的总体要求和发展方向，建议由最高人民法院直接指导这项工作，并选择若干法院进行试点。

最高人民法院正式提出量刑规范化改革，是在2004年《人民法院第二个五年改革纲要》之时。当时主要考虑到我国刑法规定的法定量刑幅度过大，量刑的标准和情节不够具体，同时量刑程序和定罪程序合二为一，量刑活动得不到重视，拟从定罪和量刑两个方面对量刑工作进行规范。在实体方面，考虑到最高人民法院收回死刑核准权已经提上日程，严格控制死刑和慎重适用死刑及规范死刑适用标准是当务之急。在程序方面，认为设置独立的量刑程序是不现实的，只能做到量刑程序的相对独立。于是，2005年《人民法院第二个五年改革纲要》只写上了“贯彻罪刑相适应原则，制定故意杀人、抢劫、故意伤害、毒品等犯罪适用死刑的指导意见，确保死刑正确适用。研究制定关于其他犯罪的量刑指导意见，并健全和完善相对独立的量刑程序”。2006年，最高人民法院中国应用法学研究所借鉴国外经验，起草了量刑程序指南，后经不断修改形成了《人民法院量刑程序指导意见》初稿。2007年4月，形成了定性版的《量刑指导意见》，后经过试点检验、修改完善，形成了《人民法院量刑程序指导意见（试行）》《关于规范量刑程序若干问题的意见（试行）》（已失效），并于2010年10月1日起在全国法院试行。2013年12月23日，最高人民法院下发《关于实施量刑规范化工作的通知》，决定自2014年1月1日起，在全国法院正式实施量刑规范化工作。从目前的情况看，将量刑纳入法庭审理活动，构建相对独立的量刑程序，已经成为各地司法实践中的普遍做法。

二、庭审量刑规程的设计

2012年和2018年《刑事诉讼法》修改时，均明确规定“法庭审理过程中，对与定罪、量刑有关的事实、证据都应当进行调查、辩论”。这意味着不仅将量刑纳入法庭调查程序，也将对与量刑有关的事实、证据的辩论纳入法庭辩论程序。根据2018年修改后的《刑事诉讼法》的规定，除自诉案件外，我国的第一审刑事诉讼程序主要包括公诉案件第一审程序、简易程序和速裁程序。因此，庭审量刑规程的设计应当根据庭审程序的不同而有所侧重。

（一）简易程序

1. 简易程序的基本要求

根据《刑事诉讼法》第214条的规定，属于基层人民法院管辖，且符合下列条件的案件，可以适用简易程序进行审理：（1）案件事实清楚、证据充分的；（2）被告人承认自己所犯罪行，对指控的犯罪事实没有异议的；（3）被告人对适用简易程序没有异议的。《刑事诉讼法》同时规定，人民检察院在提起公诉的时候，可以建议人民法院适用简易程序。从立法角度看，设立简易程序的主要目的就是简化法庭审理的诉讼程序，缩短诉讼时间，提高诉讼效率，有效、充分地利用有限的诉讼资源。

2. 简易程序中量刑程序的构建

根据2020年“两高三部”《关于规范量刑程序若干问题的意见》（以下简称《量刑程序意见》）第13条的规定，适用简易程序审理的案件，在确定被告人对起诉书指控的犯罪事实和罪名没有异议、自愿认罪且知悉认罪的法律后果后，法庭审理可以直接围绕量刑问题进行。因此，简易程序的量刑规程设计可以分为以下几个步骤。

（1）法庭调查阶段。法官应对犯罪事实、证据进行简要核查，核实被告人是否自愿认罪、对起诉指控的犯罪事实是否存有异议、是否知道适用简易程序的法律后果后，法庭组织控辩双方对被告人进行简单发问，并由控辩双方就定罪问题进行简单举证、质证（可概括说明证据名称、拟证明的主要内容）。由于控辩双方对定罪事实没有异议，法庭重点围绕被告人的量刑事实、情节进行调查。

（2）法庭辩论阶段。法庭应当告知被告人关于辩护权的有关规定，提示控辩双方重点围绕量刑问题进行辩论。

（3）最后陈述阶段。由于适用简易程序审理案件，被告人更关注自己的量刑问题，所以法庭可以提示“被告人对于量刑最后还有什么需要向法庭陈述的”，并将最后陈述的内容记录在案。

（4）宣告判决阶段。法官可以着重阐述量刑的有关情节、量刑的主要理由。

3. 简易程序中庭审量刑的操作规程

宣布开庭后，审判员核实被告人的姓名，出生年月日，民族，文化程度，职业，户籍所在地，以前是否受过刑事处罚，因本案什么时间被刑事拘留、逮捕，以及起诉书送达情况。然后，审判员宣布合议庭组成人员（审判员）、书记员、出庭履行职务的公诉人及其他诉讼参与人名单，告知被告人申请回避的权利、举证的权利、辩护的权利和最后陈述的权利。

审判员：现在开始法庭调查。由公诉人宣读起诉书。

公诉人：……（宣读起诉书）

审判员：被告人×××，公诉人刚才宣读的起诉书你听清楚了吗？

被告人：听清了。

审判员：你对起诉指控的犯罪事实有无异议？

被告人：没有异议。

审判员：被告人×××，依照《刑事诉讼法》的有关规定，被告人对起诉指控的犯罪事实没有异议并同意适用简易程序的案件，人民法院可以决定适用简易程序审理。适用简易程序审理的案件，可以对庭审过程进行简化，公诉人、辩护人、审判人员对被告人的讯问、发问可以简化或者省略，控辩双方对无异议的证据，仅就证据的名称及所证明的事项作出说明，对与定罪量刑有关的事实、证据没有异议的，庭审可以直接围绕罪名确定和量刑问题进行。

审判员：被告人×××，以上所讲的你听明白了吗?

被告人：听明白了。

审判员：你是否同意适用简易程序审理你的案件?

被告人：同意。

审判员：辩护人是否同意本案适用简易程序审理?

被告人：同意。

审判员：被告人×××，下面由你对起诉指控的××犯罪事实及量刑事实向法庭进行陈述。如果你对起诉指控的事实和罪名没有异议，也可以不陈述。你有没有需要陈述的?

被告人：……

审判员：被告人×××，公诉人向本庭提供了你与公诉机关签署的认罪认罚具结书。根据认罪认罚从宽制度的有关规定，人民法院对认罪认罚的被告人可依法从宽处理。该认罪认罚具结书是不是你的真实意思表示?

被告人：……

审判员：你是否自愿认罪认罚?

被告人：……

审判员：签署认罪认罚具结书时值班律师是否在场?

被告人：……

审判员：你是否知悉认罪认罚的法律后果?

(被告人不知道的，审判长应当告知)

被告人：……

审判员：公诉人对被告人×××有无讯问?

公诉人：……（可以省略）

审判员：辩护人对被告人有无发问?

辩护人：……（可以省略）

（合议庭成员视情况讯问，多被告人的，讯问分别进行）

审判员：下面由公诉人就案件事实向法庭综合举证，可以仅就证据的名称及所证明的事项作出说明，对控辩双方有异议，或者法庭认为有必要调查核实的证据，应当出示并进行质证。

公诉人：……（举证，证据比较多的，可以分组、分种类出示）

审判员：被告人×××，对公诉人以上宣读、出示的证据有无异议？

（多被告人的，可一起质证）

被告人：……

审判员：辩护人有无异议？

（审判员：依次询问其他被告人及其辩护人）

（如被告人、辩护人对宣读、出示的证据提出异议，审判员：公诉人对被告人或辩护人提出的异议有无答辩？）

审判员：控辩双方关于该证据的意见，法庭已经听清并记录在案，合议庭合议时会充分予以考虑。

审判员：（如无异议）公诉人继续举证。

公诉人：证据出示完毕。

审判员：被告人×××，就起诉指控你犯×××罪的犯罪事实和量刑事实有没有证据需要向法庭提交？

审判员：辩护人有无证据向法庭提交？

辩护人：……（如有新证据）

审判员：被告人/辩护人，说明你提交法庭证据的名称、来源及所要证明的事实。

被告人/辩护人：……

审判员：可以宣读、出示。

被告人/辩护人：……（宣读、出示）

审判员：对被告人/辩护人宣读或出示的证据，公诉人有无异议？

公诉人：……（如有异议）

审判员：被告人/辩护人有无答辩？

审判员：被告人/辩护人继续举证。

被告人/辩护人：举证完毕。

审判员：被告人×××，你是否申请法庭调取新的证据、通知新的证人到庭或申请法庭重新鉴定、勘验检查？

被告人：……

审判员：辩护人有无上述申请？

辩护人：……

审判员：法庭调查结束。现在开始法庭辩论。

审判员：先就起诉指控的犯罪事实和罪名进行法庭辩论，首先由公诉人发言。（视法庭调查情况：鉴于被告人和辩护人对定罪事实和罪名均无异议，被告人自愿认罪认罚，对定罪部分可不再辩论，下面由公诉人发表量刑建议。）

公诉人：……（发表公诉意见或量刑建议）

审判员：被告人×××，根据法律规定，除你的辩护人为你辩护外，你还有自行辩护的权利，你有什么为自己辩护的，现在可以讲。

被告人：……

审判员：下面由辩护人发表辩护意见。

（视情况考虑控辩双方辩论情况，最后以辩护人辩论结束）

审判员：经过法庭辩论，控辩双方均已充分发表意见，本庭已经听清并记录在案，合议庭在评议时会充分考虑。

法庭辩论结束。

审判员：被告人×××，根据《刑事诉讼法》的有关规定，在法庭上你还有最后陈述的权利。被告人起立，你现在可以向法庭作最后陈述。

被告人：……

审判员：现在休庭评议，××分钟后继续开庭。法警将被告人带出法庭。现在休庭。（敲法槌）

审判员：（敲法槌）现在继续开庭，传被告人×××到庭。

审判员：通过刚才的法庭审理，法庭核实了本案的事实，对本案的证据进行了质证，听取了被告人及辩护人的意见和被告人的最后陈述。本院认为公诉机关指控被告人×××犯××罪事实清楚，证据确实充分，指控罪名成立，量刑建议适当。现在对本案进行宣判：

……（宣读法庭查明的事实及判决理由）据此，依照（适用的法律）……之规定，判决如下：

书记员：全体起立。

审判员：……（宣布判决主文，宣判完毕敲法槌）

书记员：请坐下。

审判员：被告人×××，刚才法庭当庭宣判，判决书将在五日内送达。如不服本判决，可在接到判决书的第二日起十日内，通过本院或直接向济南市中级人民法院提出上诉。书面上诉的，应递交上诉状正副本各一份。

审判员：被告人×××听清楚了吗?

被告人：……

审判员：你是否上诉?

被告人：……

审判员：将被告人×××带出法庭。现在闭庭。（敲法槌）

（二）速裁程序

《刑事诉讼法》第222条规定，基层人民法院管辖的可能判处3年有期徒刑以下刑罚的案件，案件事实清楚，证据确实、充分，被告人认罪认罚并同意适用速裁程序的，可以适用速裁程序，由审判员一人独任审判。

1. 速裁程序的适用条件

根据《刑事诉讼法》的规定，适用速裁程序，应当同时满足以下条件：

第一，只适用于基层人民法管辖的案件，中级人民法院、高级人民法院和最高人民法院管辖的案件不得适用该程序。由于基层人民法院只能审理第一审案件，所以第二审案件等其他案件也不得适用速裁程序。

第二，可能判处三年有期徒刑以下刑罚的案件，包括：可能对被告人宣告判处的刑罚为三年及以下有期徒刑、管制、拘役、单处罚金、单处剥夺政治权利的案件，自然也包括了可能定罪免刑的案件。

第三，案件事实清楚，证据确实、充分。这具体是指人民法院认为起诉书指控的事实比较明确，影响定罪量刑的证据客观全面，法庭即使不进行调查、辩论等也可以客观、准确地认定案件事实。

第四，被告人认罪认罚。速裁程序一直被作为认罪认罚制度的程序性机制。从实际情况看，被告人不认罪认罚的，一般情况下案件事实、情节等较为复杂，控辩双方具有较强的对抗性，甚至可能存在不应当追究被告人刑事责任的情形，难以通过速裁程序妥善处理此类案件。

第五，被告人同意适用速裁程序，即被告人充分了解速裁程序的法律后果，仍同意适用速裁程序。这里的法律后果，主要是速裁程序与简易程序、普通程序的区别，特别是可能限制被告人诉讼权利的部分，例如应当由审判员一人独任审判，可以不进行法庭调查、法庭辩论，不受送达期限的限制等。

2. 速裁程序中量刑程序的构建

2018 年立法机关修改《刑事诉讼法》时，专门对速裁程序作出了规定。这也是对近几年来刑事案件速裁程序改革试点工作的总结和肯定。实践中，适用速裁程序审理的案件，多采用“集中起诉、集中开庭、集中宣判”的模式进行审理。此外，为了确实达到“速裁”的目的，实践中普遍采用庭前核实身份、采取强制措施等方式，并书面送达诉讼权利告知书等材料。

（1）法庭调查阶段。法官简要调查起诉指控的犯罪事实、证据，听取控辩双方对起诉指控犯罪事实的意见。

（2）法庭辩论阶段。重点听取控辩双方对量刑的意见。

（3）最后陈述阶段。重点听取被告人对量刑的陈述。

（4）宣告判决阶段。法官可以着重阐述量刑的有关情节、量刑的主要理由。

3. 速裁程序中庭审量刑的操作规程

宣布开庭后，审判员依次查明到庭被告人以及庭前权利告知情况，查明是否申请回避情况。

审判员：被告人×××、××× …… ×××人民检察院建议对你们的案件适用速裁程序审理，我院已经向你们告知，你们在庭前已经表示同意（我院也已向你们送达了《适用速裁程序决定书》），下面本法庭将按照速裁程序分别审理你们的案件。适用速裁程序审理的案件，可以对庭审过程进行简化，不再进行法庭调查和法庭辩论。

审判员：×××，你是否同意适用速裁程序审理你的案件？

被告人：同意。

审判员：×××，你是否同意适用速裁程序审理你的案件？

被告人：同意。

…… ……

审判员：被告人××、××× …… 公诉人向本庭提供了你们与公诉机关分别签署的认罪认罚具结书。根据认罪认罚从宽制度的有关规定，人民法院对认罪认罚的被告人可依法从宽处理。该认罪认罚具结书是不是你们的真实意思表示？

审判员：你们是否自愿认罪认罚？

被告人：……

审判员：你在签署认罪认罚具结书时值班律师是否在场？

被告人：……

审判员：你们是否知悉认罪认罚的法律后果？

被告人：……（被告人不知道的，审判员应告知。上述问话审判员可分别讯问被告人）

审判员：请值庭法警，把被告人×××，……带出法庭候审。

审判员：下面由公诉人简要介绍起诉指控被告人×××的主要事实、认定的证据、适用的法律及量刑建议。

审判员：被告人×××，你有无异议？

被告人：……

审判员：辩护人有无异议？

辩护人：……

审判员：公诉人发表意见？

公诉人：……

审判员：辩护人发表辩护意见。

辩护人：……

审判员：被告人×××，根据《刑事诉讼法》的有关规定，在法庭上你有最后陈述的权利。现在由你向法庭作最后陈述。

被告人：……

审判员：本院认为，公诉机关指控被告人×××，××× …… 犯××罪的事实清楚，证据确实充分，指控罪名成立，量刑建议适当，依法予以采纳。依照刑法相关规定，判决如下。

书记员：全体起立。

审判员：被告人×××犯×××罪，判处×××。

书记员：请坐下。

审判员：被告人×××，判决书在二日内送达。如不服本判决，可在接到判决书的第二日起十日内，通过本院或直接向济南市中级人民法院提出上诉。书面上诉的，应递交上诉状正副本各一份。

审判员：被告人×××，听清楚了吗?

被告人：听清楚了。

审判员：请值庭法警将被告人×××带出法庭。(不敲法槌)

审判员：请值庭法警将被告人×××带出法庭。(法庭审理到此结束，击法槌)

…… ……

书记员：全体起立，请审判员退庭。

书记员：请公诉人、辩护人退庭。

书记员：旁听人员退庭。

(三) 普通程序

根据我国《刑事诉讼法》的规定，适用普通程序审理的案件既包括被告人不认罪或者辩护人作无罪辩护的案件，也包括被告人认罪的重大复杂案件(例如，被告人可能被判处无期徒刑、死刑的案件等)。人民法院审理此类严重或者重大犯罪案件时，应当全面、完整地保障被告人的量刑权利，确保司法公正。《量刑程序意见》第15条规定，对于被告人不认罪或者辩护人做无罪辩护的案件，在法庭调查阶段，应当查明有关量刑的事实。在法庭辩论阶段，审判人员引导控辩双方先辩论定罪问题。在定罪辩论结束后，审判人员告知控辩双方可以围绕量刑问题进行辩论，发表量刑建议或者意见，并说明理由和依据。

1. 普通程序审理中量刑程序的构建

(1) 被告人认罪案件。

对此类案件，虽然控辩双方对于犯罪事实没有异议，但是庭审中仍应当查明犯罪事实，之后审判长组织控辩双方对有关的量刑事实进行举证、质证；在法庭辩论阶段，在确定被告人对指控的犯罪事实没有异议后，审判长可以组织控辩双方直接围绕量刑及其他争议问题进行辩论。对此类案件的审理，必须对案件的定罪事实进行认真核实、调查，以确保犯罪事实清楚，证据确实、充分，为案件的量刑辩论及案件最终量刑的确定打下坚实基础。司法实践中，对此类案件的审理，也要求采用“一证一质”的质证方式，逐一核实、采纳证据。在量刑辩论阶段，因为被告人已经认罪，且庭审已经对犯罪事实进行了认真、充分的调查、核实，故对定罪、量刑的意见可以一并发表，以简化辩论方式，提高庭审效率。

（2）被告人不认罪案件，应做到量刑程序相对独立。

在对此类案件的审理中，要注意量刑事实调查、辩论与定罪事实调查、辩论之间的相对独立、分离，保证定罪公正，避免证据污染。在法庭调查阶段，应注意先查明定罪事实，再查明量刑事实；在法庭辩论阶段，应注意组织控辩双方先对定罪问题进行辩论，再对量刑问题进行辩论。之所以将定罪、量刑事实相对分离，主要是为了防止在调查定罪事实之前，就进行量刑事实的调查，造成法官预断。在法庭辩论阶段，作定罪辩论与量刑辩论的区分，可以让控辩双方在定罪辩论阶段就有争议的犯罪事实和案件定性问题充分发表意见，使庭审在查明案件事实方面的作用得到充分发挥。在定罪事实确定后，量刑辩论才有展开的基础。在被告人不认罪案件中，如果定罪辩论和量刑辩论同时进行，很可能会让被告人无所适从，而定罪辩论和量刑辩论相对分离可以有效避免“未定罪，先辩刑”的尴尬局面。

在法庭调查阶段，应当首先围绕定罪事实的调查进行。在法庭讯问过程中，对定罪事实与量刑事实可以先后讯问。进入举证质证环节后，先就基本的犯罪事实、犯罪手段、犯罪后果等犯罪中的情节一并进行调查，出示和宣读与犯罪有关的证据，然后再调查被告人犯罪前后表现、犯罪给被害人造成的危害后果、是否赔偿损失、取得被害人谅解等与量刑有关的证据，包括抓获经过、前科、累犯、退赃退赔、赔偿损失等。为保障庭审的顺利进行，审判长应当充分运用庭审指挥权、释明权，进入举证、质证环节，审判长可以告知控辩双方“法庭首先围绕犯罪事实进行法庭调查，然后围绕量刑事实进行调查”。犯罪事实调查完毕后，审判长可以告知“下面进行量刑事实的调查，由公诉人举证……”，在控方就量刑事实举证后，审判长应告知被告人进行质证，并可以提出对自己有利的证据。需要注意的是，建立相对独立的量刑程序，其主要目的在于突出量刑在庭审中的地位，但不能强行割裂定罪事实与量刑事实之间的密切关系。

在法庭辩论阶段，应当先就定罪事实以及案件的定性问题进行辩论，然后就量刑问题进行辩论。在定罪辩论结束后，进入量刑辩论环节前，审判长应当先提示公诉人可就本案量刑发表意见，后告知被告人及其辩护人可以反驳控方的量刑意见，提出对己方有利的量刑意见或者主张。如果公诉机关将定罪、量刑意见一并发表，不应予以制止，进入量刑辩论环节后，审判长可以提示公诉人补充发表量刑建议或者针对被告人及其辩护人的量刑意见进行答辩。

在量刑程序相对独立的情况下，作无罪辩解的被告人及作无罪辩护的辩护人可以放弃，也可以选择继续就量刑问题提供证据和发表意见。被告人不认罪的，辩护人可以视情况参与量刑的庭审程序。审判长应当告知辩方参加量刑辩论不影响对定罪问题的辩护。法庭应当将相关情况记入庭审笔录。未发表量刑辩护意见的辩护人也可以在庭后提交书面的量刑辩护意见。

在被告人不认罪案件的庭审中，法官的释明和庭审指挥显得尤为重要。进入量刑程序前，法官可以在关于定罪的辩论完毕后，告知被告人和辩护人“有权对量刑事实进行举证、质证并发表辩护意见，或者在庭后提交书面意见。现在进行量刑答辩的，不影响已经作出的无罪辩护”。

（3）被告人作无罪辩解的案件。

对于被告人纯粹作无罪辩解的案件，法官应加强对庭审活动的引导，提示被告人及其辩护人参加量刑辩论。经过法官的提示和引导，一部分被告人虽作无罪辩解，但同意参加量刑审理的，可以参加量刑审理，量刑程序继续进行；对被告人既不认罪也不同意参加量刑审理的，法官可以提示被告人“拒绝参加量刑程序的，法庭审理继续进行；被告人可以将书面量刑答辩意见及相关材料提交法庭”。对于庭后提交的相关材料，合议庭应当进行认真审查，如有必要，应当重新开庭进行调查和辩论。需要注意的是，辩护方不能因为坚持无罪辩护，就丧失行使量刑辩护权的机会。

2. 普通程序审理案件庭审操作规程

审判长在宣布开庭、核对当事人身份、告知诉讼权利后，进行法庭调查。

审判长：公诉人可以就起诉指控被告人的犯罪事实讯问被告人。

公诉人：……

审判长：辩护人是否需要发问？

辩护人：……

审判长：下面先进行犯罪事实的调查，然后进行量刑事实的调查。公诉人可以就起诉书指控被告人犯罪的事实向法庭举证。

公诉人：……

审判长：被告人对公诉人所出示的证据有什么意见？

被告人：……

审判长：辩护人对公诉人所出示的证据有什么意见？

辩护人：……

审判长：被告人及辩护人是否有证据向法庭提交？

被告人：……

辩护人：……

审判长：公诉人对被告人及辩护人提交的证据有什么意见？

公诉人：……

审判长：对犯罪事实证据的调查完毕，下面进行量刑事实的调查。公诉人是否有其他量刑事实的证据向法庭举证？

公诉人：有。（宣读破案经过，出示用以证明被告人构成自首、立功，前科，一贯表现，退赃退赔，取得被害人谅解等的证据。）

审判长：被告人对公诉人所出示的证据有什么意见？

被告人：……

审判长：辩护人对公诉人所出示的证据有什么意见？

辩护人：……

审判长：被告人及辩护人是否有证据向法庭提交？

被告人：……

辩护人：……

审判长：公诉人对被告人及辩护人提交的证据有什么意见？

公诉人：……

审判长：法庭调查结束。现在进行法庭辩论，鉴于被告人不认罪（或作无罪辩护），控辩双方先就本案犯罪事实与定性问题进行辩论，然后再就量刑进行辩论。现在由公诉人发表意见。

公诉人：……

审判长：被告人及辩护人发表辩护意见。

被告人：……

辩护人：……

审判长：在刚才第一轮的法庭辩论中，公诉人、辩护人、被告人各自发表了意见，法庭已经记录在案。公诉人，是否还有新的意见？

公诉人：……

审判长：被告人及辩护人是否还有新的辩护意见？

被告人：……

辩护人：……

审判长：关于本案犯罪事实及定性的辩论到此结束，现在进行量刑辩论。首先由公诉人发表量刑建议。

公诉人：……

审判长：被告人，你有权对量刑事实发表辩护意见，现在进行量刑辩论的，不影响已经作出的无罪辩护，也可以在庭后提交书面意见。

被告人：……

审判长：现在由辩护人发表量刑意见。

辩护人：……

审判长：刚才控辩各方就本案的量刑发表了意见、建议，法庭已经听清并已经记录在案。辩论各方如果还有新的意见、建议，可以在庭后以书面的方式提交法庭。法庭辩论结束，现在由被告人作最后陈述。

被告人：……

审判长：法庭审理结束，待本院评议、讨论后定期宣告裁判。下次开庭的时间、地点另行公告。退庭后，公诉人的公诉词、辩护人的辩护词应提交法庭；被告人及辩护人应当核对庭审记录，确认无误后，应当在笔录上签名。请值庭法警将被告人带出法庭。

现在休庭。（击法槌）

（如果当庭宣判的，审判长应当在阐述认定的犯罪事实、量刑的主要理由后宣判）

三、刑事庭审的繁简分流

近十年来，伴随着立法机关对刑法作出修改、将劳教制度予以废除，盗窃等犯罪的入罪门槛降低，醉酒驾车等行为被纳入刑法调整范畴，刑事案件保持持续增加态势。为应对不断增加的办案压力，2016 年最高人民法院印发了《关于进一步推进案件繁简分流优化司法资源配置的若干意见》，明确提出探索认罪认罚案件庭审方式改革，要求在充分保障当事人诉讼权利的基础上，对被告人认罪认罚案件简化庭审程序，以实现案件的繁简分流，做到简案快审、难案精审，提审审判效率，实现司法公正。鉴于刑事庭审的基础在于案件，刑事庭审繁简分流的根源在于刑事案件的繁简分流。

（一）繁简分流的必要性考察

第一，完善刑事案件繁简分流机制建设，是缓解“案多人少”矛盾的需要。从最高人民法院工作报告情况看，2014 年全国法院一审审结刑事案件 95.4 万件，2017 年全国法院一审审结刑事案件 111.6 万件，四年间增长了 16.98%。而司法责任制改革的一个不争的事实是，进入员额的法官数量相较于改革前明显减少。在这种情况下，如果不加强案件繁简分流机制建设，“案多人少”矛盾将进一步加剧。如同有的学者所言，“所有案件疑虑都按照严格的程序处理是不大可能的。所以不如确立这样一种程序，按犯罪的性质、轻重等情况区别对待，与之相应地适用简略迅速又能保持公正的程序”①。

第二，完善刑事案件繁简分流机制建设，是落实人权保障宪法原则的重要途径。实践中，“案多人少”矛盾的普遍存在，使一些事实清楚、罪行较轻的案件得不到及时、快速处理，最终导致了被告人量刑“实报实销”（羁押多长判多长）的情况发生。

第三，完善刑事案件繁简分流机制建设，符合国际化趋势。当今世界各国的刑事司法实践几乎都抛弃了纯粹烦琐的普通程序，以美国为代表的英美法系国家设立司法体系替代制度，全美各州设立了多种审前的程序分流项目，英美法系国家还通过辩诉交易的方式缓解司法压力。大陆法系国家相比

---

① ［日］田宫裕．刑事程序的简化//西原春夫主编．日本刑事法的形成与特色．李海东，等译．北京：法律出版社；东京：成文堂 1997：406.

而言则更重视审判程序的分流。德国建立了认罪协商制度，日本设立了简易命令、简易公审、即时裁判等程序。从目前情况看，通过建立多元的简易化程序，实现案件的繁简分流已经成为世界的普遍趋势。我国完善刑事案件繁简分流机制建设，符合当今世界刑事司法的发展潮流。

（二）刑事案件庭审繁简分流存在的主要问题

就我国而言，1996年的《刑事诉讼法》形成了“普通程序—简易程序”的诉讼模式。在总结司法实践经验的基础上，2003年最高人民法院、最高人民检察院、司法部关于印发《关于适用普通程序审理“被告人认罪案件”的若干意见（试行）》和《关于适用简易程序审理公诉案件的若干意见》的通知（法发〔2003〕6号），对“普通程序简化审”作了规定，对刑事程序简化作了进一步探索，也就形成了“普通程序—普通程序简化审—简易程序”的诉讼模式。2012年的《刑事诉讼法》进一步扩大了简易程序案件的适用范围，并废止了上述“普通程序简化审”的规定，形成了新的“普通程序—简易程序”的诉讼模式。与此同时，在具体的司法实践中，多地法院对轻微刑事案件开展“轻刑快审”“轻案快办”探索，并形成了许多行之有效的做法。为贯彻落实中国共产党十八届四中全会对以审判为中心的刑事诉讼制度改革和完善认罪认罚从宽制度改革作出的重大部署，第十二届全国人大常委会第九次会议审议通过了《关于授权最高人民法院、最高人民检察院在部分地区开展刑事案件速裁程序试点工作的决定》，充分肯定了各地探索刑事案件速裁的经验，并授权北京、上海、济南、青岛等18个城市进行速裁程序的试点工作。2018年修改《刑事诉讼法》时，在保留原有简易程序的基础上，增设了速裁程序，形成了目前“普通程序—速裁程序—简易程序”的诉讼模式。从目前的情况来看，我国的刑事案件庭审繁简分流还存在一定问题。

1. 分流机制相对单一

从审查起诉阶段看，只有相对不起诉的制度规定能够起到案件分流的重任。与德国的暂不起诉、日本的起诉犹豫等制度相比，我国还缺少起诉与不起诉之间的暂缓起诉作为缓冲。2012年《刑事诉讼法》规定的附条件不起诉制度，将适用对象明确限定为未成年犯罪嫌疑人，其制度意义更多的是对未成年人权益的保护，并不是刑事案件的繁简分流。同时受到“有罪必究、有罪必惩”理念的影响，以及受担心被质疑放纵犯罪、引发被害人上访等因素的影响，检察机关对相对不起诉案件的适用设置了严格的内部审批程序，严格其适用。从审判阶段的分流机制来看，与域外立法、司法实践相比，我国仅有简易程序、速裁程序，这两项程序虽然在司法实践中较好地发挥了分流作用，但在不断攀升的案件数量面前，也显乏力。

2. 分流机制缺乏系统性

从一体化的角度看，我国的分流机制呈现出零散的状态。各机关各自分流自家的案件，没有形成贯穿整个刑事诉讼过程的分流机制，“与西方国家相比，这些机制宛如一个个孤立的‘点’，而没有形成一体化的一条‘线’”[①]。这也从侧面反映了我国程序分流理念的缺失。分流机制是例外而非惯常的做法，绝大多数刑事案件一旦进入程序就很难再被“过滤”出去。其消极后果之一是司法机关不堪重负，不得不开展分流的实践探索。

3. 分流机制权力色彩较为浓厚

就域外情况看，无论是美国的辩诉交易还是意大利的刑事五种交易程序，等等，都较为重视被追诉人的程序主体地位，特别是尊重和保障其程序选择权，被追诉人有权根据自己的意志，选择适用相对简易的程序，或者在程序启动后要求变为普通程序，还可以自愿选择与控方达成合议，选择对自己更为有利的处理方式。由此可见，在该种机制中，司法机关并不是作出分流决定的唯一主体，民主与协商被引进来，被追诉人也可以“积极主动地决定自己的命运”[②]。而从我国的实际情况看，司法机关是主导案件分流的唯一主体，虽然更为高效，也更能节省司法成本，但是有可能忽视被追诉人的权利保障问题。以我国的刑事速裁程序为例：该程序中并没有明确规定对被告人的量刑激励机制。虽然《刑事诉讼法》第 201 条明确规定了，对认罪认罚案件，人民法院作出判决时，一般应当采纳人民检察院起诉指控的罪名和量刑建议。即使认罪认罪且同意适用速裁程序是启动速裁程序的条件之一，但量刑权毕竟是审判权的组成部分，人民法院最终能否采纳量刑建议在宣判前还存在一定的不确定性。在此种情况下，能否真正保障被告人的合法权益，是一个值得探讨的问题。

---

① 詹建红，李纪亮．困境与出路：我国刑事程序分流的制度化．当代法学，2001（6）．

② 陈瑞华．刑事诉讼前沿问题．北京：中国人民大学出版社，2000：158．

（三）完善繁简分流机制构建的意见和建议

从目前情况看，我国已经构建起了速裁程序、简易程序、普通程序的案件繁简分流格局，就理想状态而言，除了可能被判处无期徒刑、死刑，属基层人民法院审理的案件，都可以通过速裁程序、简易程序的适用，实现案件的繁简分流。但刑事诉讼是一个整体，仅仅通过审判阶段的“提速”，未必能够真正达到构建完整、合理的案件分流机制，优化配置司法资源的改革目标。

1. 推动案件诉前分流

近年来，随着刑事诉讼法的修改，我国的庭审程序已经十分精简。但无论是理论界还是实务界，对审前的繁简分流还关注得不是很多。从域外情况看，一些国家也通过建立侦查、审查起诉阶段的案件繁简分流机制，减少进入庭审的案件数量，出罪分流是其中的一项重要举措。虽然我国的《刑事诉讼法》规定了公安机关、检察机关对“情节显著轻微、危害不大，不认为是犯罪的”，以及“犯罪情节轻微，依照刑法规定不需要判处刑罚或者免除刑罚的”，可以作出撤销案件的决定或者不起诉决定，但该项制度在实践中，缺乏具体的实施细则，导致适用率并不是很高。有必要在试点调研的基础上，作出细化规定。同时，充分发挥公安机关、检察机关的作用。对认罪认罚案件，简化侦查、审查起诉的手续，实现侦、诉、审的一体化提速。

2. 探索实施差异化的证明标准

“案件事实清楚，证据确实、充分”是我国法定的证明标准，也是所有刑事案件、所有诉讼阶段必须遵循的标准。近年来，“同一化证明标准”有所松动，“差异化证明标准”的提法逐渐进入人们的视野。2015 年 10 月，最高人民法院、最高人民检察院在向全国人大常委会报告速裁中期工作时，就曾提出要共同探索与速裁程序相适应的取证规程和证据标准，为侦查阶段快侦快结案件创造条件。我们认为，在保障案件质量的前提下，建立符合不同案件类型的证明标准，符合实践需要。针对死刑案件、不认罪案件，我们必须毫不动摇地坚持“案件事实清楚，证据确实、充分”的证明标准；对于非死刑案件中的认罪案件，可以采用“两个基本”的证明标准，即基本事实清楚，基本证据确实、充分的标准。

3. 全面推进信息化应用

加强对大数据、人工智能等现代信息技术的应用，建立侦、诉、审三阶段的一体化工作平台，实现有关案件信息的智能填入、智能甄别，有关案件裁判标准的智能提示以及诉讼文书的智能生成，为刑事案件的办理插上科技化的翅膀。加强语音识别技术等的应用，最大限度地解放书记员、法官助理等辅助人员的工作量。

4. 继续推进量刑规范化改革

量刑规范化改革是我国量刑工作机制的自我完善和发展。从近几年来的推进工作情况看，改革取得了良好效果，但也存在一定的问题，比如规范化的罪名相对较少，并不能涵盖实践中所有常见多发性犯罪；从量刑激励的角度上说，犯罪嫌疑人、被告人对可以从宽的预期并不明确；目前对侦查阶段、审查起诉阶段、法庭审理阶段等不同阶段的从宽处罚幅度并没有明确的区分；等等。为推进认罪认罚从宽制度改革的开展，我们建议：一是要加大量刑规范化改革的工作力度，进一步扩大罪名范围。二是进一步明确各个诉讼阶段从宽处罚的比例，认罪认罚越早，量刑可以从宽处罚的幅度越大，激励犯罪嫌疑人、被告人更早地作出认罪认罚的决定。

5. 推广律师辩护全覆盖

2017 年 10 月以来，按照最高人民法院、司法部《关于开展刑事案件律师辩护全覆盖试点工作的办法》，北京、上海、浙江、安徽、河南、广东、四川和陕西 8 个省（直辖市）积极探索开展刑事案件律师辩护全覆盖试点工作，取得了良好成效。2018 年 12 月 27 日，最高人民法院、司法部又联合下发了《关于扩大刑事案件律师辩护全覆盖试点范围的通知》，对在全国开展刑事案件律师辩护全覆盖试点工作作出部署。实现刑事案件辩护律师的全覆盖，可以有效弥补犯罪嫌疑人、被告人专业法律知识的不足，也可以有效保障犯罪嫌疑人、被告人的合法权益，从而保证案件分流目标的实现。

6. 对速裁程序予以突破与完善

从目前我国刑事诉讼法的规定看，刑事案件速裁程序与简易程序除案件范围（主要是量刑）、审理期限不同外，并没有很大的不同。比如，如一些专家学者建议，构建“略式审判”[①] 或者“处罚令程序”[②]。其主要思路是以书面审理代替开庭审理。针对危险驾驶等最为简单和轻微的一些案件，可以

① 左为民．中国简易刑事程序改革的初步考察与反思．四川大学学报，2006（4）.

② 甄珍，孙瑜．论我国刑事处罚令程序之构建．法学杂志，2007（3）.

省略开庭审理环节，直接根据案件证据材料进行裁判。由此可以更加明显地对速裁程序、简易程序作出区分，也可以实现审判程序的多样化。与此同时，可以借鉴民事诉讼中小额诉讼程序的做法，对按照刑事速裁程序审理的案件所作出的判决、裁定实行一审终审。如被告人不服，可通过提出申诉的方式予以解决，但申诉期间不停止原判决、裁定的执行。

第七章　刑事庭审的调查规程

一、刑事庭审调查的基本原则

（一）证据裁判原则

证据裁判原则是指法官心证与裁判的形成必须依据一定数量与质量的证据，没有证据不得认定犯罪事实。司法是逆向思维的过程，将证据作为查明案情的唯一根据与最重要手段，排除了主观臆断，凸显诉讼理性，从而确保了事实认定起点正确。证据必须具备证据能力与证明力。未经过证据调查程序的证据，不能作为认定犯罪事实和作出裁判的依据，即使该证据事实上具有证明价值。[①] 而具备规范意义的证据与具有严格性的庭审程序，既符合逻辑证明的科学规律，又发挥证据裁判的真实功效，因此不仅体现了程序公正，更实现了人权保障。同时，在未经人民法院审判并经证据证明有罪之前，任何人都不得被确定有罪。作为无罪推定的派生原则，证据裁判亦彰显了无罪推定精神。诚如蔡墩铭先生所言，近代刑事诉讼法所采之自由心证主义与证据裁判主义，不失为事实认定之二项基本原则，使真实发现与人权保障皆为可能。[②] 大陆法系国家将之写入法典[③]，英美法系国家也经由案例确立庞大的证据体系与繁杂的证据规则。我国《刑事诉讼法》第55条、第200

---

① 宋英辉，汤维建．证据法学研究评述．北京：中国人民大学出版社，2006：105.

② 蔡墩铭．刑事诉讼法论．台北：五南图书出版公司，1993：424.

③ 比如，《法国刑事诉讼法》第427条规定，除法律另有规定外，罪行可通过各种证据予以确定，法官根据其内心确信判决案件。法官只能以提交审理并经双方辩论的证据为依据作出判决。又如，《日本刑事诉讼法》第317条规定，认定事实应当根据证据。

条，2021 年《刑事诉讼法解释》第 61 条、第 64 条，以及《法庭调查规程》第 1 条、第 29 条、第 30 条、第 32 条、第 34 条等对此予以了体现。

证据裁判是人类从非理性裁判走向理性裁判的一个重要标志，蕴含着现代证据规则体系中的各个要素，被称为现代证据法的帝王条款。[①] 以其为轴衍生出了丰富完备的证据规则，比如英美法上的传闻证据排除规则、品格证据规则、最佳证据规则、任意自白规则、意见规则等等。与我国刑事审判实务联系紧密的主要有如下规则：（1）关联性规则。根据《刑事诉讼法》第 194 条的规定，审判长认为控辩双方发问与案件无关时，应当制止。根据《法庭调查规程》第 21 条、第 22 条的规定，控方或辩方发问的内容与案件无关的，对方可提出异议；证人陈述与案件无关的，审判长可进行必要提示。由此确立了我国的证据关联性规则，从而可以厘清案件争议焦点、规范法庭调查范围、有效预防庭审混乱。（2）品格证据规则。对于品格证据，立法没有明文规定，但是从 2021 年《刑事诉讼法解释》第 261 条和《法庭调查规程》第 20 条关于向证人发问不得损害证人人格尊严的规定中，可依稀看到该规则的影子。与此同时，对被告人人身危险性的社会调查以及被告人平时表现[②]、前科劣迹等常是量刑证据的重要组成，而作案动机、作案手段也会成为裁判时的酌定考量因素。（3）最佳证据规则。根据 2021 年《刑事诉讼法解释》第 83 条、第 84 条，《法庭调查规程》第 33 条第 1 款的规定，据以定案的物证、书证应当是原物、原件；只有在取得原物、原件确有困难时，才允许出示足以反映原始外形、特征、真实内容的照片、录像、副本、复制件等。由此确立了最佳证据规则，并明确了次佳证据适用条件。（4）补强证据规则。根据《刑事诉讼法》第 55 条的规定，只有被告人供述，没有其他证据的，不能认定被告人有罪和处以刑罚。由此确立了口供补强规则。《法庭调查规程》第 51 条第 2 款，对证人出庭后翻证时证据如何采纳问题，又作了补充规定，与《办理死刑案件证据规定》第 22 条[③]一起，进一步丰富了补强证据规则。（5）意见证据规则。对于意见证据的可采性，《刑事诉讼

---

① 林钰雄．刑事诉讼法：上．北京：中国人民大学出版社，2005：375.

② 根据《法庭调查规程》第 43 条的规定，法庭应当根据案件情况审查被告人平时表现、有无悔罪态度等量刑情节。

③ 《办理死刑案件证据规定》第 22 条确立了被告人翻供后口供采信规则。

法》及其解释未予明确，但《办理死刑案件证据规定》第 12 条第 3 项作出了专门规定。司法实务也已就“证人应当如实陈述自己感知的案件事实，不能提供猜测性、评论性、推断性意见”基本上达成共识。有学者主张，意见证据规则促使证人把比较直观的而不是浓妆修饰的感觉印象联系起来，证言可能或多或少搭载着意见，我们希望越少越好。[①] 但是，一些关于身高、重量、尺寸、速度、外形、冷热等的感受，以及关于精神与道德层面的事项（比如性格、秉性、兴奋、恐惧），证人的描述不可避免地带有猜测与评价，证言的客观性与推断性二者无法彻底剥离。因此，特殊情况下应当允许意见证言存在。只是，证人的意见证言只能涉及证人亲自感知的事实，而不能针对那些假说性问题。[②]

（二）直接言词原则

直接言词原则是“支配审判程序最重要的原则”[③]，由直接原则与言词原则两部分组成。其中，直接原则首先意指形式的直接性，又称直接审理或在场原则，即合议庭成员必须出席庭审、直接并连续参加审理，原则上既不能将证据调查委托他人，也不能在开庭时中途换人。对此，最高人民法院《关于人民法院合议庭工作的若干规定》第 3 条明确规定，合议庭组成人员确定后，除因回避或者其他特殊情况不能继续参加案件审理之外，不得在案件审理过程中更换。对于庭前会议能否由无审判权的法官助理主持的问题，曾一度存在较大争议。对此，《法庭调查规程》第 3 条明确规定，庭前会议由承办法官或承办法官指导下的法官助理主持。因为，作为庭审过滤程序，庭前会议的主要功能在于梳理争议、归纳焦点、了解情况并开示证据，其相关决定须经庭审确认，并不具有独立法律效力。并且对其中程序事项的处理应当由合议庭集体作出，助理只从事事务性工作，本身无决策权。其次，直接原则意指实质的直接性，又称直接采证，即法官心证应当在法庭形成，经由控辩双方交叉询问或轮替询问等查明事实，原则上排除在审前形成的书面

---

① ［美］罗纳德·艾伦，等．证据法：文本、问题和案例．张保生，等译．北京：高等教育出版社，2006：707.

② ［美］诺曼·嘉兰，等．执法人员刑事证据教程．但彦铮，等译．北京：中国检察出版社，2007：131.

③ 林钰雄．刑事诉讼法：下．北京：中国人民大学出版社，2005：46.

证据；并进而强调法官应当运用最接近真相的原始证据重构犯罪事实。正如林山田先生所说，在审理中未由法官本人查证之证据，均不得采证作为判决之依据。[①] 我国《刑事诉讼法》第 61 条，2021 年《刑事诉讼法解释》第 71 条第 1 款，《法庭调查规程》第 37 条第 2 款，以及《庭前会议规程》第 20 条第 1 款，均体现了此原则。综上，直接原则强调审理者直接参与审理、直接接触证据并形成直观印象，从而确保裁判客观真实。随着司法体制改革纵深推进，"让审理者裁判、由裁判者负责"深入人心，直接原则在司法实务中将得到更完全的贯彻。

言词原则又称口头审理，首先意指言词推进，即各种诉讼活动均应以言词方式展开，否则不具有程序效力；其次意指言词调查，即特别强调法庭调查应当口头进行，必须以口头询问人证的方式举证，并以口头发表意见、进行解释、提出异议等方式质证。任何未在法庭上以言词方式提出和调查的证据均不得作为法庭裁判的根据。[②] 目前我国，让所有人证出庭既无必要也不可能，确保关键人证出庭是践行言词原则的突破口。为此，《法庭调查规程》在 2012 年《刑事诉讼法》与 2012 年《刑事诉讼法解释》之基础上，进一步深化举措，为关键人证出庭提供了良好制度平台。（1）缩限法院自由裁量权，确保人证"应出尽出"。《法庭调查规程》第 13 条第 1 款将 2012 年《刑事诉讼法》第 192 条规定的证人出庭三要件修正为两要件，即只要证言对定罪量刑有重大影响，法院不再有"认为必要"的酌定权，必须通知证人出庭。同时，《法庭调查规程》第 13 条第 3 款以列举方式明确了侦查人员应当出庭情形，再次清除灰色地带、抑制暗箱操作，也为法院要求人证出庭提供了立法支撑。《法庭调查规程》第 13 条第 1 款关于申请被害人出庭的规定，解决了大多被害人不出庭，法庭仅能针对书面陈述开展调查，被告人质证权得不到落实的问题。（2）实行人证贯通主义，注重将人证询问与物证、书证调查并行推进。《法庭调查规程》第 25 条第 2 款明文规定，为核实证据来源、真实性等问题，或者帮助证人回忆，经审判长准许，控辩可向证人出示物证、书证等证据，从而突破了传统的分类举证主义，将不同类型证据间的

---

① 林山田．刑事诉讼程序之基本原则//陈朴生．刑事诉讼法论文选集．台北：五南图书出版公司，1985：25.

② 陈瑞华．刑事审判原理论．北京：北京大学出版社，1997：183.

调查相互融合，以更好提升口头举证质证效果，并最大限度发挥直接审理优势。（3）完善询问规则，进一步规范询问方式。《法庭调查规程》第 20 条，在 2012 年《刑事诉讼法解释》第 261 条的基础上，增加不得误导人证与不得泄露人证隐私，从而确立了新的人证调查禁止规则。前者屏蔽了假定未经证明之事实以误导人证的情况①，为言词原则取得实效提供了基础制度保证。后者进一步打消了人证出庭的顾虑，为直接原则落地生根扫除了障碍。

需要明确的是，即使是英美法系国家，对传闻证据也未完全排斥。② 证据来源、产生背景的可靠性，与无法对原始人证当庭询问且无法获取其他证据的必要性，成为采纳、采信传闻证据的根本依据。

（三）公开审理原则

阳光是最好的防腐剂，追求正义的法律程序必然是公开的、透明的。③ 公开审理作为人民法院进行审判工作必须遵循的重要基本原则，是“阳光司法”“透明司法”的题中应有之意。我国《刑事诉讼法》第 188 条明确规定一审应当公开进行，从而确立了公开审理原则；第 234 条明文列举了二审必须开庭的案件，深入推进了公开审理，并为之落实提供了刚性保证。

公开审判概念发轫于资产阶级大革命时代，是先进的资产阶级民主反对封建纠问式诉讼与秘密审判的思想旗帜和斗争结晶，是对广大民众要求司法正义的有力回应。作为司法理念，公开审判被 1787 年美国宪法修正案首肯，随后被 1808 年《法国刑事诉讼法典》确认。如今，人们认为，正义不仅应当得到实现，而且应当以人们能够看得见的方式得到实现④，公开审判已经成为各国司法制度的共同原则。为了让民众在每一个司法案件中感受到公平正义，杜绝暗箱操作与司法臆断，“审判应当公开，犯罪的证据应当公开，以便使或许是社会唯一制约手段的舆论能够约束强力和欲望”⑤。

---

① 比如控方问证人：“当时你已经昏迷了，怎么知道他（被害人）拨打报警电话?”而案件的实际情况是被告人确实已服用安眠药，但是是否昏睡还没有被证据证明与法庭确认，被告人也没有这样说。因此，控方是以一个假定事实误导被告人。

② 美国《联邦证据规则》第 803 条规定了 24 种不必出庭的传闻证据规则例外，第 804 条规定了 6 种无法出庭例外。

③ 王利明．司法改革研究．北京：法律出版社，2001：52.

④ ［英］萨利·斯皮尔伯利．媒体法．周文，译．武汉：武汉大学出版社，2004：350.

⑤ ［意］贝卡利亚．论犯罪与刑罚．黄风，译．北京：中国大百科全书出版社，1993：20.

在我国，公开审理具有三个明显特征：(1) 公开内容的完整性。公开审理不仅意指公开宣判，更强调立案、送达、庭前准备、开庭审理等各环节，涉及公布审判流程、发布开庭公告、落实旁听制度等各节点，涵盖审判流程信息公开、庭审直播公开、裁判文书公开各方面。以庭审为中心向周边辐射，从到庭旁听与传统媒体报道向论坛、网站、微博、博客等新媒体传播拓展，由法庭调查等形式公开向裁判说理等实质公开推进。(2) 公开对象的广泛性。公开审理不仅指对当事人与其他诉讼参与人公开，而且意味着对新闻媒体公开，并允许公民旁听，全面保障公众的知情权和监督权。我国《刑事诉讼法》第 187 条第 3 款明确规定，公开审判的案件，应当在开庭 3 日以前先期公布案由、被告人姓名、开庭时间和地点。并且《人民法院法庭规则》要求，人民法院通过官方网站、电子显示屏、公告栏等向公众公开法庭编号、具体方位、旁听席位等具体信息。同时，将 APP 等新媒体与传统纸媒融合，创新公开方式、延伸公开途径，通过“公开审理＋微博直播”[①] 推进司法与民众互动，消除司法神秘感，从而让更多的人以更便捷的方式了解司法生态现状、感知司法运行情况。(3) 公开原则的例外性。根据《刑事诉讼法》第 188 条与 2021 年《刑事诉讼法解释》第 222 条的规定，有关国家秘密或者个人隐私的案件，不公开审理；涉及商业秘密的案件，当事人申请不公开审理的，可以不公开审理。其中，国家秘密，尤其是国家机密、绝密，牵涉国家安全、外交、国防、政府间关系以及警察工作等，如若遵循当庭、直接、公开质证原则，则必然背离整体国家安全观，进而损害国家根本利益。但是，关于什么是国家秘密，实务中还存在定密不准、界定过滥的问题，以致“例外”僭越成为“原则”，不少案件只要与国家沾边，审理过程就不被公开。为此，对于国家秘密，应当区分密级并根据与案件事实的关联关系，采取不公开质证、部分不公开审理、全案不公开审理等有梯次的保密措施。

同时，公开审理在实务层面还存在一些需要注意的问题。(1) 如何实现对旁听人员真实信息的全面掌握。目前，法院主要依据旁听人员出示的有效身份证件审核情况，并决定是否向其发放旁听证。但有一些在逃同案犯，通过虚假证件混入法庭，想借机了解证据情况与司法工作动向，进而逃避法律制裁。同时，一些证人不愿出庭作证，却又私下前来旁听，严重违反“证人

---

① 2016 年 9 月正式开通中国庭审直播公开网，截至 2017 年 2 月 9 日最高人民法院累计直播案件 356 件，全国累计直播案件 101 682 件。

不得旁听案件审理”的法律规定。因此，全面掌握到庭人员信息是审判公开、公正、安全进行的基础工作与重要前提，必须引起高度重视。(2) 怎样全程保障被害人与证人人身安全。公开审理往往需要证人、被害人参与诉讼。一些人证出庭后，旁听席上的被告人亲属容易情绪失控，发生言语冲突，进而互相辱骂，更有甚者冲击审判区，并投掷器物、与他人发生肢体碰撞，严重扰乱法庭秩序。为此，法院在庭前应当加强预判：对有对立情绪、可能发生对抗的人员，应当妥善安排，引导其分别进入法庭，避免相互接触；在庭后告知其分别退庭、先后离开。同时，鉴于一些无法旁听的利害关系人（主要是被告人亲属、被害人亲属等）可能于庭外、院外短期聚集，人证进出法院时，法庭应当安排专人接待、安置，必要时可开通绿色通道。(3) 如何保证被告人人身安全。除特殊情况下缺席审判外，被告人必须出庭接受讯问、询问，参与法庭调查、辩论。可“仇人相见分外眼红”，一些旁听的被害人及家属难抑愤怒，尤其在认为司法不公时，其可能挣脱法警攻击被告人。若被告人亲属也在场，则可能引发更激烈的冲突。为此，在公开审理之前，法院应当做好法律宣传与提醒工作，对情绪明显激动的人员建议其不要前来。同时，庭审中法庭随时关注旁听者的情绪及反应，必要时责令其退庭。在展示物证时，还应注意使物证与被告人保持安全距离，避免自伤或者他伤。有多名被告人的，还应做好相应预案，并注意肢体动作，对出现的异常苗头及时制止，避免同时出庭时互相攻击或者暗示串供。在庭后押解时，应当避免被告人与庭外等候的被害人等接触，防止被告人受到伤害或者趁乱逃脱。

二、影响庭审调查的制度环境

以质证形式化与无效化为主要表现的庭审虚化，是改革深水区一块难啃的硬骨头。很长时间以来，证人在侦查阶段作证，被害人向侦查机关陈述，而法庭调查与辩论异化为对侦查结果的确认；间接审理、书面审理在一些地方大行其道，致使传闻证据不能被排除，被告人的质证权得不到保障。审判如果脱离了庭审，必然会使它的发现事实真相和保障人权的价值大打折扣。[①] 因此，为强化庭审功能，真正做到“四个在法庭”[②]，必须深入探讨影

---

① 樊崇义．底线：刑事错案防范标准．北京：中国政法大学出版社，2015：232.

② 《人民法院第四个五年改革纲要（2014—2018）》提出“强化庭审中心意识”，实现“四个在法庭”，即诉讼证据质证在法庭、案件事实查明在法庭、诉辩意见发表在法庭、裁判理由形成在法庭。

响庭审，尤其是法庭调查的各种因素。

(一) 质证形式化的制度因素

质证是在刑事审判的法庭调查阶段，公诉人、被害人、被告人和辩护人在法庭上对与证人证言有关的疑难问题，以提问的方式进行核实查证的诉讼过程。[①] 作为连接举证、认证的纽带，质证不仅是手段性权利[②]与辩护权的核心，也是控辩方交叉询问的重要内容、法官内心确信的有力保障，更是直接言词、公正审理的直接体现。但是，在司法实务中，质证内容单一、范围狭窄，质证过程简单、缺乏对抗，且忽视被告人的质证条件与能力，质证形式化问题比较突出。总体而言，导致质证虚化的制度原因有以下几个方面。

首先，“侦查中心主义”诉讼格局下，侦查决定起诉、起诉决定审判，这严重削弱了庭审功效，导致法庭调查走过场。继 1996 年《刑事诉讼法》明确规定“主要证据复印件移送”后，案卷移送制度于 2012 年恢复至 1979 年《刑事诉讼法》确立的“全案移送”制，以保证法官充分了解案情、全面掌握证据，进而及时应对突发情况、有效把控庭审节奏。但是，随着侦查卷宗接力式传递，法官未审先断的预判问题没能得到很好解决。因为胸有成“卷”并可于庭后继续翻阅，同时案多人少追求时效，法官对庭审的重视程度相对较低，庭审对法官的影响力相对较弱。在公、检、法流水作业模式中，庭审质证普遍时间少却效率高[③]，法庭调查逐渐蜕变成食之无味的鸡肋。

其次，职权主义诉讼模式下，法官主导庭审，控辩双方在法庭调查中的诉讼权利与主体地位时而被忽视，质证更被看作法庭核实证据、查明真相的手段与方式。英美法系国家奉行当事人主义，控辩双方推动程序进程、决定诉讼走向，成为庭审真正的主体与主角，而对证据进行质疑、辩驳是其基本

---

① 江平主编．中国司法大辞典．长春：吉林人民出版社，1991：260.

② 顾永忠先生将辩护权分成手段性权利、条件性权利和保障性权利三大类，其中，手段性权利包括陈述权、反驳全、质证权、举证权与辩论权，是辩护权的核心。顾永忠．刑事辩护的现代法治含义解读——兼谈我国刑事辩护制度的完善．中国法学，2009 (6)：99.

③ 比如，有学者统计，在 100 个样本案例中，无论控方的证据还是辩方的证据，每份证据质证的时间平均仅为 1 分钟左右。韩旭，王剑波．刑事庭审质证运行状况实证研究——以 100 个庭审案例为样本．法治研究，2016：47.

权利[①]，同时也是被告人的宪法性权利。[②] 但是在大陆法系国家与我国，质证的进行方式、实施程度以及如何质、质什么、向谁质等，均取决并服务于法庭需要，其诉讼价值更体现于查明案件真相。同时在很多情况下，法官遵循印证规则与逻辑贯通理念就可形成内心确信，并无质证的强烈愿望，但是，根据法律规定质证是证据成为定案依据的前置程序，由此“发表意见式质证”[③]、“缺少互动式质证”[④]、“禁止辩论式质证”[⑤]、“打包式质证”[⑥] 等应运而生并充斥于一些庭审当中。

（二）举证书面化的现实原因

与质证形式化、认证简单化相对应的是举证书面化。举证书面化不仅是“侦查中心主义”或“案卷中心主义”的产物，也与人证出庭率较低、辩方取证能力弱、轮替询问规则不完备等息息相关。

首先，关键人证不出庭，庭审调查只能围绕书面证据展开。我国人证出庭率比较低[⑦]，许多人证因补偿不到位不愿出庭，因害怕打击报复不敢出

---

① 《公民权利和政治权利国际公约》第 14 条、《欧洲人权公约》第 6 条、《美洲人权公约》第 8 条都将质证权确定为公民的基本权利。在美国，几乎所有的证据都是以言词证据方式提出，警察、鉴定人都会被传唤出庭接受控辩双方质证。

② 美国宪法修正案第 6 条规定，在所有刑事案中，被告人有权提出下列要求：……要求与原告的证人对质。

③ 控辩双方不是对人证进行询问，而是在人证不出庭的情况下，对某一书面证据简要发表意见。

④ 因为没有交叉询问规则且缺乏交叉询问经验，同时人证没有党派性，不分控方人证与辩方人证，控辩双方的询问常出现同质性，在一方询问完毕后，对方无问可问。

⑤ 由于过于强调庭审阶段的划分且质证方式僵化，不少法官更关心有无异议，并不允许控辩双方在法庭调查阶段对证据进行法庭辩论那样的充分辩驳与说明，以至于控辩双方难以对单个证据或一组证据的“三性”展开辩论。关于这个问题后面还会说到。

⑥ 与打包举证相对应，要求被告人对一组或多组证据表明态度，而不考虑被告人的记忆能力、质证能力、所处条件等。

⑦ 深圳市中级人民法院的证人出庭率为 2%～5%，长春市某区检察院有证人出庭案件占起诉案件总数的 4.3%，上海市黄浦区人民法院的证人出庭率为 5%。重庆市第三中级人民法院辖区法院共审理一、二审刑事案件 2 796 件，涉及 4 048 人，其中证人出庭的案件 12 件，出庭 13 人，证人出庭率为 0.32%。林伟．证人出庭适用问题之探讨．[2018－11－17]．http：//www.chinacourt.org/article/detail/2013/05/id/58259.shtml. 此外，有学者随机抽取 100 个样本案例，其中仅三个案件有证人、鉴定人出庭，人证出庭率为 3%。韩旭，王剑波．刑事庭审质证运行状况实证研究——以 100 个庭审案例为样本．法治研究，2016 (6)：47. 而调研显示某直辖市法院的证人出庭率不足 1%，一些法院甚至三年为零。

庭，因身在外地不能出庭，因约束不力不肯出庭。[①] 这直接导致轮替询问无法进行，控辩双方只能出示单方形成的各种庭前笔录，而后围绕此类“哑巴证据”提出异议、发表意见，进行质证。由于参与质证的控辩双方既非证据制作者（主要针对侦查机关提供的询问笔录，也包括鉴定意见等），又非证据提供人，因此经常出现质疑不力、辩驳不足、解说不到等问题。庭审调查或是鸡同鸭讲、文不对题，或是隔靴搔痒、劳而无功，最后只能走个过场草草收兵。

其次，辩方难以调取有利证据，进行积极辩护，只能实行防御战略、质疑控方证据。刑事律师执业风险相对较高，加之辩方取证受到立法与现实多重制约[②]，一般情况下律师极少亲自收集证据，往往选择找出控方证据的缺陷（比如非法证据）与证明漏洞，进而釜底抽薪的方式。如此一方面，辩方主要依靠控方证据，没有本方人证或者新的人证可以提供，只能在被告人的口供系刑讯逼供取得、证人前后不一的笔录等上做文章，更加偏重纸上谈兵。另一方面，辩方申请所谓的控方人证出庭，却无法提供该人证的现住址与联络方式等重要信息，其难以履行配合法院通知的协助义务，最后只能放弃。无奈之下，书面举证与无声质证便成为最佳选择。

再次，控辩双方缺乏交叉询问实战经验，当庭导出言词证据常不及宣读出示书面证言有逻辑说服力。自 1996 年《刑事诉讼法》引入控辩对抗，我国在立法层面已经确立了交叉顺次询问的基本框架。但是目前法庭调查中，既无完备成熟的询问规则，又无具体翔实的操作规程，交叉询问没有用武之地。“作证询问”与“质疑询问”理论上可以依次推进，但是怎样运用询问技巧导出有利于己的证据，并弹劾敌意人证、驳斥对方主张，还是一张白

---

① 比如，学者经调研发现，66.2%的鉴定人因为出庭费用得不到有效解决而不愿出庭，35.1%的鉴定人、有专门知识的人惧怕本人与亲属的人身、财产等权益受到损害，后者顾忌自己在行业中的口碑等，而不愿出庭。一些人对自己是否应当出庭无法预期，以致因开庭期间身在外地等原因无法按时到庭。31.9%的人证以“没有时间”“工作太多安排不开”“已出具鉴定意见，没必要到庭”等，拒绝出庭。张勇，钱岩．鉴定人、有专门知识的人出庭制度构建——以天津市法院系统实践探索为基础．法律适用：2018（19）：56－58.

② 《刑事诉讼法》第 43 条规定，辩护律师经证人或者其他有关单位和个人同意，可以向他们收集与本案有关的材料；经人民检察院或者人民法院许可，并且经被害人或者其近亲属、被害人提供的证人同意，可以向他们收集与本案有关的材料。实务中不少律师表示，真正取得这些同意与许可非常困难，而且因为经费、精力等原因，同时考虑自身安全，他们极少主动取证。

纸，没有答案。在学者的调研中很多法官反映，即使证人、被害人、鉴定人等出庭了，也难以听到有价值的询问与回答，往往就是围着几个问题来回转。除了能力尚有不足，控方担心翻证不敢问、辩方顾忌得罪公诉人不愿问等现象也多有存在。[①] 既然出庭必要性不大，编排并出示书面证据成为最安全的选择。

最后，涉密证据、技侦证据质证规则欠缺，哪些可以当庭调查、哪些不能，没有刚性约束，“保密”可能沦为举证书面化的口实。《刑事诉讼法》第154条首次规定经由技术侦查措施获取的证据可以作为证据使用，从而为防止技侦证据被不当转化与过度转化，解决证据失真问题，迈出了庭审实质化的坚实步伐。但该条又规定，必要的时候可由审判人员庭外核实。对于何为“必要”法律并没有明确，因此实务中出现不区分技侦方法与技侦审批程序、不区分技侦获取的言词证据与实物证据，一并以情况说明等方式书面举证或者庭外查证的情况。同时，对于涉及国家秘密的特殊证据，究竟是人员身份涉密、取证手段涉密还是证明内容涉密[②]，司法裁量灵活有余、刚性不足。此外，虽然法律已有规定，但尚未真正形成庭外核实、不公开法庭调查、不公开审理等由轻至重的保密梯次，常一律不公开审理、不当庭质证。这也成为书面举证盛行的原因之一。

三、庭审证据调查方式的变革

刑事诉讼法是宪法的测震器[③]，不同的宪治思想、程序理念与诉讼模式形成了不同的审判框架，也塑造着有差异的庭审调查。伴随人权保障根本法治化与日益强化“以审判为中心”的诉讼体制改革的纵深推进，证据审查判断正从相互补强、佐证的印证证明向坚持印证主导、加强心证功能、注重追证作用、发挥验证功效[④]的多元化、多维度认证模式转化，以实现证据调查方式的新跨越。

---

① 左卫民．地方法院庭审实质化改革实证研究．中国社会科学，2018 (6).

② 人员身份涉密，比如黑社会性质组织中的“线人”；取证手段涉密，比如对被告人进行监听、监视、秘密录音、电子跟踪定位或者在乔装侦查、控制下交付；证明内容涉密，比如故意泄露国家军事秘密。

③ ［德］克劳斯·罗科信．刑事诉讼法：第24版．吴丽琪，译．北京：法律出版社，2003：13.

④ 此证明路径为龙宗智先生总结、归纳。龙宗智．刑事印证证明新探．法学研究，2017：164-167.

（一）"侦查中心主义"下的印证方式

在传统的"侦查中心主义"诉讼构造下，庭审走过场问题比较严重。当庭调查虚化、事后书面审理成为常态，非言词举证与非直接质证直接导致庭审认证模式单一，印证证明曾"一统天下"。作为诉讼证明基本方法，印证经由证据补强与整合，搭建事实认定锁链；以不同来源、性质的证据之间所含涉案内容同一或者对犯罪构成要素指向同一，强化推论逻辑结构，进而完成甄别信息真伪、排除自相矛盾的诉讼任务。因此不可否认，证据相互印证原理是司法理性主义的题中应有之意。[①]

但是，此类构造下印证方法单一机械，且过于注重形式理性与外部和谐，既缺少对证据来源的溯因式追问，又忽视对证据整体的内省式[②]反思。因此，在目前以案卷为中心的裁判方式下，也会产生一些负面效果。[③] 首先，"印证不足"致使不敢定案。印证是很高的证明标准，经由印证甄别单个证据真伪并确证整体犯罪事实的，不仅要求证据之间内容重合、指向一致并且表述清晰等，即有明确的质量标准，而且要求证据达到一定规模，即有严格的数量标准。为此，对于一些封闭现场作案、供证一对一等缺少相关条件的案件[④]，受到"一人供听，二人供信，三人供定"传统印证思维影响，即使法官内心确信，也不敢随意定案。其次，"印证过度"导致冤假错案。证据相互支持、彼此衔接，并据以形成锁链，是能够定案并办成铁案的重要标准。但在尚不完善的司法生态中，这在一定程度上诱发了伪证、指供与逼供。各个证据来源不同、性质有别，本不可能严丝合缝、完全一致，但是，一些办案人员为追求形式上的和谐统一，达到所谓印证最高标准，而违法取证、强求印证，人为制造证据。法官在审查判断中，稍有不慎就会落入证据

---

① 李建明．刑事证据相互印证的合理性与合理限度．法学研究，2005（6）：20. 欧洲人权法院也认为"无论多么可信，除了根据特定的明文规定的例外，对任何人定罪都不能建立在无印证的证人证言之上"。

② 内省是指通过接触某一证据在事实判断者心中留下的印象与影响。龙宗智．印证与自由心证——我国刑事诉讼证明模式．法学研究，2004（2）：111.

③ 陈瑞华．论证据相互印证规则．法商研究，2012（1）：112.

④ 比如一起宾馆盗窃案中，侦查人员现场勘查时在失窃的602房间窗台提取了一枚由外向内的指纹，经确认为另案嫌疑人冯某所留。冯某在翻窗进入608房间行窃时被抓，其否认参与602犯罪。"602案"赃物与销赃记录均不在案，仅能证实冯某于案发前晚曾入住601房间。法院认为指纹孤证不能定案，后对于该案检察院撤回起诉，作了不起诉处理。龙宗智．印证与自由心证——我国刑事诉讼证明模式．法学研究，2004（2）：109.

陷阱、信息圈套。最后，“印证依赖”稀释庭审、淡化法庭调查。在书面举证与书面审理的传统模式中，控方既可根据需要概括式宣读相关证言，选择性摘录有关书证，也可根据案件性质、证据情况安排举证顺序，或者分组举证或者分次举证或者集中举证，在梳理纸上逻辑脉络时凸显证据链功效，从而控制局面、形成气势。而在不同诉讼阶段先后流转的侦查卷宗，以及体系完整、自圆其说的控方故事，正是庭前、庭后法官形成心证的重要依据。经过加工的证言更加清晰一致、逻辑严密，法官遵循印证规则，根据证据内容重合与相互衔接情况，认定案件事实、强化内心确信。同时，“公安做饭、检察院端饭、法院吃饭”的分工合作与纸面操作，既能避免闹庭、翻证，有利于把控局面，又可省时省力，有助于提升审判质效。相反，质证权却代价昂贵：让人证出庭不仅须劝说教育、提供安保、给予补助，耗费司法资源，而且要面对法庭调查、处置突发情况、制作预警预案，会拖延审理时间。如此，在印证主导的文字举证、书面认证中，出庭对质和交叉询问异化成高高在上的奢侈物与可有可无的附属品。

（二）“审判中心主义”下的自由心证

自由心证是大陆法系中相对于法定证据原则的术语，其中，心证是指法官内心真诚确信的主观感受，自由是指法官形成确信时不受外部约束阻碍的心理状态。[①] 而涵括直接审理、在场原则、言词审理等重要理念在内的直接言词原则，正是自由心证的必然要求与题中应有之意。直接言词与当庭断狱在我国古已有之，最早可追溯至西周。《周礼·秋官·小司寇》记载的五声听狱讼之“五听法”，就从辞、色、气、耳、目五方面总结归纳了法庭调查判断证据的方法，并将心理学知识运用于其中，至今仍极具借鉴意义与研究价值。目前，讯问、询问笔录经由书写加工，难免带有记录人主观烙印，尤其在后者系侦查人员，且存在有罪偏见、面临破案压力的情况之下。而对笔录的理解、判断还需记录人与法官的双重主观活动，很难保证最后的字面解读符合陈述者的“初心”。何况实务中还有当事人被迫签字捺手印或者草率签字捺手印的情况发生（即使同步录音录像也并不一定“原汁原味”，因为

---

① 王亚新先生认为，所谓自由，仅仅是指法律不设定具体的规则来致使法官在根据证据认定事实时必须作出或不得作出某种判断。王亚新．刑事诉讼中发现案件真相与抑制主观随意性的问题．比较法研究，1993（2）．

其可能会被后期剪辑拼贴与删减)。因此“审判中心主义”下，法官必须用好庭审这一诉讼武器，争取“自搭炉灶吃饭”，确保在人证出庭作证时辨别真伪、澄清疑问。同时，个案情况千差万别，审查也须有所区分，应当形成个性化、多层次的证据采纳采信方法。

首先，判断人证的可信度，审查证据真伪。

一些人证与案件相关，可能夸大、缩小事实；一些人证受到涉黑涉恐当事人威胁利诱，可能掩盖真相。面对此类问题，法官应当听言观行，从人证叙述、回答的语气、语音、语调，以及神态情感中发现端倪，并揭露其背后的心理活动，进而获取文字无法展现的信息；同时，可借鉴英美法系的经验，从五方面对人证的可信度进行评价：第一，证言或意见是否自相矛盾；第二，证言或意见是否与其他人证的陈述矛盾；第三，人证本身与案件是否存在情感或经济关系；第四，人证是否具备诚实有信品性；第五，人证的感知、回忆、表述以及专业能力是否存在缺陷。其中，前四项主要针对人证的诚实性，后一项针对人证陈述的错误可能性。一般而言，对前者的审查限制比对后者的更严格，因为对人证是否诚实的判断往往牵涉旁系事实[①]，可能会偏离争议焦点、浪费庭审时间。我国法律对此也有明文规定。根据 2021 年《刑事诉讼法解释》第 261 条、《法庭调查规程》第 20 条，在轮替询问中无论是作证询问（相当于主询问）还是质证询问（相当于反询问），都不得采用诱导方式发问，从而从制度层面根本封堵控辩方攻击人证的名誉、质疑人证的能力与精神状况的路径。虽然许多学者从反询问诱导发问的诉讼价值出发提出不同意见，但是，鉴于目前我国人证到庭率相对较低的实际情况，为提升人证出庭的积极性，尊重其人格、保护其隐私的重要性更为凸显。因此，英美法系攻击型质证方式并不适宜我国。

还需说明的是，人证当庭证言、意见与庭前不一致时的采信问题。在域外，显示人证陈述自相矛盾是弹劾人证，进而降低其言词证据证明力的重要手段。但是在我国庭审并非控辩双方展示诉讼技巧、相互攻击竞争的舞台，

---

① 旁系事实是指仅同人证的可信度相关，而与案件并无逻辑关联的事实。在英美法系国家，如果弹劾人证涉及旁系事实，对方仅能接受人证在交叉询问中作出的回答，而不能运用外部证据证否该答案。具体案例可参见［美］乔恩·R. 华尔兹．刑事证据大全．何家弘，等译．北京：中国人民公安大学出版社，1993：140。

而是在法官引导下证明事实、调查真相的平台。因此，必然涉及关键人证的言词证据前后矛盾时的取舍问题。根据《法庭调查规程》第 53 条，证人当庭作出的证言与其庭前证言矛盾，证人能够作出合理解释，并与相关证据印证的，应当采信庭审证言；不能作出合理解释，而庭前证言与相关证据印证的，可以采信庭前证言。由于此时人证业已出庭，控辩双方可经交叉询问对庭前陈述进行质证，且人证辩解说明时的神态举止均一一展示在法庭，法官可察言观色地进行审查。该庭前证言不再是传闻证据，而具有证据资格，在与其他证据印证并能排除串供嫌疑之后，可以被采纳采信。同时须说明的是，因许多人证，尤其是证人第一次出庭时，面对公开审判与控、辩、审依次询问难免会紧张，有时会出现脸红、出汗、语无伦次，或者遗忘以往陈述等情况。对此法官应当具体问题具体分析，以与其作伪证时的表现相互区分。根据《法庭调查规程》第 25 条，证人遗忘或者遗漏庭前证言关键内容的，为作必要提示，法庭应当允许出示、宣读其庭前证言。

其次，判断证据的合法性，排除非法证据。

如前所述，我国传统的印证方式主要针对书面证言和静态证据，审核内容是否一致与彼此衔接，却往往忽视证据的来源合法性与异化可能性。离开了使命题为真的事实条件，即使所有命题都是彼此融贯（印证）的，也不能说明它们就一定是真的。[①] 为此，最高人民法院专门出台《排除非法证据规程》与《庭前会议规程》，强化庭前会议的审前过滤作用，并规范审前审中排非程序。《法庭调查规程》则更加注重对审前的确认与衔接。根据《庭前会议规程》第 14 条第 2 款、《排除非法证据规程》第 15 条第 1 款、《法庭调查规程》第 6 条第 2 款，对于召开庭前会议的案件，法庭调查前应当宣布庭前会议报告的主要内容；对于已就非法证据排除达成一致的（比如辩方撤回排除非法证据申请，又如控方撤回有关证据等），法庭核实后当庭确认；无新理由，控方不得出示撤回的证据，无新线索、材料，辩方不得提出排非申请。同时，若一方在庭审时反悔，除有正当理由外，法庭不再审查。同时，根据《排除非法证据规程》第 15 条第 2 款、《法庭调查规程》第 6 条第 1 款，控辩双方对证据收集的合法性未达成一致的，法庭可以听取双方意见、

① 龙宗智．形式印证证明新探．法学研究：2017（2）：157.

归纳争议焦点，并进行相关调查。对于辩方庭前未申请排非而在庭审中提出的，根据《排除非法证据规程》第 17 条第 1 款，其应当说明理由，人民法院认为证据的合法性确有疑问的，应当进行调查；认为没有疑问的，应当驳回申请。对于驳回申请后辩方无新线索或材料，却以相同理由再次申请的，根据《排除非法证据规程》第 17 条第 2 款，人民法院不再审查。由此可见，立法既赋予庭前会议效力，又有效避免了庭前会议泛化，有力地维护了庭审权威。

需要特别说明的是，司法实务中还有一些涉及诱惑侦查、警察圈套等的案件，侦查人员应当对犯意引诱、数量引诱等具体过程说明情况，且就侦查的合法性接受质证。根据《排除非法证据规程》第 20 条第 1 款，不得以情况说明取而代之。对此，法庭调查一般应当围绕犯意如何产生（是之前就有仅尚未付诸实施，还是后来产生）、被告人当时的态度（是主动配合、半推半就还是极不情愿），以及诱侦时客观环境等展开，并重点向侦查人员询问诱侦次数、诱侦手段、是否强迫，以及现场情况等内容。

最后，运用经验法则，强化心证功能。

形成自由心证不仅要在证实论上建立内心确信，还应在证伪论上排除合理怀疑。排除合理怀疑也是证据确实、充分在操作层面的重要心理标准。排除疑虑与消释怀疑，本身是一个主观内省的过程，需要法官结合生活经验、运用逻辑法则进行证据感知与抽象思维。这既是对证据审查判断的升华，又可弥补印证规则的不足。因此，法官所进行的主观判断、心证分析在事实认定方面的作用不可替代。对于依靠间接证据定案的刑事案件，自由心证的作用更加突出。比如，经济犯罪被告人零口供时如何认定主观明知；又如，毒品犯罪人赃分离时如何认定贩卖故意；再如，职务犯罪供证一对一时如何认定客观行为；等等。但是，此处“自由”并非无拘无束，法官自由心证的形成需要法官运用经验法则、遵循逻辑推理，并接受证据规则制约。而经验法则本身不是指法官个人经验，而是其社会经验与专业知识的抽象提升，是日积月累的集体智慧。其不仅要得到法官认同、运用，进而在证据审查与事实认定方面去伪存真，更需法官对证据的印证与对矛盾焦点的阐述条分缕析，并形成文字，最终加强裁判文书的说理性。特别是，随着司法体制改革深入推进，“让审理者裁判，由裁判者负责”掷地有声，审、判分离下的印证模式一去不返；亲自审理与集中审理所汲取的鲜活信息，必将为具有足够社会经验与办案经验的法官形成自由心证，提供更加丰富的养分。

四、讯问、发问程序

无论是大陆法国家法官主导的职权“查明”模式还是英美法国家当事人推进的对抗“证明”模式[①]，刑事庭审都十分重视对言词证据的审查。讯问、发问不仅构成法庭调查的核心，也直接影响法官内心确信的形成。如下将从被告人与其他人证两类庭审中心对象切入，分类介绍我国的讯问、发问程序。

（一）对被告人讯问、发问

被告人兼具诉讼主体与证据来源双重属性，庭审讯问、发问既要保障其权利，尊重其地位，避免被告人沦落成为完全的指控客体；又要重视其陈述，甄别其辩解，发挥法庭调查查明事实真相的功能，实现刑事诉讼的程序理性。

1. 公诉人强制讯问

根据《刑事诉讼法》第 191 条第 1 款与《法庭调查规程》第 7 条第 2 款，公诉人宣读起诉书后，可以就指控的犯罪事实讯问被告人，而对证据问题的讯问可在举证质证环节进行。由此明确了庭审伊始的讯问顺序，并限定了讯问内容，厘清了不同阶段的讯问范围。

不同于在英美法系国家被告人应当以辩方第一证人的身份作证[②]，我国《刑事诉讼法》及相关规定遵循职权主义刑事庭审的传统做法，将讯问被告人作为证据调查前置程序，进而赋予公诉人强制讯问权。被告人对此没有保

---

① 与大陆法国家将实物证据与言词证据分开审查不同，英美法系国家对前者的审查必与后者相结合，因为实物证据是经人提取固定后进入诉讼的，须由其提取者、固定者、勘验者、鉴定者等到庭就合法性、客观性、关联性予以说明。

② 英国《1984 年警察与刑事证据法》第 79 条规定，“在刑事审判中，如果辩方打算传唤两个或两个以上的证人作证，其中包括被告人的，除非法院有其他指示，被告人应当在其他证人之前作证。”英国法官认为：“如果允许被告人在作证之前旁听其他证人的证言，那会导致被告人修饰、裁剪他的证言。”（R. v. Smith，［1968］1 *W. L. R.* 636，637.）美国法官也认为，“因为被告人在审判中始终有在场权，而不会像其他证人一样在作证前被隔离。所以判例和法令要求被告人必须在其他辩方证人作证之前作证，这是一种减少对被告人不利影响的替代措施”。Brooks v. Tennessee，406 U. S 605，607（1972）.

持沉默与选择作证权。这样不仅能够揭露犯罪[①]，而且可以初步展示控辩双方的争议焦点与事实认定难点，继而明确后续证据调查的主题及深度、广度，使庭审更有实效。而法官在庭前充分阅卷的基础之上，经由公诉人有针对性讯问与被告人相应答辩，能够迅速核实案件基本情况，并确定审理重点，以此为查明事实做好程序铺垫。

同时在我国，被告人已具备独立诉讼身份，并非控辩双方的某一方证人；其既不因虚假陈述而受到伪证罪等实体追究，也不因拒绝回答而面临“扰乱法庭”等程序制裁。虽然尚未摆脱定罪量刑合一引发的结构性压力[②]，但随着排非规则等的日益完备，在人权保障的刚性约束下，被告人逐渐免除刑讯的“物理强迫”，又无保证或宣誓的“精神强迫”，陈述自由能够得到较好保障。而公诉人对被告人进行职权讯问时，因讯问内容不受反询问限制[③]，从而能够更加全面地引出与固定指控事实。

但是，毕竟公诉人讯问是在法庭调查之前，此时举证、质证尚未开始，证据调查尚未展开，若被告人认罪，公诉人揭露犯罪的讯问目的尚可实现；若被告人不认罪、否认犯罪事实、进行无罪答辩，则公诉人一味讯问，不仅效果堪忧，处境也会比较尴尬，还可能给法官留下不好印象。因此，《刑事诉讼法》第191条第1款规定，公诉人“可以”讯问被告人。也即，公诉人在全面考量案情与证据情况的基础上，也可以放弃首先讯问，将其延后至证据调查阶段等，从而保持庭审主动。同时，实务中一些公诉人面对被告人“不配合”，可能会在讯问时举出证据加以说明。如此做法会将部分法庭调查提前，进而一方面冲淡讯问主题、拖长讯问时间，另一方面打乱程序进程、造成秩序混乱。因此，《法庭调查规程》第7条第2款明确，公诉人就证据问题向被告人的讯问在举证、质证环节进行。

还需说明的是，虽然《刑事诉讼法》第52条、《严排规定》第1条均规

---

① 立法者认为：“公诉人是代表国家在法庭上起诉和证实被告人的罪行，为了更好地揭露被告人的犯罪情节，论证其犯罪行为应予追究……公诉人可以讯问被告人。”全国人大常委会法制工作委员会刑法室．中华人民共和国刑事诉讼法释义．北京：法律出版社，1996：178.

② 比如某些案件庭审中，公诉人在讯问被告人时会说，“请你把握最后的机会，你在法庭上的认罪态度可能会直接影响量刑”。

③ 在英美法系国家，被告人仅可作为辩方证人，由辩护人对其进行主询问，而公诉方只能对其进行反询问，其范围受到主询问范围的限制，不能超出主询问的范围。

定“不得强迫任何人证实自己有罪”，《法庭调查规程》第 2 条也明确“被告人不承担证明自己无罪的责任”，但是目前我国证人出庭率尚低[①]，而被告人在一般情形下不可缺席审判[②]且最了解案情，故庭审主要围绕对被告人讯问、发问进行。尤其是在技侦水平需进一步提升的情况下，公诉人指控还很依赖口供。[③] 庭审由“审证人”异化为“审被告”的风险在一定程度上依然存在。

2. 其他诉讼参与人经许可发问

根据《刑事诉讼法》第 191 条第 2 款，经审判长准许，被害人、附带民事诉讼当事人、辩护人、诉讼代理人可以向被告人发问。为了厘清发问顺序，避免重复发问，《法庭调查规程》第 7 条第 2 款规定，被害人方可以就公诉人讯问进行补充发问；附带民事诉讼原告可以就附带民事部分事实发问；辩护人与附带民事诉讼被告人可以在控诉一方讯问完毕后发问。在我国，被害人的诉讼地位比较独特：不仅是提供感知事实的被询问对象，而且是有相对独立诉讼主张[④]，可以进行补充发问的询问主体。因为我国实行“国家追诉主义”，由检察机关代表国家追诉犯罪，并承担证明指控犯罪成立的严格证明责任，但是，检察机关的国家公诉立场、惩治预防犯罪的诉讼主张，以及由此承担的客观义务[⑤]，与被害人控诉犯罪的诉讼角色、重视补偿的诉讼主张，以及由此派生的和解愿望等，均有实质性不同。立法应为被害人宣泄情绪开辟理性渠道，同时允许他们在向被告人发问时引出关切问题、支持自身诉求。需要说明的是，被害人、附带民事诉讼当事人、辩护人、诉讼代理人等的发问权是不完全的，或者说仅仅是一种发问申请权，该申请权需要与法官的程序许可权配合行使。也即，上述诉讼主体能否实现庭审发问

---

① 一审法院审理的有证人证言的案件中证人出庭率最高不超过 2.3%，最低仅 0.33%；二审法院审理的有证人证言的案件中证人出庭率最高 7.38%，最低仅 1.35%。张益南，兰哲．完善刑事庭审的证人出庭制度研讨会综述．人民法院报，2016-10-26（6）.

② 《刑事诉讼法》第五编第三章专门规定了被告人缺席审判程序，将被告人缺席审判的情形明确为：被告人在境外的贪污贿赂案件；被告人在境外的严重危害国家安全犯罪、恐怖活动犯罪案件（经最高人民检察院核准）；被告人患有严重疾病无法出庭，中止审理超过六个月，被告人仍无法出庭，被告人及其法定代理人、近亲属申请或者同意恢复审理的；被告人死亡，但有证据证明被告人无罪的。

③ 韩旭，王剑波．刑事庭审质证运行状况实证研究——以 100 个庭审案例为样本．法治研究，2016（6）.

④ 根据《刑事诉讼法》第 288 条，2021 年《刑事诉讼法解释》第 587 条、第 592 条，对于法定案件，被害人可以自愿和解，请求或者同意对被告人依法从宽处罚。

⑤ 根据《刑事诉讼法》第 52 条，检察机关还应当收集能够证实被告人无罪、罪轻的各种证据。

须法官准许。如果法官经由庭前阅卷认为公诉人的讯问已经完整展示犯罪过程与争议焦点的，也可以不准许其他诉讼参与人发问。这体现了法官对程序决定与审核把关的诉讼指挥权。但是在一般情况下，为诉讼参与人更全面获取刑事案件信息，更充分了解附带民事诉讼当事人的诉求，同时避免将矛盾聚焦于法院，对其他诉讼参与人的发问申请，法官原则上会同意。

同时，我国在对被告人发问顺序上遵循“先控方后辩方”原则，明文规定辩护人等在控方讯问完毕后可对被告人发问。[①] 这可能与刑事诉讼查明事实真相的立法原则与理念相关。为避免被告人供述与辩解受到不同发问主体诱导、干扰与污染，在交叉询问技术尚不成熟、证据规则尚不完备的情况下，立法赋予公诉人首先讯问权。

对于有多名被告人的案件，为防止发问次序混乱，《法庭调查规程》规定，先由该被告人本人的辩护人进行发问，再由其他被告人的辩护人进行。

3. 法官首先询问与补充讯问

根据《法庭调查规程》第 7 条第 1 款，公诉人宣读起诉书后，审判长应当首先询问被告人对起诉书指控的犯罪事实是否有异议，听取被告人的供述和辩解。同时，对当庭认罪的案件，审判长还应当核实被告人认罪的自愿性与真实性，听取被告人供述和辩解。这明确了法官的首先询问义务。首先，不同于公诉人强制讯问与法官补充讯问中的一问一答方式，法官首先询问须“听取”供述和辩解，导出被告人陈述式口供，保证个中内容不为发问所干扰、诱导，从而减少歪曲异化风险，使言词证据更加准确与接近事实原貌。其次，法官首先“询问”，而非“讯问”，在庭审中将被告人与被害人、证人等其他诉讼参与人一体对待，体现了尊重被告人诉讼主体地位，同时遵循“无罪推定”原则的精神。再次，对于被告人认罪的案件，法官须“核实”情况，进而履行澄清义务，切实保障被告人的诉讼权利。这说明我国刑事诉讼并非仅追求形式上的控辩平等，而是正视控辩双方在举证质证等诸多方面

① 在意大利，由辩护人、公诉人依次询问被告人；在日本，除了共同犯罪案件中需以甲被告人陈述证实乙被告人有罪而对甲质问时由控方首先发问，其他情况下通常由辩护人先发问。孙长永．日本和意大利刑事庭审中的证据调查程序评析．现代法学，2002（6）．罗科信教授认为：不管是谁传唤的，都应当由辩护人对证人先行询问，辩护人问完了再由检察官来问。询问被告人也是一样。这主要是因为检察官对案件的掌握程度一定比辩护人强，如果由检察官先询问，有可能控方在案件审理上会占很大便宜。王国忠．刑事诉讼交叉询问之研究．北京：中国人民公安大学出版社，2007：132－133.

存在的差异以及由此带来的诉讼地位不同；通过法院履行澄清与照顾义务，帮助被告人更好地行使权利，从而真正实现实质平等。最后，法官“听取”与“核实”的基础是已经充分了解案情。根据《法庭调查规程》第3条，承办法官应当开庭前阅卷。只有全面掌握案件情况、证据数量与质量，以及被告人历次口供内容与其中变化，法官才能做到在“听取”中甄别、在分析中“核实”。

根据《刑事诉讼法》第191条第3款，审判人员可以讯问被告人。但是，关于法官在什么情况下可以讯问、应当就什么问题进行讯问、法官的讯问在内容上怎样与公诉人讯问或者其他诉讼主体发问相区分，以及法官讯问是否背离中立立场，等等，实务中存在许多困惑与疑问。这些问题涉及法官调查权的性质与地位、必要性与可行性。确实存在这样一种现象：一些法官不愿问，担心超出职权范围，更顾忌引发当事人不满而将质疑的矛头对准法院；但是又不能不问，因为心有疑虑难以下判，且疑罪从无尚不可行；不得不选择在庭上消极听审，在庭后阅卷核实，造成庭审虚化与走过场。为此，《法庭调查规程》第10条明确规定：为解决被告人供述和辩解中的疑问，审判人员可以讯问被告人。这样，就准确界定了法官讯问的补充性质，厘清了法官调查权边界。

法官具有在特定情况下讯问被告人的权利，因为：其一，法官须认定案件事实，进而定罪量刑，并肩负着查明事实真相的客观义务。[①] 而对被告人当庭讯问正是法官行使调查权的重要形式。其二，面对强大侦查权与国家公诉人，被告人，尤其是处于羁押状态的被告人，难以获取信息，辩护能力相对较弱。当被告人没有辩护人或者辩护人不能充分辩护时，法官具有并应当履行照顾义务，帮助被告人查明罪轻、无罪的证据，以实现实质意义的当事人主义。[②] 讯问被告人正是引出对其有利证据的重要方式。但是，法官的调

① 查明事实真相是刑事诉讼追求的重要价值之一，只有在真相不可查明、损害当事人根本权利或者侵犯公益时，才会考虑让位于其他价值。在我国与大陆法系国家，查明案件真相是法官的职责，法官并非仅消极裁判，必要时还要积极调查。在英美法系国家在没有陪审团参与的案件中，法官也会采取积极询问等方式查明真相。

② 比如在日本刑事庭审，法官对有利于被告人的证据有责任主动提出，其理由就在于，法官可以通过职权调查证据，实现所谓的实质当事人主义。[日] 松尾浩也．日本刑事诉讼法：上册．张凌，译．北京：中国人民大学出版社，2005：329.

查权应当有明确边界，正如丹宁勋爵所说，只有在需要澄清任何被忽略的或不清楚的问题时，在需要促使律师行为得体以符合法律规范时，在需要排除与案情无关的事情和制止重复时，在需要通过巧妙的插话以确保法官明白律师阐述的问题以便作出估价时，以及最后在需要断定真相所在时，法官才能亲自询问。[①] 在我国自 1996 年《刑事诉讼法》引入对抗制庭审模式，就已将对被告人讯问、发问的主导权交予控辩双方，而为法官保留了必要的证据调查权。实务中，法官对被告人的补充讯问可分为三类：第一种为澄清事实型讯问，即法官仅延续控方或者辩方之前所提问题，要求被告人就已回答内容作进一步阐述。[②] 第二种为职权探知型讯问，即法官通过提问引出控辩双方均未涉及的内容或者被告人回答时没有提到的信息。[③] 第三种为质疑型讯问，即法官讯问的主要目的在于甄别被告人之前回答的真实可靠性。[④]

需要说明的是，目前法官补充讯问还存在一定问题。其一为归罪式提问。一些法官讯问被告时带有一定偏见，因此出现未判先定的问题。比如：被告人刘某，你把抢劫的过程说一下。又如：被告人张某，你一共诈骗了多少钱。其二为警告式提问。少数法官面对被告人不认罪的情况，在释明刑事政策时，对被告人进行警告，将辩解视为量刑的态度证据。比如：被告人王某，如果你拒不交代，将影响法庭对你的刑罚裁量。其三为诱导式提问。[⑤] 在中国刑事审判中，法官本身不能诱供，因为控辩双方无法纠正法官。[⑥] 此种讯问尤应引起重视，但因一些诱导层层铺垫、比较隐蔽，静态笔录难以直观反映，因此二审审理必要时应当观看一审庭审录像。

（二）对其他人证的庭审调查

人证即“言词证据”或者“人的证据”，是以人的言词形式提供的证

① ［英］丹宁勋爵．法律的正当程序．李克强，等，译．北京：法律出版社，1999：66－67.

② 比如法官问：“被告人李某，你刚才说是通过朋友认识的被害人，又说与被害人是同学，你与被害人到底是如何认识的？”

③ 比如法官问：“被告人莫某，你刚才提到从 1999 年起就一直在某证券公司上班，那你具体从事什么方面的工作？”

④ 比如法官问：“被告人张某某，你说你与某某公司没有任何关系，可是你从该公司借款贰拾万元，且你的四位亲戚在该公司上班。你对上述情况作一下解释。”

⑤ 诱导式提问是指暗含询问者想要答案的问题。［美］约翰·W. 斯特龙．麦考密克论证据．北京：中国政法大学出版社，2004：15－16.

⑥ 张军，等．刑事诉讼：控辩审三人谈．北京：法律出版社，2001：160.

据。[①] 作为物证的对称，其不仅包括证人证言，而且包括被告人供述、被害人陈述、侦查人员陈述以及鉴定意见等等。[②] 庭审中对于人证的调查，主要有交叉询问、职权询问与对质询问三种模式。而伴随两大法系互学互鉴趋势渐强，融合交叉询问与职权询问的混合方式得到了更加广泛的应用。

1. 控辩双方轮替询问

自 1996 年《刑事诉讼法》实行类似交叉询问的人证调查制度以来，我国刑事庭审逐步强化控辩双方的地位，相对弱化法官的作用，不断完善当事人推进式程序改革。但是，因为诉讼"故事"没有控、辩之分，出庭证人也无党派之别[③]，并且询问主体多元[④]、询问规则不齐备，等等，我国目前并不存在典型交叉询问，而是一种规定了基本询问顺序的轮替询问。

根据 2021 年《刑事诉讼法解释》第 259 条、第 260 条的规定，向证人、鉴定人发问，应当先由提请通知的一方进行；经审判长准许，对方也可以发问。正如英国著名法官戴维林所说，两个带有偏见的寻找者从田地的两端开始寻找，他们漏掉的东西要比一个公正无私的寻找者从地中间开始寻找所漏掉的东西少得多。[⑤] 立法于人证调查中引入对抗，使控辩双方得以从有罪、无罪、罪重、罪轻等多角度证实[⑥]、证伪"指控事实"，而法官兼听则明，能够在证据调查的你来我往的辩论[⑦]中不断强化内心确信。但是，由提请方先行发问也存在一定问题。因立法有保留地贯彻直接言词原则，司法实务中控

① 法学大词典．北京：中国政法大学出版社，1991：17.

② 在大陆法系国家，被害人陈述、被告人供述、鉴定意见分别被单列为一种证据，与证人证言共同构成人证。在英美法系国家，人证即证人证言，既包括普通意义上的证人证言，也包括专家证人证言、被害人陈述和被告人供述。

③ 在英美法系国家的刑事诉讼中，案件事实根据不同主张被分为控方案件与辩方案件两个版本，出庭证人根据证言内容被分为控方证人与辩方证人两派。其中，控方证人的证言支持控方案件，辩方证人的证言支持辩方案件。而在我国，案件事实只有一个，所有证人都是"法庭的证人"。

④ 我国的人证调查主体除了控、辩、审三方，还有被害人、附带民事诉讼当事人等。将被害人作为独立的调查主体是我国刑事诉讼的立法特色。

⑤ 樊崇义主编．刑事诉讼法实施问题与对策研究．北京：中国人民公安大学出版社，2000：482.

⑥ 控方承担证实犯罪的严格证明责任，辩方一般仅通过指出控方证据漏洞等方式反驳与证伪，但是辩方如果提出正当防卫、不在犯罪现场等积极辩护理由，则也须提供确实充分证据加以证实。

⑦ 根据 2021 年《刑事诉讼法解释》第 267 条，举证方当庭出示证据后，由对方发表质证意见。法庭调查阶段的辩论主要围绕证据本身及其证明的事实等，一般不涉及法律适用问题，其形式通常表现为对单一证据或者一组有联系的证据发表意见。因此有人又将此辩论称为"分散辩论"，而将法庭辩论阶段的辩论称为"集中辩论"。

方常积极宣读、出示书面证言而怠于申请人证出庭，辩方却从质疑立场出发，要求证人、鉴定人等到庭质证。如此造成“提请方”大多为对证言持反对意见、准备弹劾证人的“反询问方”。如果严格执行 2021 年《刑事诉讼法解释》第 259 条，则会出现举证方尚未引出证言，质证方即已先行驳斥质疑的顺序颠倒，并易引发控方是在补充发问的视觉错乱。① 而《法庭调查规程》第 19 条第 1 款明确规定先由举证方发问，则得以根据举证责任厘清了人证调查顺序。同时，适应个案审理的需要②，该款又规定也可先由申请方发问，从而为法条保留必要张力，避免了庭审僵化。若控辩方同时申请人证出庭的，一般应由负举证责任的一方先发问。③ 理论上对于先发问方的发问范围尚无特殊限制，以便其充分主张、支持诉求。

同时，根据 2021 年《刑事诉讼法解释》第 259 条，对证人发问须经过审判长许可。如此，当事人行使询问权受到程序限制。这在实践中容易挫伤当事人的积极性，并限制庭审活力，因此引发较大质疑。《法庭调查规程》第 19 条更加认真对待权利，规定举证方发问完毕后对方也可以发问，由此将是否对人证发问的主动权交还给控辩双方。

还需说明的是，被害人对人证的询问。中国式的交叉询问是在检察官、被害人和被告人三方共同参与下进行的。④ 1996 年《刑事诉讼法》赋予被害人当事人地位，自此被害人走上诉讼舞台，可以独立询问被告人、证人、鉴定人。但是，作为犯罪行为的直接对象，被害人同时又是重要的人证：一方面，受犯罪侵害、因犯罪受损，被害人应如实陈述且被人询问；另一方面其有控诉倾向，处于攻击立场，能全程参与并询问人证。被害人的双重身份相

---

① 某市法院的试点中曾经尝试由提请通知的辩方先行发问，结果辩护人发问完毕后，公诉人说“我补充问几个问题”，不仅举证质证的顺序颠倒，而且导致公诉人发问成为辩护人质证的“补充”，发问性质发生混乱。郭彦，魏军．规范化与精细化：形式庭审改革的制度解析——以 C 市法院“三项规程”试点实践为基础．法律适用，2018（1）：31.

② 有时控辩双方对证人的发问具有同质性，均是想澄清一个事实，着眼点大致相同，由谁先发问并不十分重要，甚至出现一方发问后，另一方认为自己申请证人出庭的目的已经达到，而不再发问的情况。

③ 对此也有不同主张，比如樊崇义教授认为，根据国外多数国家的立法例，一般应当确立由法官决定由谁主询问的原则。樊崇义．刑事诉讼法实施问题与对策研究．北京：中国人民公安大学出版社，2001：467. 但是在目前司法生态下，采此种方式，可能会令当事人质疑法院的权威与中立性，进而不利于矛盾解决。

④ 陈瑞华．刑事诉讼法的前沿问题．北京：中国人民大学出版社，2000：355.

互掣肘，不仅影响客观陈述[①]，而且弱化询问理性。[②] 并且，被害人的参与使交叉询问愈加复杂、多元。被害人与公诉人二者的诉求不同，询问内容、方式均有差别，而且前者未经专业训练，很难围绕中心问题发问。如此这些使中国式交叉询问分支众多，从而难以实现清晰、集中的控辩对抗。[③]

2. 被告人经许可发问

根据《法庭调查规程》第 8 条第 2 款、第 3 款，审判长可以准许被告人之间相互发问，也可以安排被告人与证人、被害人进行对质。由此，《法庭调查规程》不仅赋予了被告人质证权，而且指明了权利实现途径。

首先，被告人的质证权是与人证面对面（face to face & eyes to eyes）的对质权。让证人与被告人面对面质证能够更好地揭露不实证词。如果证人在被告人面前不敢与之四目相对，则应更加慎重考虑证人的可信度。[④] 在美国，被告人的质证权属于宪法性权利，无故被剥夺将成为上诉法院推翻原判决不可辩驳的理由。美国联邦最高法院认为，任何人都有权要求与指控者面对面，这是确保刑事诉讼公正审判的精髓。[⑤] 但是，任何权利都不是绝对的。对于未成年证人、技侦人员出庭，或者警察卧底、线人接受询问，为保证人证及家人的人身、财产安全，人民法院应当采取不公开真实姓名、住址、工作单位等个人信息，或者不暴露其外貌、真实声音等保护措施，必要时还可在庭外核实证据。[⑥]

其次，被告人的质证权是与人证互动的询问权。质证主体是人，而人之间最常用的沟通方式便是语言。因此，应当允许被告人就争议焦点对人证展

---

① 被害人作为诉讼当事人可以参与全部诉讼，听取被告人供述、证人证言以及其他证据举证质证。此无限制聆听很可能对其陈述造成影响，从而使其在回答询问时不再客观。美国 1990 年制定的《美国被害人权利及损害恢复法》允许被害人在场聆听，同时又规定，如果被害人在场聆听他人证词足以影响其证词之真实性，法庭可以决定禁止其在场聆听。我国目前没有类似规定。

② 实务中，被害人在询问时常常声泪俱下、无法自已，甚至威胁人证、谩骂被告人，直接影响诉讼参与人的情绪，并容易导致庭审局面失控。证人听说被害人参加庭审，往往都拒绝出庭作证。

③ 在英美法系国家，反询问一般不超出主询问的范围，主要以诱导性发问将对方证人引入逻辑陷阱，使证人的回答自相矛盾，由此借以弹劾证人，否定证言的可信性，同时出其不意地引出有利于己的证言。被害人的加入打破了公诉人与辩护人的对抗格局，进而使主询问、反询问难以区分，询问规则难以适用。

④⑤ Coy v. Iowa，487U. S. 1012，1020（1987）.

⑥ 《法庭调查规程》第 36 条第 2 款规定，法院决定在庭外对技术侦查证据进行核实的，可以召集公诉人和辩护律师到场。在场人员应当履行保密义务。

开询问与反驳。法官则听其言、观其行，在唇枪舌剑中发现问题、获取信息、辨别真伪。因此保障被告人的质证权，不仅贯彻了程序正义理念，而且是实现查明事实真相诉讼价值的重要渠道。

但是，若适用不当庭审中对质又是最容易失败的一种质证方式。[①] 其一，人证与被告人对质，可能造成顺证或者翻证。一方面，人证在对质中可能了解到更多案件信息，尤其是其他证人情况及证言内容，而使自身陈述受到污染。出于法不责众的从众心理，人证便会迎合多数改变证言、意见等，顺证随之发生。另一方面，人证在对质中可能受到被告人隐晦的威胁、引诱或者暗示，屈于压力而与被告人串通，进而改变先前证言、意见，翻证随之发生。其二，被害人与被告人对质，可能导致对抗。面对面地驳斥与诘问，在本已针锋相对的被害人、被告人之间，更会异化为诋毁诽谤，甚至人身攻击。当被害人声泪俱下，场面难以控制时，法庭庄严肃穆的氛围将荡然无存。因此，被告人是否能够行使质证权，应当由审判长根据案件审理需要决定。

3. 法官补充询问与主导询问

根据《刑事诉讼法》第 194 条第 2 款，《法庭调查规程》第 19 条第 3 款、第 24 条，审判人员可以询问人证。但是立法没有明确此种询问的性质、时间、次数、条件等，仅以“认为必要”予以笼统概括。虽然如此，我国刑事法官对人证的询问，总体而言仍不同于大陆法系国家家长式[②]主导型调查[③]，而是一种补充型询问。具体理由如下：首先，从法体系看，无论《刑事诉讼法》还是《法庭调查规程》，均将法官询问规定于当事人询问之后，体现着谦抑与限制。其次，从法内容看，《法庭调查规程》第 19 条第 3 款规定“审判人员认为必要时，可以询问证人”。对此可理解为，法官询问并非

---

① 沈丙友．质证规则研究//何家弘主编．证据学论坛：第 3 卷．北京：中国检察出版社，2001：273.

② 张卫平教授认为，法官积极调查证据、支配审判过程，在事实探知方面存在着强烈的父爱情节。张卫平．诉讼架构与程序——民事诉讼的法理分析．北京：清华大学出版社，2000：13.

③ 比如在法国，证人或鉴定人每次提供证言后，审判长得向其发问。如果是重罪案件，检察官、各方当事人的律师、被告人可以向审判长请求发言，直接向被传唤出庭的人提问；如果是轻罪案件，被告人与民事当事人只能通过审判长提出他们的问题。［法］贝尔纳·布洛克．法国刑事诉讼法．罗结珍，译．北京：中国政法大学出版社，2009：497. 又如在德国，法官一般先行询问证人、鉴定人，再由检察官、辩护人和其他诉讼参与人轮替询问。［德］托马斯·魏根特．德国刑事诉讼法程序．岳礼玲，译．北京：中国政法大学出版社，2004：41.

庭审必经程序，而是查明真相、认定事实的辅助手段，法官认为不必要时可以不询问。这显然不同于控辩双方承担证明责任时的举证质证。最后，从控、辩、审的职能分工看，控方承担证实犯罪的严格证明责任；辩方反驳控方指控，并对己方提出的积极辩护承担证明责任；法官通过审查证据认定事实，形成内心确信。法官听审以兼听为基，先听后审，没有控辩双方对人证的发问，就没有法官的后续询问。因此，法官询问应当满足几个条件：其一，案件基本事实已被基本证实，但法官内心确信尚未形成；其二，案件证据能够相互印证形成锁链，但法官对某个或某些证据的可靠性、合法性尚有异议；其三，案件定罪事实与主要量刑事实得到了证实，但是影响量刑的某些情节还需调查。[①]

但是特殊情形下，法官也可主导询问。根据《法庭调查规程》第 19 条第 3 款、第 24 条，法庭依职权通知人证出庭的，审判人员应当主导对人证的询问。这里的“主导”相当于主询问。当法官对某事实或者证据心存疑问而通知人证出庭时，法官最清楚应当询问什么，以及怎样询问。此时由法官进行不限制范围与方式的主询问，最能查明案件事实、形成内心确信。而控辩双方可以在法官询问后，对该人证进行补充发问。正如美国法学家朗·富勒所说，律师不像一个珠宝商，慢慢地在光线之下转动钻石，使它的每一片小面都能全部显露；相反，他好比把展示稳定在一个角度，使它单独的一面特别惹人注目。[②] 由于特定的立场、利益，控辩双方难免在发问内容与方式上存有偏颇，此时法院主导询问是对该不足最好的弥补。

五、出庭作证程序

交叉式询问让庭审成为事实认定的主场，进而迸发出无限活力，以致威格摩尔说，交叉询问是迄今为止为发现案件真实而发明的最重要的法律装置。[③] 但是，实践中证人作证长期存在“三难问题”，即通知到庭难、说真话

---

① 龙宗智．证明责任制度的改革完善．环球法律评论，2007（3）：42.

② ［美］哈罗德·伯曼．美国法律讲话．陈若桓，译．北京：三联书店，1998：43.

③ John H. Wigmore, *A Treatise on the Anglo-American System of Evidence in Trials at Common Law*, 1367 (Boston: Little Brown, 1923).

难、到法庭接受质证更难。[①] 鉴定人、有专门知识的人也会因种种原因对出庭配合调查心有为难、顾虑重重。如此，将不可避免地造成庭审虚化，也会令被告人的质证权因无人可质而落空。强化人证出庭接受询问，是推进以审判为中心的刑事诉讼制度改革的应有之义与重要环节。

（一）应当出庭的裁断

敦促、保障人证出庭往往代价高昂，也常会拖延审判、影响效率，而许多刑事案件，尤其是被告人认罪认罚与速裁案件，控辩双方对基本事实或定罪量刑主要方面不存争议，因此，让所有人证出庭既不可能，亦无必要。[②]《刑事诉讼法》第192条明确规定了证人、鉴定人应当出庭的条件，为人证出庭设置了必要门槛。据此，当（1）公诉人、当事人或者辩护人、诉讼代理人对证人证言有异议，（2）证人证言对案件定罪量刑有重大影响，（3）人民法院认为证人有必要出庭此三条件同时满足时，证人必须出庭。当公诉人、当事人或者辩护人、诉讼代理人对鉴定意见有异议，且人民法院认为鉴定人有必要出庭时，鉴定人必须出庭。但是，对此司法实践存在一定质疑：既然当事人对证人证言已经存有异议，且该证言对定罪量刑确有重大影响，为何证人出庭还须经由“人民法院认为有必要”审核把关？换言之，当前两个条件具备，而人民法院认为不必要时，不必要的依据是什么、是否合宪合法。也许立法的本意在于赋予法官一定自由裁量权，以适应千差万别个案的审判需要，但是这可能在实践中异化，从而将法院推向风口浪尖。《法庭调查规程》遵循问题导向，在第13条规定控辩双方对证人证言、鉴定意见等有异议，申请人证出庭，人民法院经审查认为该言词证据对定罪量刑有重大影响的，应当通知人证出庭。由此，将证人证言、鉴定意见对定罪量刑有重大影响作为人民法院的审查结论，从而厘清了条件之间的相互关系，并明确了“人民法院认为有必要”的法定范围，使出庭条件与程序裁量更具有操作性。

何为对定罪量刑有重大影响？何种“异议”能够启动出庭程序？这两个

① 樊崇义．证人作证制度实现三个方面的进步．检察日报，2012-03-21.

② 即使在美国，人证出庭接受质证的案件也仅占全部刑事案件的5%左右。顾永忠．庭审实质化与交叉询问制度——以《人民法院办理刑事案件第一审普通程序法庭调查规程（试行）》为视角．法律适用，2018（1）：18.

问题涉及对应当出庭之关键人证之含义的界定。根据《刑事诉讼法》、2021年《刑事诉讼法解释》、《办理死刑案件证据规定》、《严排规定》等法律法规的规定，并结合实务经验，我们认为，证人证言存有以下情形时证人应当出庭：涉及构成要件事实，且对罪与非罪、此罪与彼罪的认定有重大影响；涉及违法阻却或者责任阻却事由，且对刑罚必要性评判有重大影响；涉及累犯、自首、坦白、立功等法定量刑情节，且对量刑档次、幅度确定有重大影响；与其他证据存在较大矛盾，且证人未能作出合理解释；出现多次反复，且证人未能作出合理解释；内容尚不明确具体，须进一步核实；被告人、上诉人及其辩护人有相关证据证明存在暴力取证，提出非法证据排除申请。并且，当证人具有以下情况时，证人应当出庭：辩方提供可能证明被告人无罪的证人，侦查机关、检察机关收到申请后未向其取证，开庭前辩方申请该证人出庭，并提供具体联系方式；证人不能出庭的正当事由消失。另外，具有下列情形之一的，鉴定人应当出庭：鉴定材料的收集、提取、保管或者鉴定程序、方法等可能违反法律及相关规定的；存在多份鉴定意见，且鉴定意见差异较大的；鉴定依据、论证过程与鉴定意见存在矛盾的；鉴定意见不明确的；控辩双方对鉴定意见争议较大的。

同时，作为对《刑事诉讼法》的补充，《法庭调查规程》第 13 条第 3 款明确规定了侦查人员出庭的条件，即控辩双方对侦破经过、证据来源、证据真实性或者证据收集合法性等有异议，申请侦查人员出庭，人民法院经审查认为有必要的。对于警察于履职期间目击犯罪发生或者当场抓获犯罪嫌疑人的，依据证人身份优先原则，其应以证人身份出庭，适用《刑事诉讼法》第 192 条第 2 款的规定。[①]《法庭调查规程》第 13 条所述侦查人员作证，应特指侦查人员就讯问、勘验、扣押、搜查等审前程序中收集证据的真实性、合法性以及程序性事实出庭作证，比如侦查人员对物证提取过程与处理技术进行解释、就痕迹固定接受询问，或者对被告人在侦查阶段的认罪悔罪情况与自首、立功、坦白情况作出说明，等等。

需进一步说明的是，人民法院对侦查人员出庭必要性的审核会考虑多重因素，可能依据申请理由、申请主体、申请时间灵活掌握。具体而言，控方

---

① 《刑事诉讼法》第 192 条第 2 款规定：人民警察就其执行职务时目击的犯罪情况作为证人出庭作证，适用前款规定。

要求侦查人员出庭相对容易，因二者之间不仅有诉讼利益关联，有时还存在一定的职权强制；并且，控方常于移送卷宗时列出人证名单，方便法院及时审查、通知。而辩方要求侦查人员出庭则相对困难，原因在于：其一，一些申请系当庭提出，可能打乱法庭节奏、拖延审理时间。其二，一些申请确属辩护策略，其中不乏对辩护意见不足的缓冲，或者对委托方在形式上的交代等。考虑到公安机关任务繁重、警力不足，且为保证集中审理、避免不必要的频繁出警，法院须结合案情、庭审情况慎重审核，并遵循比例原则，能够通过当庭播放讯问录像解决的，就不再通知侦查人员到庭。

（二）必须出庭的保证

根据《刑事诉讼法》第 193 条第 1 款、2021 年《刑事诉讼法解释》第 255 条、《法庭调查规程》第 15 条，除被告人的配偶、父母、子女外，经通知后证人无正当理由拒不出庭的，人民法院可以强制其出庭；强制出庭的，由院长签发强制出庭令，并由法警执行。法网渐密，一步步强化着强制出庭的操作性。可是，强制出庭在实践中却鲜有适用，主要是顾忌到一旦强制出庭，一方面，可能激起人证不满①，引发言语冲突，甚至肢体对抗，不仅在群众中造成不好影响，也不利于庭审的秩序维护与局面把控；另一方面，言词证据可变性大，若人证已表明不予配合，仍强行使之到庭，在客观上可能导致或者证人报复性作伪证，或者鉴定人、有专门知识的人拒不回答问题；等等。如此，不仅无法实现强制到庭的“初心”，反而使法院自陷被动。同时，关于如何强制，立法仅宣示性赋予人民法院强制特权，却未明确规定怎样付诸实施。在对力度、程度均把握不准且无从把握的情况下，许多法院、法官都不愿，也不敢尝试。因此，对于证人不愿出庭的，尽量采取教育、感化、劝说等方式。强制出庭是底线，也是雷池，但是也有例外。例如，一起故意伤害案的关键证人，因与被告人有千丝万缕的联系而不愿作证，经法官反复劝说，该证人同意到庭，但要求法院出具强制出庭通知书，表示唯有如

① 比如，李某是一起诈骗案的关键证人，法院通知其出庭作证，李某断然拒绝。当被告知将承担法律责任、法院可强制其出庭时，李某扬言即使被捕也不配合。最终，法院没有强制李某到庭。张莉．新刑事诉讼法实施过程中证人出庭作证存在的问题和对策．山东审判，2016（229）：56.

此才好给被告人一个“说法”[①]。

对于证人无正当理由拒绝出庭，或者出庭后拒绝作证的，根据《刑事诉讼法》第 193 条，可以予以训诫；情节严重的，经院长批准，可处以 10 日以下拘留。目前司法实践中，还有需进一步探讨之处：首先，拘留的执行衔接问题。司法拘留一般由司法警察交拘留所执行，但是，如果证人出现突发状况，比如吞噬异物、患有艾滋病等，拘留所不予接收，或者以人满为患等各种借口拒不接收的，应当如何处理？对于被拘留人是人大代表、政协委员等特殊群体，有时报批手续复杂、报批时间较长，进而影响处理效果的，应当如何处理？如果证人为不在本法院辖区的外地人口，需要异地拘留的，应当如何处理？在对上述情形存有疑问时，法院为防止事态恶化、保证集中审理，一般不会作出拘留决定、启动拘留程序。其次，证人被训诫、拘留后是否还须作证，法律没有明确。若对不履行出庭义务的证人仅一训一拘了事，也许于后续整体人证出庭会有警示与促进作用，但是，目前个案中的疑问如何澄清、庭审怎样进行，仍存在疑问。在训诫、拘留的程序制裁功效不确定，对证人能否因此改变先前态度存疑的情况下，不少法院可能会选择审查书面证言，不再要求证人出庭。可如此一来，对证人拘留的意义何在？因此，法院从诉讼效果出发，遵循比例原则也不会轻易训诫、拘留证人。

对于鉴定人拒不出庭作证的，《刑事诉讼法》第 192 条第 3 款规定鉴定意见不得作为定案的根据，由此排除了鉴定意见的证据资格，否定了其证据效力。但是除此之外，既无程序制裁，也无实体惩罚。这对鉴定人与鉴定机构，特别是市场化运作以外的非社会机构与人员，尚不能产生切肤之痛。[②]同时，鉴定意见毕竟是定罪量刑的重要依据，简单否定将导致法院工作被动，因此法院一般也不会因鉴定人不出庭就不采纳鉴定意见。而实践中必须出庭的鉴定人到庭作证，主要依靠好言相劝、单位关系、个人感情等。没有对必须出庭者的有力约束与拒不出庭者的强力制裁，已成为鉴定人出庭率低

① 郭彦，魏军．规范化与精细化：刑事庭审改革的制度解析——以 C 市法院“三项规程”试点实践为基础．法律适用，2018（1）：31.

② “鉴定意见不得作为定案的根据”对某鉴定机构并无约束力，因为它们往往是区域内唯一从事该种鉴定的机构（比如价格鉴定机关），而且为数不少的鉴定人是参公管理人员，从财政拿工资、吃公家饭，法院是否采纳鉴定意见，对他们的影响相对较小。

的重要原因。

为此，应当明确人民法院可以向鉴定人主管部门提出司法建议，要求主管部门调查处理并及时反馈，进而使不出庭鉴定人面临禁业性惩罚。

（三）能够出庭的保障

实践中，一些人证不敢出庭。有些鉴定人，尤其是社会机构的鉴定人，面对伤情成因鉴定等易形成信访焦点的鉴定意见，或者对于重大、敏感案件、有黑社会背景的案件等，在现有法律不甚完备、现有司法力量有限的情况下，因为惧怕打击报复，而不敢出庭，往往选择只在幕后出具鉴定意见或者提供意见，而不肯走到前台接受询问。还有一些鉴定人、有专门知识的人，主要是社会鉴定机构的鉴定人，可能顾及同行感受、注意维系自身在圈子中的良好人脉、口碑，而选择不出庭。比如一起非法吸收公众存款案中，其鉴定意见由三个会计师事务所出具，结论相互矛盾。法院要求鉴定机构出庭，但是三家机构均予拒绝，除出庭费用解决不了这个原因外，更大的原因是怕影响彼此之间的感情。

而证人因安全考虑不出庭的问题更加突出，说实话有时代价高昂。[①] 一些法官反映通知证人出庭很难。

表 7-1　　T 市 N 区法院 2015—2016 年度刑事庭审证人不出庭情况

不出庭原因	与己无关	害怕报复	作证无用	系被告人亲属	其他
所占比例	27.1%	58.6%	10.1%	2.9%	1.4%

切实保护到庭人证及其近亲属的人身、财产与隐私等重要个人信息安全，至关重要。《刑事诉讼法》第 64 条、第 199 条，2021 年《刑事诉讼法解释》第 256 条、第 257 条，《人民法院法庭规则》第 19 条、第 20 条，以及《法庭调查规程》第 16 条等法律法规，既提供了全面保护，又对一般性案件与特殊案件中出庭人证予以分类保护。从不公开真实姓名与工作单位、在文书中使用化名的法律技术保护，到不暴露外貌、真实声音的信息化技术保护；从为出庭提供席位、通道的硬件保护，到对人身、住宅等进行的专门性

① 比如，证人肖敬明曾与妻子一起作证，但肖家从此走上躲避报复之路。夫妻背井离乡，女儿被迫辍学，儿子不得相见，妹妹也受到牵连。逃亡人肖敬明：谁能给我一个安定的家．中国青年报，2008-09-03 (6). 又如，证人“小乐”在南京市高淳区某 KTV 聚众斗殴案中作证，不久就被打得血肉模糊。宁首例打击报复证人案小伙作证事后遭数人殴打．南京晨报，2015-09-26 (8).

保护；从作出禁止特定人员接触的禁令，到商请公安机关采取联动保护；从警告、制止到罚款、拘留，基本上采取了对人证的全面保护措施。

需要说明的是，《刑事诉讼法》第 64 条专门保护的对象仅限于证人、鉴定人，并未涵括有专门知识的人。虽然目前司法资源相对有限，增加公、检、法的保护责任与负担可能分散现有力量，进而影响整体工作的社会效果，但是我们仍然认为，应当对有专门知识的人予以专门保护，主要原因是，有专门知识的人在诉讼地位、诉讼角色、诉讼作用方面与鉴定人相近，在一些重大、复杂、疑难案件中甚至不可或缺。在我国目前人证出庭率相对较低的情况下，为鼓励、支持有专门知识的人出庭，应当对其与鉴定人一体保护。

同时，一些人证可能因出庭补偿不能落实而不愿出庭。《法庭调查规程》出台前，法律对鉴定人出庭费用问题尚无明确规定。实践中，对鉴定人因出庭作证而支出的相关费用，是否应当获得补偿、由谁进行补偿，一直存在争议。不少鉴定人将收取出庭费，看作是对自己工作与人格的尊重，认为应当在鉴定费外另行得到保障。但是如何支付，一直困扰着刑事法官[①]，并已成为阻滞鉴定人出庭的重要原因。比如一起盗窃信鸽案中，对于信鸽的价值，当时公安机关鉴定机构鉴定为 6 000 元，而被害人自行委托的社会鉴定机构鉴定为 10 万元，二者相差悬殊。法院通知后者鉴定人出庭，但是该社会机构鉴定人因费用问题拒绝到庭。而鉴定意见作为科学证据是事实认定的重要参考，即使鉴定人拒不出庭，法院也不能轻易否定鉴定意见，否则很可能造成后续工作的被动。

为此，《法庭调查规程》第 17 条明文规定，鉴定人、有专门知识的人出庭作证所支出的合理费用，由人民法院发放，从而将两类人员因出庭发生的交通费、住宿费、伙食费等[②]纳入补助范畴，由国家专项经费保障。正如日本学者上野正吉所说，鉴定人提出大前提，证人提出小前提；证人是证据方

---

① 一些法院曾比照翻译人员出庭标准，分别给予鉴定人每人每次 300 元或者 100 元出庭费。但是毕竟于法无据，有些在财务上无法走账报销。甚至有法官自费支付鉴定人出庭费用。

② 误工费不在合理费用之内，主要是因为鉴定人、有专门知识的人出庭作证或者解释说明相关问题、接受控辩双方询问，是其出具鉴定意见与专业意见的合理延伸，是其法定义务与工作的重要延伸，因此不存在误工问题。

法，鉴定人是法官的辅助者。[①] 鉴定人与证人皆服务于保护社会、保障人权的诉讼目标，二者地位平等、角色相似，理应一视同仁。《法庭调查规程》将鉴定人、有专门知识的人视为国家的证人，予以一体保障，迈出了庭审脱虚向实的重要一步。

但是，个案情节千差万别，考虑到案件性质（如涉黑涉恐，出庭人证的住宿出行都须特殊安排）、开庭时间（如近期开庭，在时间较紧时选择飞机出行）、路途远近（如异地开庭，提前一天到达）、特殊需要（如设备贵重或者资料涉密，对住宿、交通有特殊要求）等实际情况，出庭补助标准"一刀切"会抑制人证出庭的积极性，反而背离鼓励出庭的制度初衷。因此，在解决鉴定人、有专门知识的人出庭的费用问题时，可以既规定具体数额参照所在地区党政机关工作人员出差补助标准，以避免司法擅断，又明确可以根据两类人员的职务、职称、工作量等合理确定，以实现自由裁量。如此，在为这两类人员提供资金保障方面，达到立法与司法的动态平衡。

最后，鉴于未成年证人与病患证人的实际情况，在出庭补助方面应适当考虑法定代理人与一至两名照顾人员的合理支出。

（四）发问异议与证言当庭审查

根据 2021 年《刑事诉讼法解释》第 261 条、第 262 条，以及《法庭调查规程》第 20 条、第 21 条、第 27 条第 1 款，控辩双方对人证发问存在方式不当、内容与案件无关或者违反相关规则等问题的，对方可以当庭提出异议。发问异议权是当事人间平等对抗的重要诉讼武器，也是轮替询问得以始终围绕争议焦点顺利展开的有力保障。当然，异议是否成立并最终有效，应当由审判长决定，其中体现着法官的庭审引导与程序裁决权。与英美法国家一问一答的人证询问方式不同，我国在言词证据导出上采"叙述＋问答"的混合方式。由此既能保证人证的陈述完整连贯，以从中发现事实真相，也可避免证言等过于冗长琐碎，以节省庭审时间、防止误导审判。但是，由于发问异议针对的是发问，通常在对方发问之后、人证回答之前提出，因此对于"叙述"式证言导出中带出或者提及的不当言论难以做到及时驳斥[②]与有效

---

① 何家弘，刘品新．证据法学．北京：法律出版社，2004：180.

② 能够及时对对方不当发问予以回击，这正是英美法问答式证言导出的优势。正如乔恩·P. 华尔兹所说，这种方法（一问一答）允许对方律师在预见到某问题会使陪审团听到不得采用的证据时及时提出反对，以免证人作出有危害的回答。［美］乔恩·R. 华尔兹．刑事证据大全．何家弘，等译．北京：中国人民公安大学出版社，1993：35.

回击。同时，对于提出异议的方式，立法没有明确。从实践中的情况看，口头提出（比如直接说“我方反对”，先引起法庭注意，再详细阐述异议原因）虽然可以及时阻止进行中的发问，从而有效制止人证回答，有时还可避免人证处于尴尬境地，但却有未经审判长同意而先声夺人，因此不够严肃与规范之嫌。而以举手或者书面递交方式申请提出，待审判长准许后再行发言，虽可维持良好法庭秩序，却可能因审判长没有看到、没能领会，或者不予理睬，而错失提出异议的最佳时机。因此，有学者建议可口头形式提示审判长本方需要发问（比如直接称呼“审判长”），待审判长询问事由时再具体陈述异议内容。[①]

此外，还需进一步探讨的是对异议权的规制。如果说发问异议是“以权制权”地对对方发问予以限制，那么应如何规范异议本身？在一些案件的庭审过程中，辩护人频频提出异议，甚至出现无论控方问什么、怎样问，辩方都会反对的情况。对此，因法律尚未明文规定异议次数、间隔时间，以及具体理由等，一般情况下审判长仅可对异议表示支持或者予以驳回，而不能禁止。但是，当控辩双方中的一方超出合理限度，将异议权异化为阻挠对方询问之手段，并严重影响法庭秩序与庭审效率时，审判长可以行使庭审秩序维护权，以扰乱庭审秩序为由制止不当行为。另外，当控辩双方对审判长支持或者驳回异议的裁定不服时，应当如何救济？目前《刑事诉讼法》、2021年《刑事诉讼法解释》、《法庭调查规程》中均未涉及。在当前我国法院案多人少、审判资源有限的司法生态下，美国式的上诉方式[②]并不可取。但是由审判长一锤定音也略显武断。不过总体而言，我国与大陆法系国家的在法官主导下进行的大学研讨式法庭调查，在维持诉讼效率、查明事实真相方面，远比英美法系国家的过于强调权利、放任自由的奥瑞冈辩论赛式庭审更胜一筹。

另需说明的是，人证当庭证言与庭前不一致时的采信问题。人证庭前陈述并非绝对不可采纳，在全面贯彻直接言词原则的英美法系国家同样如此。根据美国的证据规则，人证庭前不一致陈述满足下列条件时，将被视为非传

---

① 郭彦，魏军．规范化与精细化：刑事庭审改革的制度解析——以C市法院“三项规程”试点实践为基础．法律适用，2018（1）：32.

② 在美国，提出异议一方对于法官的处理不满可以提起上诉以获得救济。刘国庆．论美国刑事证据法中的异议制度及启示．中国刑事法杂志，2013（1）.

闻证据，并可作为独立证据：其一，陈述者要在审判或者听证会上作证，并就该陈述受到盘问；其二，该不一致陈述是在审判、听证会或者其他程序中经如作伪证则受处罚的宣誓后作出。我国学者也认为庭前证据可以具备证据资格，因为在证人出庭的情况下，其可以对自己的庭前陈述表态，接受质证，控辩双方可以对其交叉询问，可以直接观察其言语表情。[①] 根据《法庭调查规程》第 25 条、第 51 条，《办理死刑案件证据规定》第 15 条第 2 项，当人证当庭证言与庭前证言不一致时，法官应让人证对翻证之处作出解说，并详细询问其中细节，以了解、甄别翻证原因，尔后结合其他证据评判当庭陈述的可信性。若人证的解释违背生活常情常理，不具有逻辑合理性，又不能得到其他在案证据佐证，则其客观性严重存疑，因此不能被采信。而庭前证言在一定情况下反而更具真实性，比如证人证言：因证人庭前证言往往在侦查阶段作出，此时一则距离案发较近，证人记忆更为深刻、准确；二则取证及时，证人常猝不及防，没有时间准备应对，且未受控辩各方威胁、利诱[②]，证言受污染少、更加“原汁原味”。同时，较之庭审众目睽睽的情形，证人在相对封闭的条件下，更可能吐露心声。[③] 因此证人到庭后改变证言的，法官不可偏听偏信其当庭陈述，而应围绕矛盾之处重点审查焦点问题，必要时还可结合侦查阶段询问录像，具体分析庭前证言作出环境等，排除心中疑问，增强内心确信。

六、举证、质证程序

在调查伊始的陈述与讯问发问结束之后，举证便拉开大幕，公诉人、当事人、辩护人、诉讼代理人向法庭展示、说明证据材料，并论证其证据能力与证明力。公诉人以此证实指控事实，履行严格证明义务；辩护人以此完成积极辩护，支持被告人不在现场、没有作案时间或无刑事责任能力、未达刑事责任年龄等诉讼主张，有效维护被告人的权益。而质证作为联结举证、认

---

① 陈光中．刑事诉讼法实施问题研究．北京：中国法制出版社，2000：219.

② 比如，一起故意杀人案，某证人出庭后否定庭前证言，一审法院采信其当庭陈述。后该案被二审法院以事实不清、证据不足为由发回重审，该证人承认当时受到被告人家属威胁，在一审法院开庭时说了假话。

③ 证人通常都是第一次参加庭审，面对法官、公诉人，还有被告人，常常容易紧张、羞怯，因为害怕报复，也受丑事不可外扬等传统观念影响，有时不敢说真话。

证的纽带，是人民法院认定案件事实的前提。所有证据材料都须经由控辩双方辨认、质疑、说明、解释；对每个证据都应给予对方辩论、驳斥的机会。通过质证，让争点、焦点暴露在法庭，法官的当庭裁决只能依据经当庭质证查实的证据。[①] 以下将围绕举证、质证两大诉讼节点，具体论述。

（一）举证程序

举证既践行证据裁判理念，又贯彻程序理性精神，是法庭调查的关键环节，在刑事诉讼中占据重要地位。没有举证就没有对案件事实的正确认知与判断。根据法律规定，结合司法实务，举证主要涉及下列主题。

1. 举证范围

根据《法庭调查规程》第 30 条的规定，控辩双方随案移送或者庭前提交，但没有当庭出示的关键证据，审判长应当提示出示；控辩双方未提及的重要事实与存疑证据，法庭应当依法调查。由此，不同于英美法系国家奉行的程序上当事人推进、实体上当事人处分的完全当事人主义诉讼模式，我国在举证范围确定上更类似于大陆法系[②]，实行法官主导下的法庭调查。但是，自 1996 年《刑事诉讼法》引入控辩对抗以来，法官的程序决定权逐渐缩限至澄清疑问、对有利于被告人的事实补充调查、异议裁决，以及对公诉参与人诉讼行为的许可与禁止等几个方面，控辩双方成为庭审舞台的主角。这主要体现在：第一，被告人认罪与否，直接影响庭审证据调查范围的大小。根据《法庭调查规程》第 11 条第 1、2 款，被告人不认罪或者认罪后又反悔的，法庭应当对与定罪量刑有关的事实、证据进行全面调查；被告人当庭认罪的，可以重点围绕量刑事实和其他有争议的问题进行调查。第二，注重庭前会议与庭审有效衔接，当庭确认庭前会议中形成的共识，对尚未达成一致的部分归纳焦点、重点审理。根据《法庭调查规程》第 6 条，第 31 条第 1、2 款，法庭应当当庭宣读庭前会议报告的主要内容，对控辩方确无异议的事实与证据当庭确认；对存有争议的重点调查，对影响定罪量刑的关键

---

① 张少林．刑事证据的运用．北京：中国方正出版社，2003：267－273.

② 在德国，所有的证据都是法院的证据，法官积极审查判断证据，为形成心证、查明事实真相可以不顾控辩双方的协议，或者超越他们提交证据的范围进行调查，从而将证据调查延伸到所有的与裁判有意义的事实、证据。《德国刑事诉讼法典》第 244 条第 2 款、第 245 条第 1 款。在意大利，为全面了解情况，法官可以向当事人提示扩充证据调查范围或者补充新证据。孙维萍，［意］露卡·露巴利亚．意大利刑事诉讼法的主要特色与最新修订．政治与法律，2003（5）：142.

证据单独举证。而对均无异议的非关键性证据，可就名称、证明事项作出说明。需要明确的是：首先，庭前会议的重要作用在于保证庭审集中进行，而非取代庭审，因此，为防止庭前会议泛庭审化，举证应当当庭进行，庭前会议期间仅可展示证据的名称、种类，不应宣读主要内容。其次，庭前会议证据开示时应对关键证人的隐私信息进行重点保护，避免控辩双方单独接触证人。①

2. 举证顺序

根据 2021 年《刑事诉讼法解释》第 246 条、《法庭调查规程》第 29 条第 1 款，举证的主体顺序为：公诉人先行举证；被害人及其法定代理人、诉讼代理人，附带民事诉讼原告人及其诉讼代理人可补充证据；控诉一方举证完毕后，被告人及其辩护人再行举证。而举证的对象顺序，是由“证”至“供”还是由“供”至“证”，是先物证后言词证据，还是先申请人证出庭，再出示书面证据，最后出示物证，目前法律没有明确规定，实务中的通常做法是：根据被告人认罪情况灵活安排举证顺序。如果被告人供认不讳，或者仅对量刑事实有异议，控方举证一般会围绕被告人供述展开。如果被告人拒不认罪，控方一般会先询问人证、出示物证书证、宣读书面证据，最后宣读被告人有罪供述，步步为营地证实犯罪。但是，在一些被告人拒不认罪或者辩护人作无罪辩护的案件中，公诉人为达到气势上的震慑，往往宣读被告人庭前有罪供述，一方面向被告人表明指控犯罪的证据充分，以打消其狡辩幻想；另一方面就此显示被告人的认罪态度不好，以达到强化法官内心确信的目的。这类似于英美法系国家的证人弹劾。

3. 举证内容

一个完整的举证行为应当涵括对证据进行说明、展示与论证。首先，说明。根据 2021 年《刑事诉讼法解释》第 247 条，控辩双方申请证人出庭、出示证据，应当说明证据的名称、来源和拟证明的事实。因此，举证主体应当就所提供证据的形成过程、名称、种类，以及与案件的关联性等问题进行必要说明，以此初步证明证据的证据能力。其次，展示，即通过发问、宣

① 实践中曾经多次出现控方或者辩方在庭审前与证人“核实证言”的情况，导致证人拒不出庭或者出庭后改变证言，严重影响庭审正常进行的情况。郭彦，魏军．规范化与精细化：刑事庭审改革的制度解析——以 C 市法院“三项规程”试点实践为基础．法律适用，2018 (1)：28.

读、播放、提交原件或者复印件等方式，向法庭显示证据内容（下文详细说明）。最后，论证，即对证据进行概括、总结，由表及里地揭示证据与案件事实、所持主张的内在联系，以证明单个证据符合证据“三性”并有证明力，或者多个证据之间能够相互印证、真实可靠。

举证一般分为以下几种：第一，陈述。根据《刑事诉讼法》第191条第1款、《法庭调查规程》第7条第1款，公诉人宣读起诉书后，被告人、被害人可以就指控内容进行陈述，审判长应当认真听取，以核实被告人是否认罪、认罪是否自愿等重要情况。其中，被告人的陈述可能是有罪供述，也可能为无罪辩解，或者二者兼而有之。被害人的陈述可能是补充指控，也可能是表达独立请求。[①] 第二，发问。根据《刑事诉讼法》第191条第2款、2021年《刑事诉讼法解释》第242条，经审判长准许，被害人、附带民事诉讼原告人和辩护人、诉讼代理人，可以向被告人发问；控辩双方可以向被害人、附带民事诉讼原告人发问。根据《法庭调查规程》第8条第2款，经审判长许可，被告人之间可以相互发问。由此，通过发问引出有利事实，从而为己方诉讼主张从正面提供证据支持。第三，轮替询问。根据2021年《刑事诉讼法解释》第259条，《法庭调查规程》第19条、第27条第1款，控辩双方可以依次对出庭的人证进行询问；经审判长准许，被告人也可以向人证发问。通过正、反两方面询问，将有罪、罪重、无罪、罪轻的事实均展示于法庭，使法官兼听则明，也为法庭辩论做好铺垫。同时，根据《法庭调查规程》第29条第3款，如果辩方认为控方证据对自己有利，也可以当庭认可、直接援引，而不再进行“反询问”。第四，宣读书面证言、意见等。根据《刑事诉讼法》第195条、《法庭调查规程》第35条第1款，未到庭的证人证言笔录、鉴定人鉴定意见、勘验笔录，应当当庭宣读。第五，展示视频信息。根据2021年《刑事诉讼法解释》第253条，《法庭调查规程》第14条第1、2款，证人在庭审期间因身患严重疾病等客观原因确实无法出庭的，可以视频作证，控辩双方发问参照证人出庭作证的程序进行。第六，播放录音录像等视听资料。根据《法庭调查规程》第34条第1款，控辩双方可以当庭播放作证录音录像，也可以借助多媒体设备播放、演示证据内容。第七，出示实物

① 比如，在一起交通事故致人死亡案件中，检察院以交通肇事罪起诉，但是被害人家属坚持认为应当构成故意杀人罪，并提起附带民事诉讼。

证据。根据《刑事诉讼法》第195条、《法庭调查规程》第33条第1款，控辩双方应当向法庭出示物证；取得原物、原件确有困难的，可以出示照片、录像、副本、复制件等，并说明理由。与英美法系国家的做法不同[①]，在我国出示物证与询问人证分别进行，因此出示物证在我国是一种独立的证据出示方式。

4. 举证方式

根据案件性质与证据情况，举证一般可以分为以下几种方式。第一，依据案发过程举证。事物均有一个发生、发展过程，犯罪也不例外，因此，按照动机形成、主观故意产生，以及犯罪预备、着手实行、终结等行为演进脉络顺时举证，通常能够清晰展现案件全貌，并明确显示多名犯罪人的角色、地位，从而做到条理分明、一目了然。第二，根据案件情节举证。这主要适用于案件情节复杂、犯罪事实较多、证据质量不好以及被告人不认罪的案件。一般遵循先易后难原则分组出示证据，以求不断深化法官对本方主张的印象，并渐进增强法官的内心确信。这又可细分成几种具体方式：（1）当证据情况参差不齐时，先出示证明力强的证据，后出示证明力较弱的证据；（2）当控辩双方有争议时，先出示双方均认可的证据，后出示并重点论证有争议的证据；（3）当被告人不认罪时，先出示对定罪有决定性意义的重磅物证、口头证据、书面证据，最后出示被告人有罪供述，即由"证"到"供"；（4）当被告人仅承认部分指控事实时，先出示能够证实被告人供认部分的证据，再出示证实被告人不认罪部分的证据；（5）当部分被告人不认罪时，先出示能够证实认罪被告人供述部分的证据，后出示证实不认罪被告人拒不供述部分的证据。第三，集中举证。若控辩双方争议问题突出，可将能够证实该争议中本方主张的证据列组后集中出示，以便于重点论证。第四，选择举证。若在案的数个证据均能证实某一方面的事实，可从中选择证明力、关联性最强，且内容最完整的一至两个证据优先出示。第五，综合举证。若某一或一组证据能够证实多起犯罪事实，为避免重复表述，可将其作为共同证据一次性综合出示。第六，多媒体举证。随着智慧法庭建设，多媒体举证逐渐展现出独特优势。比如，以前物证、书证常以二维图像形式静态呈现，如今通过多媒体技术，可将之置于实物展示台，使其在三维空间动态展现，还能

① 英美法系国家建立了严格的人证中心主义证据体系，几乎所有证据都以言词方式提出。因此，收集物证的警察或者出具鉴定意见的鉴定人都会被传唤出庭接受询问。

通过放大功能审查裸眼难以察觉的细微之处。由此，使诉讼主体身临其境，弥补了庭审中原物不可搬移、原件不能出具的缺憾。但是，需要注意的是，一些多媒体技术涉及制作图表、动画等，必须重新整合、编辑，不可避免地改变了物证的原貌并加进了人为因素，从而将原始证据转化为传来证据，降低了证据证明力。因此对经多媒体举证的证据，质证环节应当围绕证据“三性”重点审核，必要时还须进行庭外调查。

（二）质证程序

质证权的内容包含“对质权”与“交叉询问权”两种不同的权利。[①] 在美国，被告人的质证权不仅是一种程序权利，更是经由宪法保证的基本人权，侵犯被告人的质证权可以成为上诉法院绝对地推翻原判决的理由。根据《法庭调查规程》第8条第2、3款，第19条第3款，第27条第1款，经审判长准许，被告人之间可以互相发问；被告人可以与人证对质；被告人可以向人证发问。立法已经有保留地赋予被告人质证权。自此，我国的被告人享有与被害人、提供对自己不利证言的证人面对面的对质权，并可以向他们发问、为自己辩解。但是在我国，被告人尚不能独立行使此项权利，必须事先得到审判长准许。因为对质是一种激烈的主张角逐与观点碰撞，而被告人没有经过专业训练，为了避免质证异化成谩骂和对抗，同时也为了照顾出庭人证的情绪[②]，法官要根据案件性质、证据情况等多重因素，从维护庭审秩序的角度慎重决定。这样可以把争论限于被认为是合法的专业程序的形式与术语的范围内，而人身攻击与身体暴力则被当作非专业的争论形式加以排除。[③] 虽然与域外完全的被告人质证权还有距离，毕竟立法已经先行迈出了坚定的一步。

同时，对被告人质证权的保障，针对目前存在的问题，立法在破冰前行中不断进步。一方面，证人、鉴定人、被害人出庭率比较低，致使被告人、辩护人无法面对面地向想要询问的人证发问，质证成为纸上谈兵。对此，

---

① 樊崇义，王国忠．刑事被告质证权简要探析．河南省政法管理干部学院学报，2006（5）：49.

② 比如侦查人员出庭的案件，一些侦查人员就表示不愿接受被告人发问，因为有一种角色对调的感觉。一些证人也不原意与被告人对质，感到像是吵架，很没有面子。

③ ［美］戴维·斯沃茨．文化与权力——布尔迪厄的社会学．陶东风，译．上海：上海译文出版社，2005：145.

《法庭调查规程》进一步密织法网，明确规定鉴定人出庭补助，并强化对人证的人身、财产与隐私的保护，形成“通知到庭是基础、协助到庭是保证、强制到庭是底线”的梯次出庭保障机制，将制度的螺栓越拧越紧。同时，《法庭调查规程》第13条补充规定了控辩双方申请被害人出庭的程序，为被告人及其辩护人向被害人行使质证权开辟了法治渠道。另一方面，控方举证书面化，致使辩方难以有效质证，质证可能被束之高阁。司法实践中，侦查人员通常对同一人证多次取证，并制作了多份询问、讯问、辨认、搜查笔录，其内容不尽相同。但是，这些重要信息难以全部进入法庭质证范围，而是在庭审调查中被有选择地呈现，比如，选取最有利于指控的笔录进行选择性宣读，而对其他笔录拒绝出示；又如，对于同一份询问或者讯问笔录进行摘要式宣读，对其他可能涉及无罪、罪轻的部分予以忽略；再如，对于若干内容相近的证言，进行概括式介绍。[①] 对此，《法庭调查规程》第30条明文规定：控辩双方随案移送或者庭前提交，但没有当庭出示的证据，审判长可以进行必要提示；对于其中可能影响定罪量刑的关键证据，审判长应当提示控辩双方出示。合议庭对于可能影响定罪量刑的事实、证据存在疑问，控辩双方没有提及的，审判长应当引导控辩双方发表质证意见，并依法调查核实。并且，《法庭调查规程》第3条明确规定，承办法官应当在开庭前阅卷。由此充分保障法官行使好庭审引导权，以确保被告人、辩护人质证权落到实处。

在对鉴定人、有专门知识的人质证权的规定上，2021年《刑事诉讼法解释》与《法庭调查规程》存有矛盾。根据解释第265条，鉴定人、有专门知识的人不得旁听对本案的审理，其作证或发表意见后，审判长应当告知其退庭。而根据《法庭调查规程》第27条第2款，作出同一份鉴定意见的多名鉴定人以及对该鉴定意见进行质证的多名有专门知识的人可以同时出庭，不受分别发问规则的限制。从实践中的需求看，《法庭调查规程》的规定更为可取，因为：首先，刑事案件中的许多鉴定具有相当的复杂性，比如精神病鉴定，往往需要心脑、心理等多学科专家会诊、相互配合综合判断，因此多名专业人员同时出庭，可以分别补充、相互争论，从而使法官在较短时间

① 陈瑞华．刑事诉讼的中国模式．北京：法律出版社，2008：122.

内全面掌握情况。如此不仅有效率，而且更公正。其次，鉴定人与有专门知识的人均为具备专门知识、得到行业认可的专家、学者，有着独立的专业见解与强烈的职业尊荣感，其综合素质远高于普通证人，通常不会因多人同时出庭而互相影响、干扰。最后，作为鉴定意见或者专业意见基础的检验结果，是经专业设备检测、依法定程序操作，并进行科学化验、分析后得出的，具备较强客观性，被人为臆断的可能性较小，一般不受多人同时出庭的影响。

第八章　刑事庭审的庭外保障

尽管法庭审理是刑事庭审环节的重中之重，但庭审前的准备程序和庭审后的后续程序同样不容忽视。对此，理论界一直担忧：在庭审前的准备程序中，法官庭前阅卷将可能使其在庭前产生对被告人不利的预断，进而对控辩平等、审理结果产生不利影响；法官在庭前会议上也可能对被告人的定罪量刑形成预判，使庭审沦为走过场；而庭审后将一些案件提交审判委员会讨论的制度，又造成“审者不判，判者不审”，司法行政化色彩浓重。因此，为实现庭审实质化，必须直面并解决庭前和庭后的上述问题。本章将就以上几方面内容展开论述。

一、庭前阅卷与预断防范

如本书前文有关章节所述，我国公诉案件移送制度设置的初衷，是限制法官庭前接触案卷材料的范围，即限制法官庭前阅卷。四十多年来，我国刑事公诉案件历经 1979 年的全卷移送制度、1996 年改革后的复印件移送制度以及 2012 年恢复至今的全卷移送制度。其演变过程说明我国的司法文化和诉讼环境需要法官的庭前阅卷。虽然其有一定程度的缺陷，但是，通过对庭前阅卷及相关配套制度进行规制即可将其负面效应降至最低。

（一）庭前阅卷不必然导致法官预断

有学者认为，法官庭前阅卷可能产生并被人们普遍排斥的预断不是指预先产生的判断，其实它指的是偏见，而偏见，在心理学上是指人主观上的主观判断和固有情感，是圈内群体对圈外群体的负性情感。[①] 还有学者认为，

---

① 胡莲芳．卷宗移送主义：对理想的妥协还是对现实的尊重——2012 年刑事诉讼法确立卷宗移送的正当性．西北大学学报（哲学社会科学版），2013（3）.

预断，一般包括两层含义：第一，体现一种态度，不需要提前获得信息就固有的态度，此时等同于心理学上的“偏见”；第二，体现为一种行为，即预先判断，是指对提前所获得的信息进行的预先判断。[①] 具体到刑事审判中，法官的庭前预断，不管将其理解为“偏见”还是“预先判断”，它都意味着“未经人民法院开庭审理，法官已形成心证，特别是容易形成被告人有罪的心证，从而使法官在开庭前丧失本应具有的中立性，使以举证、质证、认证为主要内容的法庭审理变得虚化，导致不利于被告人的裁判结果在法庭审理之前已然产生，让法律赋予被告人的诉讼权利变得没有意义”[②]。综合以上信息，我们认为，所谓法官庭前阅卷产生的预断，应当是指法官在开庭审理前基于公诉机关移送的案卷材料而产生的对案件的某种偏见或片面认识、情感和判断，尤其指对被告人不利的认识或判断。

那么，法官在庭前阅卷是否一定会产生对被告人先入为主的不利的预断呢？只能说法官庭前阅卷会在庭前产生一定的认识，但这种认识并不必然影响裁判结果，不能称之为预断。首先，预知不等于预断。人认识事物是存在先后顺序的，阅卷只是意味着法官先了解公诉机关指控被告人的犯罪事实及收集到的证据材料，庭审中，随着法庭调查中控辩双方举证、质证和法庭辩论阶段控辩双方的交锋，法官又会了解到辩护方提供的案件事实情况，最后在相关证据规则、证明规则的约束和指导下对全案作出最终判断。可见，在庭审前法官阅卷只是先听取了控方的一面之词，对案件事实产生了一定的预知，这些内容会随着庭审信息的不断丰富而得到修正，远未达到根据控方材料作出判断，尤其是对被告人不利的决断的程度。如果通过诉讼程序的设置，切断“预知”和“决断”的同期性，确保法官在认定案件时能够通过诉讼程序的保障在信息充分的情况下对案件进行认定，单纯阅卷将不会在逻辑上对案件带来“决断”性的影响。其次，庭前阅卷未必比庭前不阅卷更能产生对被告人不利的判断。毫无疑问，刑事审判离不开审理法官对案件事实的内心认识。如果检察机关在提起公诉时移送全部案件材料和证据，审理法官会对整个案卷材料进行审查，全面了解移送材料中证实被告人有罪、罪重的

---

① 申文宽．案卷移送、庭前预断与公正审判的关系．广西政法管理干部学院学报，2012（6）．

② 石凌云．庭审实质化改革背景下法官庭前阅卷制度反思．西南石油大学学报（社会科学版），2016（6）．

证据，以及证实被告人无罪、罪轻的证据，并基于这些证据材料对案情产生一定的认识，诸如各证据的合法性上的疑问、证明力的大小，控辩双方争议的焦点为何，等等。相反，如果检察机关提起公诉时仅提供起诉书或者起诉书及其所附的证据目录、证人名单、主要证据复印件或者照片，则审理法官对案件事实的判断只能建立在公诉机关基于自己的选择之后提供的相关材料，而公诉机关提供的往往是证实被告人有罪或罪重的证据材料，在这种情况下，更可能使法官产生对被告人不利的预断。最后，从庭前阅卷与有罪判决的关系来看，庭前阅卷并无必然带来高有罪判决率。我国法律界一般认为，相较于大陆法系国家实行的“全案卷宗移送主义”，英美法系国家及日本等国家实行的“起诉状一本主义”公诉方式能够彻底阻断庭前审查与预断之间的联系。事实上，影响有罪判决率高低的因素十分复杂，卷宗移送方式与庭前预断并无必然的关系，“全案移送主义”并不等于庭前预断，“起诉状一本主义”也不意味着一定会排除庭前预断。以德国为例：其各邦虽均采用全案移送制度，但有罪判决率多半维持在 90% 以下，无罪率为 2.7%。反观日本：自 1949 年新刑事诉讼法采用“起诉状一本主义”以来，其有罪判决率，除个别年份外，每年都在 99% 以上，接近 100%，且与新刑事诉讼法实施之前的年份相比更高。①

（二）在我国法官庭前阅卷的必要性

1. 庭前阅卷是我国诉讼构造的需要

众所周知，我国的刑事诉讼构造具有一种类似于“流水线性”的特征，案卷材料是侦查、审查起诉和审判等各诉讼阶段之间的连接纽带和桥梁。侦查程序是案卷的形成阶段；侦查结束后，随着案卷材料和起诉意见书的移送，检察机关的审查起诉工作即开始；审查完成后，公诉机关决定提起公诉的，案卷材料和起诉书一并移送至法院，审判工作即开始，法官开始阅卷。每个阶段的案卷材料都有固有的格式，记录着各个诉讼阶段不同主体获得的重要信息，内容增减之后作为后续程序的敲门砖。也就是说，由于我国的诉讼构造设计，法官在庭前需要通过阅卷来开启下一个程序。对于移送的案件是否满足开庭审理的条件，需要法官在庭前通过阅卷来完成，不阅卷则可能

① 蔡杰，刘晶．刑事卷宗移送的轮回性改革的反思．法学评论，2014（1）．

导致对公诉活动监督的丧失。庭前阅卷为庭审的准备程序，法官在庭前阅卷过程中，不仅要对案卷内容进行通读，还要对程序性事项进行审查，以便于后续工作的展开。在以审判为中心的刑事诉讼改革背景下，庭审实质化作为技术性的改革方案，是人民法院落实审判中心主义，确保侦查、审查起诉的案件事实证据经得起法律的检验这一改革目标的技术性切入点。庭审实质化要求控、审方在履行职权时围绕事实认定、法律适用的标准展开，侦查、起诉的案件事实证据经得起法律的检验，而检验工作的承担者即为实质化的审判法庭。而卷宗作为侦查活动成果的有效载体，理应为裁判者所知悉，接受实质化庭审的检验。

2. 庭前阅卷是案件快速集中审理的需要

（1）庭前阅卷是对案件繁简分流的前提。

庭前准备程序的设置，有利于实现庭审集中审理和迅速审理。2012 年《刑事诉讼法》扩大了人民法院审理案件适用简易程序的案件范围。该法第 208 条规定，“基层人民法院管辖的案件，符合下列条件的，可以适用简易程序：（一）案件事实清楚，证据确实充分的；（二）被告人承认自己的罪行，对指控的犯罪事实没有异议的；（三）被告人对适用简易程序没有异议的。人民检察院在提起公诉的时候，可以建议人民法院适用简易程序。”2018 年 10 月修订的《刑事诉讼法》增加了速裁程序的规定，其第 222 条规定，“基层人民法院管辖的可能判处三年有期徒刑以下刑罚的案件，案件事实清楚，证据确实、充分，被告人认罪认罚并同意适用速裁程序的，可以适用速裁程序，由审判员一人独任审判。”依照上述规定，法官只有在庭前全面阅卷，才能作出案件事实是否清楚、证据是否充分的判断，进而在庭前作出对案件是否适用简易程序或速裁程序的决定。尽可能多地适用简易程序或者速裁程序，能够缓解法院，尤其是一些边远地区的基层法院案多人少的压力，使审判人员将更多的精力投入到对案情复杂、疑难或者控辩双方争议较大的案件的审理。

（2）庭前阅卷能够确保案件集中审理。

法庭审理案件应当集中进行，避免庭审出现不必要的迟延和中断。坚持这一原则，就要求审理法官在庭前审阅卷宗，及时与公诉机关、辩护方沟通协调，做好庭前准备，确保庭审不被拖延。具体情况主要包括：一是发现公诉机关指控的罪名不适当，如将收买、非法提供信用卡信息罪认定为信息卡诈骗罪的，应要求公诉机关及时变更起诉。二是发现被害人的伤情、被告人的刑事责任能力或受审能力问题需要鉴定、重新鉴定或者需要鉴定人出庭接受质证的，组织进行相关鉴定或者通知鉴定人出庭接受询问。三是发现公诉机关提交的证据材料中，缺少对被告人定罪量刑有重要影响的证据材料，如被告人是否构成立功、案件起因不清，被害人是否在引发案件方面有过错不清等，需协调公诉机关退回侦查机关补充侦查。这种情况在涉及重大毒品犯罪、命案等可能被判处死刑的案件中，尤为突出。实践中，这类案件的几乎90%以上存在审理法院受案后又协调公诉机关退回补充侦查的情况。四是发现证人须出庭接受控辩双方质证的，在庭前通知其出庭，并根据具体情况对相关证人采取强制出庭、证人保护等措施。五是对证据收集的合法性进行审查后了解被告人及其辩护人是否提出排除非法证据的申请或者是否提供线索，经审查，认为公诉机关需补充相应材料的，要求其补送。推进落实庭审实质化，其中很重要的价值就是树立审判中心地位，发挥其对侦查、审查起诉工作的制约引导作用。上述情况是审判实践中比较常见的可能影响诉讼能否集中审理，导致庭审拖延的情形。审理法官只有在庭前充分阅卷，才能在开庭前扫除影响庭审顺利进行的障碍，提高诉讼效率。

3. 庭前阅卷是证据裁判原则的要求

一般情况下，刑事案件经过侦查、审查起诉进入审判环节后，证据的收集固定工作已经完成，不应存在继续收集固定证据的情况。但司法实践中对证据证明标准的把握在刑事诉讼各环节或一、二审法院间还存在差异，有的案件中为查明事实，严格证据证明标准，在审判环节也会出现需要调查补充新证据的情况。据笔者对所在省份刑事案件的不完全统计，二审阶段需要补查、补证的案件占比近60%，其中死刑二审案件中占比更是高达近90%。二审法院在对全案审查的同时，需要重点核实、查清被告人提出的上诉理由，特别是上诉理由中针对特定事实或证据提出的异议，如果一审法院在认定该事实时，未认真审查分析证据是否确实充分、取证程序是否合法、证据是否存在瑕疵，则需要进一步补查补证。尤其是对于死刑案件，实践中，二审法院基于充分发挥把关功能的职责，对证据证明标准的把握要求更严、更高，对于一审法院遗漏的事实、证据或未能发现的证据瑕疵，二审法院均要予以补查、补证。这就需要审理法官在开庭审理前，充分阅卷、吃透案情，按照证据裁判原则的要求，及时发现公安机关收集证据时存在的遗漏、瑕疵或者证据之间存在的矛盾点，并通过要求公安机关补充鉴定、重新鉴定、出具情况说明材料等方式补充证据或补正有瑕疵的证据，使案件能够形成完整的证据体系，达到法律规定的证明标准。

4. 庭前阅卷是法官查明案情的需要

司法责任制、法官员额制改革后，法官的审判责任进一步加重且需对案件终身负责。尽管刑事案件经过公安机关和检察机关的侦查、审查起诉，已经形成了案卷材料，有一定的事实基础，但就我国目前的司法实践而言，由于不同诉讼主体收集取证的重点不同，公安、检察机关更侧重于对有罪、罪重证据的收集，而被告人及其辩护人收集无罪、罪轻证据的能力一般较弱，在一些依法对被告人提供法律援助的案件中，承担援助责任的律师有的责任心不强，在庭审中发挥的辩护作用不大。因此，无论是在法庭调查阶段的举证、质证环节，还是在法庭辩论阶段，控辩双方还无法进行势均力敌的庭审对抗，案情并非越辩越明。而如果案件事实不清，法官是不得拒绝裁判的，审理法官必须拿出被告人有罪或者无罪、犯此罪或彼罪的结论。这促使法官并不能充当消极的中立者，而应当积极主动地承担起查明案件事实的责任。所谓不打无准备之仗，在庭审前，法官需要通过阅卷全面了解案件信息，而卷宗材料所载内容对明确案件实体真实的作用不可小觑。发现案件真相最具优势的时间应当是案发的第一时间，在案件发生后立即搜集的物证、书证、证人证言，以及犯罪嫌疑人的供述尚未被污染，在不考虑非法证据的前提下它们应当是最接近事实真相的证据，因而具有相当强的证明力。法官熟悉卷宗所载内容，才能发现案件事实和证据上的疑问，归纳争议焦点，并在庭审中主导双方质证和辩论，修正庭前认识，进而正确把握案件基本事实，做到更有信心地进行当庭认证，更好地查明案件真相。而如果庭前不阅卷，法官在法庭审理中将很大程度上只能被动地倾听控辩双方的举证、质证和辩论活动。需要说明的是，尽管在法庭调查环节，一般出庭公诉人会对被告人进行讯问，辩护人会对被告人进行发问，但有时上述讯问、发问并不完全或者根本没有问到点子上。这时，合议庭成员会向被告人进行补充讯问，以此解答对案情信息、证据材料形成所产生的疑问。如果庭前不阅卷，这些问题是很难被发现的，而如果在庭后发现，又已经失去了在控、辩、审三方均在场的情况下，查明该细节的机会。

（三）构建合理的庭前阅卷制度与配套机制

如前所述，在我国目前的司法实践中，法官在庭审前阅卷适应了审判工作的实际需要，这是不争的事实。但正如学者所担心的，法官庭前阅卷接触更多的是公诉机关提交的证实被告人有罪或罪重的证据材料，容易偏听偏信，形成对被告人不利的心证。基于此，学界一直呼吁完善刑事诉讼庭前程序，防范法官庭前阅卷产生的对被告人不利的预断。我们认为，防范法官庭前预断，实现庭审实质化，赞同通过一系列举措构建合理的庭前阅卷程序，既能保障法官的阅卷需要，又能将其负面效应降至最低。结合我国的审判实践，拟作以下建议。

第一，强化检察机关的客观公正义务。我国现行《刑事诉讼法》明文规定，“审判人员、检察人员、侦查人员必须依照法定程序，收集能够证实犯罪嫌疑人、被告人有罪或者无罪、犯罪情节轻重的各种证据”，即人民检察院负有全面收集证据的义务，但在实践中，检察机关移送至法院的侦查卷宗中基本上都是指控被告人犯罪的证据材料，而对被告人有利的证据材料寥寥无几。对此，只有强化检察机关的客观公正义务，由检察机关全面收集和移送对被告人有利、不利的证据，法官通过庭前阅卷才能够对案件事实有较为客观公正且充分的了解。

第二，明确阅卷的主体是案件承办法官。关于如何通过制度设置实现对法官庭前预断的阻断，学术界一般有几种观点：有的提出可建立预审程序，实现庭审法官和预审法官的职责分离，将卷宗移送划分为向预审法官的证据移送和向庭审法官的证据移送。[①] 有的提出实行庭审法官同庭前会议法官适度隔离，由立案庭法官担任庭前会议法官，实行差异化卷宗移送制度：庭前会议环节，实行全卷移送；庭审环节，移送起诉书和主要证据，既满足庭前会议审查证据的需要，又有效防止庭审前形成偏向性判断，从而切断审判法官在庭前与案卷的联系。[②] 总结这些做法，其出发点是使阅卷法官与审判法官相隔离，阅卷法官审查案件是否符合开庭审判条件，符合开庭条件的，由

① 王彧．我国刑事诉讼卷宗移送方式的困境及其改革出路．时代法学，2006（2）．

② 王小梅，莫征．刑事案件中法官预断阻却问题研究．学理论，2014（4）．

审判法官继续审理。我们认为，这些做法并不符合我国国情，庭前阅卷的主体只能是承办案件的法官。如前所述，承办法官只有庭前阅卷，才能全面掌握案情，做好充分的庭前准备和应对，更好地引导庭审进程。目前，我国法院系统审判力量严重不足，有些偏远地区的基层法院刑事审判庭仅有一名法官，审判辅助人员的数量更是无法满足工作需要，且随着人才的流动，短期内这种情况难以得到改观。这也使上述庭审法官与庭审法官相分离的建议缺乏可操作性。2017 年出台的《法庭调查规程》仅在第 3 条规定，“承办法官应当在开庭前阅卷，拟定法庭审理提纲，并向合议庭成员通报开庭准备情况”。该规定明确了庭前阅卷的主体只能是承办案件的法官。

第三，强化辩护方在庭前的参与。应加强对辩护方在庭前阅卷和申请调查等方面的权利保障，同时赋予辩护律师在庭前发表意见的权利。首先，在侦查、审查起诉环节，加强对侦查的结构性制约，在审前阶段强调对辩方权利的保障，注重辩护人在案卷形成过程中的参与、监督，如切实保障辩护律师的阅卷权、调查取证申请权，既防止侦查机关非法取证，又使案卷笔录的可信度得到提高。其次，既然律师法已明确规定，受委托的律师自案件审查起诉之日起，有权查阅、摘抄和复制与案件有关的诉讼文书及案卷材料，律师能够在此阶段知悉控诉案卷，那么在检方审查起诉过程中不如直接赋予其发表意见的机会。这样，既可以监督检察机关全面移送卷宗材料，避免法官在审查时单方面接触控方证据，又能听取辩护方意见，有利于及早明确案件争点，为开庭审理做好准备。

二、庭前会议的规范与完善

2012 年《刑事诉讼法》修改的一大亮点是在开庭前的准备程序中设置了庭前会议程序。该法第 182 条第 2 款规定，“在开庭以前，审判人员可以召集公诉人、当事人和辩护人、诉讼代理人，对回避、出庭证人名单、非法证据排除等与审判相关的问题，了解情况，听取意见”。这标志着庭前会议制度在我国刑事诉讼中正式确立。2012 年 10 月 16 日修订的《人民检察院刑事诉讼规则（试行）》在第 430～432 条规定了检察机关参加庭前会议的相应规则。2012 年《刑事诉讼法解释》第 183 条规定了审判人员召开庭前会议的情形，第 184 条规定了审判人员在庭前会议中对具体事项的处理规则。

2015年9月15日由“两高三部”印发的《关于依法保障律师执业权利的规定》对律师在庭前会议和审判中的相关权利作了进一步规定。然而，以上规定仍较为粗疏，未能解决该制度运行中的一系列问题，如庭前会议法官与庭审法官是否分离，具体事项范围，能否适用简易或速裁程序等并不明确；另外，立法未赋予庭前会议作出实质性处理与有约束力裁决的功能，但实践中出现了在庭前会议中讨论有关被告人定罪量刑等实质性问题的情况。对此，经过五年总结和酝酿，2017年5月，在深入推进以审判为中心的刑事诉讼制度改革背景下，最高人民法院制定了试行庭审实质化“三项规程”，其中《庭前会议规程》共计27条，对庭前会议的功能、适用范围、基本规程、主要内容、效力以及其与庭审的衔接方式等内容进行了全面规范。

（一）庭前会议的定位和功能

1. 定位

庭前准备程序的定位，直接影响到对该程序的理解、适用及进一步完善时的方向选择。目前，世界上大部分国家都在其刑事诉讼程序中规定了庭前程序，而庭前程序主要由庭前审查程序和庭前准备程序两部分组成，前者解决的是案件是否符合开庭审判的条件，目的是防止公诉权滥用；后者旨在扫除影响庭审顺利进行的障碍，为开庭做好准备工作。从我国刑事诉讼法、司法解释以及《庭前会议规程》的相关规定来看，庭前会议制度设置在公诉案件审查起诉程序和庭审程序之间，其宗旨是扫清影响庭审顺利进行的障碍，促进集中审理，提高审判效率。显然，我国的庭前会议制度不同于庭前审查程序，它实际上属于庭前准备程序，是为开庭审判做准备的预备性程序。

相较于2021年《刑事诉讼法解释》第221条规定的确定审判长及合议庭组成人员、送达起诉书副本、通知开庭事项等一般性的庭前准备活动，庭前会议具有其特殊性。

首先，它仅是一部分案件的庭前准备工作的组成部分，并不适用于所有案件。根据《刑事诉讼法》第226条的规定，庭前会议适用于按照普通程序审理的案件，但并非所有案件。目前，诸如一些涉黑涉恶性质犯罪、涉金融领域的集资类犯罪、重大职务犯罪案件，由于涉及人数众多，案件事实复杂，如果不在庭前解决证据开示和程序性事项，将导致庭审冗长、效率低下，相应地，如果在开庭前解决证据开示和程序性事项，则无疑会使案件审理进入快车道，既节约司法资源又能够确保庭审质效。为此，2021 年《刑事诉讼法解释》第 226 条和《庭前会议规程》第 1 条具体规定了可召开庭前会议的具体案件情形，包括证据材料较多，案情疑难复杂，社会影响重大或者控辩双方对事实证据存在较大争议，以及辩护方提出排除非法证据申请的案件等。

其次，它是控、辩、审等多方参与的庭前准备活动，彰显了司法公正的价值。依照参与准备活动的主体的不同，庭前准备活动可划分为三种：一是由法院单独完成的准备事项，如送达起诉书、进行权利告知、通知开庭等；二是控方与辩方之间进行的准备事项，如辩诉协商等；三是控、辩、审三方共同参与完成的准备事项。[①] 根据《庭前会议规程》第 3 条、第 4 条的规定，庭前会议由审判人员主持，公诉人、辩护人参加，有申请排除非法证据或者需进行附带民事调解的情形的，被告人、附带民事诉讼当事人也到场参加。庭前会议的内容是就有关案件管辖、申请回避、证据收集、证人出庭、排除非法证据等方面的情况进行了解，听取各方意见。审判人员作为案件的居中裁判者，召集控辩双方到场参与庭前会议，有利于保障控辩双方行使诉讼权利，促进双方平等对抗，从而彰显程序公正。

最后，它的主要任务是为庭审的公正、高效进行扫除障碍，不能弱化亦不能取代庭审。根据 2021 年《刑事诉讼法解释》第 228 条以及《庭前会议规程》第 10 条的规定，庭前会议的主要内容是审判人员就可能影响庭审公正和顺利进行的相关程序性事项向控辩双方了解情况，听取意见。可见，其主要内容并不涉及案件的实体问题，因此，庭前会议只能将那些可能导致庭审延滞、中断的程序性问题解决在庭审之前，而不能就案件的实体问题和证据问题展开实质性的审查并作出裁判。需要强调的是，庭前会议是庭审的基础，不能被弱化，也不能越俎代庖取代庭审程序。

基于以上认识，可以总结出，庭前会议是在案情较为复杂的案件进入审

---

① 陈卫东，杜磊．庭前会议制度的规范建构与制度适用——兼评《刑事诉讼法》第 182 条第 2 款之规定．浙江社会科学，2012（11）．

判程序后，人民法院根据当事人的申请或者在认为必要的情况下召开的由控辩双方共同参与的，旨在解决影响庭审顺利进行的程序性争议，以保证案件集中审理和诉讼效率的审前准备程序。

2. 功能

从我国现行刑事诉讼法、相关司法解释的规定以及从刑事司法活动来看，刑事庭前会议的主要内容分为三大类：一是解决可能引起庭审中断的程序性问题，二是为庭审证据调查做充分准备，三是在庭前组织附带民事的调解。从庭前会议的内容上看，其庭前准备的功能可分三项，即程序性问题解决功能、证据问题处理功能和部分实体问题解决功能。

（1）程序性问题解决功能。

集中审理原则是现代刑事审判程序的一项基本原则，它要求法庭在不更换审判人员的条件下对同一案件进行审理，且庭审应当尽可能持续进行，以实现迅速、公正的审判。而一旦当事人在庭审程序中提出与诉讼进程相关的程序性申请或异议，如管辖异议、回避申请、申请特定证人出庭或排除非法证据，就会引发休庭或延期审理等庭审拖延或中断现象，无法实现案件的集中审理。庭前会议的程序性问题解决功能就是通过庭前会议允许控辩双方对与审判有关的程序性问题发表意见，并由审判人员对这些问题集中处理，最大限度地把导致庭审中断或延滞的因素解决在庭前。

（2）证据问题处理功能。

庭前会议的另一个重要功能是为庭审证据调查做充分准备，主要涉及证据展示及争点整理、非法证据排除和证据准备三方面。

第一，证据展示及争点整理。

根据相关司法解释和《庭前会议规程》的相关规定，庭前会议的主要内容是审理法院就与审判相关的问题了解情况、听取意见，包括组织控辩双方展示证据等。这是我国刑事司法制度对西方证据开示制度的合理扬弃。庭前会议提供了一个控辩双方沟通交流的平台，双方可对展示的证据提出异议，并对庭审需要集中解决的问题进行梳理和准备。法官在此基础上能及时掌握争议焦点并有针对性地制定庭审提纲，围绕争议问题组织双方积极质证和辩论，突出庭审调查的针对性，增强庭审辩论的充分性，确保庭审的成效。

需要注意的是，庭前会议中整理争点要把握界限，只需梳理出事实、证据有无争议。证据的合法性及关联性是证据能否进入庭审程序的关键，因而属于程序性事项；而证据的真实性是法官对证明力评价的范畴，属于实体性事项。而庭前会议中不可就证据的真实性展开辩论，亦不可对证据的真实性达成共识。因此，证据争议的内容仅限于证据资格，包括对证据合法性及关联性的争议，不涉及证明力即对证据真实性的争议。此外，庭前会议不应当围绕争议点具体说明理由或进行质证、辩论，不能以证据展示取代庭审举证和质证，不能弱化和取代庭审调查、辩论等庭审环节。

第二，非法证据排除。

非法证据排除规则是人权保障原则和程序法治原则的集中体现。2010年以来，我国逐步确立和完善了刑事诉讼中的非法证据排除规则。由于非法证据排除程序涉及的是证据资格的裁判问题，为了避免在庭审中突然提出该问题导致庭审中断和延迟，申请人原则上应当在审判前申请排除非法证据。要求被告人及其辩护人在庭前提出申请，有助于督促控辩双方做好审判准备工作。因此，确认证据的合法性并将非法证据排除在庭审之外是庭前会议解决证据问题功能中的一项重要内容。

第三，证据准备。

在庭前会议中围绕证据所要做的准备包括申请收集、调取证据，申请重新勘验或者鉴定，申请新的证人及有专门知识的人或鉴定人出庭作证，申请证据保全，确定出庭人员名单等内容。法官通过召开庭前会议能够提前了解控辩双方将在庭审中提出哪些证据，确定出庭的证人名单，预先制订证据调查方案，明确证据调查的范围、顺序与方法，从而确保庭审程序中的举证、质证有的放矢，防止证据突袭，实现庭审证据调查顺利优质地进行。

（3）部分实体问题解决功能。

关于庭前会议能否解决部分实体问题，在理论界存在的争议较多。我们认为，由于庭前会议的定位只是庭前准备程序，所以庭前会议处理的只能是与庭审有关的程序性事项，不可涉足本应由庭审程序解决的实体性事项。对于程序性事项，庭前会议可以直接进行处理，而对于实体性事项，庭前会议仅仅具有归纳整理的权限。按照庭审实质化的要求，与被告人定罪量刑有关的实质性争议只能由庭审活动予以解决。

然而，根据2021年《刑事诉讼法解释》和《庭前会议规程》的相关规定，以下三种情况属于例外：第一，建议检察机关撤回起诉。《庭前会议规程》第22条规定，人民法院在庭前会议中听取控辩双方对案件事实证据的意见后，对于明显事实不清、证据不足的案件，可以建议人民检察院撤回起诉。作出该规定，主要是考虑到审判人员经过阅卷，并组织控辩双方出示证据和发表意见后，发现案件明显事实不清、证据不足，此时若不建议人民检察院撤回起诉而将案件交付庭审，不仅浪费司法资源，也不利于对被告人，特别是已羁押被告人的人权保障。显然，检察机关撤回起诉，是对案件实体问题的处理方式之一。第二，检察机关变更指控的事实和罪名。《高检规则》第423条规定，在审理法院宣告判决前，检察机关可以对指控的事实和罪名进行变更。基于该规定，如果审判人员在庭前审查后认为检察机关指控罪名不适当，可在庭前会议上提出建议，由检察官变更、追加起诉或改变起诉罪名，或者由控辩双方就起诉书指控的范围和罪名的认定发表自己的意见。只有这样做，才能避免因庭审中检察机关变更指控造成诉讼中断，同时保护辩护方诉讼防御权。而检察机关变更起诉，将直接影响到后续对被告人的定罪量刑，这是对刑事诉讼实体事项的处理。第三，开展附带民事调解。2021年《刑事诉讼法解释》第228条以及《庭前会议规程》第2条均明确规定，对于被害人或者其法定代理人、近亲属提起附带民事诉讼的，可以在庭前会议中进行调解。附带民事诉讼的先行解决，不仅有助于刑事审判的顺利进行，也必将会对被告人刑事责任的确定发生影响。尽管《庭前会议规程》第2条明确提出，“庭前会议中，人民法院可以……开展附带民事调解”，但司法实践中，刑事附带民事诉讼达成调解的，一般被告人及其家属在与被害方就赔偿数额、方式达成一致的同时，必然会对被告人因赔偿获得谅解，进而请求法院从轻处罚的幅度有所要求，且通常该要求在符合法律规定，取得被害方同意的基础上，也会得到法院的认可，有的检察机关还会提出量刑建议。从这个意义上讲，如果庭前会议上达成了这类调解协议，那么，实际上也是解决了有关量刑的实体问题。

（二）《庭前会议规程》的评析与完善

《庭前会议规程》共计27条，全面规定了庭前会议的适用范围、基本规程、主要内容、效力以及其与庭审的衔接方式等，对于指导开展庭前会议工作具有较强的可操作性。

1. 对《庭前会议规程》的评析

该规程在以下几方面完善了庭前会议程序：

一是明确了庭前会议的功能，即解决程序性争议，促进庭审集中持续审理。庭审实质化的前提是刑事案件繁简分流，实现“简案快审、繁案精审”。将与“繁案”有关的程序性问题解决在庭前，将事实认定和定罪量刑问题在法庭上解决，正是设置庭前会议程序的重要目的之一。《庭前会议规程》开篇就明确了庭前会议解决程序性争议的功能，强调其目的是“确保法庭集中持续审理，提高庭审质量和效率”。

二是明确了庭前会议的启动方式和适用范围。《庭前会议规程》第1条规定了庭前会议程序的启动方式和适用范围，分为依职权和依申请启动两种，并具体列举了适用两种启动方式的情形。同时该条规定，具有依职权启动情形之一的案件，可以召开庭前会议，而被告方提出排除非法证据申请的，则必须召开庭前会议。此外，由于庭前会议在功能上是为繁案精审服务的，因此，不能适用于简易程序，其他程序无此限制。

三是明确了庭前会议的召开方式、时间、地点和参加人员。按照《庭前会议规程》的相关规定，庭前会议一般在开庭审理前以不公开会议的方式进行。为方便诉讼，对于可能仅解决回避、管辖异议等争议较为简单的程序性事项的，庭前会议可以采用视频会议的方式进行，也可以在看守所办案场所进行。会议一般由承办法官主持，在特殊情况下，其他合议庭成员、法官助理也可以主持庭前会议，应当参加的人员有公诉人、辩护人。被告人申请参加或者申请排除非法证据的，也应当参加庭前会议。相较于2012年《刑事诉讼法解释》的规定，该规定扩大了组织召开庭前会议的人员范围，前者仅规定为“审判人员”，即不包括法官助理。

四是明确了会议的主要内容。按照规程的规定，庭前会议的内容可以概括为：（1）处理程序性事项，对包括管辖权异议、排除非法证据，申请证人、鉴定人出庭在内的十项程序性事项依法处理。（2）组织展示证据。控辩双方可在庭前会议上进行证据展示，但仅展示目录，并概括说明证明的内容。对于双方没有争议的证据材料，在庭审中可以仅就证据名称及其证明的事项作出说明，简化举证和质证。（3）整理争点。通过组织证据展示，梳理归纳出争议焦点。如双方没有争议或达成一致意见，可在庭审中简化审理该事项。(4) 开展附带民事调解。《庭前会议规程》第 2 条在 2012 年《刑事诉讼法解释》的基础上，再次强调在庭前会议可就附带民事诉讼进行调解。(5) 选择审理程序。司法实践中可能出现在庭前会议上经控辩双方展示证据、发表意见，被告人自愿认罪的情形。对此，《庭前会议规程》规定，人民法院经核实被告人认罪的自愿性和真实性后，可以依法决定适用速裁程序或者简易程序审理。(6) 建议撤回起诉。《庭前会议规程》规定，经庭前会议听取控辩双方意见后，人民法院对其认为明显事实不清、证据不足的案件，可建议人民检察院撤回起诉。

五是明确了庭前会议的效力以及其与庭审的衔接方式。关于对庭前会议上相关事项的处理，《庭前会议规程》规定了以下两种情形：第一，由人民法院直接作出决定。如对申请有关人员回避的，人民法院经审查依法决定回避或者驳回申请。第二，由控辩双方对相关问题协商后再由人民法院作出决定。如被告方提出非法证据排除申请，经证据展示和双方协商后，准许被告人及其辩护人撤回申请或者检察机关撤回部分证据材料。以上处理结果需通过庭审中宣读庭前会议报告来予以确认。对于庭前会议中达成一致意见的事项，法庭向控辩双方核实后予以当庭确认；对于未达成一致意见的，法庭可以归纳控辩双方争议焦点，听取控辩双方意见，并依法作出处理。对于控辩双方在庭前会议中达成一致但又在庭审中产生异议的事项，除有正当理由外，法庭一般不再对该事项进行处理。

2.《庭前会议规程》的完善

我们认为，尽管《庭前会议规程》对庭前会议制度进行了全面规范，但在以下几个方面仍需进一步完善：

一是将附带民事调解纳入庭前会议内容值得商榷。首先，2021 年《刑事诉讼法解释》第 228 条与《庭前会议规程》第 2 条均规定，对于被害人或者其法定代理人、近亲属提起附带民事诉讼的，可以在庭前会议当中进行调解。《刑事诉讼法》设置庭前会议的立法初衷是解决可能影响庭审进程和效率的程序性事项，为庭审顺利进行扫清障碍、打好基础，但不论是 2012 年修订的还是 2018 年修订的《刑事诉讼法》，对庭前会议的主要内容均规定为“对回避、出庭证人名单、非法证据排除等与审判相关的问题，了解情况，听取意见”，也即《刑事诉讼法》并未规定庭前会议中可以开展附带民事调解工作，而《刑事诉讼法解释》与《庭前会议规程》作为下位法，将组织开展附带民事诉讼调解工作纳入庭前会议的功能中，有越位之嫌。其次，附带民事诉讼达成调解协议的前提条件一般是双方就赔偿数额、方式以及就被告人因赔偿取得谅解而受到从轻处罚的幅度达成一致，如故意杀人致人死亡的，被告人家属同意赔偿但要求在无期徒刑以下量刑。而庭前会议作为庭审前的准备程序，是以不公开方式进行的，也不要求被告人必须出庭，而将被告人的行为是否已构成犯罪、是否应就被害方的经济损失承担赔偿责任、赔偿多少等问题放在庭前会议讨论，易将庭前会议异化为另一个庭审。此外，庭前会议中开展附带民事调解工作，意味着人民法院需要就被告人的行为是否构成犯罪、被告方所提从轻处罚的幅度是否符合法律规定、被害方谅解被告人的真实意愿进行审查，且参加庭前会议的检察人员也需要发表量刑建议，如果达成了这类调解协议，实际上就是在未经庭审的情况下，解决了有关被告人的量刑问题。而“如果在庭前会议中即讨论与被告人的定罪、量刑密切相关的实质性问题，那么可以说庭前会议超越了自身应有的功能定位，属功能‘溢出’，其后果是架空法庭审判程序，损害被告人的实质审判权”[①]。对此，我们建议修改《庭前会议规程》，删除在庭前会议中开展附带民事调解工作的相关内容。在审判实践中，对于确有必要在庭前进行附带民事调解的，可以进行，但不以庭前会议形式进行。对于附带民事诉讼调解达成协议的，可在庭前向检察机关通报情况，以便检察机关根据案情变化当庭发表量刑意见。

二是遗漏被告人必须参加庭前会议的情形。根据《庭前会议规程》第3条的规定，公诉人、辩护人是必须参加庭前会议的主体，只有当被告人申请参加庭前会议或者申请非法证据排除的，人民法院才应当通知其参加。我们认为，为确保被告人对证据的质证权，庭前会议拟进行证据展示的，也应当通知被告人到场，听取被告人的意见。

对此，我们建议在《庭前会议规程》有关证据展示的条文中增加被告人到场的规定。如果被告人确实无法到场，辩护人应在召开庭前会议前采取适

① 魏晓娜．庭前会议制度之功能“缺省”与“溢出”——以审判为中心的考察．苏州大学学报（哲学社会科学版），2016（1）．

当方式和被告人进行沟通，听取被告人的意见。庭前会议后，辩护人还要告知被告人庭前会议的情况，与其在法庭上达成初步共识。

三是为被告人指定辩护人的范围较窄。尽管辩护人是必须参加庭前会议的主体，但由于我国现阶段刑事辩护率低，刑事辩护律师全覆盖目前仅处于试点阶段，一时难以全面展开，而根据《庭前会议规程》第3条的规定，仅在被告人申请排除非法证据且没有辩护人时，人民法院才指派律师协助其参加庭前会议，因而，在司法实践中，就极有可能出现被告人未委托辩护人，且案件不属于法律援助范围而又确有必要召开庭前会议的情形。对此类案件，在辩护人缺位的情况下，庭前会议将无法展开。

对此，我们建议在《庭前会议规程》中增加规定，对人民法院决定召开庭前会议，被告人未委托辩护人的，一律通知法律援助机构指派律师协助被告人参加庭前会议。此外，为使辩护人在庭前会议上切实发挥保障被告人权益的作用，应在规定中明确被告人不参加庭前会议的，辩护人应当在庭前会议前听取其意见。

四是庭前会议上证据展示、争点整理的内涵不清。根据《庭前会议规程》第19条关于"庭前会议中，对于控辩双方决定在庭审中出示的证据，人民法院可以组织展示有关证据，听取控辩双方对在案证据的意见，归纳存在争议的证据"的规定，庭前会议上双方展示的是证据的目录，但"双方对在案证据的意见"指的是什么，"存在争议的证据"中的"争议"指的又是什么，并不明确，实践中审判人员只能靠自己的理解去把握，这容易引起偏差。实际上，自2012年修订的《刑事诉讼法》中首次增加庭前会议的规定以来，媒体报道了多起影响重大的在庭前会议中展示证据使庭审中举证、质证过于简化，庭审被"架空"，进而引起争议的案件。如刘某军涉嫌受贿、滥用职权案中，该案案情重大，但庭审当日早上八点半开庭，十二点结束，舆论认定该案庭审系走过场。[①] 如前所述，庭前会议上双方对证据的意见，仅指对证据资格的意见，包括对证据合法性、关联性的意见，不应涉及对证明力的意见，因为证据的合法性、关联性决定其是否应被提交庭审质证，属于可以在庭前解决的程序问题，而证据的真实性属于实体性事项，法官只能

① 施鹏鹏，陈真楠．刑事庭前会议制度之检讨．法学研究，2014（1）．

通过庭审质证、辩论并综合其他证据加以甄别。相应地，“证据上的争议”即证据争议的内容，仅限于对证据资格的争议，即对证据合法性及关联性的争议，不涉及对证明力的争议，即不包括对证据真实性的争议。对此，我们建议修改《庭前会议规程》，明确证据争议的内容仅限于对证据资格即证据合法性及关联性的争议，不涉及对证明力即证据真实性的争议；同时明确庭前会议中不可就证据的真实性发表意见或达成共识。

五是未赋予控辩双方辩论权。庭前会议中虽仅涉及程序性事项，但控辩双方均为参与主体，双方可就同一程序性事项发表不同意见，且可发表多轮意见，因此，双方发表意见的过程已实际具备了辩论的性质。为更好地发挥庭前会议帮助审判人员了解情况、听取意见的作用，我们建议将《庭前会议规程》第 10 条“庭前会议中，主持人可以就下列事项向控辩双方了解情况，听取意见……”修改为“庭前会议中，审判人员可以就下列程序性事项向控辩双方了解情况，听取意见；经审判人员许可，公诉人、当事人及其辩护人可就相关问题发表意见并进行互相辩论……”。

三、审判委员会制度的完善

人民法院审判委员会制度是中国特色社会主义司法制度的重要组成部分，几十年来，它在我国的司法进程和审判实践中发挥了重要作用。但审判委员会制度因运行中产生的判而不审、司法行政化等问题和弊端，严重影响了司法公正和公信力。改革与完善审判委员会制度已经成为法学理论界与实务界的共识。以下仅就如何认识审判委员会制度在刑事审判工作中的角色定位、作用，以及如何完善以实现案件的庭外保障进行研究。

（一）审判委员会的职责和角色定位

审判委员会制度是依据 1954 年第一届全国人民代表大会通过的《人民法院组织法》正式确立的。该法明确规定审判委员会的职能是“总结审判经验、讨论重大疑难案件和有关审判工作的问题”。此后《人民法院组织法》历经多次修订，2018 年最新修订的《人民法院组织法》第 37 条规定：“审判委员会履行下列职能：（一）总结审判工作经验；（二）讨论决定重大、疑难、复杂案件的法律适用；（三）讨论决定本院已经发生法律效力的判决、裁定、调解书是否应当再审；（四）讨论决定其他有关审判工作的重大问题。

最高人民法院对属于审判工作中具体应用法律的问题进行解释，应当由审判委员会全体会议讨论通过；发布指导性案例，可以由审判委员会专业委员会讨论通过。”根据该条规定，审判委员会的职责大致可以分为三部分内容：一是讨论决定重大疑难复杂案件，二是决议法院内部的重大事项，三是对部分案件进行法律监督。

1. 关于讨论决定具体个案

1954年的《人民法院组织法》仅规定审判委员会有权讨论案件，但未明确赋予其决定权和裁判权。此后，《刑事诉讼法》和最高人民法院的相关规范性文件对审判委员会的该项职能进行了扩张。1979年的《刑事诉讼法》将审判委员会规定在审判组织一章，且规定审判委员会的决定，合议庭应当执行。1996年修正的《刑事诉讼法》则进一步明确了提交审判委员会处理的案件范围。可见，《刑事诉讼法》将审判委员会明确为审判组织，赋予了审判委员会刑事裁判权，且强调了审判委员会裁判决定的执行力。作为在我国效力相同的两部法律，《人民法院组织法》仅赋予审判委员会讨论案件的权力，但《刑事诉讼法》赋予审判委员会讨论后对案件的决定权。而1999年最高人民法院的《人民法院五年改革纲要》首次明确了“审判委员会是人民法院内部最高审判组织”的地位，2010年最高人民法院印发的《关于改革和完善人民法院审判委员会制度的实施意见》再次强调了审判委员会的这一角色定位，规定“审判委员会是人民法院的最高审判组织，在总结审判经验，审理疑难、复杂、重大案件中具有重要的作用”。该意见对各级法院审判委员会的职责的界定均包含“讨论决定案例”。通过以上司法解释或司法解释性文件，最高人民法院将审判委员会设置为人民法院的最高审判组织，直接突破了《人民法院组织法》对审判委员会“讨论案件”这一核心职权的限定。

2. 关于决定重大事项

除却讨论重大疑难案件，《人民法院组织法》还赋予了审判委员会一系列其他职能，包括：(1) 总结审判经验。具体而言，最高人民法院的审判委员会通过归纳在案件审判过程中出现的情况和问题，制定相应司法解释或者发布具有指导意义的典型案例。各高级人民法院审判委员会根据工作实际，研究制定在全省范围内实施的工作指导意见。而对中级、基层人民法院来说，由于管辖地域的有限性，其审判经验并不具有普遍意义，所以其审判委员会总结审判经验的情况极少。（2）讨论决定有关审判工作的重大问题，如讨论部署案件质量评查方案、决定审判管理的重大专项工作等事项，决定本院院长的回避等等。

3. 法律监督

1979年制定并此后经多次修订的《刑事诉讼法》均规定，各级人民法院院长对本院已经发生法律效力的判决和裁定，如果发现在认定事实或者适用法律上确有错误，必须提交审判委员会处理，即讨论决定本院已经发生法律效力的判决、裁定、调解书是否应当再审。这实际上是赋予了审判委员会对本院生效案件进行审判监督的权力。

审判委员会讨论重大复杂疑难案件属于行使审判权，总结审判经验和指导其他审判工作时是对法院的重大事项进行决策，对本院生效案件决定是否启动再审程序是在进行法律监督，因此，审判委员会的角色定位并不是单一的，它是集审判组织、行政管理和法律监督职能于一身的法院内设机构。

然而，长期以来，相较于法律规定的独任庭、合议庭等审判组织，审判委员会作为人民法院内部的最高审判组织，其对案件行使审判职权的特点和弊端在于以下几个方面。

第一，对案件的讨论和决定是通过召开专门的审判委员会会议的形式进行的。根据《人民法院组织法》的规定，审判委员会会议由人民法院院长决定召开，审判委员会委员参加。在司法实践中，院长或者院长委托的副院长有权决定是否将某一案件提交审判委员会讨论。院长、副院长是当然的审判委员会委员，各主要业务庭的负责人和院研究室主任一般都是审判委员会委员。大部分审判委员会委员属兼职，这使审判委员会成员在构成上行政化色彩浓重。尽管相较于其他审判人员，各业务庭负责人一般业务素质更高，但因受法院内部专业分工限制，审判委员会委员的法律知识结构和审判技能、经验也只是偏重于某一领域，对其他部门的业务相对陌生。而提交到审判委员会的案件，大部分都是疑难案件或者有争议的案件，当遇到并不熟悉的案件类型时，委员只好根据基本法理常识和社会经验提出一般性的看法，其并不能对复杂的案件作出透彻细致的分析和对法律问题提出有针对性的意见。因此，审判委员会委员对案件的讨论并不一定比日趋专业的合议庭审判更能保证案件质量。实践中，部分委员只熟悉本庭业务，对其他业务庭汇报的案件不能独立发表意见，更不能提出有意义的意见，只能在相关庭室负责人发表意见后进行简单的附和，于是，审判委员会的讨论结果实际上变成了少部分人的意见，无法实现审判委员会制度集中集体智慧、保证裁判质量的设置初衷。

第二，讨论和决定的内容包括案件的事实认定、定罪量刑以及法律适用。司法是一种个体化的作业，司法的特征是亲历性，由程序亲历而获得必要的案件信息，缺乏这一亲历性的监督主体常常难以有效掌握相关信息。[①] 由于审判委员会委员并未亲历庭审，受时间和条件限制，其对事实认定的判断主要依赖承办人撰写的审理报告以及合议庭作出的初步处理意见。因此，在事实认定上，审判委员会所作的裁断未必比合议庭的裁断更正确。此外，新修订的《人民法院组织法》对讨论和决定案件的内容进行了限缩，仅限于“决定重大、疑难、复杂案件的法律适用”，即不包括案件事实认定和定罪量刑。这一变化，实际上是明确了审判委员会所讨论案件的事实认定权由合议庭行使，由合议庭对庭审查明的案件事实负责，而审判委员会主要讨论案件的法律适用问题。然而，由于《刑事诉讼法》与《人民法院组织法》具有同等法律效力，前者又是指导刑事审判的具体依据，在前者及其司法解释关于审判委员会讨论决定案件的规定未作修改的情况下，实践中，审判委员会仍然对案件的事实认定和法律适用等涉及某个具体刑事案件的全部内容进行讨论和决定。

第三，会议以听取汇报、讨论和决议的方式进行。在程序上，先由案件承办人口头汇报，审判委员会委员再就事实认定和法律适用进行讨论和决议。委员们没有组成合议庭参与案件审理就对案件作出决定，不仅违反刑事诉讼中的直接审理和言词审理原则，产生“审者不判，判者不审”的矛盾，也违背了审判权责一致原则。

以上审判委员会制度在运行中存在的客观现实问题，不仅影响、制约了审判委员会制度之功能、作用的发挥，也一直是理论界和实务界在审判委员会制度废改之争上的主要争议点。

---

① 龙宗智．论建立以一审庭审为中心的事实认定机制．中国法学，2010（2）．

（二）审判委员会制度的特殊作用和价值功效

多年来，因审判委员会对个案行使审判权是以封闭的会议的形式进行，又没有控辩双方参与，与刑事诉讼的直接审理原则、公开审判原则相悖，造成“判审分离”，故审判委员会制度一直受到质疑。在理论界，关于废除还是改良审判委员会制度也一直存在争议。然而，从审判委员会制度的发展历程来看，该项制度是我国法院特有的一种行之已久的集体领导形式，具备着深厚的政治、历史及司法背景，并在不同的历史时期起到了特殊作用。审判委员会作为法院内部的审判组织，讨论决定个案，具有不可替代的价值功能。

审判委员会制度的特殊价值主要表现在以下几方面。

一是能够弥补司法缺陷，稳妥处理疑难案件。随着我国社会市场经济和民主法治建设的发展、群众法治意识的增强，法院受理的案件总量和新类型案件逐年增多。然而，法律具有相对稳定性和滞后性，再完备的法律规定也存在空白或漏洞。在此情况下，合议庭在审理一些疑难、复杂的具体案件无法可依又不能拒绝裁判时，只能将案件提交审判委员会讨论。审判委员会制度的最大优越性在于能够集中人民法院内部的优质审判资源，通过传承审判经验、发挥集体智慧，有效解决审判工作中遇到的重大问题，使案件的最终处理能够实现法律效果与社会效果的统一。

二是能够统一司法尺度，实现辖区内案件的个案平衡。根据《刑事诉讼法》及相关司法解释的规定，拟判处死刑的案件、人民检察院抗诉的案件、合议庭有重大分歧的案件、新类型案件、社会影响重大的案件等，需提交审判委员会讨论决定。这类案件统一交由审判委员会讨论决定，限制了个体法官的自由裁量权，有助于在辖区范围内形成同类案件统一规范的罪刑标准，实现个案的量刑平衡。以提交审判委员会讨论的拟判处死刑的案件为例：审判委员会会议主要讨论这类案件在事实认定上是否达到死刑案件最严格的证明标准，在量刑上是否符合国家严格控制和慎重适用死刑的刑事政策，对被告人判处死刑是否适当。由审判委员会行使这类案件的最终决定权，有利于统一辖区内同类案件的死刑适用，实现同案同判。

三是能够强化审判监督，促进提升法官的司法技能。审判委员会集合了法院院长、副院长以及各业务庭责任人等法律素质相对较高、审判经验较为丰富的业务精英。案件承办法官向审判委员会汇报的过程其实也是说服上述人员接受自己或合议庭处理意见的过程。对于拟提交审判委员会讨论的案件，汇报人一般会精心准备，更加谨慎地撰写、校对审理报告，与合议庭成员不断研讨争议性问题，并在上会前反复阅卷以熟悉案情，查阅相关法律规定、指导案例以应对会上各委员的发问和讨论。因此，审判委员会讨论案件还具有把关案件质量的监督功能，在客观上有利于确保案件质量，促进提升法官的司法技能。

四是能够抵御不当压力，转移法官的职业风险。当前，我国处于社会转型期，随着经济的快速增长、社会的急剧变迁，社会纠纷和矛盾大量涌现，涉及黑恶势力、城管执法、征地拆迁、医患纠纷、弱势群体、食品药品安全、交通安全等热点问题的刑事案件，都是社会关注点和敏感点。法官办案过程和裁判结果如有疏忽或出现纰漏，易引发冲突甚至舆论炒作。而有的案件社会影响大，涉及不同利益群体，作为个体的法官很难抵御各种来自当事人、行政力量以及社会媒体等多方的干预和影响。加之随着国家赔偿的建立和法官问责机制的落实，法官面临着越来越大的职业风险。不仅如此，法官对所承办案件的处理情况还与其绩效收入、职务晋升息息相关。这些都使法官或合议庭成员在办案时承受巨大压力，在案件处理方面也更加审慎，对于“拿不准”的，通常拿出不同意见，进而将案件依法提交审判委员会讨论。而审判委员会讨论案件，能够在一定程度上缓解法官承受的压力，隔绝当事人利用非法手段对审判工作的干扰，增强司法公信力，化解社会矛盾，最大限度地维护司法公正。

（三）审判委员会制度的完善路径

尽管审判委员会制度在机制运行中存在一定的问题和缺陷，但几十年来，审判委员会作为法院内部最高审判组织的角色，却始终未受到削弱。最高人民法院院长周强就曾指出，经过几十年实践检验，审判委员会制度被证明是符合中国国情的，必须始终坚持并不断发展完善。[①] 为发展和完善审判委员会制度，中共中央在十八届三中全会《关于全面深化改革若干重大问题的决定》中明确提出要改革审判委员会制度。随后最高人民法院《人民法院

① 北京市第一中级人民法院课题组．审判委员会制度的变与不变．人民司法，2015（7）．

第四个五年改革纲要（2014—2018）》对改革审判委员会工作机制提出了具体要求。最高人民法院、最高人民检察院在《关于人民检察院检察长列席人民法院审判委员会会议的实施意见》中也提出要实行检察长列席审判委员会制度。在审判权运行机制改革的大背景下，坚持和完善审判委员会制度，最大限度地发挥审判委员会的特殊价值，已成共识。

我们认为，落实主审法官、合议庭办案责任制，实现“让审理者裁判，由裁判者负责”，完善审判委员会制度，应在调整审判委员会的职权范围、优化组成结构以及细化运行程序等方面下功夫。具体而言可从以下几个方面展开。

1. 限缩审判委员会讨论案件的范围和讨论事项

在新一轮司法改革背景下，鉴于审判委员会在讨论决定案件方面存在的弊端，改革审判委员会制度首先应当限缩审判委员会讨论案件的职能范围，使其将工作重心放在总结审判经验、决定有关审判重大事项等宏观职能上。目前，按照《刑事诉讼法》及相关司法解释的规定，审判委员会讨论的刑事案件范围具体包括拟判处死刑的案件、检察机关抗诉的案件以及合议庭有重大分歧并提交讨论的案件等“重大、疑难、复杂案件”。审判实践中，这三类案件占据中级、高级人民法院审判委员会讨论刑事案件的绝大多数。然而，实践中，部分法院，尤其是有的基层法院扩大了本院审判委员会讨论案件的范围，将诸如醉酒驾驶、故意伤害、职务犯罪等拟判处拘役、有期徒刑缓刑、免予刑事处罚的案件纳入审判委员会讨论案件的范围。实际上，对这类案件轻判，是因为其案情并不复杂、疑难，合议庭将这类案件提交审判委员会讨论决定，一般只是出于审查把关、预防司法腐败的考虑。我们认为，在审判权运行机制改革的背景下，为优化配置法院内部各主体的审判职责，处理好审判委员会与合议庭之间的关系，应大幅度限缩审判委员会讨论案件的范围，不仅不能突破《刑事诉讼法》及相关司法解释的规定，还应当进行限缩。

最高人民法院 2015 年发布的《司法责任制意见》规定，审判委员会只讨论“涉及国家外交、安全和社会稳定的重大复杂案件，以及重大、疑难、复杂案件的法律适用问题”。该意见不仅明确了《人民法院组织法》《刑事诉讼法》规定的审判委员会讨论的“重大、疑难、复杂”案件中的“重大、复杂”案件的外延，还限缩了对重大、疑难、复杂案件讨论的事项，即这类案件的法律适用问题。将审判委员会讨论案件范围严格限定在法律适用问题上，主要是因为合议庭基于对庭审过程的亲历、对全案证据的全面把握，在认定案件事实方面比审判委员会具有明显优势，另外，这种限定是划分合议庭和审判委员会之司法责任的前提与基础。按照该意见的规定，审判委员会对一般性的重大、疑难、复杂案件仅有权在法律适用问题上进行审查，而对涉及国家外交、安全和社会稳定的重大、复杂案件可进行事实和法律的全面审查。然而在司法实践中，事实问题和法律适用问题并非泾渭分明，如何界定法律适用问题并非易事。审判委员会讨论案件的首要前提是确保案件事实全面清楚，如果认为案件部分事实不清，或者证据不确实充分，出于对案件负责的目的，审判委员会一般仍会对案件事实进行讨论。因此，目前要求审判委员会审查的范围仅限于案件的定性与量刑，即只讨论法律适用问题，还不具有可操作性，将审判委员会对案件的讨论范围限定在法律适用问题并不能一蹴而就。对此，有的法院在审判管理中明确案件主审法官是案件证据审查、事实认定的第一责任人，对案件质量负主要责任；合议庭对案件的证据采信、事实认定负集体把关责任，审判长负主要把关责任从而通过层级把关责任的落实，把案件事实、证据方面存在的问题解决在提交审判委员会讨论决定之前。

2. 通过建立制度、机制对审判委员会讨论案件进行分流

减少审判委员会讨论案件的数量，将审判委员会讨论案件的职权大幅度还给合议庭后，可能会产生案件质量下滑、裁判标准不统一的问题，影响案件处理的法律效果、社会效果和政治效果。为此，最高人民法院在《人民法院第四个五年改革纲要（2014—2018）》中明确提出要定位审判委员会职能，建立案件先行过滤机制。目前在实践中，主要有两种方式对提交审判委员会讨论的案件进行分流和过渡。

一是设置专业法官会议制度，在合议庭评议案件与审判委员会讨论案件之间建立一个过渡和衔接机制。具体而言，最高人民法院在《司法责任制意见》中规定，“人民法院可以建立由民事、刑事、行政等审判领域法官组成的专业法官会议，为合议庭正确理解和适用法律提供咨询意见。合议庭认为

所审理的案件因重大、疑难、复杂而存在法律适用标准不统一的，可以将法律适用问题提交专业法官会议研究讨论”。按照该规定，目前很多地方人民法院根据本院工作需要，制定实施了各院的《专业法官会议工作规则》，一般规定，专业法官会议通常分两类：一类是由各审判业务部门设立，一类是由各审判条线设立。会议由相应审判领域的法官组成，而审判委员会委员由院长、各审判领域的副院长、庭长担任。相比之下，专业化法官会议的专业性更强，且讨论案件的时间、方式更加灵活。专业法官会议对个案的讨论意见仅供合议庭参考。合议庭不采纳专业法官会议意见，庭长、院长认为有必要提交审判委员会讨论的，再将案件提交审判委员会讨论。通过专业法官会议的过渡，部分案件存在的问题不需提交审判委会就能得到解决。

二是通过规范“四类案件”的监督管理机制，加强院庭长对案件进行必要的事中监督。为正确处理充分放权与有效监督的关系，最高人民法院在《司法责任制意见》中规定，院长、副院长、庭长对于下列案件行使必要的事中监督权：合议庭审理的涉及群体性纠纷、可能影响社会稳定的案件，疑难、复杂且在社会上有重大影响的案件，与本院或上级法院的类案判决可能发生冲突的案件，以及有关单位和个人反映法官有违法审判行为的案件。目前，各地法院均按照最高人民法院的要求，制订了落实方案。具体执行机制一般如下：（1）要求承办法官在审理案件时，发现“四类案件”情形的，应当主动向庭长报告；审判长认为案件属于“四类案件”情形的，应当提醒办案法官将案件主动纳入监督管理；院庭长发现需要监督的“四类案件”情形的，可以要求承办法官、合议庭报告；纪检监察部门、审判管理部门发现属于“四类案件”情形的，可提请院庭长履行监督管理职责。（2）对于“四类案件”，院庭长可以查阅卷宗、旁听庭审、对案件流程情况进行查看和监控，可以要求承办法官、合议庭报告案件进展情况和评议结果；如有单位或个人反映法官有违法审判行为的，院庭长可以按照程序调整案件承办法官。（3）院庭长在接到承办法官或合议庭的报告后，如有异议，应当将案件提请专业法官会议或审判委员会进行讨论。（4）院庭长的监督管理均在办案平台标注，监督管理的时间、内容在案件卷宗和办案平台全程留痕。贯彻执行上述监督机制，能够在一定程度上实现对案件的有效监督，防止和减少案件

“带病”进入审判委员会讨论环节，切实提高办案质量和审判效果。

3. 逐步提高审判委员会的专业化程度

一是优化审判委员会成员结构。2010年最高人民法院印发的《关于改革和完善人民法院审判委员会制度的实施意见》规定，各级人民法院审判委员会除院长、副院长、庭长担任审判委员外，还应当配备若干名不担任领导职务，政治素质好，审判经验丰富，法学理论水平较高，具有法律专业高等学历的资深法官委员。该意见还指出，中共中央《关于进一步加强人民法院、人民检察院工作的决定》已经明确了审判委员会专职委员的配备规格和条件，各级人民法院应当配备若干名审判委员会专职委员。然而，至今，各地法院审判委员会的成员结构变化情况不大，由院长、副院长、各业务庭庭长担任审判委员会委员的习惯做法并没有改变。尽管各院审判委员会均配置了专职审判委员会委员，但专职委员来源于业务庭庭长，担任专职委员属职务晋升，他们除参与审判委员会讨论案件，在日常工作中也承担着协助副院长主管各审判领域工作的职能，与其他担任审判委员会委员的副院长、庭长并没有实质上的区别。因此，改革审判委员会制度，要在审判委员会成员结构中提高非领导职务审判委员会委员的比例，鼓励法院审判业务骨干参与竞争入选，从而逐步淡化审判委员会浓厚的行政化色彩。

二是真正落实院长、庭长办案制度。作为审判委员会委员的院庭长一般都是业务能力强、业绩突出的办案能手，让他们回归办案一线，既是充分利用优质司法资源，又有利于不断增强其司法实践能力，提高工作水平，充分发挥院庭长对审判工作的示范和指导作用。对此，最高人民法院于2017年4月印发了《关于加强各级人民法院院庭长办理案件工作的意见（试行）》，对院庭长办案提出了明确具体要求。该项工作在各级法院推进以来，取得了较好的成效，但也存在一定的问题：入额的院长办理的案件一般不是由电脑分配的，而是指定分配的。为了不耗费院长的精力，业务部门往往先进行筛选，挑选出案情简单、事实和法律上没有争议的案件给院长承办。且院长办理案件的过程更多地由法官助理参与，甚至有的院长承办的案件，由案件所在的业务庭庭长参与组成合议庭并由庭长亲自承办，院长只是挂名而已。如此落实下来的院庭长办案制度只具有象征意义，不仅无法实现制度设置的初衷，还增加了业务部门的工作量，影响审判效率。因此，要真正落实院庭长办案制度，应按照最高人民法院的工作要求，健全立案环节的甄别分流机制，推动将重大、疑难、复杂、新型和在法律适用方面具有普遍意义的案件优先分配给院庭长办理。对于特别重大、疑难、复杂的案件，可以由院长、副院长、审判委员会委员组成合议庭审理。

4. 完善审判委员会讨论案件的运行程序

审判委员会制度一直受到诟病的主要原因在于审判委员会委员没有亲历庭审，却对案件有决定权，而这违背了庭审公开、直接言词原则。对此，理论界和实务界提出不少改革的举措，包括对应当由审判委员会讨论的案件，由审判委员会委员组成合议庭亲历庭审，或者组织审判委员会委员旁听庭审过程，在审判委员会会议上当庭播放庭审录像，节选被告人最后陈述等内容给委员们观看。我们认为，这些建议和举措具有一定的前瞻性，但在司法实践中，人力、物力和审判人员的精力上都不允许这样做，故其可操作性不强。我们认为，克服审判委员会“判而不审”的弊端，应在以下三方面做工作。

第一，细化和规范承办法官汇报案情的程序和方式。

审判委员会委员主要是通过基于承办法官、合议庭的汇报发表意见并作出决议的方式对案件进行讨论。而最高人民法院《关于改革和完善人民法院审判委员会制度的实施意见》中关于向审判委员会汇报案件的程序的规定较为简单，无法满足工作需要。为确保审判委员会委员全面掌握案件的基础事实，结合相关规定，我们建议从以下几方面细化承办法官汇报案情的程序和方式。

一是合议庭评议后拟提交审判委员会讨论的案件，应先提交专业法官会议决定。专业法官会议同意提交的，承办法官应准备向审判委员会提交审理报告。审理报告应当符合以下要求：客观、全面反映案件事实、证据，说明合议庭争议的焦点、分歧意见、理由和拟作裁判的内容；审理报告应当文字简洁、内容清晰、争议焦点归纳表述准确；二审案件应当对原审判决的事实和证据进行归纳、总结，突出双方争议焦点，不能简单复制原判内容；附案件主要证据材料，对于新类型和疑难案件，还应当搜集相关案例并附上主要内容；审理报告中注明合议庭、专业法官会议的意见及理由，合议庭意见中应当列明需要审判委员会讨论决定的具体问题并归纳出不同意见及理由。由于审判委员会需要讨论的案件较多，就每起案件听取汇报的时间有限，为确保审判委员会委员在讨论时能够全面掌握案情并发现问题，审理报告可提前两日上传至审判委员会系统，以便于审判委员会委员提前阅读。

二是对于提交审判委员会讨论的审理报告，承办法官应先交由其他合议庭成员修改，再逐级报送部门主管副庭长（或审判团队负责人）、庭长、主管院长修改把关。审理报告修改的过程全程留痕，且全部附全案卷宗。由于主管副庭长、庭长、主管院长未参与案件审理，因此，他们在签发审理报告时应当阅卷，并写明本人的意见。

三是对于经报请主管院长同意报审判委员会讨论的案件，承办法官提前三日向院审判委员会秘书提交案件审理报告，同时提交专业法官会议记录复印件。

四是审判委员会讨论案件一般由承办法官汇报，合议庭其他成员、主管副庭长可列席。部门庭长还不是审判委员会委员的，也应列席。

五是审判委员会讨论案件一般由承办法官先简要汇报审理报告的主要内容，并就案情回答各位委员的提问。列席的合议庭其他成员经允许后可补充回答问题。

六是委员发表意见时，作为审判委员会委员的部门庭长应就案件情况、定罪量刑的依据和考量发表意见。其他委员按法官等级由低到高依次发表意见，主持人最后发表意见。

第二，加强对当事人诉讼权利的保障。

应保障当事人对审判委员会讨论案件的知情权，一般向当事人，尤其是被告方，告知案件需交由院审判委员会讨论决定。以可能判处被告人死刑的案件为例：通常在法庭审理即将结束审判长宣布闭庭前向各诉讼参与人告知该案经合议庭评议后由院审判委员会讨论作出决定。另外，应将审判委员会委员姓名和履行职务的相关信息作为审务公开内容，通过本院门户网站或其他方式对外公开。审判委员会委员具有需要回避的情形的，可自行申请回避，是否回避由院长决定；院长的回避，由审判委员会决定。对于当事人提出的回避请求，法院应当受理并作出处理。

由于审判委员会会议是在相对封闭的情况下召开的，在审判委员会委员未亲历庭审，当事人又不能参与审判委员会讨论的情况下，审判委员会讨论决定的公开性、公正性一直受到质疑。因此，有学者提出审判委员会讨论案件过程应允许当事人参与，或者通过在裁判文书中全面反映审判委员会讨论案件经过的方式对此予以公开。我们认为，目前该意见还不成熟，理由在于：首先，对于拟提交审判委员会讨论的案件，在开庭审理环节，合议庭一般格外重视控辩双方的意见，且在合议庭评议、拟提交审判委员会讨论的审理报告中已对双方意见进行了充分回应。实践中，庭审后辩方提交新的意见或证据材料的情况也并不多见。于是，当事人，尤其是被告方，参与审判委员会讨论过程，只具有象征意义而无实际必要。其次，审判委员会委员发表意见和表决案件与合议庭评议在性质上是相同的，都属审判秘密，过程不能公开。至于在裁判文书中全面反映审判委员会讨论案件经过的建议也不具操作性，理由是经审判委员会讨论的案件，如果审判委员会与合议庭意见一致，只需在本院认为部分中将合议庭意见予以表述；如果审判委员会与合议庭意见不一致，在裁判文书中可直接表述审判委员会的意见。如果审判委员会的意见出现错误，可依据副卷中审判委员会的笔录进行相应追责。因此，审判委员会讨论案件过程公开尚缺乏现实基础，将来能否公开以及公开的程度，还有待在今后的实践中依据内外环境的变化及法治进程再行探索。

此外，有人提出检察院检察长列席审判委员会会议制度在一定程度上打破了诉讼结构的平衡，从而难以保障诉讼各方意见的充分有效表达；同时提出改革的思路，即直接废除检察院检察长列席审判委员会会议的制度或者在允许检察院检察长列席会议的情况下，准许辩护方列席会议。[①] 检察院检察长列席审判委员会制度在全国已普遍推行多年，《人民法院组织法》的相关规定是其法律依据，2010 年最高人民法院、最高人民检察院联合发布的《关于人民检察院检察长列席人民法院审判委员会会议的实施意见》进一步明确了该项制度的任务、讨论案件的范围以及具体程序。2018 年 6 月，最高人民检察院检察长张军作为中华人民共和国首席大检察官首次列席最高人民法院审判委员会并发表意见。这一举动在各级检察机关引发了示范效应，也引发了学界对该项制度的热议。尽管检察院检察长列席人民法院审判委员

① 左卫民．审判委员会运行状况的实证研究．法学研究，2016（3）．

会一直被视为检察机关向人民法院行使法律监督权的表现，且通过阐释检察机关的意见，可以促进审判委员会更加全面地了解案件情况，并在进一步充分讨论后得出公正的裁判结果，也有利于及时发现和纠正检察机关自身存在的问题，有助于提升检察能力，但该项制度确有弊端：首先，根据上述2010年意见的规定，检察院检察长出席审判委员会并有权在承办法官汇报完毕后、各委员表决前发表意见，检察院检察长与法院院长相同的身份、地位以及其表达观点的态度、语气难以避免地会给各委员带来压力，可能影响审判委员会之意见的中立性。其次，在被告人、辩护人不在场的情况下，如果检察院检察长提出被告人有罪、罪重的意见且与承办法官、审判委员会的意见不一致，那么法官必然会充当辩护人的角色；如果双方意见一致，则检察院检察长也没有出席审判委员会的必要。因此，有必要对检察院检察长列席审判委员会制度进行规制，使其既能发挥法律监督作用，又不逾权，防止控辩失衡、侵犯被告人的诉讼权利。考虑到我国刑事诉讼律师辩护制度全覆盖试点工作正在推进，未来刑事被告人均可在刑事诉讼中获得律师帮助的情况，我们建议时机成熟时，对检察院检察长列席审判委员会的案件，律师可列席并在检察院检察长发表意见后发表意见或进行陈述。当然，出于保密的需要，检察院检察长和律师在发表意见后，不能旁听案件讨论。

第三，要健全审判委员会的责任追究机制。

我国法院对审判责任的追究，并非错案追究，而是违法审判责任追究，即责任追究的前提是审判人员在工作中有违法违纪行为。目前，尽管审判委员会讨论案件时有文字记录并由各委员签名，但为了更好地实现监督追责，我们建议对会议全程录音录像，如果是由于合议庭汇报案件时，故意隐瞒或者故意提供虚假证据、重要情形，导致审判委员会作出错误决定的，则由合议庭成员承担责任，审判委员会委员根据具体情况承担部分责任或不承担责任，参与讨论决定的审判委员会成员对自己发表的意见及最终的表决负责。

第九章　刑事庭审的智慧探索

一、智慧法院的转型背景

中国共产党十八大以来，以习近平同志为核心的党中央高度重视信息化工作，作出实施网络强国战略、大数据战略、“互联网＋”行动等一系列重大决策，开启了信息化发展新征程。习近平总书记指出：“信息化为中华民族带来了千载难逢的机遇。我们必须敏锐抓住信息化发展的历史机遇，加强网上正面宣传，维护网络安全，推动信息领域核心技术突破，发挥信息化对经济社会发展的引领作用。”2016 年 7 月，中共中央办公厅、国务院办公厅印发的《国家信息化发展战略纲要》中提出要建设“智慧法院”，促进司法公平正义。

当前，在积极稳妥推进司法改革的进程中，人民法院的工作也面临着前所未有的挑战和机遇，例如：大量涉网案件的集中出现，倒逼法院提升司法效率、改进办案方式，推进司法体制加速改革；法院信息化过程中累积的办案数据，逐步沉淀为宝贵的经验资产，司法人员渴求将其转变为切实的办案参考；人民群众对公正、透明、高效司法的需求不断增长，而司法资源的有限性与配置不均衡问题日益凸显……在此矛盾集中显现、发展重大利好的关键时期，最高人民法院院长周强提出，要“紧紧抓住新一轮科技革命和加快推进科技强国、网络强国、数字中国建设带来的重大战略机遇，把智慧法院推向全面建设的新格局，促进和实现审判体系和审判能力的现代化”。建设“智慧法院”，旨在让司法更加公正和高效，通过实现审判体系和审判能力的现代化，更好地服务于国家治理目标。

（一）智慧法院是什么

智慧法院，是指“依托现代人工智能，围绕司法为民、公正司法，坚持司法规律、体制改革与技术变革相融合，以高度信息化方式支持司法审判、诉讼服务和司法管理，实现全业务网上办理、全流程依法公开、全方位智能服务的人民法院组织、建设、运行和管理形态”[①]。2016 年 2 月，最高人民法院印发了《人民法院信息化建设五年发展规划（2016—2020）》，对“十三五”期间智慧法院的建设目标、重点任务、实施路线提供了根本遵循和依据。这一规划，通过整体描绘智慧法院的发展蓝图，做好了整个智慧化建设庞大体系的顶层设计。2017 年，最高人民法院发布《关于加快建设智慧法院的意见》，为 2017 年总体建成、2020 年深化完善人民法院信息化 3.0 版的建设任务提供了指导。2019 年 4 月，最高人民法院在新发布的《人民法院信息化建设五年发展规划（2019—2023）》中明确，“人民法院信息化 3.0 版的主体框架已然确立，智慧法院已经由初步形成向全面建设迈进。”

总的来看，智慧法院的建设是一个系统工程，其中包括：要构建全要素的集约化信息网络体系，进一步提升执法办案场所的信息化水平；要构建全业务全流程的融合应用体系，形成“一站式”的综合服务体系；要通过完善国家司法审判信息资源库、建立数据集中管理和质量保障机制、建设数据共享交换平台、建立大数据分析系统以及探索建立人工智能辅助决策体系等，构建全方位的信息资源及服务体系。

具体而言，智慧法院的建设不同于法院信息化。1986 年最高人民法院工作报告中提出了“计算机进法院”的设想，此时的“信息化”主要表现为司法统计，统计结果多是用于总结的基本指标（如结案收案数）；1996 年，最高人民法院发布《全国法院计算机信息网络建设规划》，第一次构想了司法系统信息化建设的全景；2002 年，第一次全国法院信息化工作会议召开，全国法院信息化建设全面启动；中国共产党十八届四中全会明确了依法治国的核心后，法院信息化进入普遍推进阶段，顺利完成了法院信息化 1.0 的普及；2013 年，最高人民法院第一次出台《人民法院信息化建设五年发展规划（2013—2017）》，明确了信息化的建设目标，要求高级人民法院信息化率达到 100%，中级人民法院和基层人民法院达到 95%和 90%以上；2015 年，以“互联互通”为特征的法院信息化

① 此为 2016 年最高人民法院周强院长提出的概念定义，并被纳入《国家信息化发展战略纲要》和《“十三五”国家信息化规划》等文件中。上述定义明确了智慧法院的技术背景、根本宗旨、建设途径、主要目标、基本要求和实质内涵。

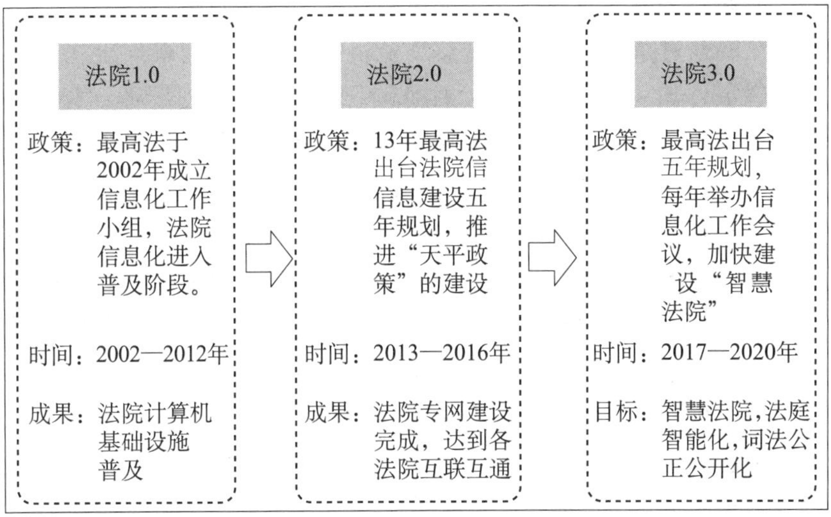

图 9-1　人民法院信息化建设的转型升级

2.0 顺利完成。[①] 此时，还并未真正进入“智慧法院”的建设阶段。

在推进智慧法院系统建设的过程中，需要信息化手段提供坚强的基础支撑。智慧法院旨在大力提升审判工作质效、促进法院工作透明便民、运用新兴科技提供精准智能的司法服务。信息化是支撑智慧法院建设的必要前提及重要基础，“智慧法院”通过信息化促进审判体系和审判能力现代化，是人民法院在新时代下的一种新型组织、建设、运行和管理形态。

目前，智慧法院建设已经构建起了五大网系（法院专网、移动专网、外部专网、互联网和涉密内网），实现了全国 3 525 个法院、10 759 个人民法庭和海事派出法庭所有干警“一张网”办案、办公、学习和交流。以各级法院建成的 2.9 万多个“科技法庭”为例：目前已经可以实现多媒体证据展示、远程审判、庭审录音录像、庭审直播、庭审语音自动识别等等功能；根据西藏、四川等地区自身的特点，科技法庭被搬上巡回审判车，为处于村庄、牧场或田间地头的人民群众提供了便利的司法服务……这不仅大大提高了审判效率和审判质量，有效促进了司法公开，同时也保障了公民对司法活

① 2017 年中国智慧法院未来行业发展趋势分析．[2019-03-28]．http：//www.chyxx.com/industry/201807/654454.html.

动的知情权和监督权，着实提高了人民群众的获得感与参与感。

智慧法院通过搭建平台实现智慧功能，例如：以中国审判流程信息公开网、中国庭审公开网、中国裁判文书网和中国执行信息公开网为主体的四大公开平台；以全国企业破产重整案件信息网，减刑、假释、暂予监外执行信息网，中国司法案例网等为延伸的新型平台。这些司法公开平台共同构建起了开放、动态、透明、便民的阳光司法机制。目前，上述平台已经覆盖全国四级法院、所有案件类型，实现了从立案到执行主要流程节点的全部自动公开。

除上述司法公开平台外，“人民法院调解平台”支持当事人在线提出调解申请，法院通过有效集合相关资源实现类案推送，以促进社会矛盾的有效预防和化解；“法信”平台汇聚了各类法律知识资源、案例、专业知识和成果，能够为法官、律师、学者、社会公众等不同群体提供有效的法律知识资源检索与智推服务；“全国法院大数据管理和服务平台”实现了基于个案信息的司法审判数据自动汇聚，目前已汇集全国法院近 1.4 亿案件数据，成为全世界最大的审判信息资源库，可以展开对全国法院审判态势的实时分析及人事绩效评估；“人民法院工作人员违纪违法举报中心网站”支持群众举报的网上受理、督办预警和信息发布，可以促进司法规范与廉洁；“人民法院可视化质效型运维管理平台”（也称“法眼平台”）关注运行状况和应用质效，从宏观与微观、实时与事后、常态与应急等不同方面的需求展开实时监测，实现对资源的客观把握、及时调度与合理运用。

根据 2018 年 4 月最高人民法院发布的《智慧法院建设评价报告（2017 年）》，目前我国智慧法院建设指数在 80 至 90 区间的法院最多，达到 847 家。这标志着全国智慧法院已初步形成。此外，中国法院信息化整体上达到世界先进水平，很多方面已经处于领先位置。2020 年发布的《智慧法院建设评价报告（2019）》显示，当前全国智慧法院建设成效显著，基础架构已经搭建、运营体系逐渐完善、信息化与执法办案深度融合，全流程网上办案全面铺开。这意味着我国智慧法院正从初步建设过渡至深度应用。

（二）智慧法院建设的必要性

在司法改革与信息化的大背景下，我国建设智慧法院的需求呼之欲出。其一，我国立案登记制改革后，坚持“有案必立、有诉必理”，各地法院的收案数量大幅增长，不少省份收案数增幅超过 20%。[①] “法官员额制” 改革使法官趋向专业化、精英化，法官数量相对 “精减”[②]。面对这样案多人少矛盾突出、办案人手严重不足的现状，以新兴技术应用为特征的智慧法院在一定程度上能够满足提升审判效率的迫切需要。作为配套机制的庭前准备程序的完善，如召集庭前会议、明确诉辩意见、归纳争议焦点、固定相关证据等，也有利于促进纠纷在庭审阶段的高效解决。[③] 其二，新类型案件显著增加（主要体现为涉网案件、涉金融案件等），对司法人员的办案能力及相应的基础设施支撑提出了更高的要求。此类案件的专业性强，承办法官往往欠缺这方面专业知识，难以应对其中的专业、疑难、复杂问题，容易导致对案件事实的理解、对证据的把握及对法律的适用出现偏差。涉网案件通常跨地域，这对取证及案件管辖等均带来了挑战。从近年集中爆发的涉众型经济案件来看，司法人员疲于应对的现象更加突出，并且普遍出现了知识与技能恐慌。此时，需要通过完善制度、优化工具、提升能力等全方位创新，来回应上述司法难题。其三，纸质卷宗的弊端与电子卷宗的优势对比日益明显。传统纸质卷宗难以适应办案人员高效查找、对比分析与流转案件信息的需求，而电子卷宗随案生成、便于查找分析，能够显著提高审判效率并实现全程监督，给一线司法人员带来了切实的便利，也为智慧法院建设奠定了前提基础。其四，对办案过程中累积的大量数据的使用价值及安全性问题的考虑。经法院信息化建设后，办案人员留存于办案平台的大量数据，实际上是办案人员一点一滴攒起来的 “经验存款”。在信息互通互联的大背景下，办案人员便产生了 “经验融通” 的需求，期望借助平台的方式贡献个人经验、凝聚集体智慧。在这一过程中，因办案数据具有敏感性而应当采取措施保障其流转的安全与可靠。

综上可以看出，时代的进步要求法院的运作机制和流程都应进行相应的革新。目前，我国的审判体系和审判能力离现代化的标准还有很大的距离，

---

① 去年各地法院收案量普遍大增．[2019－03－28]．http：//www.legaldaily.com.cn/index/content/2017－02/07/content_7003192.htm? node=20908.

② 李林，田禾主编．法治蓝皮书・中国法院信息化发展报告（2018）．北京：社会科学文献出版社，2018：216.

③ 最高人民法院《关于人民法院推行立案登记制改革的意见》（2015 年 4 月 15 日发布）。

实现向智慧法院的转型是我们义不容辞的责任与机会。我们也应当认识到，建设“智慧法院”的初级目标是解放“人手”，而终极目标应是形成超越个人智慧的更高程度的“大智慧”[①]。也即提高司法效率至关重要，但司法公正仍是我们不懈努力追求的目标。在这一点上，建设智慧法院是必答题也是加分项。

（三）智慧法院建设的意义与目标

智慧法院的建设具有重要意义。最高人民法院《关于加快建设智慧法院的意见》中指出，加快建设智慧法院是落实“四个全面”战略布局和五大发展理念的必然要求，是国家信息化发展战略的重要内容，是人民法院适应信息化时代新趋势、满足人民群众新期待的重要举措。当下，我们要站在推进国家法治建设、促进审判体系和审判能力现代化的高度，认识和推动智慧法院建设。

就推进国家法治建设层面而言，智慧法院建设过程中对司法大数据的开发与应用，形成了智慧的“乘积效应”。司法大数据是人民法院的重要资源。2014 年 7 月，人民法院大数据管理和服务平台正式上线。至 2015 年 10 月底，已实现了对全国法院案件数据的全覆盖。至 2018 年 4 月，该平台累计汇聚 1.4 亿件案件信息，具体包括案件、文书和卷宗等审判执行信息，以及司法人事、司法政务、司法研究、信息化管理、外部数据等六大数据体系，为司法大数据的应用提供了全面丰富的数据资源。这些司法大数据具有巨大的潜在价值，对其进行分析与应用，有助于全国各级法院及时掌握审判动态。“小智治事，中智治人，大智立法”，加强对海量司法数据的研究，有助于司法人员正确认识、把握和总结审判规律，并依此制定司法解释或办案指引，必要时也可为基本法律的制定提供依据或参考。

智慧法院建设在促进审判体系现代化方面，主要体现为针对当事人的司法便民服务，例如，通过建立诉讼服务大厅，提供个性化的服务等，创新了诉讼服务模式，显著优化了诉讼程序。在我国相继成立的三家互联网法院，

① 据最高人民法院副院长贺荣介绍，法院信息化 3.0 版具体包括：形成全国法院固定和移动网络相结合、全面支持广大干警和社会公众随时随地接入的“网络法院”；形成司法公开和诉讼服务全面覆盖全国法院和人民群众，开放、动态、透明、便民的“阳光法院”；形成最高人民法院和高级人民法院主要业务信息化覆盖率 100%，国家司法审判信息资源库案件数据、电子档案、司法解释等覆盖率 100%，具有信息共享、业务协同和按需服务能力的“智能法院”。

对此提供了极具参考、借鉴意义的优良范本。同时，最高人民法院也建立了一整套人民法院信息化标准体系，以规范各级法院的具体系统研发和建设；研究编制了一整套智慧法院评价的指标体系，检验成效、发现不足，并进一步用于指导规划和标准的编制。通过从规划到标准到实施到评估的闭环，不断推动智慧法院建设的迭代与完善。

智慧法院建设有助于促进审判能力现代化。针对法官而言，能够进一步统一其裁判标准，规范其司法行为，提高审判质效。具体而言，“智审系统”的应用可以开展随机分案、繁简分流、智能法规与案例推送、裁判文书自动生成、辅助定罪量刑等，为法官切实提供智能化支持；有关平台的搭建，可以聚集法官对疑难案件进行线上研讨或经验共享，汇聚司法人员的智慧，形成“合力办案”优势。此外，借助司法公开平台，有助于落实司法责任制，监督员额法官的办案质效，提升司法透明度与司法公信力，促进公正、廉洁、规范司法。

2017 年 6 月 26 日，中央全面深化改革领导小组第三十六次会议审议通过了《关于设立杭州互联网法院的方案》，决定在杭州设立互联网法院；2018 年 8 月，最高人民法院印发《关于增设北京互联网法院、广州互联网法院的方案》的通知。至此，我国在全世界范围内首次建立了三家互联网法院。2018 年 9 月，最高人民法院发布《关于互联网法院审理案件若干问题的规定》，统一规范了三家互联网法院的诉讼活动，内容包括互联网法院的管辖范围、上诉机制和诉讼平台建设以及在线诉讼的相关诉讼规则等。上述对互联网法院的探索经验，形成了我国智慧法院建设的样本案例。在国际范围内，2016 年 11 月举办的第三届世界互联网大会智慧法院暨网络法治论坛中，达成了《第三届世界互联网大会智慧法院暨网络法治论坛乌镇共识》，其中展示了中国智慧法院的建设成果及对智慧法院未来发展的畅想。建设更加公正高效的法院，是任何国家推进司法进步的必然选择，而借助互联网技术建设智慧法院以保障司法改革，则是必然趋势。

最高人民法院院长周强指出：中国法院正积极主动拥抱现代科技，推动现代科技与法院工作深度融合，加快建设智慧法院。[①] 如今，智慧法院的建设已初步具备了网络化、阳光化、智能化等特征，有力促进了审判能力和审

① 周强在丝绸之路（敦煌）司法合作国际论坛上作专题发言时表示：深化司法改革 加强信息化建设和队伍建设 促进审判体系和审判能力现代化．(2017 - 09 - 26)［2019 - 06 - 19］. https://www.chinacourt.org/article/detail/2017/09/id/3005560.shtml.

判体系现代化。[①] 下一步，最高人民法院将把智慧法院推向全面建设的新格局，持续探索具有中国特色的智慧审判运行模式，实现“从强调工具性的浅层运用推向更深层次的规则治理和制度构建，破解传统手段无法有效解决的诉讼难题”[②]。

二、智慧庭审的创新探索

信息科技为司法智能化插上了腾飞的翅膀，日新月异的新兴技术也为各地智慧法院建设注入了前所未有的活力。有学者总结了在信息化时代庭审方式的变迁，主要表现为“庭审传播方式的多元化、庭审审理活动的虚拟化、证据形式及运用的电磁化以及庭审信息化建设的制度化”[③]。目前，我国的智慧法院建设取得了较为可观的成效，智慧庭审领域也逐渐出现了一系列创新探索。综观这些成果，包括且不限于：远程庭审系统，智能语音庭审记录系统，电子举证、质证系统，法规、案例智能检索与推送系统，智能辅助定罪量刑系统，同案同判数据监测平台……这些探索背后的实质，正是需求催生产品、产品凝练经验、经验引发智慧、智慧促成质效。从目前来看，上述系统相互之间具有一定的独立性，但若对其进行适当融贯，则更能发挥潜在的应用价值。

（一）远程庭审系统

远程庭审，即通过计算机网络技术、多媒体存储与显示技术、音频处理技术等现代科技手段，使审判人员与当事人、其他诉讼参与人能够分别在不同地点同时参加网上庭审活动的审判方式。[④] 在刑事案件庭审过程中，公诉人在检察院、被告人在看守所审讯室即可接受法院的审理判决。其间，远程庭审的主画面可以根据不同发言情形作出自动切换，证据材料也可通过多媒体平台进行展示。还可实现异地取证、远程提讯、与法院外的其他单位互通

① 最高人民法院：初步形成以网络化阳光化智能化为特征的智慧法院．［2019-03-28］. http://www.sohu.com/a/232896018_118392.

② 周强在最高人民法院网络安全与信息化领导小组会议上强调：坚持以人民群众需求为导向 加快智慧法院建设．人民法院报，2018-04-04.

③ 梁坤主编．信息化时代庭审方式变迁的实证研究．北京：清华大学出版社，2018：1-20.

④ 熊秋红．远程庭审有哪些优势与不足．人民论坛，2016（27）.

等，进而促成数字法庭的形成。[①] 此外，法院在巡回审判时也可使用远程庭审系统。例如，云南省昆明市官渡区人民法院板桥人民法庭的巡回审判组成员曾借助便携式数字庭审系统，经由中国庭审公开网对庭审全过程进行同步直播。庭审结束后，实时打印出庭审笔录，远程作出电子签章，后续再将该系统“打包装箱”，最终结束了一次便捷简易的远程庭审。[②]

图 9-2　云南省昆明市西山区人民法院利用远程视频庭审系统审理刑事案件[③]

图 9-3　北京互联网法院在线庭审[④]

远程庭审主要通过网络途径实现线上庭审，相比于传统的线下庭审而言，其流程发生了许多改变。下面，以《杭州互联网法院网上庭审规范》为例，对远程庭审的流程规范进行说明。

---

① 梁坤主编．信息化时代庭审方式变迁的实证研究．北京：清华大学出版社，2018：55.

② 茶莹，杨帆．云南法院：开创智慧法院建设新模式．中国审判，2018（2）.

③④ 图片来源于网络。

首先，在开庭之前，当事人需经过网上起诉、网上受理、网上应诉与答辩环节，将诉辩意见、证据及质证意见完整输入杭州互联网法院诉讼平台。诉讼平台原则上采用电子送达的方式[①]，完成文书送达。在开庭前的准备阶段，审判辅助人员提前检查好网络环境、远程庭审系统等软硬件设备，保证系统可用。除常规庭审纪律外，再特别告知：庭审中若确非技术、网络故障等原因导致庭审无法正常进行，原告擅自退出的，按撤诉处理；被告擅自退出的，则按缺席继续审理；无关人员不得进入网上庭审区域；若有诉讼参与人违反法庭纪律、破坏法庭秩序、妨碍诉讼活动顺利进行的，庭审录音录像可以作为追究其法律责任的证据。系统提示“进入庭审”，审理法官通过在线出示身份证件等方式，完成对当事人的身份认证，并点击“开始庭审”。

其次，在庭审过程中，审判长或审理法官对可在线核验的基础性争议事实，可视情况依职权当庭审查。对于要素式、结构化的案件事实，庭前已由双方当事人在线勾选内容的，法官可在此基础上进一步调查。庭审期间若需休庭，则可点击“休庭”按钮。若有证人、鉴定人、勘验人、检查人等出庭的，需在线经身份识别认证后，等候审判长或审理法官发送庭审码传唤其登录。书记员可不参与庭审，因网上庭审全程录音录像，且采用智能语音识别技术，其可自动生成庭审笔录（系统也支持书记员上传笔录），或直接由庭审录音录像替代庭审笔录。

最后，审理的案件若无争议或争议不大，则原则上当庭宣判。[②] 对于适用普通程序审理的民事、行政案件，也要逐步提高当庭宣判率。审判长或审理法官要充分考虑当事人信用记录、相似案例等数据信息，以确定判决结果。休庭或闭庭后，双方当事人可进行在线阅读、核对庭审笔录，如果需要修改补正，可通过实时画面告知书记员进行修改。经确认各方当事人都修改补正完毕并点击确认，书记员保存笔录并点击“结束庭审”后，所有人均退出庭审。对于未当庭宣判的案件，法官通过诉讼平台进行宣判，并将裁判文书上传至诉讼平台供各方当事人查看，同时通过线下邮寄方式向当事人寄送

---

① 具体方式包括：向当事人诉讼平台账户、绑定诉讼平台的手机号、电子邮箱、阿里旺旺、微信等推送诉讼材料，完成送达。

② 审理法官在庭审结束后可进行在线宣判。对于适用小额诉讼程序审理的民事案件，原则上应当当庭宣判。对于适用民事、行政简易程序审理的案件，一般应当当庭宣判。

纸质裁判文书。

据了解，杭州互联网法院现有大量案件通过调解方式结案。[①] 如此方式，既减少了法官审判的工作量，又彻底化解了纠纷，实现了裁判质量和效益的双提升。在远程视频调解过程中，审判长或审理法官提供在线调解平台，并充分运用当事人信用记录、相似案例等数据信息，引导双方在线协商。调解达成协议后，经双方当事人同意，可通过诉讼平台在线确认调解协议的内容。

当然，线上审理方式与线下审理并非完全隔绝。当事人对证据原件有异议的，可于庭后指定时间内到法院现场确认并发表补充质证意见；确有必要的，也可以安排线下庭审。

从实践来看，线上庭审方式也处于不断的探索与完善中。前不久，江西省南昌市中级人民法院借助 VR 虚拟现实技术，通过 5G 网络传输实现庭审音视频 4K 直播，观众使用 VR 眼镜、手机后可“沉浸式”体验庭审全过程。可见，由于技术的升级换代，传统上为时间、空间等所限制的审判影响因素逐渐消失。相比于线下庭审，线上庭审所具备的优势日益明显，弊端也逐步消解。[②] 5G 网络的应用，也为远程庭审提供了可靠的技术支撑。据了解，河北省雄安新区中级人民法院已实现 5G 信号全覆盖，并顺利完成了全国首个 5G 环境下的刑事案件三方远程视频庭审。借助 5G 网络实现超高清晰的音频、视频传输，有助于解决以往远程视频庭审“延时长、不清晰、不稳定”的难题。此外，5G 的全新加密技术也使庭审的安全性、可靠性、稳定性更强。[③]

可见，远程庭审是介于书面审理与开庭审理之间的一种审理方式。书面审理主要由法官在梳理案卷材料、明晰事实后作出裁决，但难以避免未当面听取双方当事人陈述的缺陷，无法落实直接言词原则；开庭审理要求控、辩、审三方均同时出现在法庭，若三方位于不同地域，则易产生较高的出庭

---

① 诉讼平台专门设置了“调解前置”程序。进入诉前调解的案件，由调解管理员分配一名调解员，双方当事人均可在诉讼平台“在线调解”中输入自己的调解意向。调解时间一般为 15 日，在双方当事人均同意的情况下可适当延长。

② 江西南昌：“试水”VR 直播庭审 提供沉浸式庭审旁听.［2019-03-16］. https：//mp. weixin. qq. com/s/ac-uRpR _ eTWQbydTtmkoGg.

③ 雄安新区法院 5G 远程刑事庭审. 燕赵晚报，2019-05-13.

成本。因此，远程庭审既克服了书面审理的不足，又具有开庭审理所不具备的优势：其一，远程庭审具有空间优势，通过在线、结构化的审理方式，优化简便了诉讼程序。控辩双方无须到达庭审现场，法官通过在线方式听取当事人双方的意见，双方进行在线举证、质证，这样，不仅节约了出庭的时间成本，也减少了庭审过程中不必要的时间开支，显著提高了庭审效率。其二，远程庭审具有时间优势，不仅有效缩短了时间长度，更在时间结构上实现了优化。如杭州互联网法院根据现实需要探索建立了“异步审理模式”，即当事人和法官可以在不同时间段参加庭审，以非同步方式完成诉讼。其三，远程庭审有助于防范风险。远程庭审方式有效避免了押解被告人途中的风险，同时可为证人作证提供技术上的保护方式，减少了证人因出庭造成的经济损失，因而有助于推动证人出庭作证。[①] 其四，远程庭审促进庭审实质化。远程庭审有助于摆脱庭审流于形式的弊端，是一种“更能实现正义的特殊审理方式”[②]。远程庭审不仅提升了诉讼双方的庭审参与感，“在不延长工作时间的情况下，使各诉讼参与人能够有更多时间充分陈述观点、展示证据、展开辩论”[③]，也促使法官及时、公正作出裁判。传统上，我国庭审有着浓厚的以法官为主导和中心的色彩，控辩双方表现较为消极、被动。而远程庭审中，诉讼各方相当于在同一平台上，其作出的“点击”“标示”“选择”等行为能够直接体现在大屏幕上，影响着诉讼程序的进行，故诉讼双方的参与感更强，有助于促进庭审的实质化展开。于法官而言，庭审中意外情形出现的概率减少，更加有利于其推进庭审持续进行，并有效掌控庭审秩序，从而提升了庭审的效果与质量。因此，远程庭审的应用最大限度地实现了司法便民利民，满足了人民群众对司法服务的需求，同时实现了司法资源的节约与优化配置。

（二）智能语音庭审记录系统

目前，庭审应用中的语音识别转写文字技术日渐成熟，识别准确率已相当之高。除针对常用的普通话转写外，还可针对方言、特定民族地区语言、外文实现转写。如“科大讯飞”研发的双语翻译系统，可以有效实现汉维、

---

① 汪海燕．论刑事庭审实质化．中国社会科学，2015（2）.

② 范黎红．远程审理的适用空间之展望．法学，2010（2）.

③ 潘金贵，谭中平．论刑事远程视频庭审规程的构建．法律适用，2019（9）.

汉藏等双语间的实时翻译；国家民族事务委员会研发的民族语言翻译系统，可针对更多种民族语言实现转写翻译。此外，手写文字识别功能也正在应用过程中逐步得到完善。

图 9-4　科大讯飞“智能庭审转写系统”实现庭审语音实时转录①

借助智能语音庭审记录系统，庭审过程中的记录工作量显著减轻，工作效率得到大幅提升。据了解，2016 年北京法院制作司法文书 33.53 万份，约 8.95 亿字。面对海量的文字处理工作，司法人员可应用这一功能辅助完成庭审记录，有效降低事务性工作负担，进而更加专注于审判核心业务工作。②

2017 年，最高人民法院发布《关于人民法院庭审录音录像的若干规定》，其中明确：“有条件的人民法院可以在法庭安装使用智能语音识别同步转换文字系统。”“人民法院通过使用智能语音识别系统同步转换生成的庭审文字记录，经审判人员、书记员、诉讼参与人核对签字后，作为法庭笔录管理和使用。”“适用简易程序审理民事案件的庭审录音录像，经当事人同意的，可以替代法庭笔录。”③ 可见，法院在对庭审录音录像制度进行改革之后，在某种程度上允许使用同步转换生成的文字或原始录音录像作为庭审笔录。这一方式不仅能够降低人工记录错误的风险，减少记录所耗费的时间，也可减轻书记员实时记录的工作负担。因此，上述规定亦为新型科技在庭审中的应用奠定了制度基础。

---

① 打造“智慧法院”——讯飞智慧庭审系统．[2019-02-23]．“科大讯飞”网站：http://www.iflytek.com/industry/tsxt.html.

② 法院引入智慧庭审服务．北京娱乐信报，2017-09-08.

③ 该规定第 2 条第 2 款、第 6 条、第 8 条。

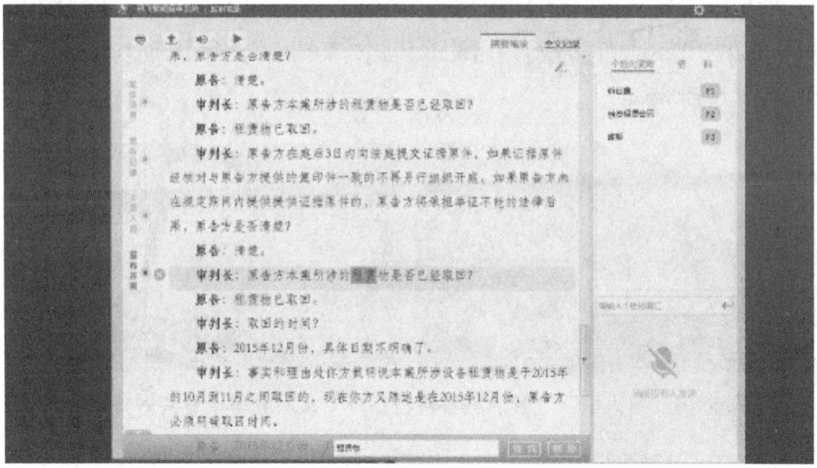

图 9-5 “科大讯飞”智慧庭审系统显示的庭审记录

除在庭审笔录上节约时间、提升效率外，智能语音庭审记录系统还于更深层次引发了庭审记录方式的变革。以浙江省高级人民法院启动研发的智能语音识别项目为例：该系统可根据案件性质、诉讼参与人数量、地域口音等不同情况，预先设置庭审角色，针对多被告、多证据等场景，在语音转换时自动注明发言人角色、自动区分庭审发言对象和发言内容；法官或书记员可实时修改或标注同步转换的文字，系统同时自动匹配标注部分的录音，方便后续查看和编辑；系统可自动学习历史案件数据，并结合不同法官和诉讼参与人的语音资料进行有针对性的学习，提升对“法言法语”的识别率，整体识别准确率可达 95%以上。目前，该系统可同时配合高清数字法庭系统、庭审录音备份系统和“审务云”，形成“视频+音频+文字”的智能记录体系。①

庭审记录完成后，该系统可针对庭审笔录实现快速自动批量修订，书记员只需进行少量修改即可实现对庭审的完整记录。该系统通过采用文本自动识别技术，对时间、日期、金额等日常用语，识别结果自动纠错，并自动排版。这为庭审结束后的笔录生成、信息校对提供了有力的支持。从效果来

① 浙江法院智能语音识别系统全面上线．中国法院网．[2019-02-23]. https://www.chinacourt.org/article/detail/2016/09/id/2087894.shtml.

看，江苏省苏州市中级人民法院使用该系统支持开庭 3 000 余次，经对比测试，语音识别正确率达到了 90%以上，庭审笔录的完整度达到了 100%。[①] 该应用针对普通案件可节省庭审时间超过 20%，举证质证、法庭辩论环节可节约 50%以上的时间。此外，这一记录方式相比传统手工记录方式更为客观全面，因而为争议较大案件的后续处理提供了材料，也确保了庭审的公正性和规范性。[②]

综上，智能语音庭审记录系统所具有的作用包括：其一，有助于节约庭审时间，保障庭审顺利进行。比如，传统上由书记员负责庭审记录，其录入速度受限，若未跟上庭审速度，则通常要等待其准确记录完毕后，再继续庭审，因而易造成庭审中断。其二，有助于有效维护庭审秩序，促使当事人及其他诉讼参与人规范庭审言行。庭审记录除书面文字记录外，还可包括语音甚至视频记录，于庭审过程中发生的一切都可留存痕迹，这无疑起到了督促当事人及其他诉讼参与人规范行为的效果。其三，提高了庭审笔录的全面性和准确性。过去的庭审笔录或多或少是由书记员自行理解、归纳与选择后记录下来的，其与实际发生内容相比难免出现偏差。而智能语音庭审记录系统作为全面忠实的记录者，可帮助法官和其他使用庭审笔录的人员更好地把握当时的情况，也有助于后续裁判文书的撰写，同时，也节约了校对笔录的时间。其四，对司法人员而言，这一系统真正解放了他们的双手：书记员可留出时间和精力做其他辅助性的工作，法官亦无须对此过于费心。[③] 此外，该系统还可以生成庭审指引，辅助提高庭审效率。根据案件基本数据生成庭审笔录模板，基于庭前确认的案件事实要素，辅助生成案件庭审笔录中需要查明的问题。[④]

除庭审阶段以外，智能语音庭审记录系统也可在庭前阶段辅助查明事实、明确案件争议焦点。比如，基于内外部数据融合共享，辅助进行主体身

---

① 李林，田禾主编．法治蓝皮书·中国法院信息化发展报告（2018）．北京：社会科学文献出版社，2018：62.

② 打造“智慧法院”——讯飞智慧庭审系统．[2019-02-23]．“科大讯飞”网站：http://www.iflytek.com/industry/tsxt.html.

③ 宫雪．智慧审判：互联网时代的办案新模式．中国审判，2018（3）.

④ 李林，田禾主编．法治蓝皮书·中国法院信息化发展报告（2018）．北京：社会科学文献出版社，2018：223-224.

份查验和案件事实认定，减少庭前准备时间；对于类型化程度较高、案件事实清楚的案件，依托知识图谱，利用认知引擎技术，自动帮助法官将起诉和答辩材料中的事实要素解构出来。一方面，从实然角度提取双方意见，自动对比标记本案争议事实，形成庭审要点，减少法官梳理案情的时间；另一方面，从应然角度与法律审理要素智能匹配，辅助法官进行认定和裁量，保障裁判质量。[①] 于庭前会议使用智能语音庭审记录系统所形成的庭前会议笔录同样具有较高的价值。有学者曾指出，我国《刑事诉讼法》及相关司法解释体现出对“卷宗中心主义”的强化，实践中刑事庭审也以审查案卷笔录为主，庭后阅卷、庭前预断的现象凸显，这其中存在着不可忽视的弊端。由于主持庭前会议的法官往往是合议庭成员，其在庭前会议中对广泛的实体和程序问题有了理解和认识后，将不可避免地形成“预断”，这继而会对后续庭审产生重要影响。因此，庭前会议的实体化倾向急需被制止和纠正，其中重要的一点，是明确庭前会议笔录的效力，防止庭前会议虽未形成有约束力的决议[②]，但实质上产生了有约束力效果的情形出现。[③] 智能语音庭审记录系统在记录的完整性、准确性和便捷性方面具有人工记录无可比拟的优势，可以为庭前会议笔录提供优良的技术支撑，从而为确认庭前会议笔录的效力，进而推动庭审实质化作出有力的贡献。

（三）电子举证、质证系统

2010 年 6 月，“两高三部”联合发布的《办理死刑案件证据规定》第 4 条中明确了质证原则，即：经过当庭出示、辨认、质证等法庭调查程序查证属实的证据，才能作为定罪量刑的根据。2012 年《刑事诉讼法解释》第 71 条规定，证据未经当庭出示、辨认、质证等法庭调查程序查证属实，不得作为定案的根据。2017 年，由最高人民法院发布的《法庭调查规程》第 32 条第 1 款还对关键性证据的举证、质证作了专门规定：对于可能影响定罪量刑的关键证据和控辩双方存在争议的证据，一般应当单独举证、质证。

然而，在传统的庭审过程中，举证、质证过程极易流于形式，证据展示

---

① 李林，田禾主编．法治蓝皮书·中国法院信息化发展报告（2018）．北京：社会科学文献出版社，2018：223－224．

② 汪海燕，于增尊．预断防范：刑事庭审实质化诉讼层面之思考．中共中央党校学报，2016（1）．

③ 汪海燕．论刑事庭审实质化．中国社会科学，2015（2）．

与对质效果不佳。正如何家弘教授所指出，中国的刑事庭审虚化主要表现为：法官对证据的认定和对案件事实的认定主要不是通过法庭上的举证和质证来完成的，而是通过庭审之前或之后对案卷的审查来完成的，或者说，法院的判决主要不是由主持庭审的法官作出的，而是由“法官背后的法官”作出的……公诉方的真正举证是在案卷材料中，庭审中的举证只是走形式；举证的基本形式是宣读笔录，质证的基本形式就是针对这些“纸面证据”发表不同意见，这并非真正意义上的质证。[①] 汪海燕教授也认为：“审判程序中的‘卷宗中心主义’裁判模式是造成刑事庭审虚置的首要因素。”[②] 刑事庭审的虚化尤其体现在对电子数据的举证和质证上，比如，仅仅提交电子邮件、word 文档和 QQ 聊天记录的打印件或相应的公证书、鉴定意见等，而忽视电子数据的系统性特征，对电子数据的举证不够完整。此外，质证意见“无理”、“无据”、“无问”和“无答”，质证目的不够明确，质证内容遗漏“完整性”[③]，也是刑事庭审虚化的体现。新近研发的电子举证、质证系统则在这方面作了积极的尝试。具体来看，其主要在证据的采集、存储与展示三个环节进行了优化创新，通过单一证据校验、不同证据间分析比对以及证据链审查判断等几个方面，帮助法官实现对证据资格及证明力的认定。

首先，就证据采集而言：

其一，该系统将传统纸质卷宗全部转化为电子卷宗，即“电子卷宗随案同步生成”。这是指在立案、审理等各个流程阶段和各个诉讼环节产生的诉讼文件、实施的诉讼活动，均需同步转化为电子数据，被纳入案件办理系统中。电子卷宗同步生成后，可从获得案件材料时起随到随录、实时扫描，将所有证据信息电子化，以实现所有案件数据的全融合。以往，立案登记时需由工作人员手工录入案件信息，工作量大且容易出现记录错误，而电子卷宗的生成则有效避免了这一问题。对内而言，这不仅保证了卷宗安全，也使法院内部审判监督至个案成为可能，实现了审判管理的关口前移。对外而言，当事人可以根据相应授权直接调阅、打印正在审理和已审结案件的电子诉讼

① 何家弘．刑事庭审虚化的实证研究．法学家，2011（6）．

② 汪海燕．论刑事庭审实质化．中国社会科学，2015（2）．

③ 梁坤主编．信息化时代庭审方式变迁的实证研究．北京：清华大学出版社，2018：108－115．

卷宗，最大限度保障当事人的知情权。[①] 在举证环节，通过关联电子卷宗系统，输入案号即可自动获取所有证据列表，这也改变了以往宣读证据材料的举证方式。

其二，该系统采用当事人举证与第三方平台直接向法院提供证据相结合的模式。在传统诉讼过程中，举证主体主要为控辩双方；而现今大量数据留存于第三方平台，如第三方支付平台掌握着原、被告双方重要的交易记录信息，网络交易平台蕴含着大量的网络操作行为信息，通信平台可提供关键的通信信息……智慧法院在建立举证质证系统后，可直接与第三方平台对接以获取相关信息，作为案件的证据材料。一方面，这在某种程度上弥补了当事人举证能力的不足；另一方面，与以往由当事人提供证据相比，这一举证方式的举证主体中立性、举证过程安全性使证据的真实、可靠性更能得到保障。[②]

其三，该系统可针对电子卷宗进行智能编目与标注，即通过运用图文识别、机器学习等技术，该系统对扫描文件或生成的电子卷宗进行自动拆分、标注和编目，例如：其可将原告、被告的材料分别归类，以便日后分类进行提取；按照不同证据种类及证据内容，进行编排，此后可快速定位检索，并查看该部分电子卷宗内容。这一方式能够准确、便捷地实现全文检索与定位、引用相关材料，自动制作阅卷目录和思维导图，以用于统计分析工作。下页图 9－6 所示为江苏省苏州市中级人民法院首创研发的“电子卷宗智能标注编目系统”，该系统经测试后编目准确率可达 90%以上。同时，经过后期丰富数据、反复学习的过程之后，其准确率还将继续得到提升。[③]

其次，在证据存储方面，实践中探索出了区块链存证、第三方存证等存

---

① 李林，田禾主编．法治蓝皮书·中国法院信息化发展报告（2018）．北京：社会科学文献出版社，2018：45．

② 以杭州互联网法院为例：其已与多家电子商务平台进行合作，可以自动提取电子商务平台的有关数据。如与阿里巴巴等服务商搭建了电子数据对接平台，可直接从网购平台提取当事人交易信息、物流信息及聊天记录等购物全过程电子数据，并将其转化为电子证据。最高人民法院《关于互联网法院审理案件若干问题的规定》第 5 条对此进行了确认：互联网法院审理案件所需涉案数据，电子商务平台经营者、网络服务提供商、相关国家机关应当提供，并有序接入诉讼平台，由互联网法院在线核实、实时固定、安全管理。

③ 聚焦“三全三化”——深化智慧审判苏州模式．［2019－02－23］．苏州市中级人民法院官方网易号：http：//dy.163.com/v2/article/detail/DJ0A3FU20514BT5U.html．

图 9-6　江苏省苏州市中级人民法院“智慧法院”建设成果：电子卷宗智能编目系统①

证方式，这些存证方式除为后续举证、质证环节提供便利之外，在电子证据生成环节即可为其提供真实性保障，从而确保证据在存储过程中的安全性与准确性。

以杭州互联网法院现行使用的“联盟链”为例：该联盟链由多家用户接入，可从时间、地点、人物、事前、事中、事后等六个维度解决数据生成的

---

① 聚焦“三全三化”——深化智慧审判苏州模式．[2019-02-23]．苏州市中级人民法院官方网易号：http：//dy.163.com/v2/article/detail/DJ0A3FU20514BT5U.html.

认证问题。通过这一司法区块链，能够实现电子数据的全流程记录、全链路可信与全节点见证，例如：当事人要获取网站侵权证据，只需打开司法区块链程序，经认证后开启区块链程序记录模式；搜索至该侵权网站，从该网站上打开、下载、保存侵权作品，这一全过程均通过哈希（hash）值得到了完整记录；系统自动提交侵权过程的明文记录，由杭州互联网法院系统对本地机器上区块链中的哈希（hash）值进行核验，若经比对判断一致，就获得了整个侵权证据链，电子证据的真实性即得到确认。①

图 9－7　2018 年 9 月 18 日，杭州互联网法院宣布司法区块链平台正式上线运行

最后，在证据展示上，电子举证、质证系统能够：

（1）进行同屏展示、同步标记。就实物证据的举证、质证来说，以往在庭审中展示实物证据，通常是宣读实物证据的名称及描述特征，或仅作简要的外观展示，几乎不能做到细致微观的举证、充分有效的质证。而借助电子举证、质证系统，能够实现对所举证据的精细刻画。所有可展示的证据经电子化展示到屏幕前方，各方都可以进行细致观察，继而提出异议；异议可以通过标记方式展现在屏幕上，及时提醒各方并做留存。不同角色还可以采用不同的标记进行区分，如原告标记、被告标记，方便日后快速查找定位。（2）同时展示多种证据，便于进行比对分析。如左屏展示笔录、右屏展示证

① 杭州互联网法院的司法区块链系统正式上线了．［2019－02－23］．https：//baijiahao.baidu.com/s? id=1611953979 630041650&wfr=spider&for=pc.

据，证据与笔录之间一一对应，有助于提升质证效果。(3) 使用语音唤醒功能调取证据。如在庭审过程中，法官直接通过语音输入功能，指定打开对应的证据，将证据展示在各方屏幕前。这有效减少了从大量案卷材料中翻找证据的时间，节约了这一工作的人力投入，也能使庭审顺利进行。例如，江苏省苏州市中级人民法院研发的“随讲随翻”电子质证系统，能够实现依当事人或法官的特定语音指令，在多席位电脑显示屏上同屏展现、标注电子证据的功能。这有助于当事人和法官对相关争议的证据在多席位电脑显示屏上同屏进行对比质证。同时，也增强了法官在质证环节的主导性。除证据展示外，该系统还具备“随讲随查”法条检索功能，即可实现语音自动检索法条并同屏展示，庭审过程中检索、展示与解释法条的过程变得更加公开透明，也进一步缩短了针对法律适用问题的辩论时间。[①]

图 9-8　江苏省苏州市中级人民法院庭审中使用电子质证系统，实现“随讲随翻”[②]

上海“刑事案件智能辅助办案系统”(简称“206 系统”)通过内置全国常用的 102 个罪名的证据标准指引，减少了取证过程中的瑕疵和遗漏，同时作为强大的参考助手，辅助法官进行事实查明和证据认定，防范发生审理错

① 聚焦“三全三化”——深化智慧审判苏州模式．[2019-02-23]．苏州市中级人民法院官方网易号：http：//dy. 163. com/v2/article/detail/DJ0A3FU20514BT5U. html.

② 图片来源：苏州新闻网：http：//special. subaonet. com/2017/0614/2005614. shtml，最后访问日期：2019-02-23.

误的风险的。[①] 例如，在法庭调查环节，该系统根据单一证据校验功能提示存在一处瑕疵，具体为未发现涉案有关扣押物品的扣押笔录。公诉人对瑕疵证据情况作出补正说明后，该环节即审查无误通过。该系统借助证据链审查判断功能，分析判断全案证据链是否存在矛盾之处、是否达到相互印证程度等，并将相关证据和分析结果展现给法庭，辅助法庭作出裁决。

图 9-9 公诉人通过语音调取证据[②]

图 9-10 辩护人根据出示证据发表质证意见[③]

电子举证、质证系统也通常在远程庭审的环境下使用。例如浙江省台州市椒江区人民法院应用“智慧庭审”平台，通过网络庭审方式审理案件时，原告居住在椒江区，被告为一家在广州的企业。开庭时，原、被告各自坐在电脑前，举证以电子证据的方式在网络平台进行，大家能够清楚看到对方及审判法官，可以清晰地观看到每一份证据。[④] 从杭州互联网法院的相关规定来看，当事人于开庭前将证据拍照、扫描或电子证据等上传至诉讼平台，并输入质证意见，开庭过程中可再对上述内容作补充或修改，不再一一陈述，从而减少了重复确认意见的时间。若涉及实物证据，一般于开庭前邮寄给审理法官，庭审时由法官在线展示给各方当事人；若有网页等在线证据，则当

① 我国首次应用人工智能辅助技术开庭审案．法制日报，2019-01-24.

② 上海“206 系统”可根据对语音的识别，自动从系统里预先储存的全案证据材料中抓取出与提问内容相关联的信息并进行展示。例如，为证明案发现场情况，公诉人出示了一组监控录像证据并指出“10 时 30 分 57 秒，殷某按门禁并等待后进入 12 单元”。此时“206 系统”对公诉人语音进行识别后，瞬间调取出相应时段监控录像。此外，根据系统的言词证据审查功能，法庭可以快速查找到音视频资料的关键内容并定位到对应片段，实现笔录等言词证据与音视频资料的快速比对。上海法院用“206 系统”辅助庭审防冤假错案，属全国首次．[2019-02-23]．澎湃新闻：https：//www.thepaper.cn/newsDetail_forward_2895765.

③ 图片来源同②。

④ 首次应用智慧庭审．浙江法制报，2018-05-25.

庭登录进行展示。对于原、被告提交的证据材料，各方当事人和审理法官均可查看。当事人在线发表质证意见时，可通过系统对证据的真实性、合法性、关联性直接勾选认可或不认可，并可就其证明力有无、证明力大小等进行在线补充说明。[①]

从上可以看出，电子举证、质证系统应用的前提在于实体证据的电子化，包括随案生成电子卷宗、与第三方平台对接获取电子数据。其中，关键在于该系统针对电子卷宗实现的一系列可视化功能，如电子卷宗的自动编目，对证据的精细刻画、比对分析，自动唤醒证据与按角色标注异议，在线输入质证意见，等等。上述功能应用，从形式上而言，可以节约庭审时间、减轻司法人员的工作负担；从实质上而言，则提升了质证效果，即对数据实现整体融合、分别展示将有助于发现其中的矛盾和焦点。引入平台数据、借助技术力量，形成控辩双方举证与法院调证相结合的模式，既增强了证据的真实性与可靠性，也有效化解了诉讼中的证据难题。

（四）法规、案例智能检索与推送系统

2015 年，最高人民法院发布的《司法责任制意见》中规定："建立审判业务法律研讨机制，通过类案参考、案例评析等方式统一裁判尺度。"2018 年 12 月，最高人民法院《落实司法责任制实施意见》进一步规定，要"健全完善法律统一适用机制。各级人民法院应当在完善类案参考、裁判指引等工作机制基础上，建立类案及关联案件强制检索机制，确保类案裁判标准统一、法律适用统一。存在法律适用争议或者'类案不同判'可能的案件，承办法官应当制作关联案件和类案检索报告，并在合议庭评议或者专业法官会议讨论时说明"。在司法责任制的背景下，法官裁判案件时需"以事实为依据，以法律为准绳"，并充分合理地运用自由裁量权，统一适用法律，以实现"类案同判"。因此，在裁判过程中，与该案件相关的法规与案例是必不可少的根据和参考。实践中，法官对智能检索与推送相关法律、案例的需求十分强烈。从目前所研发的应用来看，成效亦十分明显，得到了法官群体的普遍认同和赞可。

法官对相关法律资料需求的满足，可以通过主动检索与被动推送得到实

① 《杭州互联网法院网上庭审规范》《杭州互联网法院诉讼平台审理规程》。

现。于前者法官输入一定的要求和条件，检索即可得到预期结果；于后者系统根据已有设定，自动给法官推送相关信息。从法规方面来看，以往法官需要从海量卷宗中分析评判得出案件事实，再查询相关法条，仔细比对后，对该案进行法律上的认定，最终确定裁判结果。而我国相关法律规定纷繁复杂，现有的法律数据库所提供的检索功能较为单一，难以解决实际办案中的困难。此时，便催生了提升法规检索准确率、提示案件关联法规的实际需求。从案例方面来看，司法案例一向是法院系统的“富矿”资源，其中凝结了大量的裁判智慧，指导性案例更具强制参照的效力。办案人员在“无法可依”的条件下，借助已有案例可以快速获得专业知识供给，丰富裁判依据，因此，“类案”有着巨大的裁判参考价值。

以“类案推送”为例：其主要涉及知识图谱和自然语言处理技术，通过构建知识图谱、提取案例情节、比对要素标签三个步骤实现类案的自动推送或主动检索。首先，通过法律专业人士根据相关法律规定的要求和在办案过程中的考量因素，构建起尽量细化的法律概念模型。如在刑法总则层面，构建起包括刑事责任能力，犯罪的预备、未遂和中止，共同犯罪、累犯（一般及特殊）、自首等在内的模型；在刑法分则层面则区分具体罪名，形成针对各个罪名的构成要件模型，同时考虑量刑情节的影响因素（包括是否积极退赔、是否达成和解等）。之后，将总则模型与分则模型相结合，共同形成知识图谱框架。其次，运用自然语言处理技术提取出案件相关情节。在此部分，需要先由人工对一定数量的案例进行标注，为后续通过机器学习实现自动标注提供样本，进而实现对裁判文书内容的结构化处理。最后，对本案案卷电子化后自动生成一套标签，与系统中的标签对比后，根据预设的各要素权重计算匹配度，按照一定的排序结果呈现所得类案。比如，可以“效力层级”“地域范围”“匹配程度”等为排序依据，展示检索结果，以便于不同法官针对不同目的的使用。[①] 法官若对自动推送的类案不满意，则还可通过主动搜索，进一步完善检索结果。通过法官主动自由勾选或手动输入法律要素标签，并结合自动推送功能，共同提升类案推送的准确性，促进类案价值的实现。同时，法官针对检索结果提出反馈建议，如评价目标文书与检索文书

① 朱彬彬，祝兴栋．类案推送的精细化：问题、成因与改进——以刑事类案推送为例．法律适用，2018（20）．

之间类似的有效程度，也可促进类案推送不断得到改进。

2018 年 1 月，最高人民法院与中国电子科技集团有限公司共同研发并上线了“类案智能推送系统”。该系统从案件性质、案情特征、争议焦点、法律适用等四个方面，覆盖了 1 330 个案由，通过机器自动学习构建了超过 10 万个维度的特征体系，可以实现类案快速查询和智能推送。此外，各地方法院也与不同的技术服务商合作，分别开发了一些类案推送系统或在智能辅助办案系统中嵌入了类案推送应用模块，如贵州省高级人民法院的“类案裁判标准数据库”①、北京市高级人民法院的“睿法官系统”②、江苏省苏州市中级人民法院的“案件裁判智能研判系统”③ 等等。

智能检索与推送法规、案例功能的作用在于：首先，于审判人员而言：一方面，该系统显著节约了其翻找海量纸质资料的时间和精力；另一方面，也为其提供了充分的智力支持，精准、有效的参考资料瞬间可得，信息获取的成本低、成效好。其次，于当事人而言，亦是其参与法律活动的重要工具，相当于配备了一个“智能法律小助手”，当事人能够更加准确地预知案件裁判结果，从而降低司法不透明程度。经检索类案后，若当事人发现法官的裁判与类案的裁判并无显著区别，也可以增强其对裁判的信服程度，最终结束诉讼。最后，于社会整体而言，这是一种良好的普法方式，即提供了一个平台供广大公民查阅相关法律资料、了解立法及司法裁判信息，助力相关研究人员展开科学研究分析；同时，这一方式也有助于规范裁判尺度、统一法律适用，促进司法为民、司法公正的实现。最高人民法院正要借助此系统的上线契机，进一步提高诉讼服务水平，切实提升审判质效。④

---

① 贵州省高级人民法院．探索“类案类判”机制确保法律适用统一．人民法院报，2018－01－26.

② 李希．北京法院探索建设“智慧法院”“睿法官”系统正式上线．[2019－02－23]．北京政法网：http：//www.bj148.org/zzgjj/zzdt/201612/t20161214_1277407.html.

③ 罗书臻．挖掘“富矿”“反哺”审判——运用裁判文书大数据促进司法公正的地方经验．人民法院报，2017－09－01.

④ 熊群力．类案智能推送系统上线，为“智慧法院”建设保驾护航．[2019－01－23]．http：//www.yidianzixun.com/article/0I5Y6bvt.

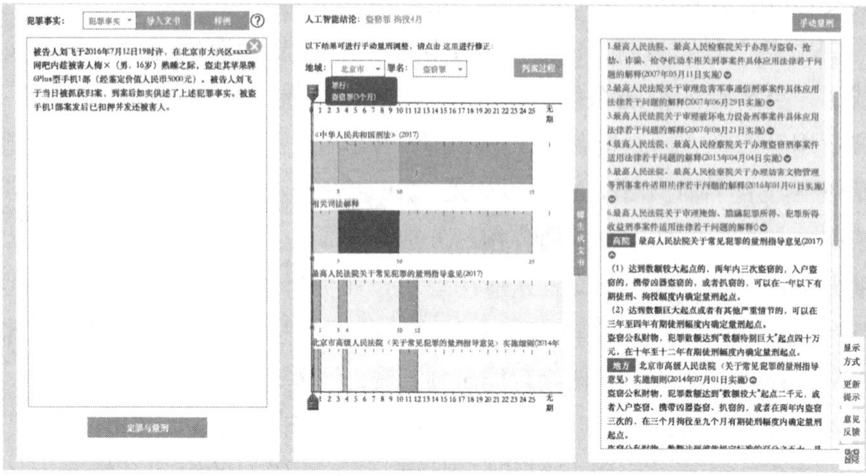

图 9-11 北大法宝智能定罪量刑系统提供的罪名相关法规及案例参考

（五）智能辅助定罪量刑系统

刑事案件中，定罪量刑是法官的重要工作。2021 年 6 月，最高人民法院、最高人民检察院印发了共同研究制定的《关于常见犯罪的量刑指导意见（试行）》。该意见旨在进一步规范量刑和量刑建议工作，增强量刑公开性，实现量刑公正。其中，明确了："以定性分析为主，定量分析为辅"的量刑方法，即在量刑过程中坚持以定性分析为主，在此基础上进行定量分析、依法确定量刑起点、基准刑和宣告刑；十八种常见量刑情节的适用；以及二十三种常见犯罪的量刑规范。以往，法官通常是依据相关法律规定，结合指导性案例等相关案例和所积累的裁判经验，针对案件事实作出裁决。近年来，各地也借助信息化手段开发了量刑规范化办案辅助系统，这一过程积累了大量丰富的典型案例和量刑数据，为利用大数据、人工智能辅助法官进行量刑活动，创造了必要条件，以此满足法官日益增长的工作需求，实现人民群众在每一个司法案件中感受到公平正义的目标。

根据最高人民法院发布的《关于加快建设智慧法院的意见》的要求，"智慧法院"的建设极为重要的一部分就是建立以知识为中心的人工智能辅助决策体系。目前，上海地区的"206 系统"和贵州的"政法大数据办案系统"已经取得了相当的成就。其他地区如海南省也研发了量刑规范化智能辅助办案系统，该系统涵盖 23 个量刑规范化罪名和 2 个刑种，自 2017 年 4 月

26 日起陆续在部分法院上线试运行，现已经推广到全省。[①] 自该系统运行以来，法官办理量刑规范化案件的时间减少约 50%，制作裁判文书的时间缩短约 70%，制作程序性法律文书的时间减少近 90%。[②]

下面，以“北大法宝”研发的“法宝智能定罪与量刑系统”[③] 为例，对智能辅助定罪量刑系统进行简单说明。该系统的操作过程是：根据用户输入的案情描述，自动提取出案情要素，将其与已收录并作过初步分析的案例库资源进行对比研判，进而自动生成定罪量刑结果。简而言之，先输入相关的犯罪事实描述，之后便可得到输出结果。

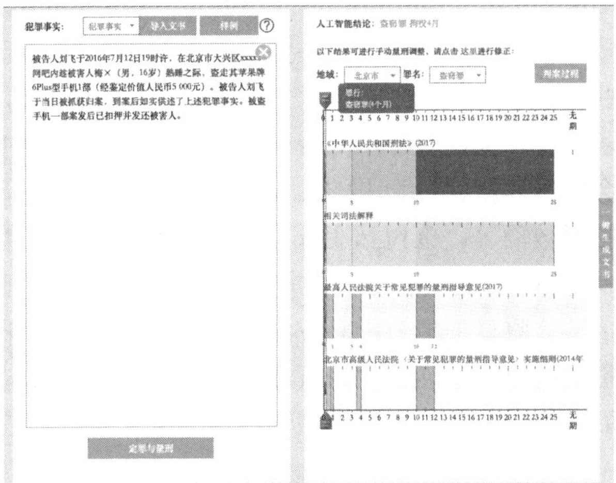

图 9-12 北大法宝研发的“大数据智能定罪与量刑系统”应用示例

从图 9-12 可以发现，输出结果包含“定罪参考”和“量刑参考”。根据案情描述，系统判定构成“盗窃罪”，建议量刑为拘役 4 个月（同时提供了量刑幅度参考范围），并以可视化方式给出了盗窃罪在不同（地区）法律规范下的刑期分布图、盗窃罪在不同法院内的量刑幅度偏离情况等，前者可使法官大致把握现有法规关于该罪名的刑期分布情况，后者能够体现相关案

① 张富利，郑海山．大数据时代人工智能辅助量刑问题研究．昆明理工大学学报（社会科学版），2018（6）．

② 夏阳，方茜．大数据＋人工智能 海南法院深化量刑规范化改革．[2019-05-25]．人民法治网：http：//www.rmfz.org.cn/dfzcontents2/360/88490.html.

③ “北大法宝”网站。

例对于该罪名所判处的刑期的变化幅度。此外，系统也附带提供相关法律法规，作为办案参考。

究其原理，就“智能辅助定罪”而言，该系统首先对原始输入的案件信息，进行逐句分词，以确定其中各词的词性等；再通过词义学习、句法分析功能，使机器能够更好地把握词的含义，如通过结合上下文理解、学习一词的多重含义，并分析句法结构。原始输入的案件信息，经过自动编码器编码后，将会得到不同的特征表示，如针对某一案件揭示其客观要件、主观要件等犯罪构成。再通过分类器，将上述不同表达特征按照犯罪构成进行归类，从而作出定罪判断。① 就“智能辅助量刑”而言，第一，先针对某个罪名建立相应的辅助量刑模型，即通过选取一定数量的样本案例，提取其中的关键信息，再对这些关键信息与判决刑期之间作回归分析，得出分析模型；第二，准确识别、定位、提取案件中待分析的量刑情节，并从中选取出能够代表该行为的社会危害程度、行为人的人身危险性的量刑情节（包括基本犯罪构成事实，如犯罪数额等；也包括犯罪构成事实之外的事实情况，如年龄、性别、是否自首等）；第三，根据相关规则（包括刑法、量刑指导意见等）准确评价量刑情节，将量刑情节中对应的社会危害程度进行评估量化，确定法定刑幅度及量刑起点；第四，比对样本案例库中相应情节对刑期的影响，确定量刑情节的幅度，经人工智能模型训练后，可再通过人工调整输出最终量刑结果。②

上海“206 系统”在这一方面取得了很好的成效。为推进以审判为中心的刑事诉讼制度改革，上海“206 系统”借助大数据、人工智能分析等技术，在明确不同诉讼阶段的基本证据标准指引后，通过构建跨部门的大数据办案平台，能够实现对录入的证据逐一进行自动校验，提示其中的瑕疵证据，并对全案证据链进行审查判断，为办案人员提供及时有力的参照。2017 年 5 月 1 日以来，6 家试点法院共录入故意杀人罪、盗窃罪、非法吸收公众存款罪、诈骗罪 4 类 539 件案件，在录入 70 972 份证据的过程中，提供证据

① 李明捷．人工智能定罪与量刑研究．武汉：华中科技大学，2017：23－24.

② 张富利，郑海山．大数据时代人工智能辅助量刑问题研究．昆明理工大学学报（社会科学版），2018（6）.

指引 15 653 次，发现证据瑕疵点 405 个。[①]

前述智能辅助定罪量刑系统，在法官裁决过程中起到了智囊团、加速器和看门人的作用。首先，借助该系统，能够减少法官及书记员广泛翻阅卷宗、查询相关法律规定和案例的时间，并且作为人类一员的法官在面对复杂案件事实，对其从法律层面进行定性或定量分析，进而作出判断的过程中，容易出现拿不准或模棱两可的情形，因而判断过程比较缓慢；而机器根据输入的数据，依照特定模型进行分析，在短时间内即可输出确定结果，先不论答案是否正确，至少可为法官提供一个“参考答案”，故而能够提升定罪量刑过程的效率。其次，该系统作为“人工智能法官”，试图模拟法官作出专业裁决，为法官作出裁判结果提供切实的参考依据，从而避免和预防定罪量刑过程中出现失误情形。再次，从实践而言，不同裁判者在法定刑罚幅度范围内作出的裁决可能相差较大，而在统一裁判标准、量刑规范化改革的大背景下，该系统有助于推进定罪量刑标准的统一、化解量刑失衡难题，较好地对法官原本具备的较大自由裁量权进行了合理规制。最后，以评估行为的社会危害程度为基础、借助数理分析模型的定罪量刑方法，能够实现更为合理、精准的定罪量刑结果，符合法律所追求的价值目标。

（六）同案同判数据监测平台

由于罪名选择的广域性、量刑规则的原则性和法官裁量的恣意性，定罪量刑出现不均衡现象比较常见。所谓“量刑不均衡”，即对同一案件或者相似的案件，在不同层次、不同地域、不同时间或者同一审判组织内部的不同法官之间对被告人判处的具体刑罚及其执行方式都不尽相同。于定罪而言，亦是如此。2018 年 12 月，最高人民法院发布的《司法责任制实施意见》规定，要“健全信息化全流程审判监督管理机制。全面支持网上办案、全程留痕、智能管理，智能预警监测审判过程和结果偏离态势，推动审判监督管理由盯人盯案、层层审批向全院、全员、全过程的实时动态监管转变，确保放权与监督相统一”。同案同判数据监测平台，实际上是由智能辅助定罪量刑系统与法规案例智能推送系统结合衍生而成的，其中的“偏离预警”功能（核心包括“偏离度测算”），是智能辅助量刑的一个重要组成部分。其为解

① 李林，田禾主编．法治蓝皮书·中国法院信息化发展报告（2018）．北京：社会科学文献出版社，2018：68.

决针对司法裁决“同案同判”的要求与法官因个体经验、价值取向不同而导致的裁决不均衡之间的矛盾，起到了化解与缓冲的作用。

在我国的司法实践中，司法案例一直被作为裁判过程中极具价值的依据。除指导性案例以外，其他案例均或多或少发挥了重要的参考作用。借助司法裁判文书大数据，运用人工智能搭建的分析平台，法官可对待判案件与同类案件的大数据分析结果进行比对，将个体认知放入大数据汇集的经验理性中进行评价，对裁判结果进行审慎思考，促进公正与统一司法。从个案角度而言，若其符合同类案件裁判结果标准，则当事人或其他相关人员会在较大程度上认可判决；若其显著偏离同类案件裁判结果，则法官应当作出合理说明，阐明裁判依据，承担对裁判文书的充分说理责任。最终，这面“镜子”，能更好地使人民群众在每一个司法案件中感受到公平正义。

从原理来看，同案同判监测平台主要通过搭建历史案件信息数据库，将待判案件与该案例数据库进行案情与结果两方面的相似性匹配，获得一个类案推送列表。[①] 再经由人工选择调整，如对列表案例按照特定需求进行个性化排序，生成同类案件参考平均值，将其与待判案件进行相似性匹配与分析，如引入异判率模型（同类案件受到不同处理，即处理偏轻或偏重的案件，占该类案件总体的比例），得出待判案件是否处于同类案件裁判幅度范围内，以及相应的偏离程度的判断。[②]

同案同判数据监测平台的第一个功能为提供类似案件，分析评判待判案件结果与类案裁判结果相比，是否同处于正常的裁决范围。2016 年 7 月，最高人民法院委托河北省高级人民法院组织研发了“智审”审判辅助系统，该系统的数据库关联了“中国裁判文书网”的所有公开裁判文书以及河北省以往的司法裁判案例，已在河北全省法院正式上线使用。以河北省石家庄市中级人民法院审理的一起案件为例，该案是针对 2016 年由河北省石家庄市桥西区人民法院作出的判决的上诉，案情为：被告曾因职务行为签下欠条，若干年后被债权人起诉要求以个人财产偿还。在案件办理过程中，承办法官通过系统发现另一份与本案案情相似的裁判文书，即 2013 年由河南省洛阳

① 徐剑标．政法一体化背景下的检察信息技术应用探索．西部论丛，2018（10）．

② 赵文艳，裴跃．同案同判的正当性及其实现——兼及量刑规范化与合目的性冲突的解决．[2019-02-23]．天津法院网：http：//tjfy. chinacourt. org/article/detail/2010/12/id/1929722. shtml.

市洛龙区人民法院作出的判决。但不同的是：河南省洛阳市洛龙区人民法院未支持原告的诉求，认为被告没有还款责任，“被告霍某写的欠条属于职务行为，并且与原告无经济来往，被告不承担还款责任”；河北省石家庄市桥西区人民法院却判定被告有还款义务，作出了完全相反的判决。承办法官研读上述案例后发现，本案被告廖某在借调工作期间，为在农村宣传法律法规，曾责成原告秦某印刷一批宣传画，并以个人名义签下欠条。欠条上明确写明印刷目的是“印制农村法律法规宣传画”，从常理和印刷行业禁止性规定推断，这应为职务行为。故河北省石家庄市中级人民法院作出二审判决：撤销石家庄市桥西区人民法院的一审判决；驳回原告秦某的诉讼请求。[①] 可见，利用同案同判数据监测平台可快速发现具有类似案情、相同争议焦点的案件，为裁判结果的作出提供有益的参考。

同案同判数据监测平台的第二个功能为针对类似案件不同裁判结果提供偏离度计算分析，进而实现预警功能。如江苏省人民法院“司法大数据研究基地”研发建立的“同案不同判预警系统”，依托全国法院裁判文书大数据，使用大数据与人工智能的多项技术（机器学习、知识图谱和自然语言处理技术等），按照“图谱构建→情节解析→权重排序→类案识别→模型训练→量刑预测→偏离预警”的基本步骤进行[②]，可实现智能预判量刑结果，支持法官上传判决书并自动预测判决结果、计算偏离度并自动进行预警的功能，从而为法官提供量刑参考，以提升案件裁判的准确性和统一性，也为对审判过程的智能监督管理提供了有效工具。目前，在南京、苏州、盐城等法院试点的过程中，成功预警了高偏离度案件 145 起，准确率达 92%。[③] 以苏州市吴江区人民法院办理的一起醉驾案件为例：主审法官将拟作出判决（危险驾驶罪，拘役 2 个月 20 天，罚金 3 000 元）导入“同案同判数据监测系统”，该系统结合了江苏省有关危险驾驶罪的量刑指导意见，通过大数据分析近年来全省各地法院审结的相似案件，自动生成该案预判结果为“拘役 2 个月 15

---

① 案情相似判决不同？大数据成“同案不同判”终结者．[2019－02－23]. http：//finance.ifeng.com/a/20170711/15523686_0.shtml.

② 王禄生，等．江苏法院“同案不同判预警平台”调研报告//李林，田禾主编．法治蓝皮书·中国法院信息化发展报告（2018）．北京：社会科学文献出版社，2018：356.

③ 智慧路上“从头越”——人民法院加强信息化建设综述．人民法院报，2018－04－27.

天，罚金 3 500 元”。经对比显示：该案拟判决结果的量刑偏离度为 7%，综合预警等级为 1 级（最低等级）。也即可认为，主审法官拟作出的判决结果与生效裁判文书库里其他相似案件的判决结果相比，同判度较高。[①] 可见，在智能辅助定罪量刑等系统尚处于探索试行阶段，难以直接应用机器裁判结果，或者需对机器裁判结果进行充分说理和论证的条件下，借助此系统的偏离预警及偏离度测算的功能，可以有效对裁判结果给予支持或警示，从而为裁判尺度的统一与公允提供了科技方面的辅助。[②]

上述监测平台，从当事人的角度来说，能够促使当事人形成对法院裁判结果的共识，提升对司法裁判的信服程度；从法官角度来说，能够有效约束其自由裁量权，逐步规范审理标准，避免因法律适用不统一等问题造成误判的情形；从司法管理角度来说，通过提示预警功能，能够减少不统一裁判，促进统一、规范司法，降低上诉率、提高息讼率；同时，也改变了以往的审判管理方式，即借由大数据形成了实时动态的监督管理模式，对办案过程全程留痕，确保了审判权的规范运行，对超出合理裁判限度的案件，可以实现有针对性的评查与追责。[③] 由此看来，同案同判数据监测平台正是“君子性非异也，善假于物也”的良好诠释。也就是说，我们不仅要关注“同案不同判”的结果及其原因，更要关注造成该结果之原因的正当合理性，即针对相似却不完全相同的案件，如何才能作出最恰当的处理。这一处理并非绝对地体现为相同或类似的裁判结果，而是更加着眼于对类似案件未予类似处理的合理性。“法律问题不必追求数学般精确的答案，它要求的只是一种相对合理性，是规则与裁量之间的一个平衡点，而这个平衡点依然存在着它能够游移的范围。”[④] 因此，法官的自由裁量权难以也不应当被机器的算法取代，就现实条件而言，应当善于借助新兴科技的力量，规范与促进法官自由裁量权的行使。

---

① 走近苏州法院“智慧审判”．[2019-02-23]．江苏检察网：http：//www.jsjc.gov.cn/qingfengyuan/201804/t20180402_335239.shtml.

② 张富利，郑海山．大数据时代人工智能辅助量刑问题研究．昆明理工大学学报（社会科学版），2018（6）.

③ 赵文艳，裴跃．同案同判的正当性及其实现——兼及量刑规范化与合目的性冲突的解决．[2019-02-23]．天津法院网：http：//tjfy.chinacourt.org/article/detail/2010/12/id/1929722 shtml.

④ 周少华．同案同判：一个虚构的法治神话．法学，2015（11）.

2017年最高人民法院《关于加快建设智慧法院的意见》提到，要探索运用大数据和人工智能技术，按需提供精准智能服务。支持办案人员最大限度减轻非审判性事务负担，比如：建立先进的电子卷宗随案同步生成技术保障和运行管理机制，为案件信息智能化应用提供必要前提；不断提高法律文书自动生成、智能纠错及法言法语智能推送能力，庭审语音同步转录、辅助信息智能生成及实时推送能力，基于电子卷宗的文字识别、语义分析和案情理解能力，为辅助法官办案、提高审判质效提供有力支持；深挖法律知识资源潜力，提高海量案件案情理解深度学习能力，基于案件事实、争议焦点、法律适用类脑智能推理，满足办案人员对法律、案例、专业知识的精准化需求，促进法官类案同判和量刑规范化。

前述创新探索不仅仅着眼于刑事庭审过程，而是向前溯及庭前阶段，向后延伸至庭后环节。前者如对法规、案例等进行智能检索与推送，利用智能语音庭审记录系统归纳整理庭前会议中双方的争议焦点；后者如辅助定罪量刑系统的应用，以及对同案同判数据的监测，从而有助于保障法官所作的裁判具备充分的法律和事实依据。此外，针对在刑事庭审过程中“重定罪而轻量刑”的现状，上述应用也有助于从实质层面提升量刑过程的科学和公正性，有助于推动法官当庭作出裁判。只有通过源源不断的创新和努力，才可能真正做到庭审中心主义所要求的“事实证据调查在法庭，定罪量刑辩论在法庭，裁判结果形成于法庭”。

三、发展痛点与应对建言

总的来看，我国的智慧庭审探索目前仍处于起步阶段，已知困难不少，未知艰险更多。正如于志刚教授所提出的，“技术与制度”对应的是“器与道”的关系，即具体司法流程的优化（包括审判环节的全网络化等）是“器”，其处于技术规则层面；而诉讼规则的创新是“道”，处于社会规范的层面。[①] 下面，我们将主要从技术与制度两个维度，分析其中存在的痛点问题并提出相应的改进建议。具体来看，技术层面的问题主要集中于数据来源的获取、自然语言处理技术、知识图谱技术的发展以及数据安全的保障几个

---

① 于志刚．杭州互联网法院的历史意义、司法责任与时代使命．比较法研究，2018（3）．

方面，制度层面则体现为电子卷宗制度、远程庭审制度、证据制度和人才制度的进一步完善。

(一) 技术层面

1. 数据来源获取

在运用新兴科技助力“智慧法院”建设的过程中，数据采集环节是基础。掌握全面、有效的数据，是后续分析的前提。目前，实践中普遍出现了“数据孤岛”（或称“数据烟囱”）现象，即各个数据主体各自掌握其自身的数据，相互之间未实现数据的联通与共享，因而这部分数据只能在十分有限的范围内被使用，数据主体无法进一步有效利用数据与生俱来的潜在价值。要解决这一问题，首先需打破“数据孤岛”现象，即通过建立统一的数据平台，实现数据的开放与流通，从而拓宽数据来源范围，切实发挥数据的效用价值。

目前，法院系统主要与政法系统（包括检察院、公安机关、政法委等）、互联网企业和电子商务平台实现了数据对接。今后，应当逐步与其他相关机构，包括仲裁、公证、调解等法律服务平台，以及工商、市场监管、税务、海关、证监会等其他国家机关实现数据的有序对接。而实际上，外部信息的整合难度较大，尤其公安、检察机关等部门的信息很难被顺利获得。法院对外围数据的收集步履维艰[①]，因此需要从国家战略高度加强顶层设计，进一步推进数据信息的互联互通，整合运用涉网司法数据资源，为智慧法院的发展提供动力引擎。[②]

在法院系统内部，立案、审判、执行是不容分割的有机整体，但是目前的信息化建设还都停留在建立满足单向需求的平台，各地都开发了自己的系统，但各地平台和系统之间相互独立，缺乏信息共享机制。各地信息化发展层次不一，平台建设呈现区域不平衡性，有些法院还停留在单项系统开发的初级阶段，而最高人民法院尽管为统筹协调全国数据而建立了全国通用的管

① 李林，田禾主编．法治蓝皮书·中国法院信息化发展报告（2018）．北京：社会科学文献出版社，2018：126-127.

② 陈琨．正确认识互联网法院的三个维度．人民法院报，2018-05-22（002）．周强．大力加强杭州互联网法院建设 探索互联网司法新模式 服务保障网络强国战略．中国应用法学，2017（5）.

理平台，但其运行过程中也仍然出现了数据无法调取、信息无法汇总的情况。[①] 因此，目前发展比较成熟的地区应当率先加强信息共享、数据交换的体制机制建设，避免法院内部形成“信息孤岛”，包括树立系统集成思维，重视系统的互联互通，推进法院内部各类应用系统的数据共享和业务协同，理顺各部门关系，将各方能量进行叠加。[②] 具体而言，在内部应当实现立案、审判、执行、鉴定拍卖等部门的信息实时共享、相互支持；在外部需要打通减刑假释、道路交通一体化、刑事案件、金融案件等业务协同接口，打通与公安机关道路交通事故数据的共享渠道等。[③]

法院通过“中国裁判文书网”向社会公开海量的裁判文书，可以算作法院信息公开的一项典型事例。这既是智慧法院建设的“阶段性成果”，也为智慧司法、智慧社会治理提供了充分的研究素材和良好范本。梳理新近的研究成果可以发现，有大量研究是基于对公开裁判文书的研究而作出的结论。但是，对该裁判文书网的裁判文书数据进行考察后也可发现其中存在着不少问题，即该数据库在数据的全面性、真实性及有效性等方面还存在缺陷，这就可能影响上述研究成果的价值。例如，网站上的裁判文书并未包括全部可公开的裁判文书，目前仍有部分可予公开的裁判文书未经上网公开；裁判文书所示案例为经过法院最终裁判的司法案例，体现为法院作出的裁判文书，经检察机关审查认定不予起诉的案例未包括在内，也不包括起诉书等司法文书；裁判文书网上的数据存在冗余、错误之处[④]，这大大降低了该部分数据的有效性。

因此，应当考虑建构汇集各类数据的系统或平台，并尽可能地拓宽数据来源，未来可将起诉书、辩护词、证据材料等案件材料均统一纳入系统或平台中，消除数据壁垒，产生碰撞智慧。在这方面，上海的“206”系统已经进行了有益的尝试，在打通“数据孤岛”问题上，踏出了领先一步。[⑤]

---

① 李林，田禾主编．法治蓝皮书·中国法院信息化发展报告（2018）．北京：社会科学文献出版社，2018：126.

② 同①22－25.

③ 同①75.

④⑤ 朱彬彬，祝兴栋．类案推送的精细化：问题、成因与改进——以刑事类案推送为例．法律适用，2018：20.

2. 自然语言处理

自然语言是人类文明的智慧成果之一。计算机不同于人类，其无法直接获知、理解于人类范围被普遍接受的自然语言，因此需要借助自然语言处理技术，实现人与计算机之间的语言互通、信息交流。目前，自然语言处理是人工智能领域中最为困难的问题之一。在应用新科技建设“智慧法院”的过程中，自然语言处理技术发挥关键的“杠杆”作用。

在前述数据采集完成后的数据解析环节，主要借助自然语言处理技术，将纷繁复杂的自然语言（法律语言亦为自然语言的一种）转换为可供计算机进行分析的语言。具体而言，其通过分词标注、实体识别、正则提取等一系列过程，得到结构化数据，将其用于后续分析和应用。例如，对公开裁判文书进行大数据分析，可以得出关于某一类型案件的裁判规律特点。[①] 实际上，自然语言处理技术是对裁判文书进行分析的关键技术，其主要作用在于使机器从相关法律文书的法律语言中准确提取出相应情节。[②] 因此，自然语言处理技术这一分析工具的成熟度和有效性，决定着分析结果价值的高低。

但从目前来看，自然语言处理技术在司法中的应用还不够成熟，原因主要在于裁判文书中通常含有较多法律专业词汇和特定场景专门词汇，而这些词汇识别的准确度较低。实践中，绝大多数研发主体较多运用通用的自然语义识别技术，未能有针对性地根据司法场景进行迭代开发。[③] 通用的技术并非专门针对法律领域设计，其在分词与词性标注过程中容易出现结果误差。此时，需要借助人工干预来判断是否存在错误并作出相应纠正，对词典进行更新与完善。

除此之外，也还存在着一词多义、句法模糊等问题。自然语言的不确定性，为机器进行分析带来了诸多不利，容易引起结果误差。对此，需要探索结合上下文情景的语义分析技术，突破自然语言字、词、短语、小句等局部表示的局限性，面向包含上下文全局信息的篇章、文本来开展深层语义理

---

① 有课题组通过搜集有关“商品房买卖合同纠纷”案件的裁判文书，初步获知了该类案件的“地域分布、增长趋势、审理周期、涉案金额、案件类型、法律条款、原被告属性、限购政策以及涉外情况”等方面情况，进而有利于了解该类案件的现状及发展趋势。秦皇岛市中级人民法院，燕山大学课题组．商品房买卖合同纠纷案件专题分析报告．法律适用，2018（4）.

②③ 王禄生．司法大数据与人工智能开发的技术障碍．中国法律评论，2018（2）.

解，如篇章分析、篇章理解等。[①] 实践中，人们使用前述智能系统输入相关信息材料时，还普遍存在瑕疵输入或不规范输入的情形。此时，借助技术改进来提升结果的准确性，还有很大的提升空间。

3. 知识图谱构建

知识图谱，是一个结构化的语义知识库，可用于快速描述物理世界中的概念及其相互关系。知识图谱是计算机实现智能的基础，知识图谱之于计算机，正类似于知识之于人类。尽管数据获取是知识图谱构建的基础与前提，但知识图谱构建技术不仅仅着眼于此，而是更加注重对数据进行分析，并由此架构出知识模型。这是“智慧法院”建设中必不可少的关键技术与环节，因此有必要让计算机从大量、复杂的底层数据中发现、提炼规律，自动构建出知识图谱以用于后续的准确分析。

以“类案推送系统”为例：类案推送要达到精细化程度，不仅严重依赖自然语言处理技术，也需要强而有力的知识图谱构建技术。从某种程度上说，自然语言处理技术也是知识图谱的关键技术之一。知识图谱在司法领域的应用尚处于初始阶段，前期投入成本较高，这让不少技术服务商难于应对[②]，故而在技术发展上面临动力不足、进程缓慢的问题。

知识图谱构建技术主要包括“自顶向下”和“自底向上”两种。其中，在知识图谱技术发展初期，主要采用“自顶向下”的模式进行构建，即借助一些结构化数据源，从中提取本体和模式信息加入知识库中。而“自底向上”模式则是借助一定技术手段，从公开采集的数据中提取出资源模式，选择其中置信度较高的信息加入知识库中。

目前，在“智慧法院”建设过程中，多数研发主体都采用“自顶向下”的方式，通过人工构造语法与语义规则推进知识图谱构建。实际上，这一方法的有效性存在着很大问题，这缘于我国法律规定的案件情形种类繁多，如刑事案件的案由有四百多种，民事案件的案由更可细分为上千种，因此，“自顶向下”的法律知识图谱构建过程需要人工的大力干预，无法实现自动

① 奚雪峰，周国栋．面向自然语言处理的深度学习研究．自动化学报，2016 (10).

② 朱彬彬，祝兴栋．类案推送的精细化：问题、成因与改进——以刑事类案推送为例．法律适用，2018 (20).

化构建。这也是现阶段司法大数据人工智能发展面临的最大难题之一。[①]

因此，法律领域内的知识图谱构建技术发展值得关注，且急需改进。正如最高人民法院《关于加快建设智慧法院的意见》所提出的：探索建立面向立案、审理、裁判、执行等法院业务的知识图谱。具体而言，应当考虑设置一定的激励措施、增加资金投入、尝试“自底向上”的构建方法等，提升知识图谱构建的自动化与精准化程度。

4. 系统安全保障

除了线下实体法院的智能化，“智慧法院”在线上虚拟空间也逐步搭建好了相应的平台，以实现法院“定分止争”“定罪量刑”的社会功能。线上平台汇集了海量的数据信息，其中不乏敏感、秘密或隐私信息，并且，诉讼参与方均需通过平台身份认证后才可赋予其诉讼行为以法律效力。因此，我们不可仅关注这一虚拟平台所带来的显著提升的效率，属重中之重的安全性问题亦不可忽视。确定“安全的传递途径”，是外部“智慧法院”建设的重要支撑。[②]

具体来看，系统安全部分主要包括：数据安全管理、系统安全故障、账号安全风险等。其一，法院对于其收集汇总的数据，如当事人提供的个人信息、证据材料信息以及所有公开或不公开案件的相关信息等，需要采取措施以实现安全管理，防止他人从法院内部或外部盗取数据，造成信息泄露而他人借此谋利。其二，要保障系统安全运行，避免因法院或当事人一方原因，影响审判的正常进行。在互联网法院的实践案例中，曾出现过因网络故障中断审判，造成审理时间不当延长，从而降低审判效率及审判效果的情形。同时，也要防止系统遭受恶意攻击。在必要情形下，远程庭审过程中可采取相应的技术加密措施。其三，针对账户安全风险，应当予以特别重视。通常情况下，线上法庭中的账户行为被视为系行为人所作出[③]，而由于网络的虚拟

---

① 王禄生．司法大数据与人工智能开发的技术障碍．中国法律评论，2018（2）.

② 蔡立东．智慧法院建设：实施原则与制度支撑．中国应用法学，2017（2）.

③ 最高人民法院《关于互联网法院审理案件若干问题的规定》第 6 条第 2 款规定：使用专用账号登录诉讼平台所作出的行为，视为被认证人本人行为，但因诉讼平台技术原因导致系统错误，或者被认证人能够证明诉讼平台账号被盗用的除外。第 14 条规定：除经查明确属网络故障、设备损坏、电力中断或者不可抗力等原因外，当事人不按时参加在线庭审的，视为“拒不到庭”，庭审中擅自退出的，视为“中途退庭”。

性、隐蔽性特点，账号存在着被冒用、盗用或不当操作等风险。此时，应当考虑如何从技术上作出防范和保障，如增加、强化身份验证措施等。

（二）制度层面

1. 电子卷宗制度

在“智慧法院”建设的过程中，电子卷宗的生成、流转与分析应用是必不可少的关键环节和基本主线。从现阶段来看，由于缺少相关制度的支撑和保障，纸质卷宗向电子卷宗转变的进程中遇有不少障碍。目前，中国的电子档案法律系统尚未建立，现行法律法规中涉及电子卷宗和电子档案的内容不完整，从而造成电子案卷的法律效力不明。实践中，电子卷宗无法离开纸质卷宗而单独发挥作用，只能作为纸质卷宗的补充。[①] 同时，办案人员使用纸质卷宗并不违反相关规定，在沿袭传统的过程中，电子卷宗存在的必要性易遭受质疑；法院通常同时使用电子文书和纸质文书，如此便引发重复劳动，给卷宗的录入者和使用者均造成了双重负担。电子文书对纸质文书的替代程度不足、效果不理想，导致其应有的价值未得到充分发挥，这不仅浪费了司法资源，也影响了司法效率。[②]

因此，推进电子卷宗制度改革，明确电子卷宗的法律效力，加强对电子卷宗的分析与利用，应当作为“智慧法院”建设的着力之处。电子卷宗的应用，一方面克服了以往办案只可依办案环节依次流转查阅纸质卷宗所造成的时间延缓、效率低下之弊端；另一方面，电子卷宗可按需求进行编辑或修改，修改之处显而易见，卷宗使用人员能快速查找、定位到所有案卷信息及标注，这也进一步提升了卷宗内容的真实性。鉴于仍有部分证据材料不宜电子化，电子卷宗不宜作为案件卷宗的唯一形式，即对于确实不宜采用电子卷宗形式的案卷材料，应当采取合适措施处理。

电子卷宗制度的价值绝不仅仅在于对纸质卷宗实现电子化，更在于对电子化卷宗的后续深度分析、应用和管理，比如，方便法官网上办案，实现合议庭和审判委员会委员同时/步阅卷，为法官办案提供智力支持，使诉讼参与人及时通过网络查询到案件的进展情况，方便管理部门对案件的实时检查

---

① 李林，田禾主编．法治蓝皮书·中国法院信息化发展报告（2018）．北京：社会科学文献出版社，2018：76.

② 蔡立东．智慧法院建设：实施原则与制度支撑．中国应用法学，2017（2）.

和管理。对法官而言，电子卷宗的案件信息回填、归档文件一键排序、法律文书辅助生成、类案推送、关联案件查询等功能都有助于显著节约法官的办案时间，使其集中精力关注审判本身。此外，设计完备的电子卷宗系统，不仅便于不同法院间移送和接收电子卷宗，还可以实现对不同类别案件的权限控制，同时也有利于整理形成电子档案。[①]

当前在推进电子卷宗制度建设的过程中，还存在不少问题，比如：对电子卷宗的认识不到位，将其与电子档案相混淆，或者简单理解为将纸质卷宗扫描成电子档案即可；电子卷宗的录入不及时，随案同步生成的比例较低[②]；扫描的卷宗材料不符合归档要求（如卷宗纸质文件本身带有污渍、覆盖了文书的主题内容，从而影响文书的规范性、有效性；扫描上传时不规范，出现排页错误、扫歪或折页等）；电子卷宗的功能应用开发不足，深度应用[③]更是较少涉及；存在形式主义弊端，所建设的系统缺乏实际应用价值；电子卷宗的流转不够畅通[④]；等等。[⑤] 上述一系列问题导致电子卷宗制度的现实作用出现偏移，未能很好地实现预期价值目标。为此，我们应当回归“真正减少法官和辅助人员的工作量，缓解案多人少矛盾”这一初始目标，探索相应的制度建设。

现有比较成熟的电子卷宗生成模式，包括：以河北省法院系统为代表的分散生成模式和以江西省法院系统为代表的集中生成模式。于前者由案件办

---

① 李林，田禾主编．法治蓝皮书·中国法院信息化发展报告（2018）．北京：社会科学文献出版社，2018：234-235.

② 最高人民法院《关于进一步加快推进电子卷宗同步生成和深度应用工作的通知》中提到，2018年年底前，全国法院应当全面完成电子卷宗的随案同步生成和深度应用工作。然而，实践与之还存在较大差距。具体而言，全国范围内有2 591家法院能实现电子卷宗随案同步生成（占比75.21%），但部分中西部省份法院电子卷宗随案同步生成率不足一半（甚至不到10%）。在电子卷宗深度应用方面，支持在不同法院间调阅电子案卷的有2 136家（占比62%）；支持合议庭及本源审委会调阅的有2 611家（占75.79%）；支持电子卷宗文字智能识别的法院只有1 450家（占42.09%）；支持通过电子卷宗提取案件信息并自动回填至办案系统的仅有1 255家（占36.43%）。李林，田禾主编．法治蓝皮书·中国法院信息化发展报告（2018）．北京：社会科学文献出版社，2018：45.

③ 充分利用卷宗开展信息回填、网上阅卷、信息公开、文书生成、法律法规类案推送、审判管理、卷宗自动归档、法院间卷宗调阅、部门间业务协同等应用，从而推动机制创新和审判流程再造，提升电子卷宗服务审判工作的能力。参见最高人民法院《关于进一步加快推进电子卷宗同步生成和深度应用工作的通知》。

④ 比如，公、检、法之间电子卷宗流转的障碍有待突破。

⑤ 最高人民法院《关于进一步加快推进电子卷宗同步生成和深度应用工作的通知》.

理团队在各自工作岗位上即时扫描，由智能化后台集中分类排序处理，处理完成的电子卷宗材料自动回传到案件管理系统对应的目录，之后根据实际需求，采用人随系统或系统随人两种归档模式，实现一键归档。该模式的特点在于，省去了案卷易手的中间环节，即时“随手扫描”，并具有规范和经济价值。于后者是通过在各级法院诉讼服务大厅设立“收转发 E 中心”，实现诉讼材料“收、转、发”事务全流程集约化、智能化管理。[①]

2. 远程庭审制度

现阶段的“智慧法院”探索，在某种程度上打破了传统法院在时间和空间方面的限制。例如，杭州互联网法院探索的“异步审理模式”以及绝大部分法院均已实现的网上庭审，都普遍采用了远程庭审方式。实践中对此存在截然不同的两种态度，争议的关键点在于远程庭审是否违背了以“直接言词原则”为代表的基本诉讼原则。总的来说，远程庭审这一新型审理模式在制度完善方面还存在很大的提升空间。

其一，远程庭审方式的合法性有待明确。

有不少人认为，我国“三大诉讼法”中均未规定远程庭审这一审理方式，故其适用欠缺合法性依据；并且，远程庭审危及庭审活动的严肃性，使法庭丧失了必要的司法威仪[②]；更为重要的是，“相比于开庭审理，远程庭审使本应遵循的一系列诉讼原则，如直接言词原则、集中审理原则、公开审理原则、辩论原则等，受到了一定程度的减损”[③]。因此，有学者作出论断，“远程庭审不利于实现司法审判的独立性、不利于彰显传统法庭的庄重性、不利于实现法官审案的亲历性、不利于展现法庭审判的自然性，同时对庭审秩序造成挑战，使权利保障存在隐患”[④]。实际上，上述质疑声音均体现出远程庭审方式对当事人权利产生的不利影响，若此新型审理方式严重侵害了当事人的正当权利，则必定不具备合法性基础。从目前来看，远程庭审可能影响当事人诉讼权利的行使，影响对案件事实的认定，从而也会影响公平正

---

① 最高人民法院《关于进一步加快推进电子卷宗同步生成和深度应用工作的通知》。

② 有关论述如，范黎红．远程审理的适用空间之展望．法学，2010（2）。

③ 熊秋红．远程庭审有哪些优势与不足．人民论坛，2016（27）.

④ 梁坤主编．信息化时代庭审方式变迁的实证研究．北京：清华大学出版社，2018：31－42.

义的实现。[①]

比如，远程庭审中往往通过线上途径进行举证，但并非每个人都能较好地使用电子系统进行举证示证，当事人对远程视频的接受程度、熟悉程度及操作技巧，均会对其举示证据的能力与效果造成影响。再如，当事人在需要对相关证据进行观察、辨认时，通过远程视频的方式可能较难进行，如对书证或物证的新旧程度等外观特征难以辨识。[②] 又如，远程庭审在传导当事人及证人的表情与形体语言方面有所欠缺，这将影响法官对复杂刑事案件事实的认定，从而影响正义的实现程度。[③]

另有一部分人认为，“远程审理符合审判公开原则和刑事审判的直接言词原则”[④]。具体来说，远程庭审通过远程视频传输技术，能够实现诉讼各方当事人的实时交流互动，能够保证各方当事人同时“在场”；借助投影仪等多媒体设备，亦可保证证据的展示以及远程的同步音画传送，使法官能够在法庭上直接对证据进行调查，并组织各方当事人进行质证。换句话说，远程庭审并未违反直接言词原则，“直接”不应当限于线下，还应当包括线上。从实践来看，通过远程庭审审理的案件绝大多数属于认罪认罚案件，案件事实清楚、简单，无须过多口头辩论，其庭审过程中甚至根本就没有证据的出示，因此是否按照传统方式面对法官陈述，对被告人而言几乎没有任何影响。[⑤]

此外，尽管目前相关诉讼基本法律或司法解释并未对远程庭审作出专门规定，但《人民法院法庭规则》也可被视为规范性依据之一。[⑥] 同时，2019年最高人民法院《关于民事诉讼证据的若干规定》第76条规定：“证人确有困难不能出庭作证，申请以书面证言、视听传输技术或者视听资料等方式作证的，应当向人民法院提交申请书。申请书中应当载明不能出庭的具体原因。符合民事诉讼法第七十三条规定情形的，人民法院应当准许。”[⑦] 在某种程度上认可了证人远程作证的合法性。2012年最高人民法院、公安部发布的《关于在看守所建设远程视频讯问室的通知》中规定：“远程视频讯问

---

①③④ 范黎红．远程审理的适用空间之展望．法学，2010（2）．

②⑤ 潘金贵，谭中平．论刑事远程视频庭审规程的构建．法律适用，2019（9）．

⑥ 《人民法院法庭规则》第25条规定：人民法院进行案件听证、国家赔偿案件质证、网络视频远程审理以及在法院以外的场所巡回审判等，参照适用本规则。

⑦ 此前，2001年及2008年规定中第56条也均有所明确。

室主要用于人民法院审讯，亦可用于人民法院开庭。”这表明，法院对于远程庭审具有现实需求，因而该文件亦为制度完善作了前期铺垫。在司法解释层面，最高人民法院《关于人民法院庭审录音录像的若干规定》从形式上肯定了庭审同步录音录像的法律地位。因此，在远程庭审过程中进行同步录音录像，也可为保障远程庭审的合法性提供技术支撑。

可以看出，在采用远程庭审方式的过程中，技术和规则等方面的保障至关重要。有学者认为，“通过科学制定规则、合理选择适用案件，完全可以避免前述问题的产生”[①]。因为不通过线下参与庭审并不必然导致对被告人的裁判不公；反之，若借助其他附带条件或相关配套措施，同样可以保障被告人受到公正的裁判。[②] 因此，明确远程庭审方式合法性的关键在于：在分析远程庭审对庭审形式威信和案件裁判实体公正的影响的基础上，找到一个既能保障庭审活动的严肃性又能发挥庭审活动的灵活性的平衡点，从而确定远程庭审的价值和合法性基础。[③]

其二，远程庭审的案件适用范围有待明确。

针对远程庭审方式，不少学者达成了以下共识：关键不在于能不能用，而在于哪些能用、哪些不能用。因此，有必要合理划定远程庭审的案件适用范围和“禁区”。比如，熊秋红教授认为，远程庭审是对当事人获得公正审判权的减损，在法律所规定的应当开庭审理的案件中，不宜变通采用远程庭审；在法律允许书面审理的案件中，可以适用远程庭审。未来，在最为简单轻微的民事和刑事案件中，以及在偏远和交通不便地区适用简易程序的案件中，可考虑适用远程庭审。[④] 也有学者认为，远程庭审的实质在于：在不损害当事人实体权利的前提下，提高诉讼效率，因此适用简易程序审理的民事、刑事案件以及小额诉讼民事案件，以及案件事实清楚、当事人双方对证据真实性无异议的二审民事案件，可以使用远程庭审模式。而对于二审刑事案件应严格限制适用远程庭审，仅在对犯罪事实认定无争议、对量刑存在异

①② 潘金贵，谭中平．论刑事远程视频庭审规程的构建．法律适用，2019（9）．

③ 范黎红．远程审理的适用空间之展望．法学，2010（2）．

④ 熊秋红．远程庭审有哪些优势与不足．人民论坛，2016（27）．

议时可以考虑适用。[①]

从司法实践来看，对于涉及未成年被告人、有翻译人员、控辩双方有重大分歧，附带民事诉讼，有重大影响（如涉众经济犯罪），自诉案件被告人未被羁押等类型案件的庭审，一般采取传统的庭审方式。部分被告人庭前认罪认罚，但在庭审中对指控提出重大异议的，实践中一般也终止适用远程庭审，而改为采用传统庭审形式。[②] 还有学者指出，远程庭审的适用应当注重对当事人诉讼权利的保障，比如在适用远程庭审之前和之中，应当充分保障被告人的权利（如为其了解和参与远程庭审提供必要的法律援助；在启动远程庭审程序时，及时告知其相关事项；等等）；当被告人拒绝采用并有合理理由时，法院应当尊重当事人的选择；若涉及复杂案件的事实或当事人主观心理等细节事实的认定，则应当放弃使用远程庭审。[③] 此外，还应当规范庭前准备工作，包括：完善庭前准备工作、推动值班律师介入及查实被告人的身份；规范庭审诉讼活动；明确庭审的效力和救济渠道；建立视频庭审的技术标准。[④]

因此，远程庭审制度的完善，不仅应当着眼于如何促进审判效率的提升，更加要注重对审判实效的维护，同时要防止借新科技之名，行损害当事人诉讼权利之实的行为的发生。

3. 电子证据制度

目前，司法实践中的法庭质证就是念材料，念完以后，“辩护人有什么意见没有?”“没有。”“公诉人有意见没有?”“没有。”“被告人有什么意见吗?”“没有。”——整个质证过程就是“有有有，对对对，是是是”。实际上，证据问题是以审判为中心诉讼制度改革的一个核心问题，其针对的就是庭审虚化和质证形式化。[⑤]

“智慧法院”的建设，对证据制度产生了深远的影响，这主要集中于举证和质证环节。1997 年，我国《刑事诉讼法》中增加了“视听资料”这一

① 李君．远程审判存在的若干问题及对策研究．法制博览，2018（4）.

②④ 潘金贵，谭中平．论刑事远程视频庭审规程的构建．法律适用，2019（9）.

③ 范黎红．远程审理的适用空间之展望．法学，2010（2）.

⑤ 樊崇义．庭审实质化与证据制度的完善．证据科学，2016（3）.

新的证据种类；2013 年又增加了“电子数据”。电子证据（或电子化的证据）不仅仅体现了法定证据形式的变化，其对举证、质证和认证等环节也产生了相当大的影响。比如，在举证环节，线上举证作为一种新型举证方式，在节约时间、提升效率、保障真实等方面发挥了独特的优势。难以否认，新工具的使用也同时革新了人们的行为方式及其效力认定。以举证主体为例：传统诉讼中的举证责任在诉讼双方当事人之间分配，即举证义务由诉讼双方主体承担，同时借由举证责任转移或倒置来平衡其中风险。而在新的庭审模式下，出现了诉讼双方之外的第三方举证主体，实践中主要表现为第三方平台，因诉讼双方的涉案信息常留存于此，法院开始采用直接对接第三方平台的方式来获取证据，第三方平台因此具有提供证据的义务。这突破了传统的诉讼中的举证主体范围，故对于第三方平台这一新诉讼主体的举证义务与责任，尚需厘清并进行相应规范。同时，线上举证系统还需对举证主体身份进行认证。

以杭州互联网法院的探索为例：在庭前的举证阶段，当事人一般根据法院发布的举证规则在电子诉讼平台上提交相关证据。《杭州互联网法院诉讼平台审理规程》第 25 条规定：“当事人将证据拍照、扫描或电子证据等上传至诉讼平台。涉及实物证据，一般要求当事人在庭审前邮寄给审理法官。在庭审时，在线展示给各方当事人。”最高人民法院《关于互联网法院审理案件若干问题的规定》第 9 条规定：“互联网法院组织在线证据交换的，当事人应当将在线电子数据上传、导入诉讼平台，或者将线下证据通过扫描、翻拍、转录等方式进行电子化处理后上传至诉讼平台进行举证，也可以运用已经导入诉讼平台的电子数据证明自己的主张。”此种举证方式不仅符合“最佳证据规则”的要求，也便于法官对证据鉴真。但该种举证方式也存在一些弊端，比如举证程序烦琐，部分实物证据难以通过拍摄、扫描的形式展示其内部结构，等等。[①] 因此，电子证据举证的相关规则还有待完善，比如对实物证据进行合理分类，并确立相应的举证规则等。[②]

①② 邹翔翔．互联网审判机制研究——以杭州互联网法院为样本的考察．浙江万里学院学报，2019 (2).

“电子证据在质证、认证时面临更大的风险，而法律对电子证据的认证规则、证明效力等均语焉不详。”[①] 在庭审中的质证和认证环节，有学者指出现有的证据审查制度不健全[②]：其一，证据审查规则在电子数据真实性审查方面规定得较为笼统。其二，电子证据平台的证据审查范围有限。具体体现为：不是对所有的电子数据都可通过电子证据平台所采用的数据对比方式审查其真实性；电子证据平台的审查方式对于电子化的其他诉讼证据，难以有效发挥作用。此外，还涉及证据提交形式的确认（包括电子数据形式的证据、证据的电子化转换）、证据效力的确认（如机器所作笔录证据效力的认定）和证据种类的创新（例如大数据证据是否具备合法性基础、大数据证据是否具备关联性[③]）等问题。对此，可以考虑适当拓宽认证渠道：对电子证据的推定规则进行完善；探索新技术在证据审查方面运用的新形式。[④]

电子证据制度实属“智慧法院”建设过程中制度完善的“牛鼻子”，电子证据制度的革新是“智慧法院”建设探索前进的关键环节，无疑需要受到重点关注。在这方面，互联网法院的探索经验具有充分的借鉴意义。

4. 人才激励制度

科技创新，人才先行。正如习近平总书记强调的，“人才是第一资源”，要着力为人才尽展其长破除体制机制障碍。[⑤] 建设“智慧法院”的意义不仅仅在于完成传统法院向拥有黑科技的现代化法院的转型，更在于利用新兴科技更好地服务于司法目标，实现司法便民、为民，从而实质性地提升法院的工作效率及效果。从已有的实践探索来看，司法办案的专业性要求使“智慧法院”建设中的专业壁垒、投入壁垒和融合壁垒几大障碍得到凸显。对此，

---

① 李林，田禾主编．法治蓝皮书·中国法院信息化发展报告（2018）．北京：社会科学文献出版社，2018：76.

② 邹翔翔．互联网审判机制研究——以杭州互联网法院为样本的考察．浙江万里学院学报，2019（2）.

③ 实践中，广泛出现了针对大数据证据使用的需求，典型的即关于某一问题的大数据分析结果或分析报告是否可以用作证据，其证据效力如何。有关“大数据证据”的更多论述，可参见刘品新．论大数据证据．环球法律评论，2019（1）。

④ 邹翔翔．互联网审判机制研究——以杭州互联网法院为样本的考察．浙江万里学院学报，2019（2）.

⑤ 新时代，习近平的“人才观”．［2019－08－22］．中国青年网：http：//news.youth.cn/sz/201805/t20180525_11628866.htm. 语出习近平主持召开网络安全和信息化工作座谈会并发表重要讲话（2016年4月19日）；习近平就深化人才发展体制机制改革作出重要指示强调（2016年5月6日）。

我国需要构建和完善“智慧法院”建设的人才相关制度，最重要的是，要激励不同领域的人才充分发挥各自的专业特长，尤其是需要科技人才与法律人才的“双剑合璧”，需要业务人才和技术人才的紧密配合——法律人才、业务人才把握根本、指引方向，科技人才、技术人才则提供引擎、变现蓝图。

近年来，尽管法院的信息化建设取得了长足进步，但在信息化人才队伍建设方面却相对滞后，人才队伍总量不足、专业化程度不高、结构配置不合理、管理体系不健全等问题凸显。[①] 2015 年，最高人民法院印发了《关于人民法院信息化人才队伍建设的意见》，于规范层面强调了信息化人才队伍建设的重要性。在实践层面，有关领导在各类会议上亦反复强调这一问题的重要性、必要性和紧迫性。实际上，作为“智慧法院”的重要参与者和建设者，信息化人才队伍的优劣直接决定了“智慧法院”建设目标能否实现。[②] 有学者指出，信息化人才队伍建设困境的诱因之一，是激励引导措施相对乏力，主要体现为：激励引导机制不健全，如缺乏专门的职级晋升机制，缺乏有效的经济激励机制，缺乏科学的工作量评判机制；激励不足的负面效应明显，如信息化部门被边缘化，信息化人才的职业尊荣感降低，信息化人才的低入额率导致工作动能显著降低。对此，应当采取建立科学的绩效评价体系等措施，促进信息化工作激励引导的实效化。[③]

以往一般层面的信息化建设和应用工作，要求人才所应当具备的专门知识较为有限。然而，新兴的大数据、云计算、人工智能、网络安全等领域则要求相关人才具有更扎实的理论功底和技术能力。最高人民法院院长周强也指出，在司法大数据研究应用等方面还存在能力有限、人才匮乏等问题。因此，“智慧法院”的建设迫切需要高端人才的保障和支撑。实践中，法院往往直接应用由专门软件公司研发的成熟产品，必要时则与公司合作开展系统建设和项目研发，由公司的专门人才与法院的业务人才或技术人才进行沟通协商。采用这一方式尽管可以在较短时间内完成建设应用的任务，但于法院自身而言协调性和安全性都显不足——只有法院自己才最了解需要什么样的应用系统，并且，掌握和保障系统核心技术的意义重大。从法院的现状来看，这却是一块极大的短板。

---

① 吴伟．新形势下基于互联网思维的法院信息化人才队伍建设探讨．特区法坛，2015 (7).

②③ 田源．智慧法院视阈下信息化人才队伍建设路径探析．东南司法评论，2017.

具体来说，法院应当积极吸收科技人才，激励其研发适用于法院系统、符合法院工作人员需求和使用习惯的科技产品，合力促成“智慧法院”转型；同时，注重培养锻炼法官运用新兴科技的能力与兴趣，如法官收集获取大数据的能力，学习借助大数据以减少或消除司法差异、提升司法公正性和效率性①，向技术研发人员提出司法实践中技术应用层面的迫切需求；等等。2017 年发布的最高人民法院《关于加快建设智慧法院的意见》提出要建立专业化人才保障体系，可以说为人才制度建设指引了方向，有助于激发各类专业的人才各展其长。

考虑到新时代下专业融通的发展趋势，对复合型人才，尤其是精通审判业务且掌握数据分析能力的人才的需求将大大增加。“今后一个时期，法院信息化应用的难点和重点在于实现对数据的研究分析与再造利用，因此之后的信息化应用势必疾呼复合型人才尽快登场……单一性质的信息技术人员必定由建设时期的前台回归到幕后。”② 为此，法院应当有针对性地培养和吸收相应的复合型人才，为进一步提升庭审活动的公正和效率程度增添智慧动力。

此外，还应当注重发挥专家的作用，大力推进专家辅助人等制度建设。2014 年发布的最高人民法院《关于知识产权法院技术调查官参与诉讼活动若干问题的暂行规定》为技术调查官参与诉讼活动奠定了制度基础，其中规定：技术调查官提出的技术审查意见，可以作为法官认定技术事实的参考。2019 年出台的最高人民法院《关于技术调查官参与知识产权案件诉讼活动的若干规定》进一步明确了技术调查官参与诉讼活动的范围，包括参与庭前会议和开庭审理；并且还规定技术调查官提出的技术调查意见可以作为合议庭认定技术事实的参考，由合议庭对技术事实认定依法承担责任。与此相应，最高人民检察院于 2018 年发布了《关于指派、聘请有专门知识的人参与办案若干问题的规定（试行）》，为规范和促进专门人才辅助检察机关办案提供了制度基础。实际上，就“智慧法院”运行过程中的相关技术问题指派或聘请专家辅助人参与案件办理，有助于促进办案质量和效果的提升。同时

① 熊秋红．智慧法院建设助推司法体制改革．光明日报，2017-12-07.

② 补短板 扩内存 增动能——新疆高院关于信息技术队伍建设的调研报告．人民法院报，2017-02-09（08）.

配套建立相关专家人才库，以在必要时借助智慧大脑辅助法院的审判活动。可见，高效实用的工具往往是由人才制造的，而工具效用的实现更是离不开人才的作用。在具有良好工具的基础上，更要善于发挥人才的价值。

总而言之，创新是引领发展的第一动力。坚持科技创新与制度创新“双轮驱动”，是实现系统性变革的关键。前述有关刑事庭审在中国领域的智慧探索已然表明，司法创新正在中国大地上如火如荼地进行，其发展速度之快令人振奋、取得成效之佳使人充满期望。而这一过程中面临的困难，不外乎如何巧妙地应对技术与制度对传统藩篱的突破。因此，我们需要从技术与制度两个方面反思当前的发展痛点，思考相应对策并将其融贯互通以形成稳定的“双螺旋结构”。明晰以上问题后，假以时日攻坚克难，我国的“智慧法院”探索定将为世界范围的“智慧司法”建设提供优秀样本！

图书在版编目（CIP）数据

刑事庭审的中国问题及应对/李学军等著. -- 北京：中国人民大学出版社，2022.1

（中国特色社会主义法学理论体系丛书）

“十四五”时期国家重点出版物出版专项规划项目

ISBN 978-7-300-30110-5

Ⅰ. ①刑… Ⅱ. ①李… Ⅲ. ①刑事诉讼-审判-研究-中国 Ⅳ. ①D925.218.4

中国版本图书馆 CIP 数据核字（2021）第 277658 号

“十四五”时期国家重点出版物出版专项规划项目

中国特色社会主义法学理论体系丛书

刑事庭审的中国问题及应对

李学军　朱梦妮　等 著

Xingshi Tingshen de Zhongguo Wenti ji Yingdui

出版发行	中国人民大学出版社		
社　　址	北京中关村大街 31 号	**邮政编码**	100080
电　　话	010－62511242（总编室）		010－62511770（质管部）
	010－82501766（邮购部）		010－62514148（门市部）
	010－62515195（发行公司）		010－62515275（盗版举报）
网　　址	http://www.crup.com.cn		
经　　销	新华书店		
印　　刷	北京联兴盛业印刷股份有限公司		
规　　格	170 mm×240 mm　16 开本	**版　　次**	2022 年 1 月第 1 版
印　　张	25.25 插页 3	**印　　次**	2022 年 1 月第 1 次印刷
字　　数	394 000	**定　　价**	158.00 元